JN440539

나무에서 종이로

고대 동아시아의 기록문화

진인진

나무에서 종이로 - 고대 동아시아의 기록문화

초판 1쇄 발행 | 2022년 12월 31일

기　획 | 경북대학교 인문학술원 HK+사업단
편저자 | 윤재석
편　집 | 배원일, 김민경
발행인 | 김태진
발행처 | 진인진
등　록 | 제25100-2005-000003호
주　소 | 경기도 과천시 별양상가 1로 18 614호(별양동 과천오피스텔)
전　화 | 02-507-3077-8
팩　스 | 02-507-3079
홈페이지 | http://www.zininzin.co.kr
이메일 | pub@zininzin.co.kr

ISBN 978-89-6347-534-9 94910
ISBN 978-89-6347-532-5 94910(세트)

* 이 저서는 2019년 대한민국 교육부와 한국연구재단의 지원을 받아 수행된 연구임(NRF-2019S1A6A3A01055801)

발간사

인류가 문자 생활을 영위한 이래 기록물의 효용성은 인간의 의사소통과 감성표현의 주요 수단이자 각종 지식과 정보의 생산과 유통 및 축적·전승을 가능케 하는 저장 공간으로서, 인류문명사 전개의 주된 역량으로 작용하였다. 기록용 매체와 도구는 과학기술의 발달과 연동하여 다양한 변화의 과정을 거치면서 오늘에 이르렀다. 종이가 가장 중요한 기록매체로 정착하기 전까지 인류는 식물과 목재 및 돌 그리고 점토 등의 자연물을 비롯하여 일정하게 가공된 짐승의 뼈와 가죽 및 귀갑(龜甲), 나아가 청동기물과 견직물에 이르기까지 다양한 재료를 사용하였다.

기록을 위해서는 목간·파피루스·비단·양피지·종이 등의 기록매체와 더불어 이를 제작하고 여기에 문자를 기재하는 칼[書刀]·붓·먹·벼루·펜·잉크 등의 다양한 필기도구가 필요하며, 이들 매체와 도구의 변화 발전은 인류가 양산한 지식과 정보의 보급과 축적 및 전승의 수준을 질적·양적으로 결정하는 주요 인자로 작용하였다. 아울러 이들 매체와 도구 및 기록 방식의 전파 양상을 포함한 기록문화는 이를 공유한 지역의 역사와 문화적 동질성을 확인하는 지표이기도 하다.

이러한 관점에서 경북대학교 인문한국플러스(HK+) 연구단에서는 2022년 12월 "나무에서 종이로 – 서사매체의 변화와 고대 동아시아"라는 주제로 국제학술대회를 개최하였고, 여기서 발표된 논문을 엄선하여 『나무에서 종이로 – 고대 동아시아의 기록문화』와 『고대 동아시아의 기록 방식과 도구』라는 두 책으로 엮었다. 전자는 동아시아 출토 목간의 유형과 목간문화의 지역적 전승 양상, 목간의 제작과 폐기 및 재사용 양상, 목간에서 종이로 기록매체의 변화 요인과 그 양상 및 역사적 의미 등을 다루었고, 후자는 목간의 표기방식과 기록양식, 붓과 벼루 등 서사도구에 대한 연구를 주된 내용으로 다루었다. 이를 통하여 목간과 종이라는 기록매체와 이를 제작하고 기록하는 필기도구 및 기록방식, 나아가 이러한 기록문화의 전승 과정을 중심으로 고대 동아시아 기록문화의 양상과 그 역사적 함의에 대한 이해가 깊어지기를 기대한다.

본서를 위하여 옥고를 보내주신 집필진과 오준석 교수를 비롯하여 본서의 제작에 실무를 맡은 경북대 HK+연구단의 교수진, 그리고 김진우 · 오준석 · 금재원 · 김종희 · 오수문 · 김도영 · 하시모토 시게루(橋本繁) · 팡궈화(方國花) · 우근태 · 이계호 등 중국어와 일본어 논문의 한글 번역을 맡은 분들에게 감사드린다. 아울러 HK+연구단의 운영과 본서의 출판을 위해 경제적 지원을 아끼지 않은 한국연구재단과 본서의 출판을 맡은 진인진 출판사측에 감사의 마음을 전한다.

경북대학교 인문학술원장

HK+연구단장

윤재석

2022.12

목차

#서설

종이(紙)의 보급에 대한 시론

- 蔡倫 조지(造紙)기사와 출토 간독사료 -

•

모미야마 아키라(籾山明)
(일본 東洋文庫 연구원)

동아시아 서사재료의 역사에 있어서 蔡倫이 고안한 종이의 보급이 커다란 의의를 갖는다는 점에 대해서 누구도 이의는 없을 것이다. 주지하는 바와 같이 '종이'라고 불리는 식물섬유 시트의 출현은 前漢시대로 거슬러 올라간다.[1] 따라서 오늘날에는 더 이상 채륜을 "발명자"라고 부를 수 없으나, 새로운 제지법을 고안하여 종이를 사회에 널리 확산시킨 공적은 부정할 수 없다. 중

1 蔡倫 이전의 종이에 대해서는 王菊華 主編, 『中國古代造紙工程技術史』(山西教育出版社, 2006)의 제2장 「関於"西漢紙"研究」, 李晓岑, 「早期古紙的初步考察与分析」(『廣西民族大學學報(自然科學版)』 第15巻第4期, 2009) 등을 참조. 籾山明, 「簡牘·帛·紙—中國古代における書寫材料の変遷—」(『秦漢出土文字史料の研究—形態·制度·社會—』, 創文社, 2015)에서도 초보적인 견해를 기술했다.

국 과학사 전문가인 潘吉星은 채륜이 한 역할을 "질 좋은 식물섬유 종이 생산의 조직자이자 반포자"로 규정했다.[2] 유명한 和紙 연구자인 壽岳文章은 채륜을 "뛰어난 완성자"라고 부르고 있다.[3] 중국문학 전공자인 清水茂에 따르면 後漢 시대 후반 학술의 존재방식에 커다란 변용이 있게 된 요인은 종이 보급에 따른 서적의 소형화 및 경량화에 있다고 하였다.[4]

이처럼 채륜과 종이의 역사적 의의에 대해서는 이미 평가가 결정되어 있는 듯한 느낌이 있다. 그러나 지금까지의 논의를 보면 당시 서사재료의 주류였던 簡牘·帛書가 종이로 어떻게 이행되었는가 하는 문제와 『後漢書』 宦者列傳에 기록된 채륜 造紙기사와의 관련성을 파헤쳐 논한 연구는 없다. 宦者列傳을 일독하면 고가인 帛書와 함께 무거운 簡牘이 주 서사재료로서의 지위를 종이에 빼앗긴 듯한 느낌을 받지만, 이는 물론 사실과 배치된다. 자세한 내용은 후술하겠지만 채륜의 종이 보급 이후에도 행정 현장에서는 대량의 簡牘이 사용되었다. 宦者열전에 보이는 채륜 造紙의 기사는 현재의 사료 상황에 따라 꼼꼼히 고쳐 읽어야 할 것이다.

이 논문은 후한시대 사료에 비추어 채륜 造紙기사를 검토하고 제지법 고안의 동기·목적과 종이의 보급에 대한 시안을 서술하고자 한다. 종이가 담당한 역할에 대한 평가에 큰 변화는 없겠지만, 簡帛에서 종이로의 단선적인 서사재료 이행 맥락은 수정될 것이다.

---

2 潘吉星, 『中國造紙技術史稿』(文物出版社, 1979) p.32.

3 壽岳文章, 『和紙落葉抄』(湯川書房, 1976) p.96.

4 清水茂, 「紙の発明と後漢の學風」(『中國目録學』, 筑摩書房, 1991) 마찬가지의 지적이 平田昌司, 「紙と印刷からみた漢語史斷代」(『山口大學文學會誌』第39卷, 1988)에도 보인다.

I 宦者列傳의 蔡倫 造紙기사

본문에서 검토의 중심이 되는 채륜 造紙기사는 『後漢書』 宦者列傳의 다음 문장이다.

自古書契多編以竹簡, 其用縑帛者謂之爲紙. 縑貴而簡重, 並不便於人. 倫乃造意, 用樹膚麻頭及敝布魚網以爲紙. 元興元年奏上之, 帝善其能, 自是莫不從用焉. 故天下咸稱蔡侯紙.

채륜의 제지법 고안의 경위와 종이 보급 실태가 여기서는 간단명료하게 서술되어 있다. 문장의 흐름에 따라 번호를 매기고 번역하면 다음과 같다.

① 예로부터 문자를 기록하는 데는 '竹簡'을 엮어 이루어지는 경우가 많았으며, '縑帛'을 사용한 경우에는 이를 '紙'라고 하였다.

② '縑'은 고가이고 '簡'은 무거워 모두 사용자에게 불편했다.

③ 이에 채륜이 발안하여 樹皮와 麻屑, 폐 魚網을 이용하여 '紙(종이)'를 만들었다. 元興 원년(105년) 이를 주상하자 황제는 채륜의 재능을 칭찬했고 이후 이를 사용하지 않는 자가 없었다. 그리하여 세상 사람들은 모두 이를 '蔡侯紙'라고 부르게 되었다.

언뜻 보기에 ③이 핵심인 부분이며, ①과 ②는 그 도입 부분에 해당하는 것이 분명해 보인다. 글의 성질로 말하면, ③이 "일어난 사건의 기록"인데 반해, ①②는 이해를 돕기 위한 "설명"이다. 채륜의 업적에 대한 인식은 주로 ③에 따른 것이기 때문에 우선 이 부분에 검토를 하는 것으로 이 글을 시작하고자 한다.

일찍부터 지적된 바와 같이 ③과 거의 동일한 문장이 『東觀漢記』에도 보인다. 兪安期 『唐類函』 卷107에서 인용하면 다음과 같다.

東觀漢記曰, 黃門蔡倫字敬仲, 典作上方, 造意用樹皮及敝布魚網作紙, 奏上. 帝善其能, 自是莫 不用, 天下咸稱蔡侯紙也.

「造意」 이하 부분은 製紙의 원료를 열거하던 중 「麻頭」(麻屑)이 결여되는 등 약간의 문자가 서로 다르지만 宦者列傳과 거의 같은 문장이다. 『東觀漢記』(『漢記』)는 明帝가 班固 등에게 世祖本紀의 찬술을 명한 이래 後漢시대를 거치며 간헐적으로 증보를 거듭하여 一書를 이루었다. 劉知幾의 『史通』에 따르면 蔡倫의 열전은 桓帝 元嘉 원년(151년)에 시작한 증보 때 부가되었다. 잘 알려진 사료이지만 古今正史篇의 한 단락을 인용해 둔다.

至元嘉元年, 復令太中大夫邊韶、大軍營司馬崔寔、議郎朱穆、曹壽雜作孝穆崇二皇及順烈皇后傳, 又增外戚傳入安思等后, 儒林傳入崔篆諸人. 寔、壽又與議郎延篤雜作百官表, 順帝功臣孫程、郭願及鄭衆、蔡倫等傳. 凡百十有四篇, 號曰漢記.

(元嘉 원년에 이르러 다시 太中大夫 邊韶·大軍營司馬 崔寔·議郎 朱穆과 曹壽에게 명하여 孝穆·孝崇 두 황제 및 順烈皇后傳을 함께 짓게 하고, 또 外戚傳을 증보하여 安思 등의 황후를, 儒林傳에는 崔篆 등의 인물을 편입시켰다. 崔寔과 曹壽는 또 議郎 延篤과 함께 百官表와 順帝의 공신이었던 孫程·郭願 및 鄭衆·蔡倫 등의 열전을 述作하였다. 114편을 아우르고 이름을 붙여 『漢記』라고 하였다.)

『後漢書』는 南朝 宋代에 완성되었지만 壽岳文章이 기술한 것처럼 "蔡倫

에 관해서는 後漢시대에 완성된 『東觀漢記』의 元興 원년에서 불과 43년여 떨어진 시기에 해당하는 桓帝 元嘉 년간(151~153)에 편찬된 전기를 대부분 답습했기 때문에 사실성이 높다."[5]

蔡倫이 龍亭侯로 봉해진 것은 元初 원년(114년)이었으니 "蔡侯紙"로 불리게 된 것은 그 이후의 이야기인 셈이다. 2011년 湖南省 長沙市 常德街의 古井(J482)에서 출토된 長沙常德街東漢簡牘에는 다음과 같은 석문을 가진 簡이 있다.[6]

蔡□□□千六百六十

十二月六日共計…… (2011CSCJ482②:23-3背)

첫 줄의 「蔡□□」를 李洪財는 「蔡侯帋」로 석독하고 있는데, 도판에 따르면 수긍할 수 있는 설인 것으로 보인다.[7] 「帋」가 채륜의 종이를 가리키는 문자임은 다음 절에서 기술할 것이다. 또한 J482에서는 熹平 2년(173년)과 光和 4년(181년) 기년의 한 목간이 출토되었으니 李洪財의 석독에 따르면 늦어도 靈帝期에는 「채후지」의 호칭이 존재했다는 증거가 될 것이다.

나무껍질이나 폐기물을 원료로 한 「종이」를 만들어 奏上한 것, 이후 이 「종이」가 널리 수용되어 「채후지」로 불리게 된 것, 채륜 造紙 기사의 ③에 기록된 이상의 두 가지 점은 채륜이 살았던 시대로부터 멀지 않은 시대까지 거슬러 올라가는, 신빙성 높은 사실이라고 할 수 있다. 여기에 대해 ①과 ②는 『東觀漢記』나 七家 『後漢書』 등의 佚文 중에서 같은 문장을 찾을 수 없다. 특히 ②

5 壽岳文章, 『日本の紙』(吉川弘文館, 1967), p.34.

6 長沙市文物考古研究所 編, 『長沙尚德街東漢簡牘』(岳麓書社, 2016).

7 李洪財, 「《長沙尚德街東漢簡牘》校注」(簡帛網www.bsm.org.cn, 2019.7.21.)

에는 '불편하다'는 가치 판단이 포함되어 있어 范曄에 의한 作文이라고 생각해도 좋을 것이다. ①,②에 의해 ③의 역사적 의의는 선명해졌다. 그러나 그 기술의 옳고 그름에 대해서는 後漢시대의 사료에 비추어 검증할 필요가 있다.

II 縑帛에서 종이로

1. 繒과 紙

본 절에서는 채륜 造紙기사의 ①부분부터, 후반부의 '縑帛을 사용한 경우에는 이를 紙라 하였다'는 기술을 검토하고자 한다. 전반부의 '문자를 기록하는데는 竹簡을 편철해 하는 경우가 많았다'라는 부분에 대해서는 다음 절에서 언급하고자 한다.

결론부터 말하자면, '縑帛을 사용한 경우에 이를 紙라 하였다'는 기술은 漢代의 사실을 간략하면서도 정확하게 표현하고 있다. 채후지 출현 이전 비단을 이용한 서사재료를 '紙'로 칭한 것은 출토사료로 뒷받침되기 때문이다. 2010년 湖南省에서 출토된 長沙五一廣場東漢簡牘에는 2010CWJ1③:261-23, 2010CWJ1③:263-11, 2010CWJ1③:263-86, 2010CWJ1③:283-73+283-1이라는 내용상 관련 있는 4매의 兩行 목간이 있다.[8] 그 중 표제로 여겨지는 1매

8 2010CWJ1③:261-23、2010CWJ1③:263-11、2010CWJ1③:263-86은 長沙市文物考古研究所·清華大學出土文獻研究與保護中心·中國文化遺産研究院·湖南大學岳麓書院 編『長沙五一廣場東漢簡牘(貳)』(中西書局, 2018) 수록. 2010CWJ1③:283-73+283-1은『長沙五一廣場東漢簡牘(陸)』(中西書局, 2020) 수록. 앞 3매의 簡이 관

의 簡에 다음의 기록이 있다.

> 兼左部賊捕掾則言考男子范
>
> 詣左賊 □月□日開
>
> 初不與少貴共盜趙壽繒解書 (2010CWJ1③:283-73+283-1)

이 簡의 내용은 范初라는 인물의 결백을 증명한 보고이다. 문서를 구성하던 簡이 몇 장 정도 누락되어 있어, 사안의 경위에 불분명한 부분이 적지 않지만, 사건의 발단은 다음 簡에서 엿볼 수 있다. 편의상 改行 부분은 原簡과는 차이가 있다.

> 置初舍籠中, 十月廿五日出之市, 還, 不知繒五十五匹所在. 詣御門亭長丁壽, 告壽收繫初. 少名萇, 不處姓. 萇辭, 盜十五匹, 不知餘所在. 疑初與萇共盜壽. 書到考實姦詐, 正處言. 則䛐 (2010CWJ1③:261-23)
>
> (范初의 집 방안에 두고 10월 25일 시장에 갔다가 돌아오니 繒 55필의 소재를 알 수 없었다. 御門亭長 丁壽에게 가서 壽에게 고소하여 初의 신병을 구속하였다. 少의 이름은 萇, 성은 불명이다. 萇이 진술하기를, 15필을 훔쳤지만, 나머지의 소재는 모른다고 하였다. 初가 萇과 공모해 壽로부터 훔친 것은 아닌지 의심스럽다. 이 문서가 도착하면 거짓으로 속이는 자를 조사하여 사실을 드러내 명확하게 판단을 내리고 보고하라. 則䛐)

련되었다는 것은 符奎 「長沙東漢簡牘所見"紙""帋"的記載及相關問題」(『中國史研究』, 2019-2)에, 4매의 簡이 관련되었다는 것은 蔡雨萌 「讀《長沙五一廣場東漢簡牘(伍、陸)》札記(二)」(簡帛網www.bsm.org.cn, 2021.9.17.)에 각각 지적되어 있다.

이 부분은 繒 절도의 혐의로 范初를 취조하라는 지시의 문장 말미 부분에 해당된다. 지시를 내린 것은 표제에 보이는 '左賊', 즉 臨湘縣廷의 左賊曹로 보인다. '繒'은 견직물의 총칭이다.[9] 趙壽는 絹布를 시장에서 판매하기 위해 范初의 집에 머물렀을 것이다. 蔡雨萌은 '籠'을 '물건을 간직하기 위한 상자'라고 설명했지만, 다음에 인용하는 2010CWJl③:263-11簡에서 '빈 籠의 안'에서 繒을 손에 넣었다고 하며, 또 2010CWJ1③:263-86簡에는 '范初의 籠을 빌려 임차료를 지불하지 않는다'(不雇初籠僦直)는 내용이 보이므로 '방'의 의미로 해석하는 것이 좋을 것이다.[10] '僦'는 '빌리다', '雇'는 '갚다'의 뜻이다.[11] 소재를 알 수 없는 55필 중 15필은 '少인 萇'이 훔쳤다고 자백했다. 나머지 繒의 행방에 대해서는 집 주인인 范初가 의심스러우니 조사해 진상을 규명하라는 것이 左賊曹로부터의 지시이다.

지시를 받은 兼左部賊捕掾의 대응에 불분명한 점이 남아 있지만 혐의를 받은 范初는 자신의 결백을 증명하기 위해 진범으로 지목되는 貴라는 인물에 대해 따져 물은 듯하다. 앞의 표제간에 나와 있듯이, 貴의 신분도 萇과 마찬가지로 '少'이며, 主家 范初에게 봉사하는 어린 노복이었을 것으로 생각된다.[12]

---

9 각종 絹의 호칭에 관해서는 佐藤武敏 『中国古代絹織物史研究』(風間書房, 1977)의 第二篇 「漢代の絹織物」을 참조.

10 각주8에서 蔡雨萌 논문을 인용하였다. 그 논문에서 지적하고 있는 것처럼 2010CWJ1③:263-86簡의 등장인물은 다른 간과 공통되지만, 그 내용은 방값의 지불을 둘러싼 교환으로 共盜案과 직접적인 관련은 없다. 다른 3매의 簡과 册書를 구성하고 있는가는 판단하기 어렵다.

11 『漢書』酷吏傳 田延年조에 「初, 大司農取民牛車三萬兩爲僦, 載沙便橋下, 送致方上.」 師古注 「僦謂賃之與雇直也.」 즉 「僦는 이것을 빌려 대가를 주는 것을 말한다」고 되어 있다. 宋代에 家賃을 「僦舍銭」, 「僦銭」으로 칭한 것은 加藤繁 「宋代の房銭について」(『支那経済史考証』下巻, 東洋文庫, 1952)에 상세하다.

12 周海鋒 「《長沙五一広場東漢簡牘》文書復原挙隅(一)」(簡帛網www.bsm.org.cn,

貴, 汝何從得紙. 貴曰, 我於空籠中得之. 初疑貴盜客物, 即於壽比籠瘦索, 見壁後有繒物. 初問貴, 是何等繒. 貴曰, 不知. 初曰, 汝見持繒紙, 素言不知. 即收縛貴, 付

(2010CWJ1③:263-11)

("貴, 너는 종이를 어디서 얻었느냐"고 [묻자] 貴가 말하기를 "나는 빈 방안에서 구했다"고 말했다. 范初는 貴가 손님의 물건을 훔친 것이 아닌가 의심하여 趙壽와 함께 방을 조사해 수색했는데, 벽 뒤에 繒의 類가 있는 것이 보였다. 初가 貴에게 "이게 무슨 繒인가"라고 묻자 貴는 "모른다"고 했다. 初는 「너는 繒紙를 가지고 있었는데 어찌 모른다고 빈말을 하느냐」라고 말하고, 즉시 貴를 포박하여 ……에게 인계했다.)

여기서 주목되는 것은 貴가 '紙'의 소지를 근거로 '繒' 절도의 혐의를 받고 있다는 점이다. 이는 '紙'와 '繒'의 동질성을 의미한다. '紙'를 '繒紙' 즉 '繒인 紙'라고 부르는 것으로 보아, '繒'과 '紙'는 소재와 제품의 관계였을 것이다. 『太平御覽』 卷605(文部·紙)에서 인용한 王隱의 『晉書』에서는,

依舊〔書〕長短, 隨事截絹, 枚〔放〕數重沓, 即名幡紙.

(문장의 장단에 따라 비단을 적당히 재단하고 수에 따라 겹친 것을 幡紙라고 불렀다.)

라고 하였다. 여기서 말하는 '幡'이란 布巾과 같이 布를 자른 것이므로, 「絹布

2018.12.26.)에, 「少」란 舍人과 유사한 雜役夫라고 기술했다. 타당한 설로 생각되지만 해석의 근거는 보이지 않는다. 이 논문의 존재는 飯田祥子氏의 교시에 따라 파악했다.

를 적당한 크기로 재단한 시트가 紙」라고 하는 관계가 된다. 즉 貴는 훔친 '繒'을 재단하여 '紙'로 해서 소지하고 있었다고 간주되는 것이다. 「縑帛을 사용한 경우는 이것을 紙라고 했다」라는 ①의 기술은 이러한 「繒」과 「紙」와의 관계를 염두에 두면 잘 알 수 있다.[13] 또한 長沙五一廣場東漢簡牘으로 불리는 簡牘群은 모두 하나의 古井(J1)에서 출토되었는데, 확인할 수 있는 기년의 상한선은 章帝 章和4년(실제로는 和帝 永元2년, 90년)이며, 하한은 安帝 永初6년(112년)이라고 한다.[14] 趙壽의 繒 절도 사건이 발생한 것은 마침 채륜이 종이를 奏上한 전후의 시기가 된다.

「繒」과 「紙」의 관계가 명확해지면, 채후지 보급의 실태와 채륜의 의도가 보이게 된다. 채륜 造紙기사에 보이는 '지(紙)'자는 모두 같은 의미, 즉 「縑帛을 이용한 서사재료」이기 때문에 '채륜이 종이를 만들었다'는 문장은 '채륜이 縑帛을 사용한 듯한 서사재료를 만들었다'는 것을 의미한다. 채후지의 실체는 식물섬유 시트로서 견직물인 '紙'와는 완전히 별개의 것이지만, 縑帛에 필적하는 품질을 갖추고 있었기 때문에 '蔡侯의 紙'라고 불리며 환영받았다. 오해를 두려워하지 않고 말한다면, 채후지란 '縑帛을 이용한 紙'의 가짜이며, 이 양자의 관계는 人絹(rayon)과 비단(silk)에 비유될 수 있다. 특히 吉田光邦은 채륜의 종이를 평하여 '가짜 비단'이라고 부르고 있다.[15] 縑帛에 필적하는 품질

---

13 각주8 符奎 論文에서는, 長沙五一廣場東漢簡牘에 보이는 「紙」가 「絲質紙」, 즉 「絹을 소재로 한」 것이라고 바로 지적했지만, 그것이 서사재료로서 사용된 것인지, 絹製品의 일종에 불과한 것인지는 간문 중에 언급이 없어 명확히 판단하기 어렵다고 기술하고 있다. 그러나 「紙」로 분명히 말한 이상, 첫 번째 의미로는 서사재료로서의 사용을 전제로 한 것으로 생각해도 좋을 것이다.

14 長沙市文物考古研究所·清華大學出土文獻研究與保護中心·中國文化遺産研究院·湖南大學岳麓書院 編『長沙五一廣場東漢簡牘(貳)』(中西書局, 2018), p.2.

15 吉田光邦, 「紙と文明」(日本·紙アカデミ一編『紙—七人の提言—』, 思文閣出版, 1992), p.18.

의 서사재료를 저렴한 가격에 제공한 것이 채륜에 의한 제지법 혁신의 목적이며, 동기는 역시 '縑은 고가'라는 현실이었을 것으로 생각된다.

2. 紙와 帋

後漢代 후반 이후 '帋'라는 문자가 사료에 나타난다. '蔡侯帋'라는 기록을 앞서 인용했지만, 같은 長沙常德街東漢簡牘에는 다음과 같은 기재도 보인다.[16]

帋五十枚百七十五

糞處菝十一

伍佰□□取二百作諸笋軔石

市買魚鮓二千□筭用二百卌二

廿六日計所用二萬一千八百八十錢已計 (2011CSCJ482②:7-1背)

이 簡은 양면을 이용한 출납부이지만 뒷면만을 인용하였다[17]. 『初學記』 卷21(文部·紙)에 張揖의 『古今字詁』를 인용해 다음과 같이 말한다.

又魏人河間張揖上古今字詁, 其巾部云, 紙今帋, 則其字從巾之謂也.

(또 魏나라 사람인 河間의 張揖이 '古今字詁'를 바쳤는데, 그 巾部에 '紙는

---

16 출처는 각주6과 동일.

17 간 正面의 기재는 2단으로 되어 있지만, 그 아래 3단째 文頭의 문자가 확인된다. 폭이 넓은 木牘을 절반 정도로 절단한 것으로 생각된다.

지금의 帋'라고 한 것은 그 글자가 巾을 따른다는 의미이다.)

張揖은 '紙'와 '帋'가 古今字의 관계라고 설명하고 있다. 상술한 바와 같이 '紙'자는 縑帛을 재단한 것을 가리키므로 이 해석은 다소 부정확하나 '帋'가 후기의 문자임에는 의심의 여지가 없다. 아마도 새로 나타난 채륜의 紙를 縑帛에서 유래한 '紙'와 구별하기 위해 고안되었을 것이다. 糸[絹] 부수가 아닌 巾[布]을 따르고 있는 것은 채후지가 古布를 원료로 하기 때문이다.[18]

상기 출납부의 정면에는 「縑五尺百七十五」라고 하여, 5尺의 縑이 50매의 帋와 등가로 되어 있다. 縑布의 품질은 다양하겠지만 여기에 기록되어 있는 것은 고급스러운 부류가 아닐까? 敦煌 출토 縑布 중에는 다음과 같은 묵서를 가진 것이 있다.[19]

任城國亢父縑一匹, 幅廣二尺二寸, 長四丈, 重廿五兩, 直錢六百一十八.

(T.xv.a.i.3)

(임성국 항부현의 縑 1匹, 폭 2尺2寸, 길이 4丈, 무게 25兩, 가격은 618전.)

이 경우 帋 50枚와 縑 1.1丈 정도가 등가라는 계산이 나온다. 帋 1매의 크기가 불명확하므로 정확한 비교는 할 수 없지만, 대량 소비될 정도로 싸지는 않았다고 말할 수 있을 것이다. 출납부에 50매라고 하는 숫자로 적혀 있는

---

18 清 章宗源의 『隋書經籍志考証』 卷10(小學類·古今字詁)는 「帋」자에 대해, 「後和帝元興中, 中常侍蔡倫以故布擣到作紙, 故字從巾.」으로 말하고 있다.

19 Édouard Chavannes, Les documents chinois découverts par Aurel Stein dans les sables du Turkestan oriental, Oxford, 1913. 王国維는 이 墨書에 대해 「又攷後漢書光武十王傳, 順帝時羌虜數反, 任城王崇輒上錢帛佐邊費, 故任城國之縑得遠至塞上歟.」로 고증하고 있다.(『流沙墜簡』, 東山学社, 1914, 屯戍叢残43葉b)

것은 그것이 유통될 때의 단위인 것으로 보인다. 2004년에 長沙東牌樓 7號 古井에서 출토된 後漢 말기의 木牘(J7:1058)에는「行帋五十枚」, 즉 '통행되는 帋 50매'라는 기재가 보인다.[20] 또한 1974년 南昌 東湖區 永外正街 晉墓에서 출토된 木方(Ml:38)에는 47종의 부장품이 열거되어 있는데, 그곳에도 벼루나 붓·먹 등과 함께 '帋一百枚'라고 기록되어 있다.[21]

'帋'자가 새롭게 고안된 한편, 淸水茂가 지적한 대로 채륜 직후의 시기에 벌써 채후지를 가리키는 의미로 '紙'자가 사용되고 있었다.[22] 예를 들면『藝文類聚』卷31(人部·贈答)에 인용된 後漢 崔瑗이 葛元甫에게 보낸 서신에는 다음과 같은 구절이 있다.

> 今遣奉書, 錢千爲贄, 并送許子十卷. 貧不及素, 但以紙耳.
>
> (여기에 편지를 보내게 하고 금 1,000전을 예물로 삼고 아울러『許子』10권을 보내드립니다. 가난해서 '素'를 사지 못하고 '紙'에 베꼈을 따름입니다.)

여기서 말하는 '紙'는 '素(白絹)'와 대비되어 있어 채후지를 가리키는 것이 틀림없다. 崔瑗은 채륜보다 조금 늦지만 거의 동시대 인물이다. 傳世文獻의 경우 轉寫의 과정에서 '帋'를 '紙'자로 고쳐 썼을 가능성도 부정할 수 없지만, 두 글자의 구별이 곧 상실되어 가는 것은 확실한 듯하다. 예를 들어『大廣益會玉篇』巾部에는「帋, 之爾切, 亦作紙」라는 기록이 보인다. 縑帛을 서사재료로 사용할 기회가 상대적으로 줄어든 결과 채후지의 의미로 '紙'자를 사용

---

20 長沙市文物考古研究所·中国文物研究所 編,『長沙東牌楼東漢簡牘』(文物出版社, 2006).

21 江西省博物館,「江西南昌晋墓」(『考古』, 1974-6).

22 각주4 淸水 논문, 169쪽 이하.

해도 혼란의 염려가 사라졌던 것으로 보인다. 그래서 본문에서도 이하에서는 '紙'자의 의미를 전환해, 식물 섬유 시트를 가리키는데 사용할 것이다. 본래 비단 재질의 서사 재료를 지칭하는 경우에는 「縑帛을 이용한 紙」라고 표현할 것이다.

崔瑗의 서신은 한편으로 종이가 서적의 필사에 사용되었음을 알려준다. 더구나 가난해서 白絹을 살 수 없었던 崔瑗의 서신 자체도 종이에 적혀 있었음이 틀림없다. 樓蘭 유적에서 발굴된 殘紙類는 채륜으로부터 150여 년 떨어진 魏晉시대의 유물이지만 적혀 있는 내용의 대부분은 서신이며, 일부가 書物로서 행정문서나 簿籍의 종류는 거의 찾아볼 수 없다. 이는 後漢시대 종이의 용도를 계승하고 있을 뿐만 아니라 채후지가 보급되기 이전의 '縑帛을 이용한 紙'의 용도와 일치한다[23]. 戰國부터 後漢대까지의 출토 유물에 한하면 서사재료로서의 縑帛(이른바 帛書)에 기록된 내용은 繪畫의 종류를 차치하고, 서적과 서신에 국한된다. 종이는 그 용도에서도 '縑帛을 이용한 紙'를 답습하여 서적과 서신의 서사매체로 보급되었다. '縑帛을 이용한 紙'와 종이는 형상이 동일했기 때문에 그 이행이 용이했을 것이다.

III 簡牘의 지속성

그렇다면 "무겁고 불편한" 簡牘도 곧바로 종이로 넘어간 것일까? 본 절에서는 채륜 造紙기사의 ②부분, '簡은 무겁고 사용자에게 불편하였다'는 기술에 대해 검토하고자 한다.

23 각주1 籾山 논문.

이 문제를 생각할 때도 역시 樓蘭 유적의 출토유물이 단서를 준다. 누란에서는 종이 서적이나 서신 외에 같은 시대의 木簡 또한 출토되었는데, 그 용도는 割符나 簿籍, 문서 등에 한정되었다. 즉 3세기 중반 누란에서는 서적과 서신은 종이에 쓰고, 행정문서나 簿籍의 종류는 목간을 사용하는 것처럼 서사재료가 구분되어 있었다.[24] 채후지가 출현한 지 오랜 시간이 지났음에도 불구하고 여전히 簡牘이 사용되고 있었던 셈이다. 그것이 누란만의 특수성이 아님은 長沙 走馬樓에서 출토된 대량의 吳簡(木簡·竹簡 모두 포함)을 보면 분명할 것이다. 적어도 행정 현장에서는 簡牘이 빠르게 종이로 이행되는 현상은 찾아볼 수 없다. 이행을 막은 요인으로는 재질이 견고하다는 점과 데이터의 정렬이 용이한 점 등 簡牘 고유의 특성이 금방 떠오른다. 그것도 분명히 큰 요인이라고는 생각하지만, 여기에서는 또 하나, 종래에 별로 지적되지 않았던 점에 주목하고 싶다. 그것은 곧 簡牘의 조달이 용이하다는 것이다.

竹,木材를 簡牘으로 가공하는 것은 특별한 기술이나 설비를 필요로 하지 않는다. 王充의 『論衡』 量知篇에 이를 잘 보여주는 문장이 있다.

> 故夫穀未舂蒸曰粟, 銅未鑄鑠曰積石, 人未學問曰矇. 矇者, 竹木之類也. 夫竹生於山, 木生於林, 未知所入. 截竹為筒, 破以為牒, 加筆墨之跡, 乃成文字, 大者為經, 小者為傳記. 斷木為槧, 析之為板, 力加刮削, 乃成奏牘. 夫竹木, 麤苴之物也, 彫琢刻削, 乃成為器用. 況人含天地之性, 最為貴者乎.
>
> (그러므로 탈곡이나 찌지 않은 곡식을 粟이라고 하고, 용해·정련되지 않은 銅을 積石이라고 하며, 학문을 하지 않은 인간을 矇이라고 한다. 矇이란 대나무나 나무와 같은 류이다. 애초에 대나무는 산에서 나고 나무는 숲에 자

24 冨谷至, 「三世紀から四世紀にかけての書写材料の変遷—楼蘭出土文字資料を中心に—」(冨谷 編, 『流沙出土の文字資料—楼蘭·尼雅文書を中心に—』, 京都大学学術出版会, 2001年), 또한 각주1 籾山 논문 참조.

라고 있어 그때는 아직 쓰임새를 알 수 없다. 대나무를 자르면 筒이 되고, 쪼개면 牒이 되며, 필묵의 흔적을 더했다면, 이에 문장이 되고, 큰 것은 經書가 되며, 작은 것은 傳이나 記가 된다. 나무를 자르면 槧이 되고, 析하면 板이 되는데, 이를 평평하게 깎았다면, 이에 奏牘이 된다. 대체로 대나무나 나무는 조야한 물건이지만 손질하면 도움이 되는 것이 된다. 하물며 인간은 천지의 性을 내포하고 있어 가장 귀한 것이므로 더욱 그렇다.)

학문에 의한 인격 형성을 죽·목이 經書나 傳·記, 奏牘이 되는 과정에 비유한 문장이지만, 여기서 주목하고 싶은 것은 가공 작업의 내용이다. 산과 숲에서 벌채된 대나무 '筒'이나 나무 '槧'은 자르고 쪼개어 표면을 평평하게 깎으면 서사 재료로서의 簡牘이 된다. 이 공정이 그리 복잡하지 않은 것은 분명할 것이다. 쪼개는 것이든 깎는 것이든 몇 가지의 공구가 있으면 되고 약간의 요령을 습득하면 특별한 기능이나 工房도 필요하지 않다. 따라서 簡牘의 작성은 기본적으로 사용자의 몫이었다. 居延漢簡에는 다음과 같은 기재가 보인다.[25]

出錢二百買木一, 長八尺五寸, 大四韋, 以治罷卒籍. 令史護買. (EPT52: 277)
(200전을 지출하여 材木 1그루, 길이 8척5촌, 굵기 4韋의 것을 샀고, 그것으로 퇴역하는 戍卒의 名籍을 만들었다. 令史인 護가 샀다.)

원목 벌채는 전문 나무꾼에 의한 것이겠지만, 베어낸 목재는 사용자인 관공서(이 경우는 候官)에서 목간으로 가공했다. 이 가공 작업이 漢簡에 보이는 '削工'으로 일반 戍卒들이 담당하는 작업으로 여겨졌다.[26] 서북지구 출토 한

25 張德芳 主編, 『居延新簡集釋』(甘肅文化出版社, 2016).

26 削工에 대한 논의는 汪桂海, 「漢代官府簡牘的加工、供應」(『簡帛研究二〇〇九』, 廣西師範大學出版社, 2011)을 참조.

간의 경우 簡材의 대부분은 현지 수종에서 유래했기 때문에 구입처는 그 지역이었을 것으로 보인다.

이처럼 簡牘이라고 하는 서사재료의 특징은 제작의 용이성에 있다. 원재료가 산림에서 자라는 대나무·나무임을 감안하면 조달의 용이성이라고 해도 좋을 것이다. 그것은 대량의 문서나 簿籍을 다루는 현장에 있어 좋은 조건임에 틀림없다. 문자를 깎아내어 재사용이 용이하다는 점도 좋은 조건으로 꼽힌다. "무겁고 불편하다"고 하는 감각을 행정 현장을 담당하는 서기들이 품은 것 같지는 않다.

이에 비해 종이는 수공업 제품이다. 채륜이 제지법을 고안한 것은 그가 尙方令, 즉 궁정 工房의 장이었던 사실과 무관하지 않다.[27] 직물인 縑帛에 비하면 제작에 소요되는 시간과 번거로움은 훨씬 적지만 그래도 종이를 만들기 위해서는 최소한 '剉(새기다)', '擣(찧다)', '抄(뜨다)'라는 여러 작업으로 이루어진 공정과 이를 위한 설비와 장소가 필요했다.[28] 漢魏 시대 종이 생산과 공급에 관해서는 향후 연구에 맡길 부분이 적지 않지만, 어떻게 생각하더라도 다수의 관부가 스스로 자급할 수 있는 것은 아니었을 것이다. 종이는 전문 공방이 생산해 완성된 제품 상태에서—50매, 100매를 단위로—공급되었다고 추정된다. 조달의 용이성이라는 점에서 보면 종이는 簡牘에 크게 못 미친다. 행정 현장에서 簡牘을 즉시 종이로 전환하는 것은 어려웠을 것이다.

그렇다면 채륜 造紙기사의 ②부분에 '簡은 무거워'라고 쓴 것은 范曄의 잘못이었을까? 그럴 가능성도 부정할 수 없지만 보다 개연성이 높은 것은 채륜 造紙의 문장을 찬술할 때 행정의 장에서 사용되고 있는 簡牘을 염두에 두

---

27 宦者列傳은 尙方令의 지위에 오르기 전 蔡倫에 대해 「每至休沐, 輒閉門絶賓, 暴體田野.」라는 이야기를 전한다. 야외 노동에서 얻은 경험, 식견이 제지법 개량의 힌트가 되었을 가능성을 충분히 상정할 수 있다.

28 각주2 인용 潘吉星의 저서, 36쪽 이하 부분 참조.

지 않았을 가능성이다. 채후지는 우선 書籍과 서신의 서사매체로 보급되었다. 이런 사실을 范曄이 알고 있었다면 채륜의 공적을 서술할 때 행정문서나 簿籍의 종류는 그의 시야에 들어오지 않았던 것은 아닐까? ①에 '竹簡을 엮다[編]'라고 되어 있는 것을 보면, 염두에 두었던 것은 무엇보다도 서적이었을 것이다. 다시 『論衡』 量知篇의 문장을 돌이켜보면 「竹이 經書나 記·傳이 되고, 木이 奏牘이 된다」는 대비가 눈에 띈다. 이러한 대비는 儒子[학자]와 文吏[관리]의 지식을 헤아린다고 하는 量知篇의 주제와 관련되지만, 서적에 竹簡, 공문서에 木簡을 사용하는 서사재료의 경향성을 감안한 비유이기도 했을 것이다.[29] 그렇다면 '簡은 무거워'의 '簡'자는 위 글의 '竹簡'을 계승하고 있으므로, 역시 마찬가지로 '서적에 사용되는 竹簡'의 의미로 읽는 것이 타당하다는 것이다. 가벼운 帛書를 아는 漢代의 지식인이 본다면 竹簡을 엮은 서적은 분명 "무겁고 불편"했을 것이다.

『後漢書』 宦者列傳의 채륜 造紙기사는 서적의 세계에서 일어난 일로 읽혀져야 한다. 일찍이 井上進은 『論衡』 量知篇의 기술을 바탕으로 「1세기 말이 되어도 서적이라고 하면 먼저 竹을 소재로 만든 것이라는 생각이 상식이었다」며 채륜 造紙기사를 「서적 소재의 주역 교체」라는 문맥 속에 위치짓고 있다.[30] 타당한 해석이라고 해야 할 것이다. 종이라는 서사재료가 행정의 장에 도입되는 단서에 대해서는 채륜 造紙기사로부터 벗어나 논의하는 것이 적절하다고 생각된다. 이어지는 절에서는 두 가지 예를 들어 이 문제에 대한 초보적 견해를 말해 보고 싶다.

---

29 이것은 어디까지나 경향성이며, 절대적인 사용 구분은 아니다. 走馬樓呉簡에 竹簡으로 만든 공문서나 簿籍이 대량으로 포함되는 것도 주지하는 바와 같다. 또 武威漢墓에 副葬된 『儀礼』 甲·乙本은 木簡에 經書를 기록한 예이다.(甘肅省博物館·中國科學院考古研究所 編, 『武威漢簡』, 中華書局, 1964).

30 『中國出版文化史—書物世界と知の風景—』, 名古屋大學出版會, 2002, pp.40-42.

IV 행정에서의 종이[紙] 도입

1. 魏武令

행정의 도구[tool]로서 최적의 조건을 갖춘 簡牘을 즉시 종이로 대체하는 것은 불가능했다. 그렇다고는 하지만 簡牘이 縑帛이나 종이보다 무겁고 부피가 큰 것도 사실이었다.[31] 가볍고 저렴한 채후지가 출현하면 가능한 곳에 종이를 이용하는 시도가 생겨도 이상할 게 없다. 선학에 의해 이미 지적된 사료이지만, 『初學記』 卷21(文部·紙)에 인용된 「魏武令」, 즉 조조의 令은 그러한 시도의 선구라 할 수 있다.

> 魏武令曰, 自今諸掾屬、侍中、別駕, 常以月朔各進得失, 紙書函封. 主者朝, 常給紙函各一.
>
> (위나라 무제의 令에 말한다. 앞으로 모든 掾屬·治中·別駕는 항상 매월 삭일에 각각 得失을 진상하는데, 종이에다 쓰고 함에 封入하라. 책임자는 조회를 할 때 항상 종이와 함을 한 점씩 지급하라.)

'侍中'은 아마도 '治中'의 오기이다. 治中, 別駕는 州刺史를 보좌하는 요직이다.[32] 그 앞에 위치한 掾屬은 중앙 諸 관부의 속관을 지칭할 것이다. 後漢

---

31 簡牘의 부피나 중량에 관해서는 邢義田, 「漢代簡牘的体積、重量和使用-以中研院史語所藏居延漢簡為例-」(『地不愛宝—漢代的簡牘—』, 中華書局, 2011)을 참조.

32 『資治通鑑』 漢紀58에 龐統을 治中·別駕에 임용하도록 한 魯肅의 서신을 인용했는데 그 胡三省의 注에서 「百官志, 司隷校尉, 從事史十二人. 功曹從事, 主選署及衆事. 別駕從事, 校部、行部則奉引, 録衆事. 州牧則改功曹從事爲治中從事. 杜佑曰, 別駕從事史, 從

시대 황제는 災異가 있을 때 天譴의 원인이 된 실정을 지적하도록 신하들에게 요구하는 경우가 있었다. 예를 들어 『後漢書』 明帝紀에는 永平8년(65년) 겨울에 개기일식이 출현하자 명제가 '기탄없이 생각하는 바를 말하라(極言無諱)'고 조칙을 내리고 '그러자 官位에 있는 자는 모두 封事를 올려 각각 득실을 말했다(於是在位者皆上封事, 各言得失)'고 밝히고 있다. 封事란 내용이 드러나지 않도록 皂囊(검은 천주머니)에 넣어 上聞하는 형식이다.[33] 아마도 이러한 관행을 감안하여 정치에 대한 기탄없는 의견을 구하고자 한 것이 조조의 의도였을 것이다. 令文에는 "得失"이라고 되어 있지만 실제로 요구된 것은 실정의 지적이었다고 생각된다.[34]

여기서 주목되는 것은 받는 쪽에서 종이와 함을 지급하고 있다는 점이다. 이는 종이가-송달용 함과 아울러-아직 행정 도구[tool]로 보급되지 않았음을 의미한다. 의견서의 문체·서식은 알 수 없으나 지급된 것이 종이 한 장인 것으로 보아 요점만을 적은 짧은 문장이었을 것으로 추측된다. 「항상」이라고 되

刺史行部, 別乘一乘傳車, 故謂之別駕. 治中從事史, 居中治事、主衆曹. 功曹, 主選用.」이라고 말하고 있다. 다만 현행 『通典』 職官14에서는 「主衆曹」를 「主衆曹文書」로 적고 있다.

33 封事와 皂囊에 대해서는 馬怡, 「皂囊与漢簡所見皂緯書」(『文史』, 2004-4)를 참조.

34 『三國志』 魏書 武帝紀 建安11년조의 裴松之注에 인용된 『魏書』 「十月乙亥令」으로서, 조조가 자신의 실정을 지적하도록 요구한 令이 있다. 令의 文末에는 「自今以後, 諸掾屬治中、別駕, 常以月旦各言其失, 吾將覽焉.」이라 하여 『初學記』에 인용된 「魏武令」과 흡사한 지시로 끝맺고 있어, 양자가 동일한 텍스트에서 유래했을 가능성도 엿볼 수 있다. 川合康三 編譯, 『曹操·曹丕·曹植詩文選』(岩波文庫, 2022) 78쪽에서는 「十月乙亥令」을 「官人들에게 자신에 대한 비판을 상주하도록 요구한 令」, 「魏武令」을 「官人에게 자기 평가를 요구하는 令」으로 설명하고 있다. 필자도 舊稿에서는 마찬가지로 「魏武令」을 「정무보고를 요구했다」고 이해했지만(각주1 籾山 논문, 112쪽 참조), 그렇게 되면 官人들은 매월마다 조조에 대한 의견뿐만 아니라, 자기 정무에 대한 반성도 상신해야 했을 것이다. 이것은 좀 번거로운 의무가 아니었을까?

어 있으므로, 매월 의견서 제출은 정례화되었을 것이다. 그러나 동시에 그것이 조조 개인의 발안에 따른 정책이라는 점도 유의해야 할 것이다. 종이는 우선 기존의 제도 바깥에서 행정의 장으로 반입되었던 것이다. '函'을 이용한 의사 전달은 『三國志』 魏書 張遼傳에도 보인다.

> 太祖既征孫權還, 使遼與樂進、李典等將七千餘人屯合肥. 太祖征張魯, 教與護軍薛悌, 署函邊曰, 賊至乃發. 俄而權率十萬圍合肥, 乃共發教, 教曰, 若孫權至者, 張、李將軍出戰, 樂將軍守護軍, 勿得與戰.
>
> (태조[조조]는 손권에 대한 정벌에서 귀환하며 장요에게 명하여 악진, 이전 등의 장군과 함께 7천여 명의 군사를 이끌고 합비에 주둔시켰다. 태조는 장로에 대한 정벌을 하면서 教(지령서)를 護軍 薛悌에게 주었는데 函의 가장자리에는 "적이 쳐들어오면 열어라"라고 적혀 있었다. 곧 손권이 십만의 군세로 합비성을 포위하자 다 같이 教를 열어보니 教에는 "만일 손권이 쳐들어오면 장료, 이전 장군은 성을 나가 싸우고, 악진 장군은 護軍을 지키고 적과 싸워서는 안 된다"고 적혀 있었다.)

教가 函에 封入되어 있었음은 분명하다. 서사재료는 명기되어 있지 않지만 종이였을 가능성도 부정할 수 없다. 그렇다면 魏武令에서 정한 「紙書函封」은 조조에게 익숙한 방식을 채택한 것이 된다. 참고로 과거 拙稿에서 논한 바와 같이 魏晉시대의 종이 私信 역시 접어서 函에 封入하는 형식으로 발송되었다.[35]

35 籾山明, 「魏晋楼蘭簡の形態—封検を中心として—」(각주1 인용 籾山 저서 수록).

2. 樓蘭殘紙

앞서 樓蘭의 예를 들어 "서적과 서신은 종이에 적고 행정문서나 簿籍의 류에는 木簡을 사용한다"고 기술했지만, 정확히 말하자면 樓蘭 출토 종이 중에는 3점 정도 簿籍으로 보이는 기재를 가진 예가 있다.[36] 그 중 1매를 검토해 보자. 오렐 스타인이 LA유적, 즉 西域長史府 터에서 발굴한 殘紙로, 한 면에는 장부, 다른 한 면에는 공문서 초고로 여겨지는 문장이 적혀 있다.[37] 초고는 불필요해진 장부의 뒷면을 재사용했을 것으로 추측되므로 검토 대상에서 일단 제외한다. 장부의 첫머리는 결손되었지만 아래의 11행을 읽을 수 있다.[38]

出床廿八斛六☐

出床三斛七斗稟☐☐☐兵胡虎等 ☐十日

出床五十斛四斗稟兵賈秋伍何錢虎等廿八人日食六升☐

出床四斛稟兵曾虜王羌奴二人起九月一日盡廿日人日食六升☐ ☐人日食八升

行書入郡

出床四斛四斗稟兵孫包吳仁二人起九月一日盡十日=食六升☐☐☐盡月卅日

---

36 樓蘭 출토 종이 簿籍에 대해서는 각주24 인용 冨谷 논문에 상세하다.

37 각주24 인용 冨谷 논문 496쪽에서는 帳簿가 「용무가 끝난 단계에서 그 뒷면에 편지 초고가 쓰여졌다」라고 추정하고 있지만, 「有異復白(바뀐 것이 있으면 다시 말씀드립니다)」라는 문구가 보이므로 적혀 있는 것은 공문서의 초고일 것으로 생각된다. LA를 西域長史府로 비정하는 대표적 견해로는 孟凡人, 「樓蘭故城的性質」(『新疆考古論集』, 蘭州大学出版社, 2010) 및 林梅村, 『漢唐西域与中国文明』(文物出版社, 1998) 등을 들 수 있다.

38 각주19 인용 Chavannes의 저서.

人日

八升行書入郡

出床十二斛六斗稟兵衞芒等七人 = 日食六升起九月一日盡卅日

出床五斛四斗稟高昌士兵梁秋等三人日食六升起九月一日盡卅日

出雜穀百八十七斛四斗

其二斛麥 百八十五斛四斗□▨ □□□

(LA.vi.ii背)

樓蘭지구에 주둔하는 병사의 한 달을 단위로 한 식량지급 집계부이며, 말미의 두 줄이 합계에 해당한다. 결손이 적은 6~8행을 해석하면 다음과 같다.

수수를 4斛4斗 지출하여 병사 孫包와 吳仁 2명에게 지급. 9월1일부터 30일까지, 1일 식량은 6升. (일부 결손)...月의 30일까지, 1인당 하루에 8升. 行書入郡.

수수 12斛6斗 지출하여 병사 衞芒 등 7명에게 지급. 1인당 1일 식량은 6승. 9월 1일부터 30일까지의 몫.

'行書入郡'은 郡(아마도 敦煌郡)에 문서를 배달하기 위해 갔다는 의미. 누란 출토 목간에 '行書兵'(LA.vi.ii.055)으로 되어 있는 것은 그러한 임무를 맡은 병사일 것이다. 통상 지급량은 1인당 1일 6升이지만, 行書 기간(孫包와 吳仁의 경우 20일간)은 1일당 8升이 지급되고 있다.

9행에 보이는 梁秋라는 병사는 역시 LA에서 출토된 아래의 斷簡에도 등장한다.[39]

---

39 각주19 인용 Chavannes의 저서.

出床二斛四斗稟兵劉□☒

兵梁秋等四人 = 日食六升☒ (LA.vi.ii.0211正)

領功曹掾梁鸞☒ (LA.vi.ii.0211背)

長澤和俊에 따르면 뒷면에 이서를 하고 있는 梁鸞가 領功曹掾이었던 것은 泰始3년(267년) 무렵의 일이고, 梁秋도 비슷한 시기의 인물이므로 종이 장부 연대는 자연스럽게 좁혀진다.[40]

樓蘭에 주둔한 병사들에 대한 식량 지급 기록은 위의 斷簡을 비롯해 LA 출토 木簡에 많이 보인다. 완정간의 예로서 스벤 헤딘이 발굴한 다음의 1매를 인용한다.[41]

A. 出床卌一斛七斗六升給稟將尹宜部兵胡支

鸞十二人 = 日食一斗二升起十月十一日盡十一月十日

B. 泰始二年十月十一日倉曹史申傳監倉史翟同

闞攜付書史杜阿 (Co.50正)

C. 録事掾闞淩 (Co.50背)

(A. 수수를 41斛7斗6升 지출하여 將인 尹宜가 관할하는 兵, 護支鸞 외 12명에게 지급. 1인당 하루 식량은 1斗2升. 10월 11일부터 11월 10일까지의 몫.

B. 泰始2년(266년) 10월11일, 倉曹史인 申傳와 監倉史인 翟同과 闞攜가 書史 杜阿에게 건넴.

C. 録事掾 闞淩)

40 長澤和俊, 「魏晉樓蘭屯戍の實態」(『樓蘭王國史の研究』, 雄山閣, 1996), pp.210-213.

41 August Conrady, *Die chinesischen Handschriften-und sonstigen Kleinfunde Sven Hedins in Lou-lan*, Stockholm, 1920.

A가 簡의 정면 상단, B가 하단에 기재되어, 상·하단 사이에 굵은 두 줄의 가로획과 긁힌 세로획 및 두 개의 묵점이 있다. 가로세로의 획과 묵점은 '合同'을 뜻하는 '同'자를 반으로 접은 형태에서 유래한 것이므로 이 목간은 본래 식량 지급 현장에서 작성된 割符임에 틀림없다. 뒷면 C의 이서를 하고 있는 錄事掾은 西域長史 門下의 主簿를 섬기는 서기이기 때문에 식량의 지급 주체는 西域長史府인 셈이다.[42] 흥미로운 점은 '傅', '同', '闞携'의 문자가 다른 필체로 되어 있다는 점이다. 이는 아마도 수령자 측의 書史 杜阿가 A·B의 文面을 쓰고, 지급 현장에서 지급자 측의 倉曹史 申傅와 監倉史인 翟同·闞携에 보여주어 서명을 받고, 그 후에 분할한다는 割符 작성 절차를 나타내고 있는 것이다.

스타인 발굴 종이 集計簿는 이러한 割符를 바탕으로 작성된 것으로 보인다. 즉, 그것은, 개개 割符의 기재로부터 지급양·대상·費目의 각 항목을 뽑아 編列해, 총계를 덧붙이는 형태로 되어 있다. 바꿔 말하면, 割符의 「同」마크보다 상단 부분, A만을 轉記·집계한 것이다. 출납 업무에 관여한 吏의 정보가 모두 생략된 것은 그 목적이 식량 지급 결과 집계에 있었기 때문일 것이다. 그것은 또한 轉記 방향이 '割符에서 종이로'이지, 그 반대는 아님을 의미한다.

이러한 割符가 집적되는 것은 지급 실무를 총괄하는 기관일 것이므로, 종이 집계부를 작성한 것은 倉曹임에 틀림없다. 그 목적은 식량의 지급 결과를 월별로-아마 西域長史에 대해-보고하기 위해서였을 것으로 추측된다. 양식상으로는 簿籍이지만 기능적으로는 문서라는 것이다.[43] 漢代에 있어 폭이 넓

---

42 孟凡人, 「樓蘭簡牘与西域長史機構職官系統的復原」(각주38 인용 孟凡人 저서 수록) 및 각주40 인용 長澤 논문 200쪽.

43 居延漢簡 簿籍이 文書의 기능을 가지는 것은 永田英正, 『居延漢簡の研究』(同朋舎, 1989)가 일찍이 지적하였다. 籾山明, 「日本における居延漢簡研究の回顧と展望―古文書学的研究を中心に―」(각주1 인용 籾山 저서 수록)에서는 텍스트의 기능 변화를 고문서학의 문제로서 논하였다.

은 木牘이나 冊書가 맡은 기능이지만, 확정된 집계 결과의 보고가 목적이라면 굳이 簡牘을 사용할 필요는 없다. 이러한 결과의 보고 또한 행정의 장에 종이가 도입되는 계기 중 하나가 되지 않았을까? 다만 이 경우 기록의 보존이라고 하는 기능을 종이가 담당하게 된 것인지는 集計簿의 뒷면이 재사용되고 있는 사실을 보면 다소 의문이 든다. 정보의 전달을 마친 종이 문서는 일찌감치 역할을 끝낸 것으로 보인다. 그렇다고 해도, 영세한 사료를 근거로 추론을 거듭하는 것은 삼가고 싶다. 행정의 장에서 簡紙 병용의 실태는 새로운 사료의 출현을 기다려 木簡과 종이의 유기적 관련이라는 관점에서 고찰되어야 할 것이다.

V 맺음말

가짜 縑帛으로서 만들어진 채륜의 종이는 '縑帛을 이용한 紙'의 용도를 답습하여 서적과 서신의 서사매체로 우선 보급되었다. 이 결론이 옳다고 한다면, 나아가 그 유인으로서 상정되는 것은, 저렴한 서사 재료를 요구하는 사회적 요구였다고 생각된다. 단적으로 말해 서적의 수요 증가라는 것이다. 이 글의 첫머리에서 종이의 보급에 따라 학술의 존재 형태가 변용되었다는 淸水茂의 견해를 인용하였다. 확실히 그가 말한 대로 기술의 변화가 새로운 학풍을 가능하게 했음은 부정할 수 없다. 그러나 그 반대로 학술계의 동향이 새로운 기술의 출현을 촉진할 수도 있을 것이다. 학술 변화와 기술 혁신과의 관계는 쌍방향적으로 파악해야 한다고 본다.

한편 행정의 현장에서는 3세기 이후 종이가 도입되기 시작해 簡紙 병용이라 불러야 할 단계에 들어간다. 이 병용의 역사적 전개를 좇는 것은 향후 연구에 맡기는 부분이 적지 않지만, 한 가지 확실하게 말할 수 있는 것은 簡牘의 사용이 唐代에 이르기까지 계속되었다는 것이다. 2019년부터 이듬해까지 신강위구르자치구 尉犁縣에 있는 唐代 烽燧 1기가 발굴 조사되어 종이 문서와 木簡이 총 861점 출토되었다.[44] 발굴간보에서는 그 극히 일부분, 목간 3건과 종이문서 4건이 소개되는데 그쳤지만 목간과 종이 모두가 행정문서에 포함되어 있다는 점에 주목하고자 한다. 그 중의 1점, 목간의 「狀」(실상 보고)의 文面을 아래에 인용한다.

> 臨河烽狀上, 當烽四面羅截一無動靜, (HD1:29正)
> 及烽子五人并得平安. 開元四年八月十日, 烽師蔣果. (HD1:29背)
> (臨河烽으로부터 보고하겠습니다. 봉수 사방의 巡邏에서는 아무런 움직임도 탐지되지 않았고, 또 烽子 5인도 모두 평온, 무사합니다. 開元 4년(716년) 8월 10일, 烽師 蔣果.)

40자가 채 되지 않는 단문이지만, 목간에 의한 정보 전달이 8세기에 이르러서도 이루어졌음은 의심할 여지가 없다.[45] 행정 현장으로의 종이 보급은 목간을 완전히 구축하지 않았고, 역할을 상호 분담하는 형태로 자리잡은 것으로 보인다. 尉犁縣의 烽燧에서는 開元 4년 8월 4일에 기록된 종이 '牒'(通告) 또한 출토되었다(HD1:78). 행정 현장에서의 서사재료 변천은 簡牘에서 종이로의 단순한 교대극이 아니라 양자의 공생관계가 형성되어 가는 과정으로 파악할 필요가 있을 것이다.

---

44 新疆維吾爾自治區文物考古研究所, 「新疆尉犁県克亜克庫都克唐代烽燧遺址」(『考古』, 2021-8).

45 다만 이 HD1:29로 편호된 木簡은 47.5cm의 길이를 가졌으며, 그 상단 근처에 좌우로 칼집이 있고, 하단이 가늘게 뾰족해지는 특이한 형상이다. 이러한 형상이 무엇을 의미하는지, 기재 내용과의 관련 속에서 더 검토해야 할 여지가 있다.

【追記】

본 논문은 경북대학교 인문학술원 HK+사업단 제4차 국제학술대회 '나무에서 종이로-서사 매체의 변화와 고대 동아시아'에 제출한 「종이문서로 가는 두 길」이라는 보고서를 개제하여 전면 증보 개정한 것이다. 대회 보고와 해석이 다른 부분은 이 글을 통해 저자의 최종 견해로 삼는다. 중국 고대 '나무에서 종이로'라는 문제를 고민하는 계기를 주신 경북대학교 인문학술원 HK+사업단 관계자 여러분께 진심으로 감사드린다. 또한 증보 개정한 내용은 東京外國語大學 AA研 共同利用·共同研究課題「秦代 지방 縣廳의 일상에 육박한다-중국 고대 簡牘의 횡단영역적 연구(4)」 정례연구회에서 보고하여 참석자로부터 유익한 의견을 받았다. 아울러 감사드린다.

(번역: 오준석, 경북대학교 인문학술원 HK연구교수)

1부

고대 동아시아 서사매체의 변화

#01

한~당시기 동아시아 제도의 교류와 간독 문화 전파*

- 양 무제의 국제관과 제도·문화 수출을 중심으로 -

•

왕쑤(王素)
(중국 故宮博物院 "古文字與中華文明傳承發展工程"
協同攻關創新平臺 연구원)

중국의 간독시대는 일반적으로 호남성 침주(郴州) 소선교(蘇仙橋) 고정(古井) 출토 서진 간독에 근거해서 추측하면 주로 선진에서 서진(265~317)까지이고, 동진(317~420)은 간독과 종이의 과도기에 속하며 이후로는 순수한 종이 시대로 진입한다고 인식된다. 물론 이는 포괄적으로 말하는 것일 뿐, 실제 일률적으로 말할 수는 없다. 왜냐하면 주지하다시피, 당대에 이르러서

* 본문은 國家(中國)"古文字與中華文明傳承發展工程"계열 성과의 하나로, 관련 기금의 지원을 받았음.

도 여전히 신장의 많은 지역에서 간독을 사용하여 한문과 카로슈티 문자[1]로 문서를 쓰고 있기 때문이다. 한반도에서 간독시대는 북한 평양 정백동(貞柏洞) 364호묘 출토 전한 원제 초원(初元) 4년(기원전 45년) 낙랑군현별호구집부(樂浪郡縣別戶口集簿) 목독 및 동일한 시기의 『논어』 죽간을 논하지 않아도 좋다면, 한국은 주로 6세기 전반에서 8세기까지이다. 일본의 간독시대는 한국에 비해, 1세기 늦어서 주로 7세기 이후이다. 일본과 한국의 간독시대는 바로 맞물려 있지만, 한국과 중국의 간독시대는 거의 연결되지 않는다. 이는 동아시아의 제도 교류와 간독문화 전파의 문제와 관련된 것으로, 한국·중국·일본 3국의 학자들이 많은 연구를 진행했고 저마다의 견해가 있지만 여기서 자세하게 언급할 필요는 없을 것이다.[2] 이글에서는 다른 각도로 새로운 사고를 제공하고자 하니, 여러 연구자들의 가르침을 받고자 한다.

---

1 신장 각 지역에서는 당대 한자 및 카로슈티 문자 간독이 계속 출토되고 있다. 2019년부터 2020년까지 신장문물고고연구소는 위리현(尉犁縣) 크야크쿠두크[克亞克庫都克] 당대 봉수 유지에서 발굴을 진행하여 한문 종이 문서와 목간 861건을 출토했다. 신장위구르자치구 문물고고연구소(胡興軍 등 집필), 「新疆尉犁縣克亞克庫都克唐代烽燧遺址」, 『考古』 2021-08, 23~44쪽 참고.

2 [日]橋本繁, 『韓国古代木簡の研究』, 東京:吉川弘文館, 2014年; 戴衛紅, 『韓國木簡研究』, 桂林: 廣西師範大學出版社, 2017年 참고. 馮立君, 「朝鮮半島與古代漢字文化的傳播: 讀戴衛紅〈韓國木簡研究〉」, 『澎湃新聞』 2018年4月30日 별도 참고. 또, 李海燕은 중국대륙 간독의 "이러한 서사 방식은 기원전 1세기에 이미 한반도 남단에 보급되었고 한반도를 거쳐서 일본으로 전래되었는데 시간은 7세기보다 늦지는 않을 것이다"(「韓國出土新羅木簡研究--以慶州雁鴨池與咸安城山山城出土木簡爲主」, 復旦大學碩士論文, 2009年, 3쪽)라고 했는데, 본문에서는 이런 내용을 취하지 않았다.

1. “동아시아 세계론”의 한계에 관하여

이 글에서 말하는 “동아시아”는 주로 한국·중국·일본 3국을 가리킨다. 잘 알려진 대로 여기서 “동아시아”라는 용어는 일본의 저명한 역사학자 니시지마 사다오가 제시했던 “동아시아세계론”에서 유래한다. 니시지마 사다오는 “동아시아 세계”는 중국문명의 발생과 발전을 기축으로 해서 형성된 세계로, 이 세계의 구성은 한자문화·유교·율령제·불교라는 네 가지 요소를 포함하는데 그중 율령제는 황제가 지고무상이 되는 통치체제를 가리키며 한자문화는 한자를 매개로 하는 교류체계를 가리킨다(이 양자에서 후에 이른바 “책봉체제론”과 “한자문화권론”이 파생한다)고 했다.[3] 니시지마 사다오는 비록 광의의 “제도”와 협의의 “간독”을 언급하지는 않았지만, “제도”와 “간독”은 실제로 이미 율령제와 한자문화에 포함되어 있다. 따라서 니시지마 사다오의 설은 반세기 넘게 줄곧 유행하였지만, 여전히 일정한 생명력을 보여주고 있다. 하지만 문제가 없는 것은 아니다.

예컨대 니시지마 사다오는 동아시아 한자문화권의 형성이 중국 왕조의 책봉체제를 통해 실현되는 것으로 보았다. 니시시마 사다오의 이론에 따르면 그 시점을 6~8세기로 정하는 것은 전체적으로 봐서 문제가 없다.[4] 다만 중국

---

3 [日]西嶋定生,「序説--東アジア世界の形成」, 原載『岩波講座 世界歷史』4, 東京:岩波書店, 1970年, 收入『中國古代國家と東アジア』, 東京大學出版會, 1983年, 高明士譯文,『東亞世界的形成』, 載『日本學者硏究中國史論著選譯』第2卷, 北京: 中華書局, 1993年, 88~103쪽; [日]鬼頭清明,「西嶋定生著『中國古代國家と東アジア』」(書評),『東洋史硏究』第43卷第2號, 1984年, 381~388쪽 별도 참고.

4 [日]西嶋定生,「6~8世紀の東アジア」, 原載『岩波講座 日本歷史』古代2, 東京: 岩波書店, 1962年;『古代東アジア世界と日本』第2章「東アジア世界と册封體制--6~8世紀の東アジア」, 東京: 岩波書店, 2000年;『西嶋定生東アジア史論集』第3卷『東アジア世界と册封體制』, 東京: 岩波書店, 2002年.

왕조의 한반도와 일본에 대한 책봉은 대부분 6~8세기부터 시작하지는 않는다. 중국 왕조의 한국 고대 왕조에 대한 책봉은 전한부터 시작하며, 후한 광무제는 일찍이 고구려에 왕호를 수여했다. 동진은 먼저 백제왕 여구(餘句)를 진동장군·낙랑태수로 책봉했고, 후에 그 세자 여휘(餘暉)를 백제왕으로 책봉했다.[5] 다만 신라의 정황은 특수해서 565년이 되어서야 비로소 북제로부터 왕으로 책봉을 받아 6~8세기의 시기에 속한다.[6] 중국 왕조의 일본에 대한 책봉은 후한 광무제로 거슬러 올라갈 수 있다. 이것이 바로 『후한서』권85, 동이·왜전에서 "건무 중원 2년(57년), 왜의 노국에서 공물을 바치고 조하해 왔는데 사자는 스스로 대부라 칭했고 왜국의 남쪽 끝자락에 있는 나라다. 광무제가 인수를 하사하였다[建武中元二年, 倭奴國奉貢朝賀, 使人自稱大夫, 倭國之極南界也. 光武賜以印綬]"라고 하는 것이다. 1784년 일본 후쿠오카에서 "한위노국왕(漢委奴國王)"이라는 금인(金印)이 하나 출토되었다(현재 후쿠오카시 박물관 소장). 이 금인의 성격을 둘러싸고 일찍이 일본 내에서 큰 논쟁이 있었다. 1956년 운남성 진녕(晋寧) 석채산(石寨山)에서 출토된 한 무제가 전국왕(滇國王)에게 사여한 "전왕지인(滇王之印)"의 금인이 "한위노국왕(漢委奴國王)" 금인과 형태가 비슷해서, 일찍이 중국과 일본 양국 학자들 간에 오랫동안 토론이 있었다.[7] 1981년 강소성 양주 한강(邗江) 출토 후한 광무제의 아들 유형(劉荊)의 "광릉왕새(廣陵王璽)" 금인은 "한위노국왕"과 시대가 동일하고

---

5 韓昇, 「論魏晋南北朝對高句麗的册封」, 『東北史地』 2008-6, 15~17쪽.

6 『北齊書·武成帝紀』, 河清四年(565년) 二月甲寅, "詔以新羅國王金真興爲使持節、東夷校尉、樂浪郡公、新羅王."

7 王仲殊, 「說滇王之印與漢委奴國王印」, 『考古』 1959-10, 573~575쪽; [日]西谷正 撰·羅伯健 譯, 「日中兩國二千來的文化交流和"滇王之印"金印」; [日]梶山勝 撰·羅伯健 譯, 「滇文化與"滇王之印"」; 張振新, 「"滇王之印"與"漢委奴國王"印的論證」, 同載 『中國歷史博物館館刊』 1993-2, 2·45, 14·25, 28~34쪽.

형태와 품격도 완전히 같아서,[8] "한위노국왕" 금인의 치열한 논쟁에 종지부를 찍게 되었다. 이 "한위노국왕" 금인은 바로 후한 광무제가 하사한 것으로 정론을 삼을 수 있다. 즉 중국 왕조의 한반도 여러 나라와 일본에 대한 책봉이 일찍이 한·진시기부터 시작한 것은 의심의 여지가 없다. 하지만 중국의 한·진에 해당하는 시기에 한·일 양국의 본토에서 서사한 한자 재료가 극히 드물기 때문에, 니시지마 사다오가 말한 동아시아 한자 문화권은 한·진시기에 형성되지 않았다.

물론 동아시아 한자 문화권이 형성되지 않았다고 해서, 동아시아를 대표하는 3국 간에 제도의 교류와 간독 문화의 전파가 전혀 없었던 것은 아니다. 널리 알려진 중국 길림성 집안시에서 출토된 동진 안제 의희(義熙) 10년(414년)의 고구려 『호태왕비(好太王碑)』는 비록 오늘날 한반도에 위치하지 않았고 붓으로 쓴 한자 재료도 아니지만, 국가의 공식적인 한자 재료이다. 따라서 나는 동아시아 한자 문화권의 형성은 공식적인 중국 왕조의 책봉체제로서도 물론 중요하지만, 민간의 교류와 그에 따른 민간의 인정과 수용도 소홀히 할 수 없다고 추측한다. 어떤 형식의 교류도 모두 민간에서부터 먼저 시작되었다는 것은 의심의 여지가 없다. 예를 들어 실크로드는 예로부터 존재했었지만, 이른바 "장건의 착공(鑿空)"은 안전이 보장되지 않은 민간의 길을 장새(障塞)·봉수(烽燧)·창고(倉庫)·수졸(守卒) 등을 갖춤으로써 안전이 보장된 관도로 바꾸었던 것에 지나지 않는 것과 같은 것이다.[9]

---

8 紀仲慶, 「廣陵王璽和中日交往」, 『東南文化』1985年號, 233~236쪽; 周曉陸, 「"漢委奴國王"璽與"廣陵王璽"的鑄、雕比較--過古倭奴國劄記」, 『東南文化』1992-2, 137~144쪽.

9 王素, 「古道西風話敦煌--絲綢之路形成探秘」, 미국 뉴욕 華美協進會 강연, 2009년 11월 10일 저녁. 王素, 「〈從長安到敦煌: 古代絲綢之路書法圖典〉序言」, 張永强 『從長安到敦煌: 古代絲綢之路書法圖典』, 杭州: 西泠印社出版社, 2020年, 1~2쪽(中

2. 전무(田畝)의 "정(町)"에서 가도(街道)의 "정(町)"으로

앞서 언급했듯이 후한 광무제는 일찍이 왜노국왕(倭奴國王)을 책봉하면서 아울러 "한위노국왕(漢委奴國王)의 금인을 하사했었다. 즉 당연히 중국과 일본 사이 민간 교류는 이 이전부터 매우 오랜 시간 있었을 것이다. 이후로 『삼국지·위서』의 기록에 따르면, 왜의 여왕 히미코[卑彌呼]와 그 뒤를 이은 여왕 토요[臺與]는 조위(曹魏) 명제 경초(景初) 2년(238년)에서 제왕(齊王) 조방(曹芳) 정시(正始) 8년(247년) 사이에 조위 정권과 여러 차례 왕래하면서 교류했다. 그 교통 노선은 왜국-구야한국(狗邪韓國, 지금의 한국 김해)-대방군(지금의 북한 황해도)-요동군(지금의 중국 요녕성 요양)-낙양이다. 이는 당연히 먼저 민간의 교통 노선이었으며, 나중에서야 정부 간 공식 교통 노선이 된 것으로, 당시 북방의 조위 정권과 일본의 교류는 모두 한반도를 거쳐야 했음을 보여준다.

당시 중국의 남쪽 손오 정권과 일본 사이에 교류가 있었는지는 전래 문헌에 기록이 없다. 왕집오(王輯五)의 『중국일본교통사(中國日本交通史)』 제3장은 제목이 "위왜교통(魏倭交通)"이고 제4장의 제목은 "남조여대화조정지왕래(南朝與大和朝廷之往來)"로, 그사이에 서진·동진과 일본의 교류에 대해서만 언급할 뿐 손오 정권과 일본의 교류에 대해서는 전혀 이야기하지 않고 있다.[10] 하응원(夏應元)의 「상호영향양천년적중일문화교류(相互影響兩千年的中日文化交流)」에서도 손오 정권과 일본의 교류는 한 글자도 언급하지 않고 있다.[11] 그런데 손오 정권과 일본 사이에 정말로 교류가 없었던 것일까? 정부

文)·3~4(英文)쪽; 改名「構建絲綢之路書法史的探索之作」, 『中國書法』 2020-8, 206~207쪽.

10 王輯五, 『中國日本交通史』, 上海書店, 1937年, 39~50쪽.

11 夏應元, 「相互影響兩千年的中日文化交流」, 周一良 主編 『中外文化交流史』, 鄭州:

간 교류는 없었을 수 있지만, 민간 교류는 당연히 단절된 적이 없었을 것이다.

『삼국지』권47 『오서(吳書)·손권전(孫權傳)』의 기록에 따르면, 황룡(黃龍) 2년(230년) 정월 손권은 "장군 위온(衛溫)과 제갈직(諸葛直)을 보내 갑사(甲士) 1만 명을 이끌고 바다 위에서 이주(夷州)와 단주(亶州)를 찾게 했는데[遣將軍衛溫、諸葛直將甲士萬人浮海求夷洲及亶洲]" 대략 1년 뒤 성공하지 못한 채 돌아왔다. 그중 "이주(夷州)"는 오늘날 일반적으로 모두 타이완[臺灣]을 가리키는 것으로 생각한다. 반면 "단주(亶州)"는 논란이 있어서 어떤 이는 일본을 가리킨다고도 하지만 실제 증거는 없다.[12] 그럼에도, 일본 고분시대 묘장에서는 손오 시기의 연호가 쓰여진 수장(隨葬) 고경(古鏡)이 대량으로 출토되어서,[13] 손오와 일본 사이에 광범위한 민간 교류가 줄곧 존재했음을 확실하게 실증해 주고 있다. 일본의 여러 지역에서는 지금도 여전히 "오복점(吳

河南人民出版社, 1987年, 306~358쪽.

12 다양한 견해가 있는데, 徐德麟은 일본설을 주장했고(『三國史講話』, 上海: 群聯出版社, 1955年, 135쪽 注(22) 참조), 袁臻은 澹耳(지금의 海南)설을 주장했으며(「關於〈三國志·孫權傳〉上的"亶洲"」, 『華南師院學報』 1980-2, 100~103쪽 참조), 許永璋은 爪哇(인도네시아)설을 주장했다(「亶洲再探」, 『鄭州大學學報』 2002-1, 145~148쪽 참고). 그밖에 다른 설은 열거하지 않는다.

13 일본 고고학의 기초를 세운 우메하라 스에지[梅原末治]는 한에서 육조시대까지의 기년(紀年) 동경(銅鏡)을 연구한 논저를 다음과 같이 많이 저술했다. 『漢三國六朝紀年鏡銘集録』, 東京: 岡書院, 1931年; 『漢三國六朝紀年鏡圖說』, 京都: 桑名文星堂, 1943年; 「漢三國六朝紀年鏡銘集録增補」1~8, 『史學』第11卷第3號·第13卷第1號·第13卷第2號·第14卷第1號·第16卷第2號·第16卷第3號·第19卷第2號·第21卷第1號, 1932年~1942年, (1)135~138·(2)는 없음·(3)141~145·(4)157~163·(5)111~119·(6)117~130·(7)151~159·(8)101~113쪽 참고; [日]岡村秀典, 「古鏡研究一千年: 中國考古學のパラダイム」, 『東洋史研究』第69卷第4號, 2011年, 523~547쪽; 「漢三國西晋時代の紀年鏡: 作鏡者からみた神獸鏡の系譜」, 『東方學報』第88册, 2013年, 534~463쪽 별도 참고.

服店)"과 "삼월오복점(三越吳服店)"이 많이 보존되어 있는데, 그중의 "오(吳)"가 손오를 가리키는지 또는 삼오(三吳) 지역과 오월(吳越) 지역을 가리키는지, 서로 다른 견해가 있을 수 있지만, 삼국 손오 시기로 거슬러 올라갈 수 있는 것은 의문의 여지가 없어 또 한편으로 손오와 일본 사이 광범위한 민간 교류가 줄곧 존재했음을 확실히 실증해 준다. 당연히 예를 들어 증명하는 것은 여기서 그치지 않는다.

나는 장사 주마루오간의 정리에 참여했을 초기, 『가화리민전가별(嘉禾吏民田家莂)』(대목간)에 자주 등장하는 "정(町)"자에 매우 흥미를 가지게 되었다.[14] 이 글자는 손오 이후에는 거의 사용되지 않지만, 오늘날의 일본에서는 여전히 자주 사용되기 때문이다. 여기서는 다시 『죽목독』의 부록에 있는 대목간 중에서 4가지 예를 선별해서 아래에 제시한다.[15]

利下丘男子烝榷, 佃田三町, 凡十八畝…… (76388)

東扶丘男子何勝, 佃田一町, 凡九畝…… (76390)

石下丘男子朱合, [佃]田九町, 凡卅畝…… (76398)

下伍丘男子胡禿, [佃]田廿町, 凡五十四畝 ……(76403)

"범(凡)××무(畝)"를 "전전(佃田)××정(町)"으로 나누면 각 정(町)의 면적은 모두 크기가 다르다는 것을 발견할 수 있다. 분명히 "정(町)"의 뜻은 오늘날의 "괴(塊)"와 같아서 1정(町)은 1괴(塊)를 의미한다. 『설문(說文)』에 "전천

---

14 長沙市文物考古研究所 · 中國文物研究所 · 北京大學歷史學系: 走馬樓簡牘整理組, 『長沙走馬樓三國吳簡 · 嘉禾吏民田家莂』, 北京: 文物出版社, 1999年.

15 長沙簡牘博物館 · 中國文化遺產研究院 · 北京大學歷史學系 · 故宮研究院古文獻研究所 · 中國歷史研究院古代史研究所: 走馬樓簡牘整理組, 『長沙走馬樓三國吳簡 · 竹木牘』, 北京:文物出版社, 2023年.

처왈정(田踐處曰町)"이라고 했는데, 단옥재의 주에 "천(踐)"은 사람이 밟아서 늘리는 것이고 "전처(田處)"는 "전구(田區)"라고 했다. 구(區)는 구역을 말하는 것으로 토지의 경계 혹은 범위를 가리키니, 즉 "괴(塊)"의 뜻인 것이다. "정(町)"은 일본에서 도시의 거리 이름으로 어디에나 있으니, 예를 들어 도쿄에서 신·구 도서 매매로 유명한 거리를 "간다초[神田町]" "진보초[神保町]"라고 부르는 것과 같다. 나는 일본의 "정(町)"자가 바로 손오 정권에서 전해진 것으로 추측한다. 전무(田畝)의 "정(町)"에서 가도(街道)의 "정(町)"으로의 변화는 당연히 일련의 과정이 있을 것이고, 이러한 변화의 과정은 분명히 중국과 관련이 있을 것이다.

"정(町)"자는 일찍이 전한 시기부터 나라와 산의 이름으로 시작된 것으로 보인다. 『한서』권95 「서남이전」과 『한서』「지리지상」에 따르면 나라 이름 구정(鉤町, 句町으로도 쓴다)은 서남이에 속했다. 산 이름인 혁정(黖町)은 익주군(益州郡) 율고현(律高縣)에 속하는데 역시 서남이의 경계에 있었다. 다만 여기서의 이 "정(町)"자는 음역일 뿐이며 실제 지명이라고 할 수는 없다. 『진서(晉書)』권125의 「풍발재기(馮跋載記)」에 실려있기를, 풍발은 먼저 고운(高雲)을 왕으로 받들었는데, 고운이 반신(叛臣)에게 시해되자 풍발은 반신을 죽이고 뒤를 이으면서, 동진 의희(義熙) 6년(410년) 조서를 내려 말하기를 "지난날 한 고조가 의제(義帝)를 위해 곡을 하자 천하가 그의 어짊에 귀의하였다. 나는 고운과는 군신 간의 의리이면서 은혜는 형제를 넘어섰다. 때문에 고운과 그 처자를 예에 맞게 장례를 치르고 구정(韮町)에 고운의 묘를 세워 원읍(園邑) 20가를 두고 매 계절 마다 제사를 지내도록 하라[昔高祖爲義帝舉哀, 天下歸其仁. 吾與高雲義則君臣, 恩逾兄弟. 其以禮葬雲及其妻子, 立雲廟於韮町, 置園邑二十家, 四時供薦]."고 했다. 여기서 "구정(韮町)"은 지명이 분명하다. 『송서(宋書)·무제기상(武帝紀上)』 동진 의희 6년 7월조에 다음의 기사가 나온다.

盧循遣其大將荀林寇江陵, 桓謙先於江陵奔羌, 又自羌入蜀, 僞主譙縱以爲荆州刺史. 謙及譙福率軍二萬出寇江陵, 適與林會, 相去百餘里. 荊州刺史(劉)道規斬謙于枝江, 破林於江津, 追至竹町斬之.

이 기사는 앞서의 『진서』 「풍발재기」와 같은 해의 기록이다. 여기서 "죽정(竹町)"은 또 『수경주(水經注)』권35 「강수삼(江水三)」의 경문 "우동남유수종동남래왕지(又東南油水從東南來注之)"조의 주문(注文) "강수우동경죽정남(江水又東逕竹町南)"에도 보인다. 강진(江津)은 강릉현의 동남쪽 강변이며, 유수(油水)는 공안현(公安縣) 북쪽 옛 유수가 장강으로 흘러 들어가는 입구에서부터 시작하니,[16] 이 두 조문에서 보이는 "죽정(竹町)"이 동일한 지점임을 설명해 준다. 이 "죽정(竹町)"도 지명이 틀림없다.[17] 동진 말에 이르면 전무(田畝)의 "정(町)"은 이미 장소의 "정(町)"으로 변화하여, 그다음 가도(街道)의 "정(町)"으로 변화가 멀지 않았다는 것을 보여주고 있다.

『남사(南事)』권80 「적신(賊臣)·후경전(侯景傳)」에는 다음의 기사가 있다.

(景被殺, 傳)首至江陵, (梁)元帝命梟於市三日, 然後煮而漆之, 以付武庫. 先是江陵謡言: '苦竹町, 市南有好井. 荊州軍, 殺侯景.' 及景首至, 元帝付諮議參軍李季長宅, 宅東即苦竹町也. 既加鼎鑊, 即用市南井水焉.

---

16 江良發, 「古油水源流稽考」, 『雲夢學刊』 2011-1, 52~56쪽.

17 "竹町"은 일반적인 범칭으로서는 대나무 숲을 지칭한다. 예를 들어 [唐] 張說, 『長安應制詩』五首之一 「侍宴三思山第得風字」에서 "竹町羅千衛, 蘭筵降兩宮."([宋]葉庭珪, 『海録碎事』卷10上의 宗楚客의 詩 인용)이라고 했다. 또 [晋] 干寶, 『搜神記』卷17에서는 "臨川陳臣家大富. 永初元年, 臣在齋中坐, 其宅内有一町筋竹, 白日忽見一人長丈餘, 面如方相, 從竹中出 ……"라고 했는데, 이른바 "一町筋竹"은 바로 筋竹園을 가리킨다. 하지만 이 글에서 앞서 열거한 두 "竹町"은 범칭이 아니라 특정한 것을 가리킨 것으로 지명임을 알 수 있다.

『태평어람(太平御覽)』권734 「방술부(方術部) · 무상(巫上)」에서 인용하는 『삼국전략(三國典略)』의 내용도 대략 동일하다. 양 원제(梁 元帝)가 강릉에 도읍했는데, 그 자의참군(諮議參軍) 이계장(李季長)의 집이 강릉성 내에 있었고 고죽정(苦竹町)은 이계장의 집 동쪽에 있었다. 이계장의 집은 시 남쪽 우물의 물을 사용해야 했는데, 고죽정도 시에서 그리 멀지 않았다는 것이다. 여기서 고죽정을 가도(街道)의 명칭이라고 추측하는 것은 그리 큰 문제가 되지 않는다. 그 짝이 되는 것으로 일본에도 "고죽정" 세 글자를 포함한 옛 거리가 있다. "원정고죽(原町苦竹)"이라고 하는 혼슈 미야기현 센다이시 미야기노구에 지금도 남아있는, 가에이[嘉永] 6년(1853년) 7월 세워진 도로 표지석은 늦어도 에도 시대에 이미 존재했음을 설명해준다. 1977년 3월 센다이시가 이 표지석을 유형문화재로 지정한 것도 연대가 오래되었다는 것을 설명해 준다. 물론 이것으로 일본의 "원정고죽(原町苦竹)"이 바로 남조 양의 "고죽정(苦竹町)"을 이식한 것이라고 말하려는 것은 아니다. 단지 양자 사이에는 일정한 연원이 있을 수 있다고 말하고 싶을 뿐이다. 중국과 일본의 "정(町)"에 관한 제도와 문화의 교류 전파는 남조 양과 관련이 있을 수 있다.

흥미로운 점은 일본의 "정(町)"을 한반도에서는 "동(洞)"이라고 부른다는 것이다. 북한 평양 정백동(貞柏洞)은 이미 앞에 나왔었고, 한국 김해 봉황동과 인천 계산동이 매우 유명한데, 서울 명동은 한국의 대표적인 쇼핑가로 더욱 유명하다. "정(町)"은 주로 dīng과 tīng 두 가지 음이 있는데, "동(洞)"은 dòng과 tóng 두 가지 음으로, 성모(聲母)가 서로 같고 또 모두 정모(定母)에 속해서 실은 한 가지 음이 변화한 것이다. 프랑스의 마스페로는 당대 장안의 방언에서 한국 한자음과 중국 한자음의 관계를 고증했고, 한국의 신용태는 한국 한자음의 연원을 연구했는데, 모두 한국 한자음이 5세기 중국 남방 오음(吳音)에서 유래한다고 주장했다.[18] 5세기는 동진 말에서 남조 송 · 제 시기에 해

---

18 [프랑스] Henri Maspero, *Le dialecte de Tch'ang-ngan sous les T'ang*, *Bulle-*

당하는데, 조금 더 아래로 내려가면 남조 양 시기이다. 한반도에서 "정(町)"을 "동(洞)"으로 바꾼 것은 바로 이성시가 말한 "변용"이다. 이성시는 그 당시 중국과 한국과 일본 3국의 문화 전파와 수용 과정을 중국대륙(A) → 한반도(A' → B) → 일본열도(B' → C)라는 공식으로 밝혔다.[19] 그중 한반도의 (A' → B)에서 (A')는 중국문화의 본래 모습을 나타내고, (→ B)는 한반도가 문화 수용국으로서 결코 전반적인 모방이 아니라 선택적으로 흡수하여 변화를 일어나게 한다는 것을 표시한다. 이에 따라서 일본열도는 한반도에서 중국문화를 수용하여 자연히 (B' → C)가 되는 것으로 유추된다. 하지만 일본열도는 실제로 중국의 "정(町)"을 온전히 받아들였고 "변용"은 없었다. 적어도 그리 큰 "변용"은 없었다고 말할 수 있다. 이는 어떤 원인에서인가? 나는 어느 정도는 한반도를 거치지 않고 직접 중국에서 수용했기 때문이라고 생각한다. 실제 상황은 중국 북방의 분열 할거라는 배경 하에서 손오에서 동진, 다시 동진에서 남북조까지, 일본과 중국 남방 정권의 교류는 줄곧 두 갈래 길이 가능했다. 하나는 남북 관계가 완화되었을 때, 전반부는 대체로 앞서 일본과 조위 정권이 교통했던 이전의 길을 가다가, 후반부는 중원에서 계속 남하하여 건강에 이르는 새로운 길로 가는 것이다. 또 다른 길은 남북관계가 긴장되었을 때, 육로는 완전히 포기하고 일본에서 백제를 거쳐 황해를 건너 산동과 강소 해안을 따라서 건강에 이르는 새로운 길이다.[20] 이 두 갈래 길은 남조 양 시기 실제로 동시에

---

tin de l'Ecole française d'Extrême-Orient, Tome 20, 1920, 1~119쪽; [韓]辛容泰, 「韓國漢字音の母胎に關する考察」, 『人文科學硏究』第1輯, 국제대학교, 1982年, 121~153쪽.

19 [日]李成市, 『東アジアにおける韓國出土木簡の地域的性格』, 平成21年(2007)科學硏究費補助金(基盤硏究[B])硏究成果報告書, 2007年5月14日, 2쪽.

20 王輯五, 『中國日本交通史』, 上海書店,1937年, 49쪽. 『宋書』 卷97, 「夷蠻·倭國傳」에 실린 順帝 昇明 二年 倭國王 武가 사신을 보내 올린 表에는 다음과 같은 내용

존재했다. 한반도와 남조 양의 교통도 마찬가지였다. 여기서 남조 양 무제의 국제관과 제도 문화의 수출을 중점적으로 논증할 수밖에 없다.

3. 양무제의 국제관과 제도 문화 수출

양 무제 소연의 재위 기간 48년(502~549)이 바로 한반도에서 간독을 사용하기 시작한 6세기 전기에 해당하는 것은 우연의 일치가 아니라, 양 무제의 국제관 및 제도 문화의 수출과 관련이 있다고 보아야 한다. 이전에 시대 배경과 결합된 양 무제의 전기 중 비교적 전면적인 것은 두 편의 "정전(正傳)"과 한 편의 "외전(外傳)"뿐인데,[21] 여러 원인으로 인해 모두 이 문제는 언급하지 않았다. 내가 이 문제에 관심을 가지게 된 것에는 대체로 세 단계로 나눌 수 있다. 첫 번째 단계는 『양사공기(梁四公記)』[22] 연구에서 시작해, 여기서 『양

이 나온다. "臣雖下愚, 忝胤先緒, 驅率所統, 歸崇天極, 道逕百濟, 裝治船舫, 而句驪無道, 圖欲見吞, 掠抄邊隸, 虔劉不已, 每致稽滯, 以失良風." 여기서 언급하는 "道逕百濟"과 "句驪無道"는 길을 떠나는 초반에 앞서 제시했던 狗邪韓國(지금의 한국 김해)-帶方郡(지금의 북한 황해도)의 故道를 지나갔음을 설명해 준다.

21 (1) 周一良, 「論梁武帝及其時代」, 原載 『中華學術論文集』, 北京: 中華書局, 1981年, 『魏晋南北朝史論集續編』 수록(北京大學出版社, 1991年, 23~51쪽). (2) 趙以武, 『梁武帝及其時代』, 南京: 鳳凰出版社, 2006年; 卞孝萱, 「把握時代因革 評論人物功過--讀趙以武〈梁武帝及其時代〉」, 『嘉應學院學報』 2007-4, 112~113쪽 별도 참고; 3) 于野·張劍, 「得天下又失天下的皇帝--梁武帝蕭衍外傳」, 『中國十皇帝外傳』, 武漢: 湖北人民出版社, 1987年, 44~85쪽. 作者 "于野"는 필자의 字로 생각된다.

22 王素·李方, 「〈梁四公記〉所載高昌經濟地理資料及相關問題」, 原載 『中國史研究』 1984-4, 131~135쪽, 『敦煌吐魯番與漢唐西域史』에 수록(北京: 生活·讀書·新知三聯書店, 2023年 출판 예정).

직공도(梁職貢圖)』 연구에 대한 흥미가 생겼다. 두 번째 단계는 『양직공도(梁職貢圖)』 연구에서 시작해 여러 해 동안 지속하다가,[23] 여기서 『양서(梁書)·제이전(諸夷傳)』 연구에 대한 흥미가 생겼다. 세 번째 단계는 내가 "점교본(點校本)'이십사사(二十四史)' 및 『청사고(清史稿)』 수정 공정[點校本'二十四史'及《清史稿》修訂工程]"에 참여해서, "역대 서역·사이·외국 등 전(傳)의 교정[歷代西域四夷外國等傳校訂]" 작업의 책임을 맡고 『양직공도(梁職貢圖)』와 합쳐서 『양서(梁書)·제이전(諸夷傳)』[24]을 연구하기 시작한 것이다. 『양사공기(梁四公記)』 『양직공도(梁職貢圖)』 『양서(梁書)·제이전(諸夷傳)』이라는 3종의 전적은 서로 보완하고 서로 지지해 주면서, 양 무제의 국제관과 제도 문화 수출을 이해하는 기본 사료군이다. 최근 학자들의 관심을 받기 시작하면서, 이에 근거하여 양 무제 시대 유라시아 대륙의 물질과 정신문화 교류의 양상이

---

23 王素, 「梁元帝〈職貢圖〉新探--兼說滑及高昌國史的幾個問題」, 『文物』 1992-2, 72~80쪽; 王素, 「梁元帝〈職貢圖〉"龜茲國使"題記疏證」, 『龜茲學研究』 第5輯, 新疆大學出版社, 2012年, 139~145쪽; 王素撰/[日]菊地大·速水大 譯, 「梁職貢圖と西域諸國--新出清張庚模本〈諸番職貢圖卷〉がもたらす問題」(日文本), [日]鈴木靖民, 金子修一 编著 『梁職貢圖と東部ユーラシア世界』, 東京: 勉誠出版株式會社, 2014年, 45~66쪽; 改訂 「梁元帝〈職貢圖〉與西域諸國--從新出清張庚摹本〈諸番職貢圖卷〉引出的話題」(中文本), 再刊 『文物』 2020-2, 33~40쪽; 米婷婷·王素, 「隋封高昌王麴伯雅弁國公索隱--兼談梁元帝〈職貢圖〉的影響」, 『西域研究』 2020-2, 75~81쪽; 王素, 「梁元帝〈職貢圖〉"高昌國使"圖像與題記」, 『魏晉南北朝隋唐史資料』 第41輯, 上海古籍出版社, 2020年, 72~78쪽. 뒤의 네 문장도 앞서 제시했던 『敦煌吐魯番與漢唐西域史』(2023年 출판 예정)에 수록될 것이다.

24 王素, 「修訂稿〈梁書·諸夷傳〉審讀意見」, 『點校本"二十四史"及〈清史稿〉修訂工程簡報』第46期, 中華書局點校本"二十四史"及《清史稿》修訂工程辦公室, 2010年4月10日, 8~21쪽; 「梁元帝〈職貢圖〉與〈梁書·諸夷傳〉」, 『澎湃新聞·上海書評』 2020年6月23日(『梁書』修訂本出版發行特稿).

연구되고 있다.[25] 물론 이는 자연히 매우 부족하고, 아직 밝혀져야 할 부분이 적지 않다. 나의 견해는 아래와 같다.

중국은 예로부터 문화를 중시하여, 문화로 흥망성쇠를 논하고 문화로 정통과 비정통을 구분했다. 그러므로, 중국의 진정한 전통 사관은 "문화사관"(예를 들어 왕국유, 진인각)이다. 중국 역사에는 서주(성강(成康))와 한(문경(文景))·당(정관(貞觀)·개원(開元))의 세 성세(盛世)가 있는데, 그 흥성한 까닭은 국력과 강역만이 아니라 더욱 중요한 것은 문화였다. 서주와 한당 문화의 번영은 사람들이 잘 알고 있어서 굳이 논할 필요가 없다. 한대는 금·고문 경학 하나만으로도 중국 봉건사회 이천년 주류문화의 기초를 다졌다. 남북조는 서로 정통을 다투면서, 남조는 북조를 색로(索虜)라고 하고 북조는 남조를 도이(島夷)라고 불렀는데 기실 어린아이의 장난과도 같아서 비웃을 만한 가치도 없다. 진정으로 다투는 것은 역시 문화의 정통이다. 국력을 비교하면 북강남약이 분명한 상황에서, 남조는 문화의 정통을 다투는 것이 특히 중요했다.

양 무제는 남북조시대 할거 왕조의 다른 모든 개국 황제와 달랐다. 그들은 모두 군인 출신으로 말 위에서 천하를 얻었지만, 오직 양 무제만이 유생 출신이었다. 『양서(梁書)·무제기상(武帝紀上)』에서 그는 "나는 유생 출신으로 명교에서 즐거움을 얻고 도덕의 풍조로 진실되게 논하며 고상한 풍속에 자리 잡았다[本自諸生, 取樂名教, 道風素論, 坐鎮雅俗]"고 말했다. 『수서(隋書)·음악지상(音樂志上)』에서도 "나는 유생 출신으로 전대의 기록에 두루 통달하였으나, 아직 수레에서 내리지 못했고, 앞서 고상한 데에 뜻을 두었다[本自諸生, 博通前載, 未及下車, 意先風雅]"고 말했다. 이중에서 '제생(諸生)'은 모두 유생을 가리킨다. 즉 양 무제는 젊어서 심약(沈約)·사조(謝朓)·왕융(王融)·소침

---

25 呂博, 「〈梁四公記〉與梁武帝時代的文化交流圖景」, 『歷史硏究』 2021-1, 84~102쪽. 나는 이 논문의 외부 심사 전문가의 한 명이었다. 아래 인용하는 이 논문의 재료와 관점을 일일이 밝히지는 않는다.

(蕭琛)·범윤(范雲)·임방(任昉)·육수(陸倕) 등 문학의 명사들과 교유하며 팔우(八友)로 불렸는데 "박학다통(博學多通)"(『양서·무제기상』)으로 유명했다. 『수서(隋書)·경적지(經籍志)』에는 양 무제가 "오경(五經)』"의 내용이 포함된 각종 저작을 약 30여 종, 수백 권을 저술했다고 기록하고 있다. 이외에도 양 무제는 불교에 정통하고 도사인 도홍경(陶弘景)과 깊이 사귀면서 도교에도 통달했었다. 삼교(三教)를 일신에 모은 경우는 고금에 그 예가 드물다. 따라서 남북 대치의 국면에서 그는 인에 당해서는 누구에게도 사양하지 않는다는 문화의 정통을 자부하면서, 아울러 사이(四夷)를 불러들여 문화를 수출해서 최대한 영향력을 확대하여 북조에 대항하는 힘으로 삼고자 했다.

『양사공기(梁四公記)』의 저자는 심약(沈約)·노선(盧詵)·양재언(梁載言)·전통(田通)·장설(張説) 등 여러 설이 있지만, 송 방원영(龐元英)의 『문창잡록(文昌雜録)』권6 "양사공자(梁四公子)"조에서 인용하는 문장의 소명태자(昭明太子) 주를 보면, 작자는 심약일 가능성이 크다. 『양사공기(梁四公記)』는 양 천감(天監, 502~519년) 연간(일설에는 대통(大通[527~528년])이라지만 근거는 없다), 4명의 70대 노인이 건강으로 와서 무제를 알현한 일을 기록하고 있다. 노인 중 한 명은 성이 휴(蜀, 음이 휴(攜))이고 이름은 틈(闖, 萬禁의 反切)으로 손원(孫原, 지금의 사천 의빈(宜賓)) 사람이었다. 또 다른 한 명은 성이 만(䨲, 음이 만(萬))이고 이름은 걸(傑)로 천제(天齊, 지금의 산동 임치) 사람이었다. 또 한 명은 성이 촉(䟆, 음이 촉(蜀)이고 이름은 단(䳠, 음이 단(湍))으로 호미(浩亹, 지금 감숙·청해의 조황(洮湟)) 사람이었다. 마지막 노인은 성이 장(仉, 음이 장(掌))이고 이름은 도(䏝, 음이 도(覩))로 오원(五阮, 지금의 산서 안문(雁門)) 사람이었다. 조정에서는 그들을 "양사공(梁四公)"이라고 불렀는데 이름이 괴이하다. 본적도 이상할 뿐 아니라 지역이 서로 멀리 떨어져 있어서, 출처가 같지 않다. 신분과 자취를 숨기려는 것이 분명하다. 사공(四公)은 견문이 넓고 학문이 깊어서 천지에 모르는 것이 없었다. 비록 말하는 것은 황당해 보였지만 경학자들의 조사로 대부분 증명할 수 있었는데, 그중 일본과 한반도와 관련된 내용이 있다. 바로 『태평광기(太平廣記)』권 81, "양사공(梁四公)"조에서 『양사공기』를 인용하여 다음과 같이 말하고 있다.

> 傑公嘗與諸儒語及方域云: "東至扶桑. 扶桑之蠶長七尺, 圍七寸, 色如金, 四時不死. 五月八日嘔黃絲, 布於條枝, 而不爲璽, 脆如綖. 燒扶桑木灰汁煮之, 其絲堅韌. 四絲爲係, 足勝一鈞. 蠶卵大如鷰雀卵, 産於扶桑下. 齎卵至句麗國, 蠶變小如中國蠶耳. 其王宮内有水精城, 可方一里, 天未曉而明如晝, 城忽不見, 其月便蝕. ……" 朝廷聞其言. 拊掌笑謔, 以爲誑妄, 曰: "鄒衍『九州』、王嘉『拾遺』之談耳."…… 俄而扶桑國使使貢方物, 有黃絲三百斤, 即扶桑蠶所吐、扶桑灰汁所煮之絲也. (武)帝有金爐, 重五十斤, 係六絲以懸鑪, 絲有餘力. 又貢觀日玉, 大如鏡, 方圓尺餘, 明徹如琉璃, 暎日以觀, 見日中宫殿, 皎然分明. 帝令傑公與使者論其風俗、土地、物産、城邑、山川, 并訪往昔存亡, 又識使者祖父、伯叔、兄弟. 使者流涕拜首, 具言情實.[26]

위의 기사에서는 두 나라를 언급하고 있는데, 첫 번째 "부상(扶桑)"은 『양서·제이전』에 전(傳)이 있어 걸공(傑公)의 말을 증명할 수 있다. 다만 지금의 어느 곳을 가리키는지는 줄곧 견해가 달랐다. 『제이전』은 왜국이 "대방(지금의 북한 황해도)에서 1만 2천여 리 떨어져 있다"고 하면서, 다시 부상은 "(왜국의 동쪽으로 1만 2천여 리), 한나라에서 동쪽으로 2만여 리에 있다"고 기록하고 있다. 따라서 가장 멀리 아메리카 설도 있다. 하지만 당말 위장(韋莊)의 시 「송일본국승경룡귀(送日本國僧敬龍歸)」는 "이미 아득한 곳에 부상이 있는데, 돌아갈 집은 부상의 동쪽에서 또 동쪽에 있네[扶桑已在渺茫中, 家在扶桑東更東]"라고 해서 방위가 완전히 바뀌고 있다. 일본이 부상의 "동쪽에서 또

---

26 李時人 編校, 『全唐五代小說·梁四公記』, 北京: 中華書局, 2014年, 240~252쪽 별도 참고.

동쪽"에 있으면 부상은 일본의 서편에 있게 된다. 당나라 시기에는 일본이 당으로 사자·승려·학생을 보내와 교류가 빈번하였기 때문에, 부상의 방위에 관한 당나라 사람의 생각은 소홀히 할 수 없다! 한편 『설문(說文)』은 "부(扶)"를 "부(榑)"자로 쓰면서 "부상은 신령스런 나무로 해가 뜨는 곳이다[榑桑, 神木, 日所出也]."라고 해서, 일본이 스스로를 "해가 뜨는 곳"이라고 칭했던 것과 서로 증명된다. 다수의 근대 중국 학자들은 일본을 부상이라는 말로 대신 지칭했었다. 예를 들어 노신은 「송증전섭군귀국(送增田涉君歸國)라는 시에서 "부상은 지금 한창 가을빛이 좋을 때, 붉게 물든 단풍잎 첫 추위에 반짝거리네[扶桑正是秋光好, 楓葉如丹照嫩寒]"라고 했다. 요컨대 부상은 일본과 분명히 관계가 있는 나라이다. 두 번째 "구려국(句麗國)"은 고구려를 가리키는데 『제이전』에 역시 전(傳)이 있어서, "고구려는 그 조상이 동명에서 시작한다.······나중에 갈라져 나와 구려의 종족이 되었다"라고 해서 걸공(傑公)이 간단히 언급한 "구려"가 근거가 있음을 설명해 준다.

『양직공도(梁職貢圖)』는 양 무제의 아들 양 원제 소역(蕭繹)이 그린 것으로 현재 4개의 판본이 있다. (1) 당 염립본(閻立本)의 모본(摹本)으로, 현재 타이완 고궁박물관에서 소장하고 있다. 24개국과 만족(蠻族) 사자의 입상이 남아있는데, 그중 왜·고구려·신라 사자의 입상도 있지만 제기(題記)는 없다. (2) 오대 시기 남당(南唐) 고덕겸의 모본으로, 현재 타이완 고궁박물관에서 소장하고 있다. 33개국와 만족 사자의 입상이 남아있는데, 그중 왜·고구려·백제·신라 사자의 입상이 있지만 제기(題記)는 없다. (3) 북송 희녕(熙寧) 10년(1077년)의 모본으로 현재 중국 국가박물관에서 소장하고 있다, 12개국 사자의 입상과 13개국의 제목이 남아있는데, 그중 왜·백제 두 나라 사자의 입상과 제기(題記)가 있다. (4) 청 건륭 4년(1739년) 장경(張庚)의 모본으로 현재 소장처는 미상이다. 18개국과 만족의 제기(題記)가 남아있는데, 그중 왜·고구려·백제·사라(즉 신라)의 제기(題記)는 있지만 그림은 없다. 연구에 따르면, 남조 양 일대에 걸쳐 왜는 양에 사신을 보내지 않았다. 하지만 정부 간

교류가 없었다고 민간에도 교류가 없었다고는 할 수 없다. 반면 한반도의 고구려·백제·신라 3국은 모두 양과 교류가 있었다. 고구려 사신이 가장 많아서 11번이 넘는다.[27] 장경의 모본에서도 특별히 "고구려 사신이 중국에 이르러 경·사의 전적을 많이 구했다"고 언급하고 있다(『양서·제이전』과 『남사·이맥전하』에는 모두 이 기록이 없다). 양 무제는 고구려의 요구를 충족시켰으니, 바로 고구려에 제도 문화를 수출한 것이다.

『양서·제이전』의 재료는 주로 『양직공도』의 제기(題記)에서 나온 것으로 당연히 그림도 포함한다(『제이전』은 사이의 형상과 옷차림을 묘사하는데 『양직공도』의 그림에서 근거하고 있다). 이 점에 대해서 학계는 일찍이 공통된 인식을 가졌다.[28] 하지만 주지하다시피 『양직공도』에 현존하는 제기(題記)는 대부분 첨삭의 과정을 거친 것으로 이미 본래의 모습은 아니다. 『제이전』만이 대체로 완전하기 때문에 더욱 진귀하다. 특히 중시할 만한 점은 『제이전』에 고구려·백제·신라·일본(왜) 동아시아 4개국의 전(傳)이 있다는 것이다. 그중 백제전(百濟傳)에는 "중대통 6년(534년)과 대동 7년(541년) (백제가) 여러 차례 사신을 보내와 방물을 바치고 『열반』 등의 경의와 『모시』의 박사 및 공장과 화사 등을 요청했다. 칙을 내려 모두 주게 했다[中大通六年、大同七年, 累遣使獻方物, 請『涅盤』等經義、『毛詩』博士, 并工匠、畫師等, 敕並給之]."고 하고 있다. 양 무제는 백제의 요청을 충족시켜 백제에도 제도 문화를 수출한 것이다. 특히 주의할 만한 점은 백제의 양에 대한 "공장(工匠)"과

27 丁利民, 「百濟武寧王陵中的南朝文化因素研究」, 南京師範大學碩士學位論文, 2007年, 11쪽.

28 金維諾, 「"職貢圖"的時代與作者--讀畫劄記」, 『文物』 1960-7, 14~17쪽; 岑仲勉, 「現存的職貢圖是梁元帝原本嗎?」, 『中山大學學報』 1961-3, 42~47쪽; [日]榎一雄, 「梁職貢圖について」, 『東方學』 第26輯, 1963年, 31~46쪽. 그밖에 다른 설은 열거하지 않는다.

"화사(畫師)" 요청으로 이전에는 볼 수 없었던 내용이다. 여기서 한국의 충청남도 공주군 송산리 백제 고분군의 발굴 성과를 소개해야만 한다.

한국 충청남도 공주군 송산리 백제고분군은 백제의 도읍인 웅진(공주군) 시대 역대 제왕의 능묘이다. 한국은 1971년부터 이 능묘에 대해 발굴하기 시작했다. 그중 7호분과 6호분의 구조 형태만이 남조와 연원이 깊어 이른바 "건강(建康)양식"에 속한다. 7호분은 무령왕릉으로 확인되었다. 무령왕은 바로 『양서』에 나오는 백제왕 여륭(餘隆)이다. 6호분은 무령왕의 아들인 성명왕(聖明王; 聖王)의 능으로 추정된다. 성명왕은 바로 『양서』에 나오는 백제왕 여명(餘明)이다. 1992년 한중 수교 후, 중국 학자들은 비로소 이 두 능묘의 발굴과 출토 문물에 관심을 가지기 시작했다. 2001년 한국에서 무령왕릉 발굴 30주년을 기념하면서 이후 한동안 많은 중국 학자들이 무령왕릉 관련 문제에 대한 토론에 참가했다.[29] 무령왕릉의 출토 문물은 매우 풍부하다. 무령왕과 왕비 두 사람의 한자로 쓴 묘지(墓誌)와 매지권(買地券)이 있고 또 한자로 명문을 새긴 "사임진년작(士壬辰年作)" 묘전(墓磚)도 있다. 이 "임진(壬辰)"은 양무제 천감(天監) 11년(512년)을 가리킬 수밖에 없다. 한국 출토 한자 문물로 가장 이른 것은 전한 시기로 거슬러 올라갈 수 있지만, 그것은 중원 왕조에서 한반도로 전래된 명동경(銘銅鏡)으로 한반도 현지에서 제작된 것은 아니다.[30]

---

29 관련 성과는 주로 아래 세 문집에 보인다. (1) 『武寧王陵과 東亞細亞文化』(紀念武寧王陵發掘三十周年論文集), 韓國: 國立公州博物館, 2001年. (2) 『東亞考古論壇』 創刊號, 韓國: (財)忠清文化財研究院, 2005年, (3) 『東亞考古論壇』第2輯, 韓國: (財) 忠清文化財研究院, 2006年.

30 2017년 한국 경산 양지리 1호 목관묘에서 나온 3건의 전한 동경(銅鏡)에는 한자 명문이 있었다. 白雲翔의 연구와 추측에 따르면, 이 3건의 동경은 임치(臨淄)와 광릉(廣陵)에서 생산한 것으로, 기원전 2세기 후반에서 기원전 1세기 후반까지의 시기에 2차례에 걸쳐 한반도로 유입된 것이다. 白雲翔, 「漢代中韓交流的最新實物例證--韓國慶山陽地里漢鏡及相關問題」, 『文物』 2022-1, 43~51쪽 참고.

반면 무령왕릉에서 출토된 한자 묘지·매지권·묘전은 모두 현지에서 만든 것이다. 주지하다시피, 동진·십육국 시기 불교가 한반도로 전래되었다. 『송서』 권97 「이만(夷蠻)·백제국전(百濟國傳)」에 원가(元嘉) 27년(450년) 백제 국왕 여비(餘毗)가 "표를 올려 『역림』·『식점』·『요궁』을 구하니, 태조가 모두 주었다[表求『易林』、『式占』、『腰弩』, 太祖並與之]"는 기록이 있다. 따라서 무령왕릉에서 한자 문물이 출토된 것은 이상한 것이 아니다. 기이한 것은 성명왕릉에서 출토된 한자 초서로 명문을 새긴 묘전이다. 한·중·일 삼국의 학자들은 이 초서에 대해 여러 방식의 석독을 진행했는데, 비교적 대표적인 것으로 왕지고(王志高)는 "양관와위사의(梁官瓦爲師矣)"로 읽어야 한다고 했고, 조윤재는 "양선이위사의(梁宣以爲師矣)"로 읽어야 한다고 했다.[31] 여기서 두 사람의 두 번째·세 번째 글자에 대한 서로 다른 해석 중 어느 쪽이 정확한지를 논할 수는 없지만, 첫 번째 글자가 "양(梁)"이라는 것은 모두 이의가 없다. 이 "양(梁)"은 의심의 여지 없이 남조의 양나라이다. 2021년 한국의 무령왕릉 부근에서 또 한자로 "조차시건업인야(造此是建業人也)"가 새겨진 묘전(墓磚)이 발견되었다. 나는 이 묘전이 본래 성명왕릉의 문물이었을 것으로 생각한다. 성명왕릉 묘실에는 또 "사신(四神)"(청룡·백호·주작·현무) 등의 벽화가 그려져 있다(무령왕릉에는 벽화가 없다). 여기서 바로 앞서 백제가 양에 "공장(工匠)"과 "화사(畵師)"를 요청했었던 까닭을 해석할 수 있다. 무령왕 묘지에는 다음과 같은 내용이 기재되어 있다.

癸卯年五月丙戌朔七日壬辰崩, 到乙巳年八月癸酉朔十二日甲申安 厝登冠大

---

31 王志高, 「韓國公州宋山里6號墳幾個問題的探討」, 『東南文化』 2008-4, 28~39쪽; [韓]趙胤宰, 「韓國公州宋山里6號墳銘文磚釋讀管窺」, 『東南文化』 2011-2, 115~120쪽.

墓.[32]

이에 따르면 무령왕은 양 무제 보통(普通) 4년(523년) 5월 7일 사망했고, 6년(525년) 8월 12일 안장되었다. 뒤를 이어 성명왕은 즉위 후 고구려의 남침으로 538년 사비(충청남도 부여군)로 천도했다. 그래서 앞서 『양서·제이·백제전』에는 중대통(中大通) 6년(534년)과 大同 7년(541년) 누차 사절을 파견하여 방물(方物)을 바친 일을 먼저 합쳐서 언급한 후, 이어서 양에 "공장(工匠)" "화사(畵師)" 등을 요청한 사실을 말하는데, 이는 의심의 여지없이 앞의 중대통 6년에 해당한다. 이는 성명왕이 자신의 능묘를 조영하기 위해 양에 요청했던 "공장(工匠)"과 "화사(畵師)"였던 것으로, 성명왕릉에서 출토된 양나라 건업의 공장이 새겨진 묘전과 묘실 내 그려진 청룡·백호·주작·현무의 "사신" 벽화로 증명할 수 있다. 앞에서 말했듯이 일본과 양은 국가 간의 공식 교류가 없었다. 그렇다면 양과 백제의 교류가 일본에도 일정한 영향이 있었을 것이다.

일본에서 가장 빠른 목간의 출토는 1928년 미에현[三重縣] 유이[柚井] 유적지이고, 한국의 가장 빠른 목간의 출토는 1975년 경주 안압지로, 시간 차이가 거의 반세기에 달한다. 바로 이 시간차 때문에 일본 학계에서는 일찍이 일본 목간의 본토 독자 개발설과 중국 직접 수용설이 있었다. 한국 목간이 비교적 많이 출토된 후, 일본에서는 여전히 일부 학자들은 앞의 두 설을 고수하지만 더 많은 학자들이 시대에 맞추어 관점을 갱신해 갔다. 앞서 언급했던 이성시는 새로운 관점을 주로 대표하고 있다. 근래에는 이치 히로키[市大樹]의 관점이 좀 특별하다. 그는 먼저 『飛鳥の木簡--古代史の新たな解明』에서 일본의 한자 사용과 관련된 제도의 수립은 701년 다이카[大化] 신정부가 주관한

---

32 王俊·邵磊, 「百濟武寧王墓誌與六朝墓誌的比較研究」, 『南方文物』 2008-3, 135~138쪽; 邵磊, 「韓國百濟武寧王陵出土墓誌略論」, 『蘇州文博論叢』 第1輯, 2010年, 164~172쪽.

제6차 견당사 이전 주로 한반도의 영향을 받았으며, (701년) 이후에야 비로소 중국에서 직접 여러 제도를 도입했다고 개괄적으로 주장했다. 얼마 후『黎明期の日本古代木簡』에서는 나라 법륭사(法隆寺) 금당석가삼존상(金堂釋迦三尊像)의 대좌(臺座) 묵서명(墨書銘)과 백제 목간에 대한 비교 연구를 통해 일본 열도에서 목간의 사용은 백제를 중심으로 한반도에서 전해진 것이며 가장 이른 시기는 5세기, 아무리 늦어도 6세기 후반, 640년 전후 목간은 이미 어느 정도 보급되었다고 명확하게 지적했다.[33] 물론 그의 관점은 이 글 서두에서 소개한 한국은 6세기 초 중국에서 간독 및 관련 제도를 도입했고 일본은 주로 7세기 이후 한국에서 간독과 관련 제도를 도입했다고 하는 현재 한·중·일 3국 학계의 주류 의견에 그다지 큰 영향을 미치지는 않는다. 강조할 부분은 여기서 "중국"은 양 무제의 남조 양만을 지칭하는 것이며, 여기서의 "한국"은 실제 고대 백제와 신라 두 나라를 포함해야 한다는 점이다. 이는 한국에서 처음 목간이 출토된 경주가 원래 신라의 왕도였기 때문일 뿐만 아니라,『양서·제이전』에서 "신라는 그 나라가 작아서 스스로 사신을 보내와 통할 수 없었다. 보통 2년(521년) 신라왕의 성은 모이고 이름은 진인데 처음 백제를 따라서 사신을 보내와 방물을 바쳤다[(新羅)其國小, 不能自通使聘. 普通二年, 王姓募名秦, 始使使隨百濟奉獻方物]."라고 하기 때문이다. 같은 책『양서·무제기하』보통 2년 11월조의 "백제와 신라국이 각각 사신을 보내 방물을 바쳤다[百濟、新羅國各遣使獻方物]."에 근거하면, 그해 신라가 백제와 함께 와서 양에 조공을 했다는 사실은 확실히 증명된다. 앞에서 말한 양 무제가 백제의 요청에 따라 백제에 제도 문화를 수출한 것에 신라도 포함되는 것은 의심의 여지가 없다. 지리적으로 보아 신라는 백제보다 일본에 더 가깝고, 일본과의 관계도 응당 백제보다 더 가까웠을 것이므로 일본의 간독 및 관련 제도는 백제에서 도입했다

33 [日]市大樹,『飛鳥の木簡--古代史の新たな解明』, 東京: 中央公論新社, 2012年;「黎明期の日本古代木簡」,『國立歷史民俗博物館研究報告』第194集, 2015年, 65~99쪽.

기보다는 신라에서 들어왔다고 보는 편이 더 나을 것이다.

후지타 카츠히사[藤田勝久]는 동아시아 한·중·일 3국의 간독시대는 2기로 나뉜다고 했다. 제1기는 전국시대에서 삼국시대까지이다. 제2기는 지목(紙木)병용시대로 삼국·진에서 당대까지이다. 고대 한국과 일본에서의 목간 사용 방법은 중국에서 수입한 것이고, 목간 사용과 관련된 행정제도도 중국에서 들여온 것이다.[34] 나는 이미 후지타의 책에 대한 서평에서 이 문제를 다음과 같이 특별히 지적했었다.

목간 사용 방법과 관련 행정제도가 한국을 거쳐서 일본으로 전래된 것을 구체적으로 남조 양나라 시기라고 정하는 것은 또 다른 배경과 관련이 있기 때문에 더욱 적합할 수 있다. 이는 바로 일본에서 근래 제기된 "유라시아 동부세계론"이다.[35] "유라시아 동부세계론"의 구축은 바로 『양직공도(梁職貢圖)』

---

34 [日]藤田胜久, 「中國古代の情報システムと社會--簡牘から紙、木簡の選擇」, [日]藤田胜久·關尾史郎 編, 『簡牘が描く中國古代の政治と社會』, 東京: 汲古書院, 2017年, 3~27쪽.

35 11, 12년전 일본의 히로세 노리오[廣瀬憲雄]·스즈끼 야스타미[鈴木靖民] 등이 제기한 "동유라시아 세계론[歐亞東部世界論]"은 주목할만한 이론으로 당시 이미 "동아시아 세계론"을 대체하는 추세였다. 廣瀬憲雄, 「倭國·日本史と東部ユーラシア--6-13世紀における政治的連關再考」, 『歷史學研究』第872號(2010年增刊號), 2010年, 30~37쪽; 鈴木靖民, 「梁職貢圖から東ユーラシア世界論へ」, 北京大學歷史系二院108會議室演講, 2011年9月8日 16:00~18:00, 얼마 후 「東アジア世界史と東部ユーラシア世界史--梁の國際関係·國際秩序·國際意識を中心に」(『東アジア世界史研究センター年報』第6號, 2012年, 143~163쪽)의 문장으로 정리, 「東部ユーラシア世界史と東アジア世界史--梁の國際関係·國際秩序·國際意識を中心として」으로 제목을 바꾸어서 鈴木靖民, [日]金子修一 编著 『梁職貢圖と東部ユーラシア世界』(東京: 勉誠出版株式會社, 2014年, 3~44쪽)에 최종 수록; 王素, 「從東亞世界論到歐亞東部世界論--日本學界關於中國中古國際秩序與地緣政治研究新動向」, 北京師範大學 後主樓 1932B 演講, 2015年6月9日 19:00~21:00. 별도 참고.

『양사공기(梁四公記)』『양서(梁書)·제이전(諸夷傳)』이 묘사하는 국제 문화 교류의 풍경에 기초하고 있기 때문이다.[36]

양 무제 시기 사이를 불러들인 성대한 상황에 대해서는 적지 않은 기록이 있다. 『양서·제이전』의 사신(史臣)이 말하기를 "고조가 덕으로 (사이를) 품었기 때문에, 조공이 해마다 이르렀다. 아름답도다[高祖以德懷之, 故朝貢歲至, 美矣]"라고 했다. 여기서 "덕(德)"은 "문덕(文德)"을 가리킨다. "문덕(文德)"은 "무공(武功)"과는 서로 대비되는 것으로 온전히 예악과 교화를 가리킨다. 본래 『논어(論語)·계씨(季氏)』에 "고로 먼 나라가 복속하지 않으면 즉 문덕을 닦아서 오게 한다[故遠人不服, 則修文德以來之]"라고 했다. 유가는 줄곧 예악 교화의 선양을 사이를 불러들이는 중요한 수단으로 삼았다. 『양서·원제기(元帝紀)』에는 대보(大寶) 3년(552년) 8월 서릉(徐陵)이 즉위를 권하는 표문을 원제에게 올리면서 말한 내용이 다음과 같이 실려있다.

> 東漸玄菟(지금의 북한 함경도), 西逾白狼(지금의 사천 백옥), 高柳(지금의 산서 양고)生風, 扶桑(검토를 요함)盛日, 莫不編名屬國, 歸質鴻臚, 荒服來賓, 遐邇同福.

이는 실제로 양 무제 시기 사이가 찾아온 성황을 이야기하는 것이다. 사이를 불러들이는 것은 자연히 제도 문화의 수출을 위한 것이었다. 『양서(梁書)·무제기하(武帝紀下)』의 사신(史臣)도 다음과 같이 말하고 있다.

현재 이 이론은 일본에서 이미 거의 주류가 된 것으로 보인다. [日]荒川正晴 等, 「中華世界の再編とユーラシア東部(4~8世紀)」, 新編『岩波講座世界歷史』6, 東京: 岩波書店, 2022年 참고.

36 劉瑩·王素, 「藤田勝久、關尾史郎編〈簡牘描繪的中國古代的政治與社會〉」, 『出土文獻』2021-3, 2021年9月, 116~124쪽.

征賦所及之鄕, 文軌傍通之地, 南超萬里, 西拓五千.

여기서 "정부소급(征賦所及)"은 비록 과장된 말에 불과한 것이지만, "문궤방통(文軌傍通)"은 문덕(文德)의 수레가 멀리 퍼져나가는 것을 가리키니, 즉 제도 문화의 수출은 실제 상황이었다. 『북제서(北齊書)·두필전(杜必傳)』에는 북제 고조 고환(高歡)의 다음 말을 기록하고 있다.

江東復有一吳兒老翁蕭衍者, 專事衣冠禮樂, 中原士大夫望之以爲正朔所在.

여기서 "의관예악(衣冠禮樂)"은 제도 문화를 대표하는 중요한 것이고, "정삭(正朔)"은 바로 "정통(正統)"으로, 양 무제가 의관예악에 전념한 것은 문화의 정통을 쟁취하기 위해서였다. 북제 사대부들은 남조 양에 중국문화의 정통이 있다고 생각했는데, 한국과 일본 두 나라에 미쳤던 영향도 대체로 같았을 것이다. 정리민(丁利民)의 통계에 따르면, 백제의 남·북조 사신 파견은 송 12회, 제 4회, 양 7회, 진 4회, 북위 1회, 북주 2회, 북제 4회였다. 신라의 남·북조 사신 파견은 양 1회, 진 8회, 북제 3회였다. 일본의 남·북조 사신 파견은 송 9회, 제 1회였고, 북조와는 교류가 전혀 없었다.[37] 백제·신라·일본과 남조의 교류가 북조와의 교류보다 훨씬 더 빈번했음을 보여준다. 이는 당연히 남조에 중 문화의 정통이 있었기 때문이다. 요컨대, 한·일 두 나라에서 중국 간독 문화 및 관련 제도의 도입을 남조 양 무제 시기로 정하는 것은 문제가 없을 것이다.

(번역: 김진우, 경북대학교 인문학술원 HK연구교수)

37 丁利民, 「百濟武寧王陵中的南朝文化因素硏究」, 南京師範大學碩士學位論文, 2007年5月8日, 11쪽.

#02

西晉 黃籍의 書寫材料 再論

•

장룽창(張榮強)
(중국 南開大學 曆史學院 교수)

기원후 105년 후한 채륜이 종이 제작 기술을 개량한 때부터 404-405년에 이르는 시기에, 동진 桓玄은 詔書를 내려 공문서에서 簡의 사용을 완전히 폐지했는데,[1] 그것은 상당히 완만히 진행된 과정이었다. 우리는 단지 단편적인 사적 기록과 영성한 고고자료를 통해 그 시기 簡·紙의 변화를 대략적으로 그릴 뿐이다.

후한 시대의 제지술은 상대적으로 낙후되어 제조된 종이는 표면의 밝고 깨끗한 정도나 섬유 조직의 밀도가 부족했고, 이에 당시의 종이는 주로 典籍과 개인의 서신을 초사하는 데에만 이용되었다. 漢末과 삼국시대에 종이는 공문서의 영역으로 진입하기 시작했는데, 그것은 한편으로 기술 진보의 결과

1 『太平御覽』卷605 「文部·紙」引 『桓玄僞事』: "古無紙, 故用簡, 非主於敬也; 今諸用簡者, 皆以黄紙代之."桓玄의 簒位 사건은 東晉元興二年~元興三年(404-405)의 일이다.

였고, 다른 한편으로는 曹魏 통치자의 적극적인 추진이 있었던 것과 떼어놓고 설명할 수 없다. 曹操는 建安10년(206) 10월에 「掾屬進得失令」을 반포하여 "自今諸掾屬·侍中·別駕, 常以月朔各進得失, 紙書函封, 主者朝常給紙函各一"이라고 요구했다(『初學記』卷21 「文部·紙」). 이는 관가에서 종이를 제공하는 방식으로 간독이 아닌 종이로 상서하도록 관료들을 유도한 것이다. 「文士傳」에서 主簿 楊修는 조조가 령을 내릴 때 여러 차례 반복해서 발표하는 것에 부합하기 위해 "豫爲答數紙, 以次牒之而行"[2] 했고, 후에 종이가 바람에 날아가 순서가 뒤섞인 것을 조조가 발견하는 일도 있었다. 신하의 상서뿐 만 아니라 이 시기에 황제의 詔令 또한 종이 서사가 자주 이용되었다. 景初2년(238) 병이 위중했던 魏明帝는 司馬懿를 불러 후사를 맡기려 했는데, 이때 中書監 劉放에게 명하여 黃紙에 詔書의 초안을 쓰도록 했다(『三國志』卷14 「魏書·劉放傳」). 고고자료에 따르면 孫吳의 관부에서 종이를 사용했던 정황이 한 두가지가 아니다. 1979년 江西 南昌 高榮墓에서 출토된 두 매의 견책에는 "書刀一枚·研一枚·筆三枚·書□一枚……官紙百枚"라고 주기되어 있다. 묘실의 구조를 볼 때, 고영묘는 손오 전기에 속하고, 묘주 또한 일정한 관직을 역임했던 사람이었다.[3] 견책 중에는 간독의 표면을 깎는 서도 외에 "官紙"의 수량이 기록된 것이 두드러진다. 이는 당시 관부에서 간독을 사용한 동시에 종이 또한 공문서용으로 서사되었음을 표명한다. 長沙 走馬樓吳簡 중에는 또한 여러 차례 종이를 언급한 간문이 나온다. "嘉禾五年二月壬辰朔□□臨湘侯相菅(營)君叩頭死罪白被紙"(陸·612) "草白差調諸鄉出紙(?)四百枚□☐"(柒·4670)[4] "被紙"는 상급 관부에서 하달한 지질 문서를 받았다는 의미이다. 西晉 史籍에는

2 『藝文類聚』卷58 「雜文部·紙」, 上海: 上海古籍出版社, 1999, p.1053.

3 江西省歷史博物館: 「江西南昌市東吳高榮墓的發掘」, 『考古』, 1980-3.

4 長沙簡牘博物館 等: 『走馬樓三國吳簡竹簡[陸]』, 北京: 文物出版社, 2017, p.744; 『走馬樓三國吳簡竹簡[柒]』, 北京: 文物出版社, 2013, p.844.

공문에 종이를 사용했다는 기록이 더욱 많다. 가장 두드러진 것은 『晉書·王渾傳』에서 晉惠帝가 正月 元會 상에서 어떻게 郡國의 上計吏로부터 지방풍속 관련 사무의 상황을 알아낼 것인가를 자문하자, 王渾은 다음과 같이 上奏하여 말했다. "可令中書指宣明詔, 問方土異同, 賢才秀異, 風俗好尚, 農桑本務, 刑獄得無冤濫, 守長得無侵虐. 其勤心政化興利除害者, 授以紙筆, 盡意陳聞." 여기서 군국 상계리에게 각지의 상황을 일일이 종이에 적어 황제에게 보고하도록 했다. 스벤 헤딘이 누란 유지에서 발견한 魏晉 종이 잔편의 가장 이른 기년은 曹魏 嘉平4년(252), 가장 늦은 기년은 西晉 永嘉4년(310)으로, 그 내용은 서신 외에도 公文·簿籍이 포함되어 있다. 1974년 江西 南昌 吳應墓에서 출토된 木方 遣册에는 "故書籍(箱)一枚·故書硯一枚·故筆一枚·帋一百枚, 故墨一丸"이 기록되어 있는데, "帋"는 즉 "紙"이고, 여기에는 간독이 이미 나오지 않는 시기에도 특별히 포함된 書刀가 있었다. 오응의 신분은 "中郎"인데, 아마도 三公府 혹은 將軍府 "從事中郎"류의 속료였을 것이다.[5] 고영묘와 오응묘의 견책 기록을 비교해보면, 이 역시 공문에 簡의 사용이 점차 소실되어가는 추세를 볼 수 있다.

史籍에서 紙質 戶籍에 대해 명확히 기록된 것은 東晉 시기로, 실제 출현한 시기는 훨씬 빨랐을 것이다. 『太平御覽』卷606「文部·札」에서 『晉令』을 다음과 같이 인용했다.

> 郡國諸戶口黃籍, 籍皆用一尺二寸札, 已在官役者載名.[6]

이와 함께 『晉書』卷30「刑法志」와 『唐六典』卷6"刑部郎中員外郎"조에서

5 江西省博物館:「江西南昌晉墓」,『考古』, 1974-6.

6 『太平御覽』卷606「文部·札」, 北京: 中華書局, 1960年影印本, p.2726 下欄.

咸熙6년(264) 賈充·鄭沖 등이 명을 받들어 漢魏 舊制를 增損하여 새로운 율령을 편찬한 것, 泰始3년(267) 賈充이 晉武帝 司馬炎에게 『令』40권을 헌상하고 그 다음 해에 반포하여 실행한 것 등을 참고할 수 있다. 『당육전』은 『진령』 40편의 편명을 보존하고 있는데, 제1편이 바로 「戶令」이다. 『진령』의 서두는 "郡國諸戶口黃籍"이라고 했는데, 여기서 호구와 황적을 연계한 것, 나아가 東晉 南朝 史書에서 여러 차례 출현하는 황적이 모두 호적을 가리키는 것에 따라, 학계에서는 예외 없이 『진령』중의 황적을 호적으로 이해한다. 최근에 韓樹峰은 다른 의견을 제기했는데, 원뜻의 곡해를 피하기 위해 그의 설을 다음과 같이 그대로 인용한다.

> 황적이 만약 호적이라면, 자연히 호구의 기록이 주요 내용이었을 것이나, '호구'를 적지 않았다면 그 의미는 자명하다. 그런데 『진령』은 '호구' 두 글자를 추가하여 맥락이 연결되지 않을 뿐 아니라 뜻이 중복되어 사족을 붙인 듯한 느낌을 준다…… "호구황적"의 의미 중복은 단지 형식의 문제로, 호적을 이해하는데 근본적인 장애는 되지 않는다. 그러나 영문에서 '諸'를 '戶口黃籍' 앞에 배치함으로써 문제는 더욱 두드러진다. 만약 황적이 호적이라면, "郡國諸戶口黃籍"은 즉 "군국의 여러 (혹은 각종) 호구 호적"이라는 뜻이 된다. 이는 西晉 郡國이 관리하는 호적이 단지 한 가지에 그치지 않았음을 의미할 것이다. 동시에 "籍皆用一尺二寸札"에서 "皆"자 또한 황적이 최소 두 가지 이상의 호적이었음을 말해준다. …… 비록 서진 시대에 여러 형식의 호적이 있었음을 인정하더라도, 황적을 호적으로 보는 것에는 여전히 큰 문제가 존재한다.
>
> 이렇게 이해를 해볼 때 황적이 이러한 호적이라거나 저러한 호적이라고도 할 수 있는 광의상의 호적이 되도록 "諸"라는 글자로 꾸며줄 필요가 있었을까? 영문에서 '諸'자를 더한 것은 스스로 번거로움을 초래한 것은 아닐까? ……『晉令』조문의 의미가 중복되고 잘 통하지 않는 것은 황적을 호적으로

보는 전제조건에 의해 발생한 것이다. 이러한 곤경을 맞았을 때는 그 전제조건의 오류를 인정하는 것이 문제를 해결하는 유일한 길일 것이다. 황적이 호적이 아니라면, 또 어떤 簿籍이었던 것일까? 답안은 글자 그대로 드러나듯이, 황적은 황색의 簿籍을 말한 것이다. 앞에서 논한 것처럼, 황색 간독은 중요 문서를 서사하는데 쓰는 것으로 호구와 관련한 문서들은 중요한 것임에 틀림없으므로 황색 간독 위에 써야하는 것이다. 이렇게 이해하면 令文의 뜻은 기본적으로 막힘없이 통한다. 즉, 郡國의 각종 호구 부적은 1척2촌의 簡札에 서사했고, 관부에서 복역하는 자의 이름은 응당 호구 부적 위에 기록해야 했다. 더욱 정확히 말하자면, 해당 영문 중의 황적은 호적에 포함되지 않았고, 호적 이외의 기타 각종 호구문서를 가리키는 것이다. 간독 시대에 군국은 본래 호적을 소장하지 않았기 때문에, 호적에는 요역을 기록하지 않았으나, 해당 영문의 규정은 오히려 그것과 반대되는 것이다.[7]

韓 선생은 중점적으로 "郡國諸戶口黃籍", 특히 그중의 "諸"자를 둘러싸고 세밀한 추리를 진행하여, 황적이 일반적으로 황색 부적을 가리키는 것으로 호적이 아니라는 결론을 내렸다. 우리는 이 말을 어떻게 이해해야 할까?

"郡國諸戶口黃籍"라는 말 중에는 '諸'가 명확히 '戶口'를 수식하여, '諸戶口', 각종 호구, 각종 사람의 호를 뜻한다. 한대 편호제민이 동일한 부역을 부담했던 것과 비교하면, 위진 시대에는 명확히 '戶役'의 특징이 나타난다. 역대의 전란이 초래한 인구의 급격한 감소, 민중이 빈번히 이탈하여 유랑하는 상황 속에서 당시의 통치자는 안정적인 노동력 공급과 사회 안정을 보증하기 위해 치하의 편호를 다양한 인호로 나누어 국가에 서로 다른 의무를 담당하도록 했다. 군현민 외에도 우리가 잘 알고 있는 인호로는 屯田戶·士家 등이 있다.

7 韓樹峰:「漢晉時期的黃簿與黃籍」,『史學月刊』, 2016-9, pp.29-30.

그 중 둔전호는 典農官에 예속되어 국유 토지를 경작했고, 관부에게 5 내지 6할에 이르는 고액의 지세를 납부했다. 士家는 군영에 집중 거주하여 父子가 병졸의 신분을 계승하며 전역에 참여하거나 수변의 업무를 보았다. 郡縣民과는 달리 屯田戶와 營居兵戶는 서로 다른 기구에 예속되어 각자 단독으로 籍을 편성했다. 西晉 泰始2년(266) 晉武帝가 "罷農官爲郡縣"[8]의 조서를 내리면서, 단독 人戶로서의 둔전민은 역사상에 사라졌다. 泰始4년 『晉令』을 반포했을 때에 군현민과 分治된 인호는 대략 兵戶만 있었을 것이다.

사실상, 民과 분치된 屯田民·兵戶 외에도, 魏晉 시기 郡縣 행정은 각종 人戶를 관할했다. 郴州 蘇仙橋 西晉簡에는 다음과 같은 기록이 있다.

1-35 定丁男一千九百八十九軍將州郡縣吏民士卒家丁

3-402 定丁男八百三軍將郡縣吏民士卒家丁

이는 晉惠帝 시기의 上計 자료이다. 진한시기의 '吏民'은 편호제민으로 범칭되었고, 孫吳簡 중에도 여전히 이러한 용법이 보인다. 士卒·吏·民을 포함한 人口簿를 '吏民'簿라고 칭하는 것이 그 예이다. 그러나 여기서 '軍將吏民士卒家'라고 칭한 것은 '吏家'·'民家'와 '軍將家'·'士卒家'가 분리되어 있었음을 의미할 것이다. 晉武帝 泰康3년(283)에 "罷州郡兵"했다는 것으로 알려져 있지만, 惠帝 元康 이후에는 또 다시 지방 무장 세력이 회복되었다.[9] 함께 출토된 침주간에는 또한 "卒十三人", 晉寧縣"卒十二人" 등의 기록이 있다. 위에서 인용한 침주간에 따르면 당시 桂陽郡이 관할한 인호 중에는 군현민 외에

8 『晉書』卷3 「武帝紀」, p.55.

9 唐長孺: 「魏晉州郡兵的設置和廢置」, 『魏晋南北朝史論拾遺』, 北京: 中華書局, 1983, p.149.

軍將戶·兵戶와 吏戶도 있었는데, 그 호적 또한 재지 관부가 관리했다. 필자는 이미 전고에서 위진 시기 지방행정 기구에서 관리한 각종 인호에 대해 전문적으로 다룬 적이 있어, 여기서는 다시 언급하지 않겠다.

이 글에서는 西晉 黃籍의 서사재료 문제를 중점 토론할 것이다. 『晉令』에서 황적 "一尺二寸札"이라 기재한 것에 대해 학자들은 일반적으로 『說文解字』의 "札, 牒也"[10]라는 釋義에 근거해 서진의 호적 또한 한대와 마찬가지로 여전히 간책을 사용한 것으로 추측한다.[11] 『진령』에서 말한 一尺二寸札이 실제 계승되었다는 것이 한대의 오랜 설이었다. 『漢書·元帝紀』顏師古의 주에서 應劭의 주를 인용하길, "籍者, 爲二尺竹牒, 記其年紀名字物色"[12]라고 했는데, 晉의 崔豹가 쓴 『古今注』에 따르면 이 "二尺"은 "尺二"를 거꾸로 한 것이다. 그런데 이 '札'의 의미를 고정불변의 것으로 취급해서는 안될 것이다. 종이가 간독을 대체한 후에도 '札'이라는 옛 명칭이 여전히 자주 사용되었다. 예를 들어 『梁書·庾肩吾傳』의 "紙札無情, 任其搖襞", 『南史·張興世傳』의 "檄板不供, 由是有黃紙札", 『南史·江夏王蕭鋒傳』의 "張家無紙札, 乃倚井欄爲書" 등이 있다. 『晉書·徐陵傳』에서는 "黃紙"가 곧 "黃札"이라 칭했다.[13] 종이를 尺寸으로 연결하

10 『說文解字』卷6「木部上」, 北京: 中華書局, 1963, p.124.

11 王國維: 『簡牘檢署考』, 謝維揚·房鑫亮 主編: 『王國維全集』第2卷, 杭州: 浙江教育出版社, 2009, p.497 수록. 池田温: 『中國古代籍帳研究』, 北京: 中華書局, 2007, p.42; 方北辰: 「晉代"黃籍"書寫材料的變化」, 『文獻』, 1999-2.

12 『漢書』卷9「元帝紀」, 北京: 中華書局, 1962, p.287.

13 『梁書』卷49「文學上·庾肩吾傳」, 北京: 中華書局, 1973, p.691; 『南史』卷25「張興世傳」, 北京: 中華書局, 1975, p.690; 『南史』卷43「江夏王蕭鋒傳」, p.1088页; 『陳書』卷26「徐陵傳」, 中華書局, 1972, p.333. 傅克辉는 이에 근거해 '札'이 종이를 가리키는 것은 南朝 이후의 일이라고 주장했다(『魏晋南北朝籍帳研究』, 济南: 齊魯書社, 2001, p.2.). 문제는 사적에 나오는 가장 오래된 출처를 사물이 출현한 가장 오래된 시기로 확정할 수 없다는 것이다. 논리적으로 종이에 대해 '札'이라는 오래된 명칭을 사용하는 것은 응당 종

는 것 또한 고대인들 사이에 자주 쓰이는 말이었다. 서진 중서령 荀勖은 『上穆天子傳序』에서 "謹以二尺黃紙寫上"이라 했다.[14] "二尺"은 바로 종이의 직선 길이를 가리킨 것이다. 宋代 사람이 지은 『文房四譜』가 인용한 『晉令』에도 당시 종이의 척도를 명확히 규정했다.

> 諸作紙: 大紙一尺三分, 長一尺八分, 聽參作廣一尺四寸. 小紙廣九寸五分, 長一尺四寸.[15]

서진 1척은 24.4cm로, 진한의 23.1cm보다 약간 길다. 서진에서 상용한 大紙의 직선 길이는 1척3분으로 지금의 25.1cm였다. 小紙의 직선 길이는 9촌5분으로 23.18cm였다. 주지하듯이 진한 시기 간독의 규격은 가지각색으로, 가장 자주 쓰인 것은 一尺簡이었고 존귀함을 보이기 위해 황제의 조서는 尺一簡을 썼다. 형태를 보면 西晉의 大紙가 漢代의 尺一을 모방했고, 小紙는 漢代 一尺簡으로부터 유래했을 것이다. 동일하게 1척2촌인 서진 29.6cm의 간은 진한의 27.7cm보다 약간 길었다. 왜 서진 호적은 大·小紙와 같이 수치를 감소하는 방식을 통해 한대의 실제 길이와 일치시키지 않고, 형식상의 척촌을 바꾸지 않는 방법을 사용해 실제로는 한대의 원래 길이를 바꾸는 방식을 택했던 것일까?

이 문제에 대답하기 위해서는 우선 西晉 및 그 전대 호적의 형태와 서사

이가 '札'의 기능을 대체하여 서사재료로 사용되기 시작한 때일 것이므로, 남조보다 늦지 않았을 것이다.

14 [清]嚴可均 編: 『全上古三代秦漢三國六朝文·全晉文』卷31荀勖「上〈穆天子傳序〉」, 北京: 中華書局, 1958, p.1637.

15 [宋]蘇易簡 著, 朱學博 整理校點: 『文房四譜』卷3「紙譜·叙事」, 上海: 上海書店出版社, 2015, p.55.

격식을 이해해야 한다. 학계에서 현재 가장 이른 시기 호적 실물로 파악하고 있는 것은 진통일 전후 秦 遷陵縣 南陽里 戶版으로, 그것의 분명한 특징은 한 호의 모든 인구를 1매의 목판 속에 기록했다는 것이다.[16] 우리는 漢代의 호적 실물을 보지는 못하고, 한을 계승한 孫吳 호적류 간에 대해서는 구조에 근거해 대략 두 가지로 분류하고 있다. 첫 번째는 "凡口若干事若干 算若干事若干 貲若干"이라고 하는 형식이고, 두 번째는 "右某家口食若干 若干男 若干女"라고 하는 형식이다. 이 두 종류의 호적간에 기록된 인군은 동일하며, 단지 통계에서 중점으로 삼는 사항이 다를 뿐이다. 전자는 가족 단위의 인구수 통계에 중점을 두었고, 후자는 民戶가 口算·貲稅를 납부해야 하는 상황을 강조했다.[17] 이 두 종류 간의 형태 차이는 크지 않아, 모두 길이 22.7~23.6cm, 넓이 0.6~1.2cm 정도이다.[18] 서사는 통상적으로 3칸을 나누어, 戶主는 첫 번째 칸에 등재하고, 가족 구성원은 두 번째, 세 번째 칸에 등록한다. 하나의 호로 복원한 가족 단위를 예로 들어 표의 형식으로 나열하면 다음과 같다.

(1) 平陽里戶人公乘烝平年卅二筭一肿兩足 (壹·10480)
平母大女妾年七十 (壹·10479)
平妻大女取年廿八筭一 (壹·10481)
平子男各年七歲 (壹·10488)
凡口五事 算二事 訾五十 (壹·10489)[19]

16 張榮强: 「湖南里耶所出"秦代遷陵縣南陽里戶版"硏究」, 『北京師範大學學報』, 2008-4.

17 張榮强: 「〈前秦建元籍〉與漢唐間籍帳制度的變化」, 『歷史硏究』, 2009-3.

18 日本學者 谷口建速은 여러 종류의 孫吳簡의 尺寸에 대해 구체적인 측량을 진행했다. 「竹簡の大きさについて」, 『張沙走馬樓出土吳簡に關する比較史料學的硏究とそのデータベース化』(平成16年度~平成18年度科學硏究費補助金〈基盤硏究B〉硏究成果報告書), 2007.

19 長沙市文物考古硏究所·中國文物硏究所·北京大學歷史學系: 走馬樓簡牘整理組 編

孫吳戶籍類簡分欄表(1)

신분 혹은 성격	第1欄	第2欄	第3欄	簡號
戶主	平陽里戶人公乘烝平年卅二筭一肿兩足[20]			壹 · 10480
가족 구성원		平母大女妾年七十		壹 · 10479
가족 구성원		平妻大女取年廿八筭一		壹 · 10481
가족 구성원		平子男各年七岁		壹 · 10488
마지막 구절 簡	凡口五事	算二事	訾五十	壹 · 10489

(2) 平阳里户人公乘烝平年卌□ 筭一 踵两足 (叁·4275)

平母大女委年七十 平妻大女取年廿八筭一 (叁·4274)

平子男右年四岁 □侄子男杋年七岁一名喜 (叁·4273)

右平家口食五人 其三人男

二人女 (叁·4278)[21]

孙吳戶籍類簡分欄表(2)

신분 혹은 성격	第1欄	第2欄	第3欄	簡號
戶主	平陽里户人公乘烝平 年卌□ 筭一 踵兩足			參 · 4275
가족 구성원		平母大女委年七十	平妻大女取年廿八 筭一	參 · 4274
가족 구성원		平子男右年四歲	□侄子男杋年七歲一 名喜	參 · 4273
마지막 구절 簡	右平家口食五人		其三人男 二人女	參 · 4278

著: 『長沙走馬樓三國吳簡 · 竹簡[壹]』, 北京: 文物出版社, 2003, p.1110.

20 해당 簡의 문자 내용은 비교적 많은데, "肿兩足"은 첫 번째 칸을 넘어 두 번째 칸까지 서사되었다. 아래에 인용된 두 번째 종류의 戶主 '烝平'간 또한 그러하다.

21 長沙簡牘博物館 · 中國文物研究所 · 北京大學歷史學系 · 走馬樓簡牘整理組 編著: 『長

설명이 필요한 것은 실제 두 번째 종류의 간에서 1매의 簡에 두 명의 가족 구성원을 등록하는 현상은 자주 보이지 않고 1人1簡의 상황이 훨씬 많다. 만약 1인1간이라면, 가족 구성원은 모두 두 번째 칸에 등록된다.

최근의 고고 발견에 의하면, 西晉 戶籍의 내용은 어느 정도 이해할 수 있다. 甘肅 臨澤에서 출토된 「西晉建興元年(313)臨澤縣孫氏兄弟爭訟田塢案」중에는 황적에 관한 정보가 포함되어 있다. 해당 안례의 원고인 孫香은 당형인 孫發이 자신의 소유인 城 서쪽의 塢田을 침범했다고 소송했는데, 손발은 그에 대해 단호히 부인했다. 그는 다음과 같이 진술했다.

> 發當與香共中分城西塢田. 祖母以香年小, 乍胜田, 二分, 以發所得田分少, 割今龍田六十畝益發, 塢與香中分. 臨稾塢各別開門, 居山作坝塘, 種桑榆杏棕, 今皆茂盛. 注列黄籍, 從來卌餘年.[22]

孫發의 설에 근거하면, 孫香·孫發의 祖母는 살아있을 때 둘에게 가산을 나눠줬는데, 그 나눈 田宅을 '黃籍'에 기록한지 40여년이 되었다. 손씨 형제의 쟁송은 建興元年 말에 발생했으니, 40여년을 거슬러 올라가면 바로 泰始4년(268) 『秦令』이 막 반포·시행된 이후가 될 것이다. 손발은 황적을 전택의 합법적 영유의 기본 근거로 보았고, 나아가 魏晉 南朝 사적에서 언급한 '黃籍'은 틀림없이 호적을 가리키는 것이 되어, 臨澤 晉簡 중의 '黃籍'은 바로 『晉令』에서 말한 "諸戶口黃籍"이 된다. 손발이 전택을 나누어 "注列黃籍"했다고 한 것은 西晉 시기의 호적이 家口 부분 뿐 아니라, 전택 등의 자산도 등록했음을 표

沙走馬樓三國吳簡·竹簡[參]』, 北京: 文物出版社, 2008, p.817.

22 張榮强: 「甘肅臨澤新出西晉簡冊考釋」, 『魏晉南北朝隋唐史資料』第32輯, 上海: 上海古籍出版社, 2015, p.189.

명한다.

西晉 戶籍에는 資產 부분이 추가되었는데, 이 시기 만약 여전히 竹·木簡을 이용하여 제작했다면 한 칸을 더 만들어서 서사할 필요가 생긴다. 漢代 호적 세 칸 1척2촌, 즉 27.6cm을 표준으로 추산하면, 서진 호적의 네 칸 서사는 36.8cm가 필요하다. 이에 대해 서진시기와 멀지 않은 「前秦建元二十年(384)三月高昌郡高寧縣都鄉安邑里籍」의 서사 격식을 참고할 수 있을 것이다.

6	高昌郡高寧縣都鄉安邑里民張晏年廿三		
7	叔聰年卅五物故	奴女弟想年九	桑三畝半
8	母荆年五十三	晏妻辛年廿新上	城南常田十一畝入李規
9	叔妻劉年卌 六	丁男一	得張崇桑一畝
10	晏女弟婢年廿物故	丁女三	沙車城下道北田二畝
11	婢男弟隆年十五	次丁男三	率加田五畝
12	隆男弟駒[年]	[小女二]	[舍一區]
13	駒女弟[□年]	凡口九	[建元廿年三月籍]
14	聰息男[奴年][23]		

이는 현재 볼 수 있는 가장 오래된 紙質 戶籍이다. 前秦 호적의 기록 내용은 오로지 西晉으로 유래한 것이다. 주의해야 할 것은 전진 建元籍이 모두 네 칸이 아닌 세 칸으로 나누어진다는 것이다. 첫 번째 칸에는 가족 수, 두 번째 칸은 가구의 丁中 분류 통계, 세 번째 칸은 田宅 등 주요 자산을 등기했다. 그

23 원문은 榮新江·李肖·孟憲實 主編: 『新获吐魯番出土文獻』, 北京: 中華書局, 2008, pp.176-179 ; 필자의 최종 수정문, 「再談〈前秦建元二十年籍〉錄文問題」, 『史學史研究』, 2015-3, p.121.

러나 첫 번째 칸에 호주를 포함한 모든 가구를 기록했는데, 戶主 신분이 두드러지도록 서두 부분에 배치하고 가족 구성원을 약간 밑쪽에 붙여 쓰는 방식으로, 호주 항목을 별도의 칸으로 나누지 않았다. 이러한 서사 방식은 별도의 칸을 두는 것보다 적지 않게 편폭을 절약한 것이다. 孫吳 호적간은 극소수의 경우만 가족 구성원을 이어서 썼을 뿐, 기본적으로 한 簡에 1인을 배치한다. 이렇게 한 공간 내에 서사 위치를 약간 낮추어 호주와 가족 구성원을 함께 처리하는 방식은 종이 재질에서만 실현할 수 있는 것이다.[24]

자산 항목을 추가한 것 외에, 西晉 호적의 가구통계 부분 역시 변화가 있다. 秦漢시기의 호적 신분은 단지 '小'·'大'의 구분만 있었고, 호적의 가구 통계는 '大男若干'·'小男若干'·'大女若干'·'小女若干'의 네 가지 항목이 있었다. 반면 孫吳 호적류 간에서는 보다 간단히 '男子若干'·'女子若干'의 두 가지 항목만이 있다.[25] 그러나 西晉 太康元年(280)에 晉武帝는 占田課田令을 시행하

---

24 덧붙여 말하면, 西晉의 호적 규정은 1척2촌, 즉 지금의 29.6cm이다. 대략 이후부터 최소 唐代까지 호적의 형태에는 변함이 없었다. 前秦 建元籍의 서두는 잘려나가 현존하는 종이의 길이는 25.2cm이다. 西涼 建初籍은 잘려나간 것이 더 많아 현존 종이의 길이는 24.6cm이다. 西魏 大統籍의 종이 길이는 28.5cm이다. 돈황 투루판 문서 중에 남아있는 唐代 호적의 온전한 길이는 29-30cm였다. 明代 초기 黃冊 양식의 크기는 일정하지 않았는데, 嘉靖3년(1524)11월 南京 吏科 給事中 汝寔 등의 상주에 "今後大造黃冊, 總(縱)橫各不過一尺二寸"라고 하였다([明]趙官 等 編撰:《後湖志》卷10, 南京: 南京出版社, 2011, p.111). 그 후 賦役 黃冊 뿐 만 아니라 여러 軍底冊·類衛冊·類姓冊 등 또한 "每縣每冊各造一样四本, 三本存各司府州縣, 一本送兵部備照, 冊高闊各止一尺二寸, 不許寬大, 以致吏書作弊"라고 했다([明]趙用賢 撰:『大明會典』卷155「兵部」, 明萬歷內府刻本). 그러나 명대 1척은 32cm이고, 1척2촌은 38.4cm였다. 상해도서관장 가정41년 嚴州府 遂安縣 十八都 하의 六甲黃冊 원본 하나는 전체 틀이 세로 38.5cm, 가로 39cm로서 규정과 완전히 부합한다.

25 張榮强:「"小""大"之間-戰國至西晉課役身分的演進」,『歷史研究』, 2017-2.

는 동시에 '老'·'小'·'丁'·'次丁'를 포함하는 새로운 과역 신분을 제정했다. 郴州 蘇仙橋에서 출토된 晉惠帝 시기의 간독에도 당시의 호구분류 통계방식이 반영되어 있다.

(1) 其口二百六十二老男 1-11

(2) 口二百卌八年六十一以上六十五以還老男 2-33

(3) 凡丁男二千六百七 1-21

(4) 口六百卅四年十三以上十五以還小男 2-139

(5) 口五千五百六十三小男 2-96[26]

여기서 '六十以上六十五以還老男'과 '十三以上十五以還小男'은 실제로는 '次丁男'이다. 남자 뿐 만 아니라 여자, 심지어는 노비 또한 丁中 분류에 따라 통계되었다. 진한 시기와 비교하면 서진의 가구 통계는 더욱 복잡해졌다. 이 점은 위에서 인용한「前秦建元二十年籍」에서도 분명히 볼 수 있다.

孫吳 호적류 간에 기록된 격식에서 호주를 포함한 가족 구성원은 기본적으로 1인 1간이고, 가족 인구의 통계도 동일하게 1간을 차지한다. 侯旭東은 嘉禾6년 廣成鄉 廣成里 '吏民人名年紀口食簿'를 복원하며 해당 里 50호의 口食簿는 최소 233매의 간으로 제작되었고 冊書를 펼치면 2.3m 정도가 될 것이라 추산했다.[27] 이러한 길이는 이미 간책이 허용하는 최다 한도를 초과했

---

26 본문에 인용한 郴州簡 자료는 주로 湖南省文物考古研究所·郴州市文物处:「湖南郴州蘇仙橋遺址發掘簡報」, 湖南省文物考古研究所 編:『湖南考古輯刊』第 8 集, 長沙: 嶽麓書社, 2009, pp.93-117.

27 侯旭東:「長沙走馬樓吳簡〈竹簡〉[貳]"吏民人名年紀口食簿"復原的初步研究」,『中華文史論叢』, 2009-1.

다.[28] 『晉書·職官志』의 기록에 근거하면, 서진의 1리는 50~100호 정도로 규모에 있어 손오의 1리 호수를 초과한다. 나아가 서진 호적은 전대에 비해 자산의 항목이 증가했고 丁中 의 통계 내용도 더욱 복잡했다. 만약 서진 호적이 여전히 간독으로 제작되었다면, 200여 매의 간은 어떻게든 이 시기 호적이 담아야할 내용을 수용하지 못했을 것이다.[29]

주지하듯이, 간독은 무겁고 부피가 컸기 때문에 진한 시기의 호적은 향에서 제작하여 정본은 향에서 보관하고 부본을 현정에 올렸으며, 현 이상의 관부 기구는 호적 실물을 보관하지 않았다. 여러 현상을 볼 때, 서진 시기의 호적은 더 이상 향에 귀속되지 않고 현정의 주도 하에 제작되었을 것이다. 『晉書·華廙傳』은 傳의 주인공이 袁毅貪污案에 연루되었던 사실을 기록했다.

---

28 邢義田이 지적하길, 실용적 각도에서 볼 때 100簡을 좌우로 편련하여 1편으로 만드는 것이 적합하게 쓸 수 있는 길이의 극한이라고 했다. 「漢代簡牘的體積·重量和使用--以中研院史語所藏居延爲例」, 『古今論衡』17期, 2007; 『地不愛寶·漢代的簡牘』, 北京: 中華書局, 2011, p.23 수록.

29 고대 호적은 관부가 인구·부역징발을 장악하기 위한 기초 장부로서, 결코 무용지물이 아니었다. 그와 반대로, 관부, 특히 기층 행정기구는 民治의 施政을 위해 불시에 호적을 검열·조사하기도 했을 것이다. 예를 들어, 睡虎地秦簡 「封診式」중, 현정이 범죄를 심문할 때 우선적으로 호적 소재지의 향리들에게 "定名事里, 所坐论云可(何), 可(何)罪赦, 或覆问毋(无)有"하도록 했다. 또 嶽麓秦簡에 기록된 "識劫婉案" 중에는 縣廷이 원고인 婉의 신분이 沛의 免妾인지 부인인지의 사실 여부를 향리에게 문의하길, "鄉唐·佐更曰: 婉爲庶人, 即書户籍曰'免妾', 沛後婉妻, 不告唐·更, 今籍爲免妾, 不智(知)它"라고 했다. 진한시기 민중은 외출할 때 傳을 소지했는데, 鄉吏가 현정에게 "戶籍在鄉"·"毋官獄徵事" 등을 보증해야 했다. 이는 분명히 향리가 호적을 조사한 후 회신을 하도록 요구한 것이다. 비록 상급 기구가 보관한 호적은 부본이었으나, 한번 봉한다고 끝나는 것은 아니었다. 漢初 「二年律令」 규정에서 현정이 보관한 호적에 대해 "节(即)有当治为者, 令史、吏主者完封奏(凑)令若丞印, 啬夫发, 即杂治为"라고 했다. 東晉 南朝는 호적의 위조와 남발을 바로잡기 위해, 심지어 중앙이 전문적인 校籍官을 설립하기도 했다.

初, 表有賜客在鬲, 使廙因縣令袁毅錄名, 三客各代以奴. 及毅以貨賕致罪, 獄辭迷謬, 不復顯以奴代客, 直言送三奴與廙.[30]

曹魏 후기의 조정은 租牛客戶를 관료 귀족에게 상사했는데, 西晉 건국 초기에도 여전히 실행되었다. 이 조항의 요지는 豪强大族에게 佃客을 상사하는 제도로, 본래 그들이 점유한 객호의 수량을 제한하는 것이 목적이었다. 華表는 이러한 제한을 회피하기 위해 華廙에게 청탁하여 鬲縣 縣令 袁毅가 호적 제작을 담당할 때 華表의 鬲县 佃客을 華表의 노예로 쓰도록 했다. '錄名'의 '名'은 사적에서 말하는 '屬名'·'私相置名'과 같이 '名數', 즉 호적을 가리킨다. '錄名' 또한 호적에 기입한다는 의미인 것이다. 『晉令』에서 '郡國諸戶口黄籍'이라 한 것은 서진 호적이 현 외에 최소 군급 기구까지 상정되었음을 표명한 것으로, 간독 시대의 호적이 현급 기구까지만 보관되었던 것과 명확히 다르다.

侯燦은 누란에서 출토된 漢文 簡紙 문서에 대한 통계를 내었는데, 그 중 木質 간독이 466건, 紙質 문서가 308건이었다. 문서 기년으로 보면, 연대 상한은 曹魏 嘉平4년(252), 하한은 前凉 建興6년(330)으로, 대부분이 서진시기에 속한다. 그 중 太始년간(265-274) 종이에 서사한 호적 성격과 유사한 家口簿도 볼 수 있다.[31] 『晉令』에서 말한 "籍皆用一尺二寸札", 그것이 서술한 호적의 길이로부터 서진 호적의 기록 내용, 제작 규정 등을 종합 고찰하면, 西晉의 호적은 응당 縣廷에서 제작하여 최소 郡國까지 上呈되는 紙本 호적이었을 것이다.[32]

---

30 『晉書』卷44「華廙傳」, 北京: 中華書局, 1974, p.1260.

31 侯燦·楊代欣 編著: 『樓蘭漢文簡紙文書集成』, 成都: 天地出版社, 1999, pp.556-557.

32 湖南郴州蘇仙橋에서 출토된 수백 매의 簡牘은 주로 晉惠帝 시기 桂陽郡의 上計簿이다. 『太平御覽』卷605「文部·紙」에서 인용한 『桓玄僞事』중의 桓玄의 말에 따르

(번역: 금재원, 경북대학교 인문학술원 HK연구교수)

면, "古無紙, 故用簡, 非主於敬也"(p.2724 上欄)라고 했다. 바꾸어 말하면, 簡·紙 병용의 시기에 제지 기술은 비교적 낙후되어 관부가 정식으로 보내는 중요 상행문서는 여전히 간독을 주로 사용했고, 군국이 매년 중앙에 보내는 上計簿는 簡을 쓰고 종이를 쓰지 않는 것이 자연스러운 일이었다. 그러나 戶籍은 상계부와는 다르다. 전자는 인구와 부역 징발의 기초 장부로서 군현 기구에 주로 보관되었고, 나아가 호적의 제작은 업무 시간이 촉박하고 임무가 중했으며, 한 가지 양식을 몇 부씩 만들었기 때문에 紙質 자료를 사용해야 할 동기와 긴박함이 더욱 컸을 것이다.

#03

簡에서 종이(紙)까지: 漢晉 戶籍制度의 변혁

•

한수펑(韓樹峰)
(中國人民大學 曆史學院 교수)

簡牘은 호적의 서사매체로서 적을 수 있는 내용에 제한을 받았을 뿐만 아니라, 收藏에도 큰 영향을 미쳤다. 호적 간독의 전적(典籍)을 보관하는 것은 상당한 공간을 필요로 하는데, 전국의 호적이 중앙에 집중되든, 각 縣의 호적이 소속 郡에 집중되든 모두 상당한 공간을 차지할 수 밖에 없으며, 특히 중앙에서는 이를 저장할 수 있는 조건을 거의 갖추지 못하였다. 또한 호적 간독이 대량으로 쌓여있으면, 열람에도 큰 불편을 초래한다. 결국 簡牘시대에는 中央 및 地方의 州·郡 모두 호적을 저장할 수 있는 여건과 그 의미를 갖추지 못한 채 郡·縣이 上計했을 때의 각종 簿書만을 저장했으며, 戶籍은 縣·鄉 兩級의 기구에서만 소장했다.

東晉이전에 종이가 이미 출현하였으나, 전통적인 영향으로 당시 호적은 여전히 간독을 매체로 하였다. 동진 건국 초기 전국적인 호구자료가 부족하여, 정부에서는 어쩔 수 없이 新籍을 만들었다. 동시에 豪强(혹은 호족)이나 官吏

들이 호구를 속이는 현상이 심각했기 때문에, 더 복잡한 내용의 호적을 장악해야 했다. 간독과 비교하면 종이는 더 많은 정보를 기록할 수 있고 전적을 보관하는데 매우 큰 공간을 필요로 하는 것은 아니기 때문에, 동진이 처음 세워졌을 때 종이는 순조롭게 簡牘을 대체해 호적의 서사재료로 되었으니, 학계에서 말하는 함화(咸和) 3년(328년) 蘇峻의 난으로 서적을 불태운 이후 시기까지 갈 필요는 없다.

종이 호적이 출현한 이후 호적의 내용은 나날이 풍부해져 선조의 仕宦이력, 起家官, 혼인상황, 적서(嫡庶)신분 내지 일부 詔書 등 등록되지 않은 것이 없어, 동진 남조의 행정수요를 만족시켰다. 동시에 호적의 보관도 지방 縣·鄕이 보관하던 기존 체제에서 중앙부터 지방에 이르기까지 여러 행정등급이 보관하는 체제로 전환되어, 각 급의 정부는 평상시에도 전적을 검사할 수 있게 되었다. 그로 인해 중앙의 지방 통제력과 정부의 인민 통제력을 더욱 강화하였고, 고대 호적제도는 이로부터 새로운 시대로 진입하게 되었다.

I 簡牘과 戶籍의 著錄

人口·土地·財產·賦役을 한곳에 모은 戶籍은 더욱 체계적이고 복잡한 일종의 簿籍이다. 이같은 戶籍은 하루아침에 이루어진 것은 아니며, 그 출현에 있어 籍賬자체의 발전법칙과 관련될 뿐만 아니라, 기타 각종 역사적 조건에도 얽혀있다. 이러한 역사적 조건 중 간독은 서사재료로서 호적에 적는 내용에 상당한 제한이 있었다.

簡牘에 서사한 호적은 다른 행정문서와 마찬가지로 손쉽게 찾아서 열람할 수 있는 요구를 만족시켜야 하며, 이는 주로 册書의 길이와 무게에 달려있다. 간독의 形制는 다양해서 재질을 비롯해 두껍고 얇은 정도·길고 짧은 정도·넓고 좁은 정도가 册書의 길이와 무게에 영향을 미치는데, 漢代의 戶籍册書가 아직 實物로 발견되지 않는 이상 어떠한 簡牘을 매체로 했는지 확정하기 어렵다. 居延漢簡 중에는 길이 23cm, 너비 1.1cm의 尺牘(1척의 簡)이 가장 많으며, 그중에서 비교적 전형적인 永元器物簿册書로 사용된 簡의 길이가 약 23cm, 너비 약 1cm, 두께는 약 0.2~0.3cm로[1] 당시 戶籍册書도 대략 이러한 종류의 簡을 서사재료로 썼을 것이다. 이를 기초로 우리는 里단위로 編制된 戶籍册書가 펼쳐진 후의 길이를 대략 짐작해 볼 수 있다.

簡의 너비가 1cm인 것은 1행으로만 글자를 쓸 수밖에 없어 이른바 "札"이라고도 한다.[2] 札에서 수용할 수 있는 글자수는 10字 남짓이지만 1人의 호구정보를 2개의 簡에 나눠서 쓸 수 없기 때문에, 札에 호구를 기록하는 것은 충분치 않다. 1개 簡에 기록할 수 있는 인구는 대략 2명에서 3명이다. 현재 走馬樓吳簡 중 인구를 적은 것으로 1명을 1개 簡에 적은 사례가 다수인데, 이는 아마 제도에서 규정했을 것이다. 그 외 2명을 1개 簡에 연이어 적은 것도 있지만, 현재까지 3명을 연이어 적은 사례는 발견되지 않았다. 侯旭東은 1개 簡에 2명 적는 것을 기준으로 해서 50戶 290여 인구인 孫吳 廣成鄕 廣成里의 口食簿에 사용되는 簡은 최소 233枚이며, 册書를 펼친 후에는 2.3m정도인 것으로 계산하였다.[3]

漢代 1里에서 관할하는 인구는 孫吳와 비교해서 많았는데, 湖南 里耶秦

1 何雙全, 『簡牘』, 蘭州 : 敦煌文藝出版社, 2004, pp.101-102 ; 邢義田, 『漢代簡牘的體積、重量和使用』, 『地不愛寶』, 北京 : 中華書局, 2011, p.8참고.

2 [日]冨穀至 著, 劉恒武 譯, 黃留珠 校, 『木簡竹簡述說的古代中國』, 北京 : 人民出版社, 2007, p.43.

3 侯旭東, 「長沙走馬樓吳簡〈竹簡〉〔貳〕"吏民人名年紀口食簿"複原的初步研究」, 『中華文史論叢』2009年 第1期, pp.81-84.

簡의 기록에 따르면, 秦始皇 28년(기원전 218년) 遷陵縣의 某里에서 191戶를 관할하여, 거의 廣成里의 4배에 달한다. 遷陵縣 지역은 편벽된 곳에 있고, 구역은 넓어 縣·鄕·里에서 관할하는 인구가 많은 것은 일종의 특수한 예로 보아야 한다.[4] 그러나 尹灣漢墓竹簡에 근거하면, 成帝 말기 東海郡 관할로 2,34里, 266,290戶, 1,397,343人이 있어, 1개 里당 평균 105戶와 551人을 관할하여[5] 그 규모도 역시 廣成里의 2배에 달한다. 東海郡에서 매 里마다 관할하는 戶數는 『續漢書』「郡國志」注에서 인용한 『風俗通』의 "里魁掌一里百家"라는 기록과 서로 부합하여 아마 兩漢시기 里의 규모는 이와 같을 것이다.

1개 里가 100戶·500人을 관할하는 것을 기준으로 하여, 侯旭東의 방법으로 계산하면 漢代 1개 里의 戶口冊書로 사용되는 簡은 대략 400枚정도이고,[6] 펼친 후에는 길이가 4m에 달한다. 廣成里의 口食簿에는 토지를 기록하지 않았고 唐代 戶籍 가운데 田宅이 차지하는 行數는 전체 行數의 절반에 가깝거나

---

4 張春龍, 「里耶秦簡所見的戶籍和人口管理」, 中國社會科學院考古研究所等 編 : 『里耶古城·秦簡與秦文化研究』, 北京 : 科學出版社, 2009, pp.188-190·195.

5 連雲港市博物館等 編, 『尹灣漢墓簡牘』, 北京 : 中華書局, 1997, p.77.

6 1개 里에 사용되는 簡數는 戶數와 관련 있으며, 사람수(口數)와도 관련이 있다. 예컨대 두 사람에 1簡으로 계산하면 500인은 250枚의 簡이 필요하고, 매 戶당 人口總計로는 100枚의 簡이 필요하다. 그 밖에도 侯旭東이 말했듯이 一戶의 人口를 單數로 삼으면 한사람이 1簡을 차지하는 상황이 나올 수도 있다. 廣成里 50戶 가운데 15戶는 單數人口로 30%를 차지한다. 여기에 근거해서 계산하면 漢代 1개 里에는 30戶가 單數人口이고, 이렇게 했을 때 30枚의 簡이 늘어난다. 廣成里의 居民은 州·郡·縣吏·郡·縣卒 및 軍吏에 따라 분류해서 통계하고, 몇 종류의 "給役"·應役·役에 응하지 않거나 死亡한 人口를 통계하면 최소한 15簡이 필요하다. 그 밖에 2枚의 標題簡 및 1枚의 結尾簡가 별도로 있는데, 漢代 冊書는 유사한 내용으로 되어 대략 18枚의 簡이 필요하다. 이렇게 했을 때 漢代 1개 里의 戶籍冊書로 도합 398枚의 簡이 필요하다.

절반 이상으로, 만약 兩漢 戶籍도 唐代 戶籍처럼 土地 구역 數와 畝數·둘레 내지는 부족 수량까지 기록한다면 여기서 사용되는 簡은 대략 2배로 더 늘어날 것이며 여기에 상응해서 그 길이도 2배로 될 것이다. 여기서 재산·賦役 종류 등 본래 財物簿·免老簿·新傅簿·罷癃簿·複事算簿에서 담당하는 내용까지 적는다면, 그 길이는 가히 상상도 하기 어렵다. 물론 漢代人들은 궤안을 이용해서 簡冊을 썼지만, 궤안의 길이에는 한계가 있어 簡冊이 지나치게 길면 읽고 쓰기에 분명 불편하다. 더구나 서 있는 자세나 앉은 자세로 簡冊을 읽고 서사하는 경우는 漢代에 흔하므로, 冊書가 지나치게 길면 독자나 서사자 입장에서는 더욱 곤란하다. 邢義田의 연구에 따르면 簡冊을 손에 쥔 채로 펼쳐서 읽을 때, 두 손을 뻗어 잡을 수 있는 簡冊의 길이는 최대 100簡을 넘기지 못한다고 한 만큼,[7] 수 미터에 달하는 冊書를 독자가 어떻게 잡을 수 있는지 상상해보자. 물론 邢義田이 말한대로 100簡이 넘으면 말아서 읽을 수도 있지만, 문제는 이러한 冊書를 말고 난 뒤의 부피와 무게가 독자 입장에서는 여전히 큰 곤혹으로 다가온다는 것이다.

戶籍簡冊이 지나치게 길면 조회하기에도 상당히 불편하다. 예컨대 한 부에 100戶·500人이 기록되어 있고 길이 8m에 달하는 冊書를 가지고서, 어떤 戶내 특정인의 자료를 찾는다고 가정한다면 바다에서 바늘을 찾는 기분이 아닐까? 여기서 簡冊이 지나치게 길 때의 한계를 엿볼 수 있다. 어떤 학자들은 漢代의 文書 檔案에 이미 목록을 두기 시작하여 조회에 용이했을 것이라고 보았다.[8] 설령 이러한 정황이 사실이라도 里로 편집된 戶籍冊書에도 재차 목록을 두기는 어려웠을 것이며, 따라서 문서에 목록이 있더라도 里의 戶籍冊書를 열람하는 데 실질적인 도움은 되지 못한다.

---

7 邢義田,『漢代簡牘的體積重量和使用』, p.23.

8 陳夢家,「西漢施行詔書目錄」,『漢簡綴述』, 北京 : 中華書局, 1980年, pp.275-284.

簡冊의 길이가 늘어나면 중량과 부피도 자연히 늘어난다. 중량과 부피는 읽고 쓰는 데 영향을 줄 뿐만 아니라, 보관해두는 것에도 영향을 미친다. 簡牘을 보관해 두는 것에는 대체로 두 가지 방식이 있는데, 하나는 가각(架閣)위에 눕혀두는 것이고, 다른 하나는 벽에 거는 것이다.[9] 邢義田이 史語所에서 보관하고 있는 竹簡을 측량한 것에 근거하면, 1枚당 평균 무게가 2.616g이었다. 이것을 기준으로 하면 233枚로 구성된 廣成里 冊書의 무게는 442g이고, 400枚의 簡으로 구성된 漢代 戶籍冊書의 무게는 800g으로, 이는 冊書에 田地·재산·賦役을 적지 않는 것을 전제로 해서 추산한 것이다. 만약 그 항목들을 적는다면 사용해야 하는 簡의 數量은 두 배로 늘어날 것이며, 그렇다면 漢代 戶籍冊書의 무게도 1,600g, 즉 1.6kg에 달할 것이다. 木簡의 평균 무게는 竹簡의 1.54배로 무게가 4.035g인데, 이는 漢代 戶籍이 木簡으로 쓰여져 田地등의 내용이 적히면 1里의 冊書가 2,464g, 2.5kg에 가까워짐을 의미한다. 영향을 더 크게 주는 것은 부피이다. 역시 邢義田의 연구에 근거하면, 77枚의 簡으로 구성된 永元器物簿는 펼쳤을 때 길이가 90cm이고, 말고 난 후에 길이·너비·높이는 각각 23.4cm·9cm·7.5cm로 점유하는 공간은 1,579.5㎤(길이·부피·높이의 곱셉)로, 中華書局 點校本인 『周書』三冊(1,260㎤)의 1.25배에 달한다. 가령 漢代 里별로 호적에 田地 등의 내용을 적을 때 필요한 簡의 數는 800枚 정도이고 말고 난 후의 길이·부피·높이는 각각 23.4cm·29cm·24.2cm로 보관할 때 공간은 대략 16,410㎤로 『周書』의 13배에 달한다. 이는 보관해야 할 一部의 戶籍冊書가 차지하는 공간이 39冊의 『周書』에 가깝다는 것을 의미한다. 말고 난 후 너비 29cm, 높이 24.2cm, 무게 1.8 혹은 2.5kg, 펼친 후에는 길이 8m에 달하고, 차지하는 공간이 16,410㎤이 되는 冊書를 상상해보면, 눕혀놓든 걸어놓든 모두 매우 불편하다는 것을 알 수 있다.

---

9 馬怡, 「扁書試探」, 『簡帛』(第一輯), 上海 : 上海古籍出版社, 2006, pp.415-428 ; 邢義田, 『漢代簡牘的體積·重量和使用』, pp.16-18.

100枚의 簡까지가 열독하기 편리하다는 점을 기준으로 하면, 廣成里의 册書는 이미 읽기에는 불편하다. 이에 대해 侯旭東은 아마 一里의 册書아래 編册으로 구분되어 있다가 문서를 보관하거나 폐기할 때, 이러한 編册을 다시 이었을 것으로 추측했다.[10] 만약 里이하로 다시 구분되어 있었다면 그 기준은 아마 두 가지로, 하나는 什伍에 따라 編册하는 것, 다른 하나는 吏民의 身份에 따라 編册하는 것이다. 그러나 侯旭東이 말한 것처럼 廣成里의 册書에서 각 戶별 배열순서가 什伍에 따라 진행된 것인지 현재로서는 그 실마리를 발견할 수 없다. 신분에 따른 것은 吏戶가 비록 비교적 集中에 있음에도, 그 사이에 民戶도 섞여 있다. 그렇기 때문에 什伍에 따른 구분은 증거가 없고 吏와 民을 떼어내어 따로 編册하는 것도 그다지 신빙성이 없다. 廣成里 册書의 무게는 0.44kg이고, 말고난 후의 너비는 약 16.3cm, 높이는 약 13.5cm, 펼친 후의 길이는 2.3m로, 무게 측면에서 말하자면 앉아서 읽든 서서 읽든 모두 문제가 되지 않겠지만, 높이·너비·길이를 감안할 때 서서 읽기에는 적합하지 않다. 다만 궤안에 올려두고 앉아서 읽는다면, 상술한 수치는 받아들일 수 있는 범위 안에 있다. 결국 廣成里의 册書를 사용할 때 分册하는 것이 결코 불가능하지 않다.

문제가 되는 것은 漢代의 戶籍册書가 설령 土地등의 항목을 적지 않았더라도 열람하기에는 매우 불편하였다는 점이다. 이러한 문제에 대해 아마 다음 두 가지 측면에서 해석이 좀 더 필요하다. 첫 번째, 漢代 戶籍은 廣成里 口食簿와 달리 分類별 통계가 없으며, 심지어 매 戶당 인구의 小計도 없다. 이는 里耶에서 출토된 秦代의 戶版을 통해 방증할 수 있다. 戶版에는 매 戶당 인구의 기본적인 정보만 기록되어 있고, 매 戶당 인구의 小計 및 거주민의 분류는 모두 결여되어 있다. 漢代 里의 戶籍册書에 적힌 내용은 秦과 같으며 사용된 簡의 양은 115枚정도 줄어든다. 두 번째, 만약 가족별 구성원들의 정보가 매

10 侯旭東, 「長沙走馬樓吳簡〈竹簡〉〔貳〕"吏民人名年紀口食簿"複原的初步研究」, p.84.

우 간단하면 札에서 수용할 수 있는 글자로 추측해 봤을 때, 漢代 1개의 簡에 3人의 정황을 기록할 가능성도 배제할 수 없으며, 그렇다면 여기에 사용되는 簡의 수량도 더욱 줄 수 있다.

물론 이것은 추측에 불과하여 정말로 그러한지는 새로운 출토자료에 의한 실질적인 증명을 기다리는 수 밖에 없다. 만약 첫 번째 상황으로 계산해보면 1里에 283枚의 簡을 사용한다. 만약 두 번째 상황도 동시에 존재한다면, 사용되는 簡의 수량은 廣成里의 册書와 대체로 비슷할 것이라는 점도 불가능하지 않다. 그러나 설령 漢代 里단위 戶籍册書의 簡數가 廣成里 册書에 상당하더라도, 사용 및 그 저장측면에서 보았을 때 기본적으로 한계에 다다라 土地나 賦役등의 항목을 이미 담을 수 없다. 그래서 이에 대한 설명을 필요로 한다.

기왕에 簡牘으로 인한 제약을 받는 이상, 戶籍에는 인구의 기본적인 정보만을 기록할 수 밖에 없으며, 그렇다면 정부는 백성이 토지를 가지고 있는 상황을 알아야 했기 때문에, 부세를 징수하고 부역을 시키려면 다른 방법을 강구하는 수밖에 없었다. 이 문제를 해결하기 위한 방법은 바로 최대한 여러 종류의 단일 簿籍을 만드는 것이다. 단일 簿籍의 편폭(篇幅)은 비교적 작아도, 쓰고 보관하는데 편리하여 행정상의 효율을 크게 제고할 수 있다. 秦漢代 출토 데이터 중 簿籍이 많은 원인도 바로 여기서 찾을 수 있다.

II 簡牘과 戶籍의 보관

秦漢史 學界에서 보편화된 인식중 하나가 鄉 이상의 각 급 기구에는 모두 戶籍을 보존하는 직능이 있다는 것이다. 縣·鄉에서 戶籍을 보관하는 것은 이미 「二年律令」을 통해 확인되었지만, 郡과 中央에서도 그러한지는 아직 증

명할만한 자료를 발견하지 못하였다. 中央의 簿籍은 주로 郡의 上計에서 비롯되므로 戶籍의 보관여부는 郡國이 上計한 내용에 의해 결정될 것이다. 그렇다면 郡國에서 上計한 簿書에는 戶籍을 포함했을까?

1. 郡國이 上計한 내용은 簿書이지 籍書가 아님.

郡國이 中央에 上計하는 것은 漢代 정규화된 일종의 제도로, 자료의 한계 때문에 郡國이 上計한 구체적인 항목이 무엇인지 명확하지는 않지만, 上計한 내용 중에 宗室 名籍을 포함한다는 점은 분명하다. 『續漢書』「百官志」: "郡國은 해마다 통계로 인해 宗室 名籍을 올린다(郡國歲因計上宗室名籍)"라고 하여, 宗室의 신분은 특수하므로 정부에서 宗室의 구체적인 상황을 파악하고 있어야 하는 점은 이해가 된다. 그러나 백성의 戶籍이 중앙에 보고되었는지 여부는 의문이다. 睡虎地秦簡 가운데 "計"의 개념은 상당히 보편적으로 사용되었는데, 주로 官府가 각 방면에서 진행한 경제적 계산에 관한 것으로써[11] 이는 "計"가 숫자통계와 밀접한 관계에 있음을 보여준다. 顔師古는 漢代 郡國에서 上計한 計簿類를 唐代의 州計賬에 비유하여 『漢書』「武帝紀」"受郡國計"에 대해 "計는 현재 여러 州의 計帳과 같다(計, 若今之諸州計帳也)"라고 注를 달고, "甘泉에서 통계장부를 받았다(受計於甘泉)"에 대해서는 "郡國에서 올린 計簿를 받은 것이다. 오늘날 여러 州의 計帳과 같다(受郡國所上計簿也. 若今之諸州計帳)"라고 注를 달았다.[12]

---

11 葛劍雄, 「秦漢的上計和上計吏」, 『中華文書論叢』1982年 第2期, p.182 ; 高恒, 「漢代上計制度論考」, 連雲港市博物館 · 中國文物硏究所編 : 『尹灣漢墓簡牘綜論』, 北京: 科學出版社, 1999, pp.131-132.

12 『漢書』卷六《武帝紀》, 北京 : 中華書局, 1962年, 第197、199頁。

唐代 計帳은 중앙에 보고하는 州計帳과 관련 있는데, 日本 奈良시기에는 大帳目錄이고도 칭했으며, 일종의 통계적 성격을 지닌 총결산 징세대장[總帳]으로서 州內의 課戶·不課戶·課口·不課口·見輸·見不輸·半輸·全輸 및 당해년도의 庸調로 거두어들인 雜物匹·端·段·斤등의 항목을 서면으로 열거한 반면, 民戶의 姓名이나 나이 및 몸상태 등은 열거하지 않으며 戶별로 통계하지도 않는다.[13] 李賢 역시 郡國의 計簿 등을 唐代의 計帳과 동일시하며 동시에 "計謂人庶名籍"이라는 해석도 했다.[14] 唐代 名籍類의 計帳은 확실히 존재했지만, 그 計帳은 縣이 주관해서 편집한 총결산 징세대장[總計帳]의 근거일 뿐 上計 항목은 아니므로[15] 李賢이 名籍을 漢代 計簿와 관련있다고 본 것은 분명 오해이다. 만약 計籍에 대한 顔師古의 이해가 정확하다면 郡國에서 中央으로 上計하는 計籍은 戶口·賦役 등 항목에 대해서만 통계한 수치일 뿐, 구체적인 내용을 기록한 戶籍은 아닐 것이다.

郡이 중앙으로 上計하는 計籍은 관할 각 縣의 計籍에 근거해서 편집한 것으로, 縣이 郡에게 上計한 내용도 분류별로 편집한 통계적 숫자에 그치는 듯 하다. 『續漢書』「百官志」에서는 "秋冬에 고과부를 모아 성적을 매기는데, 소속 郡國에 上計한다(秋冬集課第, 上計於所屬郡國)" 에 대한 注에 胡廣의 말을 인용하여 "秋冬 연말에 縣의 戶口와 墾田, 錢穀의 入出, 盜賊이 얼마나 되는지를 각각 계산하여 그 集簿를 올린다. 丞尉 이하가 그 해 郡에 도착해 그 功을 검증하고 성적을 매긴다(秋冬歲盡, 各計縣戶口墾田, 錢穀入出, 盜賊多少, 上其集簿. 丞尉以下, 歲詣郡, 課校其功)"라고 하였다.[16] 가족 구성원의 관

---

13 宋家鈺：『唐朝戶籍法與均田制硏究』, 鄭州：中州古籍出版社, 1988年, 第134、177、178頁。

14 『後漢書』卷一「光武帝紀」, 北京：中華書局, 1965, p.63.

15 宋家鈺, 『唐朝戶籍法與均田制硏究』, p.179.

16 『續漢書』「百官志」, 『後漢書』, pp.3622-3623에 보임.

계, 田地의 둘레, 錢穀의 징수과정, 盜賊이 범죄를 저지른 정황은 계산에 넣을 필요가 없으며, 縣·邑·道에서 "計"하는 대상은 戶口田地, 錢穀, 盜賊 등의 구체적 숫자일 뿐이다. "盜賊이 어느 정도인지(盜賊多少)"도 縣이 郡國에 上計한 것은 案件의 수와 처리 인원수일 뿐, 구체적인 정황이 여기에 포함되지는 않는다. 이를 통해 戶籍·田籍 등도 上計의 범위에 들어가지 않음을 유추할 수 있다. 胡廣이 말한 縣集簿 가운데 일부내용은 출토자료에 의해 사실로 밝혀졌다. 2004년 安徽 天長市 樂安鎮에서 출토된 前漢시기 木牘에는 "戶口簿"·"算簿"로 명명된 문서 檔案이 발견되었는데, 縣戶口 총액 및 당해 연중(全年) 算賦 총액을 기재하였고, 이하 各鄉의 戶口數 및 算賦數를 나눠서 열거하였다. 이 두 가지 종류의 문서는 상급보고용이 아니라 縣府에서 戶口·算賦를 통계하여 저본으로 삼은 당안이다[底册檔案].[17] 郡에 보고한 戶口簿·算簿는 이것을 근거로 삼았을 것이다. 縣府는 그 두 종류의 簿籍과 기타 다른 종류의 簿籍을 수합하였고, 이는 바로 郡에게 上計하는 集簿로 되었다.

郡이 중앙에 上計한 集簿 實物로서 비교적 전형적인 것이 尹灣漢墓에서 출토된 東海郡 集簿, 한반도에서 출토된 樂浪郡 戶口簿 및 荊州 紀南에서 출토된 松柏木牘이다. 東海郡集簿 중에는 東海郡의 人口와 田畝 및 財政 등 각 항목의 통계수치를 배열하여 「百官志」에 기재한 縣集簿의 내용과 기본적으로 일치하는데, 이는 분명 각 縣에서 올린 集簿에 근거해 편집해서 완성한 것이다. 戶口측면에서 말하자면, 주로 本郡의 총인구수, 남녀의 수, 노인과 어린아이의 수 및 증가한 사람수와 本郡에 머물고 있는 流民의 수 등을 기록하였다. 정리자는 이 集簿가 "아마도 東海郡이 上計용으로 만든 저본 혹은 그 副本일

---

17 楊以平·喬國榮, 「天長西漢木牘述略」, 『簡帛研究2006』, 桂林 : 廣西師範大學出版社, 2008, pp.195-196. 胡平生은 戶口簿·算簿가 巻縣 혹은 垣雍縣의 文書檔案이라고 보았다. 「新出漢簡戶口簿籍研究」, 『出土文獻研究』(第十輯), 北京 : 中華書局, 2011, p.256.

것"이라고 보았다.[18] 樂浪郡 戶口簿는 주로 관할 各 縣의 당해 人數·戶數 및 그 전해에 비해 증감한 수를 기록하고, 全郡의 人數·戶數 및 그 전해에 비해 증감한 수도 기록하였다.[19] 紀南의 松柏木牘도 南郡내 각 縣의 免老·新傅·罷癃 및 가용할 수 있는 남녀(使男使女)의 구체적인 수치를 기록하였다.[20] 이 세 개 郡의 인구자료는 간략하고 번잡함의 차이와 내용상의 차이가 있지만, 모두 戶籍에 속하지 않는다는 것은 확실하다.

주지하듯이 戶籍으로 보이는 秦代 里耶戶版은 縣에 속하는 遷陵縣 당안이다. 마찬가지로 縣級의 당안에 속하는 走馬樓 吳簡중에는 戶主 및 가족 구성원을 기록한 名籍簡이 대량으로 발견되었는데, 현재 이러한 簡들을 戶籍簡으로 보는 것은 다소 섣부른 감이 있지만, 내용상 戶籍과 유사하다는 점은 인정할 수 있다. 이들의 존재는 縣府에서 당안을 보관하였다는 중요한 증거가 된다. 郡級의 戶口자료를 되돌아 보면, 각종의 人口수치를 주로 기록할 뿐 현재까지 매 戶의 家庭을 구체적으로 기록한 名籍은 발견되지 않아, 이를 우연의 일치로 간주할 수는 없을 것 같다. 즉 縣에서 郡으로 보고하는 集簿에는 본디 戶籍을 포함하지 않으며, 당연히 郡級의 檔案에도 각 縣의 戶籍을 수합한 것이 있을 수 없다는 것이다. 縣集簿를 기초로 편집해서 완성한 후 中央에 보고하는 郡集簿에 이처럼 戶籍이 없었다면, 計相이 주관하는 計籍에도 자연히 戶籍이 있을 수 없다. 그가 파악하는 인구자료는 주로 전국의 총 人數와 총 戶數 및 그 증감상황으로, 이는 郡과 다를 바 없으며 中央에 한 부, 지방에 한 부가 있을 뿐이다. 史籍에서 볼 수 있듯이, 太尉府에는 戶曹가 "民戶를 주관했

---

18 連雲港市博物館等編, 『尹灣漢墓簡牘』, 北京 : 中華書局, 1997, p.2의 前言부분.

19 郡級 「戶口簿」의 기본적인 내용은 胡平生, 『新出漢簡戶口簿籍研究』, p.264참조. 하지만 樂浪郡戶口簿만을 근거로 하여 결론을 내려 적절하지 못한 것 같다.

20 荊州博物館, 「湖北荊州紀南松柏漢墓發掘簡報」, 『文物』2008年 第4期, p.29.

으며(主民戶)"[21], 尙書중에서는 民曹가 "天下의 戶口와 墾田작업을 주관했고"[22], 郡·縣에서도 각각 戶曹가 있어 戶口관리를 주관하였다.[23] 縣의 戶曹 이외에도 太尉府 戶曹, 尙書 戶曹와 郡戶曹가 "民戶"·"戶口"를 주관하였는데, 모두 진짜 戶籍이 아니라, 戶籍에 의거해서 만든 인구통계수치이므로, 이들의 존재만으로는 中央과 郡이 戶籍을 파악했다는 증거로 될 수 없다.

2. 郡 및 中央에서 소장하는 戶籍簡牘의 한계

漢代 戶籍문서의 보관이 縣·鄕의 兩級制로 되고 唐代처럼 地方과 中央의 각 기구에 골고루 퍼지지 않은 것은 서사재료로서 簡牘의 존재와 밀접한 관계를 가진다. 서사재료로서 나무 및 대나무는 종이와 비교할 때 여러 가지 불편한 점이 있었다. 첫째, 손질하기에 불편하다. 나무와 대나무는 사용하기 전에 칼로 깍아내는 손질과정이 반드시 필요하다. 『論衡』「量知篇」에서는 "斷木爲槧, 析之爲板, 力加刮削, 乃成奏牘"[24]라고 하여, 이는 나무에 대한 처리이다. 竹簡의 손질은 木簡보다도 번다한데, 竹을 절단해 일정한 길이의 圓筒으로 만들고 다시 일정한 폭의 竹簡으로 쪼갠다. 그런 후 재차 "殺青"의 과정을 거치는데, 이는 표면의 청색 껍데기(青皮)를 벗기고 불에 말림으로써 부패를 막는 것이다. 그리고 재차 깍아내는 과정을 거친 뒤에야 비로소 서사를 할 수

---

21 『續漢書』「百官志」, p.3558.

22 孫星衍等 輯, 周天遊 點校, 『漢官六種』, 北京 : 中華書局, 1990, p.33.

23 嚴耕望, 『中國地方行政制度史·秦漢地方行政制度』, 上海 : 上海古籍出版社, 2007, p.130, p.229.

24 黃暉, 『論衡校釋』卷一二「量知篇」, 北京 : 中華書局, 1990, p.551.

있다.[25] 둘째, 잘못 적었을 때 처리하기가 불편하다. 簡牘에 글을 쓰다가 잘못 적는 경우 발생하면, 반드시 刮刀로 표면의 껍데기를 벗겨내어 글자를 제거하거나, 먹으로 쓴 글씨에 물을 발라 지워버린 후에 다시 쓴다.[26] 셋째, 簡冊을 編聯하기에 불편하다. 簡牘을 編連하여 冊으로 만들기 위해서는 먼저 簡별로 오른쪽에 삼각의 契口를 새겨서 編繩을 고정시킨 후 編繩 두 가닥을 묶는데, 첫 번째 簡을 두 개의 繩 사이에 두고 그 繩을 단단히 매듭지으며, 이렇게 묶은 것의 왼쪽에 두 번째 簡을 재차 두고, 두 繩을 아래위로 이어지도록 묶는다. 세 번째 簡도 이러한 방식으로 하여 마지막 簡까지 하고 나서 다시 단단히 매듭을 짓는다. 나머지 書繩은 冊으로 된 모든 簡牘을 묶는 데 쓰인다. 簡冊을 편련함에 二道 編繩이 비교적 자주 보이지만, 簡牘이 길면 三道·四道 심지어 五道 編繩한 것도 존재하였다.[27] 이렇게 편련하는 簡冊은 더욱 복잡한 공정을 거친다. 넷째, 封緘이 불편하다. 簡牘文書는 발송하기 전에 封緘하고 도장을 찍어야 하는데, 즉 簡牘위에 다시 한 개의 板을 추가하여 繩으로 묶는다. 그 板의 명칭은 檢이라고 하며, 문서의 내용을 덮는데 사용된다.

檢 위에는 홈을 파는데 이를 印齒, 즉 封泥槽라고 하고, 문서를 봉하는데 묶은 끈[束繩]이 통과되어서 묶는 곳이다. 이렇게 홈 안 끈으로 묶은 부분 위에 封泥를 누르고 官印을 찍는다. 일반적인 封檢위에는 한 개만의 封泥槽가 있고, 1枚의 官印을 봉하였지만, 어떤 문서는 封檢위에 두 세개의 封泥槽가 있으며 여러 개의 서로 다른 官印을 사용하여 봉하거나 동일한 官印으로 여러

---

25 陳夢家, 「由實物所見漢代簡冊制度」, 『漢簡綴述』, 北京 : 中華書局, 1980, p.295. 錢存訓, 『書於竹帛』, 上海 : 上海世紀出版集團, 2004, p.82.

26 夏鼐, 「新獲之敦煌漢簡」, 『考古學論文集』, 北京 : 科學出版社, 1961, p.73. 錢存訓, 『書於竹帛』, p.82.

27 陳夢家, 『由實物所見漢代簡冊制度』, p.295 · p.297. 錢存訓, 『書於竹帛』, p.89.

차례 봉하였다.[28]

縣은 戶籍을 郡에게 上計한다면 縣府에는 분명 底本이 존재했을 것이고, 그렇다면 반드시 各鄕의 戶籍을 한번 抄錄해야 할 것이다. 漢代 縣은 10,000호이상일 때 장관을 令이라고 부르며, 秦의 遷陵縣은 55,534戶가 있었다.[29] 이처럼 큰 縣이 아마 보편적이지는 않겠지만, 한 개 縣에 수천 戶가 있었다는 것은 대체로 일반적이었다. 수천 戶의 戶籍이 簡牘에 한 번 抄錄되면, 그 공정은 위에서 언급했듯이 상당히 번잡했다.

더욱이 戶籍이외에도 田地·錢穀·刑案 등 각종의 簿籍이 있기 때문에, 전부 한번씩 베껴 적으려면, 업무량이 어마어마하다. 漢代 각종 簿籍을 쓰거나 베껴 적는 것은 왼쪽부터 써서 완성하는데, 『續漢書』「百官志」에 따르면 洛陽令에는 吏員이 796人이 있고, 그 중 書佐가 90人이 있었다. 洛陽은 國都가 소재한 곳으로 吏의 정원[吏額]이 이처럼 많은 것은 상당히 특수한 사례에 속한다. 기타 縣은 대체로 크기에 따라 吏員이 배정되지만[30] 洛陽정도의 吏 정원[吏額]을 넘는 것은 아마 소수에 불과할 것이다.

東海郡을 예로 들면, 266,290戶가 있고 38개의 縣·邑·侯國을 관할하여 각 縣당 평균 7,000戶에 가깝지만, 吏員이 100명을 넘는 곳은 海西와 下邳뿐이고, 가장 적은 곳은 20人에 불과하다.[31] 각 縣의 書佐 人數는 기록에 없지만 吏員의 總額이 이처럼 적은 것으로 보아 書佐도 크게 많지는 않을 것이다. 이처럼 한정된 수의 書佐가 縣府의 下行文書를 초록하는 임무를 수행하면서, 동시에 각 鄕에서 縣으로 보고한 각종의 簿籍을 베겨쓰는 작업까지 완성하여 簡

28 汪桂海, 『漢代官文書制度』, 南寧 : 廣西教育出版社, 1999, p.128·p.129頁。

29 張春龍, 「里耶秦簡所見的戶籍和人口管理」, 中國社會科學院考古研究所等編 : 『里耶古城·秦簡與秦文化研究』, 北京 : 科學出版社, 2009, p.188.

30 唐長孺, 「魏晉南北朝時期的力役」, 『山居存稿續編』, 北京 : 中華書局, 2011, p.134.

31 連雲港市博物館等編, 『尹灣漢墓簡牘』, pp.79-84.

冊으로 제작할 수 있었는지 큰 의문이 든다. 더구나 郡의 입장에서는 中央으로 上計한 計簿에 戶籍 등 각종의 簿籍을 포함한다면, 그 작업량의 규모는 縣과 비교했을 때 상상도 하기 힘들 정도로 클 것이다. 『續漢書』「百官志」에 따르면 河南尹에는 吏員 927人이고, 그 중 書佐는 50人에 불과하다.

河南尹의 吏 정원[吏額]도 마찬가지로 특수한 사례에 속하는데, 東海郡「集簿」에 郡吏員이 도합 2,203人으로 기록되어 河南尹과 비교하여 크게 많다. 하지만 이는 郡縣 長吏 및 각 縣 屬吏를 모두 더한 수치로「吏員簿」의 기재에 따르면, 東海郡府의 吏員은 27人에 불과하고 都尉府는 12人만 있어서 합계 39人이 있다. 그 중 書佐의 정원수는「集簿」에 15人,「吏員簿」에 13人으로 기록되어 있다. 縣府의 書佐가 郡에게 上計할 각종 簿籍의 抄寫를 완수했는지 의심이 들지만, 郡府내 10여 명 남짓의 書佐들만으로 중앙에 올릴 호적 등 각종 簿籍을 포함한 計簿를 완성한다는 것은 불가능하다.

東海郡의 吏 정원[吏額]은 관할 各 縣보다 적으며, 河南尹의 吏 정원[吏額]은 그 屬縣인 洛陽縣보다 약간 많지만 書佐는 오히려 後者보다 매우 적다. 이는 郡府의 작업량이 縣府보다 번잡하지 않고, 특히 郡府가 문서를 베껴쓰는 작업강도가 縣府보다 가벼웠음을 시사한다. 각지에서 출토된 郡級의 戶口簿·算簿·免老簿·罷癃簿·新傅簿는 모두 숫자로 통계되어 있고 상당히 간결하여, 이러한 計簿를 완성하는데 확실히 수많은 사람의 손을 거칠 필요가 없다. 바꿔말해 만약 각종의 簿籍을 베껴쓰고 簡冊을 編制하는 번다한 작업을 완수했다면, 이처럼 소수의 書佐로는 어떻게 할 수 없었을 것이다. 郡書佐의 수가 적다는 점도 郡이 中央에 上計하는 計簿에 戶籍 및 기타 각종 簿籍을 포함하지 않음을 시사한다. 결국 簡牘을 서사재료로 삼아 戶籍·賦役籍·田籍 등 각종 내용의 번잡한 문서를 결정하였으며, 이것이 여러 차례 抄錄되어 순차적으로 각 級의 政府 내지 中央으로 올라가는 것은 불가능했던 것이다. 西晉시기 左思의「三都賦」를 경쟁적으로 傳抄하는 과정에서 "낙양의 종이가 귀해졌다"는 식의 故事는 종이가 서사재료로 쓰여진 시대에나 발생하지, 簡牘시대에 발생하는 것은 불가능하다.

簡牘을 서사재료로 삼는 것은 문서의 보관과 열람에도 영향을 준다. 종이와 비교했을 때 簡牘은 비교적 길고 두꺼울 뿐만 아니라 글자를 적는 데 한계가 있다. 더구나 戶籍종류의 문서는 형식상의 제한을 받고 자주 행을 바꿔 서사해야 하기 때문에, 戶籍類의 文書는 簡册으로 제작한 후의 부피와 무게가 종이문서를 압도한다. 『後漢書』「吳祐傳」에는 吳祐의 아버지가 南海太守에 부임했을 때, "簡을 殺青하여 經書를 쓰려고 하자", 吳祐가 만류하길 "그 책이 만약 완성되어 가지고 다닐 때 두 가지를 감당할 수 밖에 없다"고 하며, 嶺南지역에서는 매우 귀중해서 이 책을 가지고 다닐 경우 뇌물을 받았다는 혐의를 면하기 어려울 것이라고 했다.[32] 經書는 문서와 달리 일반적인 상황에서는 행을 이어 서사하고 동일한 글자수를 쓰는데 필요한 簡牘의 수도 문서보다 적겠지만, 이를 수레로 운반해야 하는 만큼 그 부피의 규모를 예상할 수 있다.

한 개 縣내 戶籍·役籍·田籍 등 文書의 경우 簡牘을 서사재료로 할 때, 그 부피가 戶口의 다소와 지역의 크기에 정비례한다. 우리는 簡牘시대에 縣에 보관된 모든 문서를 보는 것은 불가능하다. 출토된 走馬樓吳簡이 10만 매 이상에 이미 이르지만, 臨湘縣에서 보관했던 각종 檔案의 전모는 아니다. 한번 생각해보자. 長沙郡에 속한 각 縣이 이렇게 보관한 檔案류를 베껴 적은 후 모두 郡에게 上計한다면, 郡府는 이를 어떻게 보관할지 말이다. 이는 분명 골치 아픈 문제가 될 것이다. 또한 각 郡에서 재차 이러한 당안을 모두 中央에 上計한다면, 분명 檔案이 산처럼 쌓이는 결과를 초래하고 조정에서 이러한 당안을 보관하는 것은 더욱 곤란해질 것이다.

『漢書』「刑法志」에는 武帝시기 刑法의 번성함을 실으면서 "律令은 도합 359章이고 大辟은 409條, 1,882건의 사례, 死罪에 관 한 決事比는 13,472건의 사례가 있다. 법률문서는 서재나 누각에 가득차서 사법을 맡은 관리조차

---

32 『後漢書』卷64「吳祐傳」, p.2099.

두루 살펴볼 수 없을 정도였다. 이 때문에 郡國에서 접수하여 사용 시에 모순이 발생하여 어떤 案件은 죄가 똑같은데 判決이 다른 경우가 발생하였다"[33] 라고 하여, 당시 法律의 字數는 알 수 없지만 後漢보다는 적었을 것이다. 왜냐하면 後漢후기 斷罪에만 당장 적용할 수 있는 律章句가 26,272條로 도합 770여만 字인 만큼 "열람자를 더욱더 곤란하게 만들었기 때문이다."[34] 만약 律과 令, 決事比 등을 모두 더하면, 字數는 더욱 많아질 것이다. 700여만 字의 律章句는 당시로서는 매우 많다고 할 수 있으며, 비견하자면 胡三省이 注를 단 『資治通鑒』보다도 100여만자가 더 많다. 그러나 漢代에는 그것이 점유하는 공간이 中華 點校本인 『資治通鑒』보다 몇 배나 될지 모를 정도로 많으며, 字數도 律章句에 비교해서 더 적은 武帝時의 法律文에 대해서도 "幾閣에 가득찼다(盈於幾閣)"고 하여 그 특징을 알 수 있다.

「二年律令」圖版을 관찰해보면, 동일한 법률조문이 字數의 많고 적음에 관계없이 1개의 簡에 가득 적고 난 뒤에 두 번째 簡의 상단부터 이어서 적는다. 이는 經書와 유사하며, 戶籍 등의 문서에서 한 개의 簡에 한 사람 혹은 두 사람을 기록한 뒤 簡을 바꿔 서사하는 상황과 다르다. 이는 簡牘의 사용량을 어느 정도 절약해준다. 같은 字數의 戶籍類 文書라면 여기에 사용되는 簡牘은 法律文書와 비교했을 때 더 많을 것이며, 전국에서 이러한 종류의 문서를 수합했을 때 총 글자수는 700만자를 넘겨 분명 천문학적인 글자수가 나올 것이다.

그렇다면 이 같은 당안을 편성할 때 얼마나 많은 簡牘을 필요로 하고, 그러한 簡牘문서를 보관할 때 얼마나 많은 공간을 필요로 할 것이며, 中央으로 上計된 후 中央은 또 어떻게 보관해야 할지 생각해 보자. 이는 단지 1년동안

---

33 『漢書』卷23 「刑法志」, p.1101: "律令凡三百五十九章, 大辟四百九條, 千八百八十二事, 死罪決事比萬三千四百七十二事. 文書盈於幾閣, 典者不能遍睹. 是以郡國承用者駁, 或罪同而論異"

34 『晉書』卷30 「刑法志」, 北京 : 中華書局, 1974, p.923.

上計된 文書를 두고 말한 것이다. 汪桂海가 주장하길, 漢代 文書 보관기간의 경우 일반 보통문서가 10년 정도 보관하고 詔令같은 중요한 문서당안은 무기한으로 보관하여, 3년을 보관하는 唐代 문서보관기간과 다르다고 하였다.[35] 만약 이러한 관점이 성립한다면, 중앙이 郡國에서 上計한 10년치 모든 計簿를 보관한다는 말이 되고, 중앙은 최소한 10년동안 전국에서 제작한 모든 戶籍을 보관해야 한다는 것을 뜻한다. 이처럼 엄청난 양의 당안문서에 대해서 중앙은 어떠한 방법을 써도 결국 보관문제를 해결할 수 없을 것이다.

물론 이러한 문서가 전부 중앙에게 上計되었을 때 직면하는 것은 보관문제만이 아니다. 설령 중앙에서 보관하는 장소가 있더라도 이를 사용할 때 어떻게 관련문서를 찾아서 열람하는가가 난감한 문제로 된다. 漢代 官員들이 모든 法律을 두루 보기는 힘들었을 텐데, 필자가 봤을 때 주요 문제는 條文이 번잡하거나 字數가 지나치게 많다는 데 있지 않다. 설령 700여만 자가 있다고 해도 실제로 매우 많은 閱讀量이라고 할 만하지는 않다. 하지만 문서가 "幾閣을 가득 채워서(盈於幾閣)", 이를 열람해서 봐야 한다면 매우 곤란한 문제로 된다.

字數도 매우 많은 축에는 속하지 않는 法律文書가 산처럼 쌓여 있으면, 찾아서 열람하기에는 불편하다. 하물며 법률문서보다 더 많은 공간을 차지하는 전국의 戶籍 및 기타 簿籍에 대해서, 특정 정보를 찾아 열람해야 한다면 마치 바다에서 바늘을 찾는 심정임은 의심할 여지가 없다. 만약 이러한 簿籍들을 찾아서 열람할 수 없다면, 郡國에서 해당 簿籍들을 中央에 上計하더라도, 그 의의를 잃어버린다. 縣이 戶籍 등의 文書를 소속 郡國에 上計하더라도, 똑같은 문제가 발생한다.

사실 서사재료로서 簡牘이 漢代 戶籍에 미친 영향에 대해, 呂思勉은 『中國制度史』 가운데 다음과 같이 간략하게 언급하였다. "이 籍의 상세한 내용은 鄕亭에 있을 것이며, 간략한수치["都數"]만 郡縣에 보고해야 했을 뿐이다. 당

35 汪桂海, 『漢代官文書制度』, pp.227-232.

시에는 아직 종이가 없었기 때문에 戶籍은 版으로도 불렸으며, 縑帛으로 쓰지 않았음을 알 수 있으므로, 모든 내용을 郡縣의 廷에 이르게 할 수는 없었을 것이다."[36] 그는 漢의 戶籍에 상세하거나 간략하고의 차이가 있었으며 상세한 것은 鄕亭에, 간략한 것("都數")은 郡·縣에게 올렸다고 보았다. 앞서 언급했듯이, 鄕·縣에서 보관하는 戶籍에는 正·副의 구분이 있을 뿐 상세하고 간략하고의 구분은 없었으며, 郡이 戶籍을 보관하는 책임은 없었기 때문에, 상술한 그의 이해는 타당하지 않다고 할 수 있다. 그러나 呂思勉의 저작은 1920년대에 쓰여져 출토문물을 근거로 할 수 없었기 때문에, 행정기구가 戶籍文書로서 당시 서사재료인 簡牘을 보관하였음을 이해하는데 큰 제약이 있었다. 또한 그 당시로서는 드문 탁월한 견해지만 후대 사람들이 이 독특한 의견에 주의를 기울이지 않고, 시종일관 縣이상의 각 기구에서도 戶籍을 보관하는 것이 당연시되어 유감이라고 할 수 있다.

이상의 논의에 근거하여, 簡牘시대에는 戶籍文書를 郡 및 中央에 보관할 만한 조건을 갖추지 못했음을 알 수 있다. 郡이 보관할 수 있는 것은 각 鄕의 戶籍·賦役籍·田籍 등 簿籍에 의거해 縣에서 편집한 것으로 전체 縣의 計簿일 뿐이다. 이러한 計簿의 내용은 통계적 수치를 중심으로 하는데, 縣에서 郡으로 上計하는 計簿 가운데 戶口簿는 주로 해당 縣의 총 戶口를 비롯해 관할 각 鄕의 총 戶口 및 그 증감수를 나열한 것이다. 郡이 中央으로 上計한 計簿 가운데 戶口簿의 내용은 縣과 서로 같을 것이다. 물론 戶口簿에 다른 내용이 있을 수 있고, 시기에 따른 戶口簿의 내용에 일정한 차이가 있을 수도 있다. 예컨대 東海郡 「集簿」에는 男女老幼 등의 人數를 기록하지만, 어디까지나 戶口簿는 人과 戶에 관한 각종 분류 통계수치일 뿐이며, 戶主 및 가족구성원의 본적·姓名·연령을 나열한 戶籍과 본질적인 차이가 있다.

---

36 呂思勉, 「論中國戶口册籍之法」, 『中國制度史』, 上海 : 上海古籍出版社, 2005, p.320.

III 종이와 戶籍의 變革

1. 종이 戶籍의 출현

『三國志』에는 注를 통해 「蜀記」·「晉陽秋」에서 蜀·吳가 멸망했을 때 인구자료를 기록한 것을 인용하였다. 그 내용은 "(蜀) 領戶二十八萬, 男女口九十四萬, 帶甲將士十萬二千, 吏四萬人"과 "(吳)領……戶五十二萬三千, 吏三萬二千, 兵二十三萬, 男女口二百三十萬"[37]으로, 이 두 자료는 역사학자들이 익히 알고 있는 것인데, 學界에서는 吏·兵·民을 分籍한 증거로 활용하고 있다.

池田溫은 "三國시대 戶籍을 國都에 모아 통계하였는데 …… 男女 인구이외에도 吏 및 兵도 적음으로써 일반 民籍과 士籍·兵籍이 구별된 배경을 보여주며, 신분차이가 현저한 그 당시 동향이 戶籍制에도 반영되었음을 알 수 있다."[38]고 하였다. 三國시기 吏·民이 따로 籍을 만들었는지 여부는 이 글에서 주목한 문제가 아닌 만큼 다루지 않는다. 여기서 지적해야 할 점은 池田溫이 두 개의 資料와 戶籍사이를 연결시킨 것이 반드시 타당하다고는 볼 수 없다는 데 있다. 왜냐하면 중앙에서 장악한 수치가 직접적으로 戶籍에서 비롯되었다고 설명하는 것은 근거가 없으며, 형식적으로 보았을 때 蜀·吳가 각각 관할州가 上計한 資料를 수합한 결과로 판단되기 때문이다.[39] 위에서 논했듯이, 漢代 地方에서 중앙으로 上計한 集簿는 결코 戶籍을 포함하지 않으므로, 상기

---

37 『三國志』卷33 「蜀書·後主傳」注에서 王隱 「蜀記」인용, 卷48 「吳書·孫皓傳」注에서 「晉陽秋」인용, 北京 : 中華書局, 1959, p.901 · p.1177.

38 [日]池田溫 著, 龔澤銑 譯, 『中國古代籍帳研究』, 北京 : 中華書局, 2007, p.43.

39 吏·民의 分籍여부에 관한 논의 및 상술한 수치는 吳의 各地에서 上計한 수치의 통합이다. 黎虎, 「"吏戶"獻疑」, 『歷史研究』2005年 第3期, pp.60-63.

두 자료가 三國시기 中央에서 전국의 戶籍檔案을 이미 보존하고 있었다는 것을 증명하지 못한다.

西晉시대에는 縣이상의 기구에 戶籍이 있었다는 증거가 있는 듯하다. 晉令에서 규정하길 "郡國은 여러 戶口 黃籍을 모두 1尺 2寸의 札로 사용해야 한다(郡國諸戶口黃籍, 皆用一尺二寸札)"[40]라고 하였다. 학계에서는 "黃籍"을 "戶籍"에 대응시켜, 黃籍이 즉 戶籍이라고 여겼다. 그러나 필자가 보았을 때, 魏晉南北朝시기의 戶籍은 黃籍이지만 모든 黃籍이 반드시 戶籍인 것은 아니다. 즉 黃籍의 범위가 戶籍보다 넓은 것이다. 대개 戶口와 관련된 문서당안도 당시 "黃籍"이라고 칭했고, 앞서 이른바 "郡國諸戶口黃籍"이라는 것은 아마도 縣에서 郡國으로 上計한 戶口당안을 지칭할 것이다. 물론 이러한 해석은 억측이기는 하지만, 黃籍이 戶籍과 유일한 대응관계를 형성했다는 것도 입증되지 않았다. 그래서 晉令에서 규정한 내용이 郡國기구에서 戶籍을 보관하고 있었다는 것을 의미하지는 않는다.

직간접적으로 戶籍에 저록한 내용 및 典藏기구의 변화를 반영하는 자료는 蕭梁시기 沈約의 유명한 上書이다.

> 『通典』「食貨」: "梁武帝時所司奏, 南徐·江·郢逋兩年黃籍不上. 尚書令沈約上言曰: '晉咸和初, 蘇峻作亂, 版籍焚燒. 此後起咸和三年以至乎宋, 並皆詳實, 朱筆隱注, 紙連悉縫. 而尚書上省庫籍, 唯有宋元嘉中以來, 以爲宜檢之日, 即事所須故也. 晉代舊籍, 並在下省左人曹, 謂之晉籍, 有東西二庫. 既不系尋檢, 主者不複經懷, 狗牽鼠齧, 雨濕沾爛, 解散於地, 又無扃縢. 此籍精詳, 實宜保惜, 位高官卑, 皆可依按.'"[41]

---

40 『太平御覽』卷606「文部」"劄"條, 北京 : 中華書局, 1960, p.2726.

41 杜佑 撰, 王文錦等 點校, 『通典』卷三「食貨」, 北京 : 中華書局, 1988, p.59.

沈約은 東晉 咸和 3년 이전의 版籍은 蘇峻 등 사람들의 반란으로 인해 모두 사라져 버려, 예전의 版籍내용이 어떠했는지 알 수 없다고 말했다. 그러나 下省左人曹에 보관된 咸和 3년부터 宋초기까지 晉籍은 "並皆詳實, 朱筆隱注, 紙連悉縫"이라고 하여, 분명 舊籍에 비교해서 말하였다. 다시 말해 불타 없어진 舊籍과 비교했을 때, 咸和 3년이후의 晉籍내용이 더욱 상세하고 종이를 서사재료로 삼았다는 것이다.

冨谷至는 호적을 쓰는 서사재료의 변화에는 반드시 외재적인 압력이 있을 것을 전제하고 沈約의 의견을 결합하여 종이 호적의 출현 시기는 蘇峻이 版籍을 불태운 이후라고 보았다[42] 그러나 "外力說"은 의문이 드는데, 설령 외력이 호적 서사재료에 변화를 초래하더라도, 이 "외력"이 반드시 蘇峻의 亂이라고는 할 수 없기 때문이다. 東晉 咸和 3년 이후의 戶籍은 확실히 종이를 서사재료로 했지만, 문제는 蘇峻이 파괴한 戶籍이 분명 簡牘을 서사매체로 한 것이었을까? 또한 그 이전에는 외재적인 압력으로 東晉시기 戶籍의 서사매체 변화에 커다란 변화가 없었다고 할 수 있을까? 필자는 冨谷至가 아마 沈約의 奏疏를 오해했다고 생각한다. 奏疏는 咸和 三年이후의 戶籍이 얼마나 상세하고 확실하며 그것이 부닥친 액난에 대해 중점적으로 설명하는 과정에서 무심결에 종이 호적이라는 역사적 정보를 드러냈을 뿐이며, 蘇峻의 亂과는 관련이 없다.

2. 東晉 건국초기의 외재적 압력과 내적 요구

(1) 외재적 압력 (舊籍이 괴멸적으로 파괴됨)

만약 "외력설"이 성립한다면, 외력은 蘇峻 이후에 발생한 것이 아니라, 東

42 冨穀至 著, 劉恒武 譯, 黃留珠 校, 『木簡竹簡述說的古代中國』, pp.135-136.

晉이 건국된 초기에 바로 출현했을 텐데, 이는 바로 東晉 건국 시기 맞닥뜨린 특수한 형세에 의해 결정된 것이다. 政權을 세우거나 적국을 멸망시킬 때 관할영역 내 호구 자료를 확보하는 것은 의심할 여지없이 매우 중요하다. 西晉 정부는 원래 호적에 기초한 전국 각지의 호구 숫자 통계를 소장하고 있었으나, 西晉이 멸망함에 따라 이 자료들은 전란 중에 불타버렸을 가능성이 크다. 『隋書』「經籍志」에서 "惠·懷의 난으로 京華가 뒤집어지고 渠閣의 文籍은 아무것도 남지 않게 되었다"[43]라고 했는데, 戶口수치가 재난에서 다행히 모면하였더라도 洛陽이 함락된 후에는 분명 匈奴政權에 의해 휩쓸려 나갔을 것이다.

일찍이 東晉이 세워지기 전, 晉元帝 司馬睿가 이미 渡江하여 남하했지만, 그의 신분은 安東將軍·都督揚州江南諸軍事일 뿐으로, 특별한 지위에 있지 않았다. 또한 그가 建康에 자리잡은 것은 東海王인 司馬越의 교묘한 대책 덕분으로, 조정에 충성했던 지방관원들은 협력을 잘 해주지 않았을 뿐만 아니라, 대항자도 많았다. 『晉書』「華軼傳」: "이 때 천자는 고립되고 위태했으며 사방에서 무너지고 있었으나, 華軼은 천하를 바로잡으려는 의지를 가지고 매번 사절단을 보내 낙양에 공납물을 바쳐 신하로서의 예절을 잃지 않았다. 使者에게 이르길 '만약 洛都로 가는 길이 끊어지면, 이것을 琅邪王에게 보냄으로써 내가 司馬氏를 위하고 있음을 분명히 하라'라고 말했다. 華軼은 스스로 洛京에서 파견한 바를 받을 것이라 여겼지만, 壽春에서 감독을 받아야 했다. 이때 洛京은 여전히 존속했지만, 元帝의 教命을 받들 수 없었으니, 郡縣에서 여러차례 간했지만, 華軼은 듣지 않고, 나는 단지 조서를 보고싶을 뿐이다(時天子孤危, 四方瓦解, 軼有匡天下之志, 每遣貢獻入洛, 不失臣節. 謂使者曰 : '若洛都道斷, 可輸之琅邪王, 以明吾之爲司馬氏也.' 軼自以受洛京所遣, 而爲壽春所督, 時洛京尚存, 不能祗承元帝教命, 郡縣多諫之, 軼不納, 曰 : '吾欲見詔書耳')"라고

43 『隋書』卷32「經籍志」, 北京 : 中華書局, 1973, p.906:"惠·懷之亂, 京華蕩覆, 渠閣文籍, 靡有孑遺"

하였다.

司馬睿가 盟主로 추대된 후에는 그 세력이 크게 확장하였다. 그러나 長江 南北의 적지 않은 州鎭에서는 華軼처럼 洛陽과 長安政權이 여전히 존재하는 한, "元帝의 敎命을 받들 수 없다"고 하였다. 이러한 상황 속에서 지방의 각 州에서 上計한 戶口수치는 洛陽 혹은 長安에게 보고되었을 것이다. 즉 洛陽·長安을 통행할 수 있는 道路가 가로막혀도 그들이 建康으로 上計할 의향이 없었던 만큼, 司馬睿도 감히 천하로부터 크게 비난받을 행동을 저지르지 못하고 자기 세력의 소재지를 포함한 각 州로부터 戶口수치를 거두었다. 이 같은 상태는 司馬睿가 稱帝하기 전까지 이어졌을 것이다. 東晉이 건국되었을 때, 司馬睿는 揚州를 다스린 지 이미 10여년이 지났고 자연히 관할 各 郡의 戶口수치도 장악할 수 있었겠지만, 분명 적지 않은 州의 수치가 빠져있을 것이다. 따라서 東晉 건국 초기 戶口측면의 자료가 매우 부족하다고 할 정도는 아니지만, 상당수의 결여도 있었을 것이다.

賦稅·勞役·兵源 등등 무릇 치국의 근본을 열거해보면 戶口와 밀접한 관련이 없는 것이 없다. 戶口의 대대적 망실은 정권이 정상적으로 운용하는데 큰 장애를 초래하는 것은 물론이고, 그대로 장기간 지속될 경우 정권은 반드시 무너지게 되어 있다. 그래서 東晉이 건국되었을 때, 국가의 명맥이 걸린 戶口제도를 재건하는 것이 시급한 과제였다고 할 수 있다. 이 같은 압박은 蘇峻의 난으로 版籍을 불태운 후 발생하는 압박과 비교했을 때, 결코 뒤쳐지지 않으며, 여기서 초래된 戶籍수정도 마찬가지로 대규모로 진행되었을 것이다. 만약 "外力"이 확실히 戶籍의 서사매체 변화의 주요 요인이라면, 종이 호적의 발생은 東晉건국 초기일 것이며, 蘇峻의 난 이후까지 늦출 필요가 없다.

(2) 東晉건국 초기의 내재적 요구

東晉 건국 초기에는 戶口 檔案을 제대로 갖추는 것이 시급하였다. 역사적 경험에 비추어 보아, 중앙은 내용이 비교적 간결한 戶口 集簿를 계속해서

편집하면 되지만, 당시 형세는 이전과 달라져 전통을 답습하는 방식으로는 더 이상 행정적 요구를 만족시킬 수 없었다. 정부가 직면한 첫 번째 문제는 인구의 대량유실이다. 『南齊書』「州郡志」의 "南兗州"條에 따르면, 流民들이 永嘉南渡한 이후 南兗州영역내의 자들은 상당수가 大姓의 비호를 받았다.[44] 南兗과 같은 상황은 결코 특수한 예가 아니어서, 『續晉陽秋』에서는 "中原의 喪亂으로 民들이 본래 영역에서 떠나 江左에서 새롭게 삶을 영위하고자 했지만, 豪族들의 겸병으로 혹자는 客으로 의탁하거나 流離되어 名籍이 제대로 정립될 수 없었다"[45]라고 하였다. 여기서 알 수 있듯이, 겸병현상이 南方의 각지로 펴져 나가며, 大族의 비호 외에도, 다른 수많은 流民들이 정부의 통제에서 벗어나 떠돌아다녔다. 또한 『宋書』「武帝紀」에서 "晉이 중흥한 이래로 나라를 다스리는 기강이 크게 해이해져 權門이 겸병을 하고 강자와 약자가 서로 능욕하고 백성들은 정처없이 떠돌게 되면서 생업을 유지할 수 없게 되었다"[46]라고 하여, 여기에 근거하면 豪族이 겸병하는 대상은 流民에 한정되지 않아 토착민들도 피하기 어려웠다.

정부가 직면한 두 번째 문제는 지방관리들이 사익을 취하며 부정을 저질러서 戶口상황을 더욱 악화시키는 것이다. 호구를 겸병하는 과정에서 지방관리들이 豪族을 묵인하거나 심지어는 한통속이 되는, 이른바 "權門의 겸병(權門並兼)"현상까지 알게 모르게 나타났음을 엿볼 수 있다. 『世說新語』의 기록에 따르면, 王導가 揚州刺史로 부임하고 八部從事를 각지에 보내어 郡守의 得

---

44 『南齊書』卷14 「州郡志」, 北京 : 中華書局, 1972, p.255.

45 [南朝 · 宋]劉義慶著, [梁]劉孝標注, 餘嘉錫箋疏, 『世說新語箋疏』上卷(上) 「政事」, 上海 : 上海 古籍出版社, 1993, p.185: "自中原喪亂, 民離本域, 江左造創, 豪族並兼, 或客寓流離, 名籍不立"

46 『宋書』卷2 「武帝紀」, 中華書局點校本, 北京 : 中華書局, 1974, p.27:"晉自中興以來, 治綱大弛, 權門並兼, 强弱相凌, 百姓流離, 不得保其產業"

失을 감찰하도록 했는데, 從事 중 하나였던 顧和가 보기에, 현명한 군주는 세밀하게 정무를 살피는 데에 있지 않고, 너그럽게 "차라리 그물을 새게 하여 배를 삼키는 큰 물고기를 부리도록 하는데(寧使網漏呑舟)" 있다고 보았다.[47] "呑舟"는 [큰 물고기가] 둥둥 떠 있는 모양(泛泛)을 가리키는 말로, 분명 郡守가 마음대로 용인하거나 심지어 豪强과 결탁하여 戶口를 은닉하는 행위까지 포함할 것이다. 이후 顔含이 吳郡太守에 부임하고, 王導가 그 "정무로 무엇을 우선해야 하는지(政將何先)"를 묻자, 대답하길 "南北의 權豪들이 앞다투어 遊食하는 자들을 긁어모으니, 국가는 빈곤해지지만 권세가들은 풍족해지니 執事의 고민이다. 우선 勢門들을 공격하여 [遊食하는 자들을] 田桑으로 돌려보내어 수년 안에 戶와 사람들을 풍족하게 하고자 합니다"[48]라고 하였다. 顔含이 우선으로 삼은 정무는 豪强이 戶口를 비호하는 행위를 처리하는 것인데, 이는 문제의 심각성을 설명하는 한편, 이전 郡守가 자신의 임무를 방임하거나 혹은 적극적으로 豪强과 한통속이 되어 호구를 은닉하였음을 간접적으로나마 반영하고 있다.

설령 지방관원이 설령 豪强과 결탁하지 않더라도, 상급정부에 上計를 할 때 戶口자료를 위조하여 더욱 심각한 문제로 되었다. 위에서 인용한 『宋書』의 "晉自中興以來, 治綱大弛"에서 이른바 "다스리는 기강이 크게 해이해짐(治綱大弛)"은 "權門의 겸병(權門並兼)"에 대한 정부의 통제력 상실을 의미할 뿐만 아니라, 하급기구를 관리해야 할 상급기구의 통제력 상실까지 포함하고 있다. 하급에서 상급을 기만하고, 상급이 중앙을 기만하는 것이 당시 정치 상황이었던 셈이다.

---

47 [南朝·宋]劉義慶著, [梁]劉孝標注, 餘嘉錫箋疏, 『世說新語箋疏』上卷(上) 「規箴」, p.565.

48 『晉書』卷88 「孝友·顔含傳」, p.2286: "南北權豪競招遊食, 國弊家豐, 執事之憂. 且當征之勢門, 使反田桑, 數年之間, 欲令戶給人足."

이 문제를 실증할 수 있는 자료는 부족하지만, 太興 4年(321년) 5月 元帝의 조서를 방증으로 삼을 수 있다. 詔書에서 규정하길 "사면을 받은 中州의 良人들이 재난을 만나면 揚州의 諸郡에서 僮客으로 삼음으로써 조세와 부역에 대비하도록 하라"[49]고 하였다. 당시 良人이 재난을 만나 僮客이 되는 현상은 揚州일대에서만 발생하는 것이 아니었다. 그리고 奴를 면제하여 客으로 삼는 것을 전국 각지에 실행하는 것은 자연히 중앙에 더욱 유리하지만, 조서가 실제로 각 州에서 효력을 발휘했는지는 의문이다. 설령 揚州에 국한하더라도 江州刺史 王敦의 불만을 사면서 그가 부하 장군들의 처자식을 江州로 데리고 갈 것을 부탁하는데, 이는 揚州의 검열을 피하려는데 그 목적이 있었기 때문이다.[50] 江州에서 이 정책을 추진했을 때의 반발도 예상된다. 지방 세력의 크기가 너무 커지자 상급 내지는 중앙의 政令에 대해 데면데면할 뿐만 아니라 저항까지 하는 만큼, 上計했을 때 중대한 이익과 관련된 호구수치를 조작하는 것도 충분히 있을 수 있다.

豪强이 인구를 은닉하는 현상은 역사적인 문제로 兩漢부터 西晉에 이르기까지 없었던 적이 없으며, 東晉시기 상황이 더욱 심각해져 재차 호구를 정리해야 했다. 그럼에도 불구하고, 지방정부가 서로 협력해서 비교적 철저하게 호구를 조사해 실제 정황을 상급에게 순차적으로 보고한다면, 東晉 中央정부는 이전의 방식을 답습하여 호구 통계수치만 장악하면 된다. 그러나 충성심이 부족한 지방관리가 만연한 상황에서 간단한 上集簿로는 부정행위를 할 수 있는 여지만 크게 만들어, 官吏가 조작하는 데 드는 비용을 줄이고 중앙에서 검열해야 있는 난이도는 더 높아졌다.[51] 결국 東晉政府가 전국의 戶口정황을 철

---

49 『晉書』卷6 「元帝紀」, p.154: "免中州良人遭難爲揚州諸郡僮客者, 以備征役"

50 田餘慶, 「秦漢魏晉南北朝人身依附關系的發展」, 『秦漢魏晉史探微』, 北京 : 中華書局, 2011, pp.92-93.

51 東晉이전에는, 地方官吏가 計簿에 몰래 손쓰는 경우도 종종 발생하였다. 『漢書』宣

저하게 파악하려면, 그만큼 제대로 된 호구조사를 해야 했다. 즉 지방관리의 기만을 최대한 줄이거나 없애기 위해 중앙에서는 제도적으로 새로운 방법을 모색해야 했던 것이다. 이 같은 정부의 내적요구는 이전의 호구제도에 대한 개혁을 진행하게 만들었고, 여기서 일종의 새로운 호적제도가 탄생하게 되었다고 말할 수 있다.

자료가 부족하여 東晉초기 戶籍정비정책의 전모를 자세히 알기 어렵지만, 史籍을 통해 단편적으로나마 분석할 수 있는 여지를 준다. 일찍이 太興元年(318年)7월, 晉元帝 司馬睿는 조서를 내려 지방관원들이 다음과 같이 호구를 검증해 볼 것을 요구했다. "二千石令長 반드시 舊憲을 받들고, 몸가짐을 청렴하게 하며, 엄격하게 법을 집행하고, 豪强을 억제하며, 孤獨을 구휼하고, 戶口를 비교검토하여, 農桑을 권면하여 평가해야 한다. 주, 목의 자사는 상호 검열하여 사사로이 행하여 公을 훼손하지 않도록 한다."[52] 『南齊書』「州郡志」의 "南兗州"條에서는 豪强이 겸병한 후 정부가 戶口를 파악하는 일에 관해 계속해서 말했다 : 元帝 太興 4년, 詔를 내리길 流民으로 失籍한 자들에 대해, 그 條名을 有司에게 올려서 給客制度로 삼도록 했으나 江北은 황폐하고 피폐해져 비교 검토를 할 수 없었다"고 하였다. 史籍에서는 호구 등재에 관한 詔書와 南兗州 경내 豪强의 겸병현상을 연속해서 기재했지만, 詔書의 내용을 봤을 때 南兗이라는 하나의 州에 초점을 두었다기보다, 오히려 전국 각지에서 나타나는 脫籍과 流民에 초점을 맞춘 詔書로 판단된다. 왜냐하면 外官이 공급한 客

帝詔에는 "上計簿, 具文而已, 務爲欺謾, 以避其課……御史察計簿, 疑非實者, 按之, 使真僞毋相亂"(『漢書』卷8「宣帝紀」, p.273)라고 하여 漢宣帝시기에 지방에 대한 중앙의 통제가 여전히 비교적 강고하여 地方에서 中央을 속이는 경우가 비록 존재하여도, 東晉만큼 보편적으로 심각하지는 않았을 것이다.

52 『晉書』卷6「元帝紀」, p.150: "二千石令長當祗奉舊憲, 正身明法, 抑齊豪強, 存恤孤獨, 隱實戶口, 勸課農桑. 州牧刺史當互相檢察, 不得顧私虧公"

은 본토출신일 수 밖에 없기 때문에, 만약 南兗이 기거하는 揚州만 샅샅이 뒤지면 外官의 蔭客權(客을 비호하는 권리)을 보장받기는 어렵다. 그밖에 이 같은 括戶(징세를 위한 호구조사)는 물론 給客制와 관련이 있지만, 給客制는 전국의 戶口에 대한 중앙의 명확한 이해를 바탕으로 구축되어야 하기 때문에, 括戶는 "流民이 失籍하여 佃客으로 된 것"에 한정하지 않았으며, 이번 기회를 계기로 정부는 아마 籍에 있는 流民과 토착민을 대상으로 점검을 진행했을 것이다.

太興 4年 戶口를 철저히 조사하는데, 이를 주재한 자는 정권을 쥐고 있었던 王導였다. 王導는 揚州刺史에 처음 부임해 정무를 잘 살펴보며, 郡守와 豪強이 서로 결탁해 호구를 은닉하는 현상을 공격 범위 안에 넣었다.[53] 史籍의

53 王導가 언제 揚州에서 刺史가 되었는지는 사료에 명확한 기록이 없다. 『晉書』卷65 「王導傳」에 따르면, 司馬睿가 晉에서 王位에 오르고 王導가 丞相의 軍咨祭酒가 되자 後方에서 揚州刺史로 되었다고 한다(p.1747). 그러나 『資治通鑑』에서는 王導가 揚州刺史로 부임한 것이 司馬睿가 晉王으로 칭하기 전이고, 晉國이 세워지자 王導는 다시 都督中外諸軍事·領中書監·錄尚書事 등의 職으로 승진했다고 한다(『資治通鑑』卷90 "元帝建武元年", 北京 : 中華書局, 1956年, p.2844). 생각건대, 司馬睿는 晉王이라고 칭하며 여전히 丞相을 겸임할 수는 없었을 것이며, 그렇다면 王導도 자연히 丞相의 軍咨祭酒를 맡을 수 없을 것이다. 또한 晉國이 처음 세워졌을 때, 司馬睿가 百官을 둘 때 王導가 단지 軍咨祭酒만 맡았다는 것은 그 신분과 功勳에 맞지 않다. 그래서 王導는 晉國이 건국되기 전에 揚州刺史를 맡았을 것이다. 『晉書』卷98 「王敦傳」에 따르면 王敦이 揚州刺史 신분으로 陶侃 등의 장수를 지휘하여 杜弢를 쳐서 315년에 평정했다. 그 후 揚州를 떠나 江州刺史에 부임하였다(p.2554). 王敦이 떠난 후 王導가 뒤이어 揚州刺史로 되었을 가능성이 가장 큰데, 吳廷燮이 여기에 근거해 王導가 揚州刺史로 된 것은 315년이라고 보았다(吳廷燮, 『晉方鎮年表』, 二十五史刊行委員會編 : 『二十五史補編』(第三册), 北京 : 中華書局, 1955, p3448). 王導가 揚州刺史로 근무한 것은 成帝 咸康 5년(339년) 세상을 떠날 때까지였으며, 顧和의 일이 언제 발생했는지 史籍에는 기록이 없지만, 『世說新語』

기록에 따르면, 앞서 顧和의 "網漏呑舟" 논의에 대해 王導는 감탄하였다. 顔含은 지방에서 豪强의 겸병 현상을 억제하는 것을 주요 업무로 삼았는데, 王導는 여기에 대해서도 칭찬하며, "顔含만 일을 하고, 吳人은 손을 놓고 있구나"라고 감탄하였다. 顧和의 일은 이전에 있었고, 顔含의 일은 이후이다. 王導는 역사적으로 비록 괴이하게 정치한 자(憒憒之政)로 칭해지지만, 戶口를 조사하는 측면에서는 상세하게 政務를 보았고, 豪强이 戶口를 겸병하는 현상을 제대로 처리하는 것이 거의 일관된 執政원칙이었다. 결국 중앙에서 전국적인 범위로 戶口를 철저하게 조사하도록 했을 때, 王導는 당시 집정관으로서 적극적으로 찬성하고 심지어 주관했을 가능성도 있다.

이처럼 철저한 호구조사의 성과를 공고히 하려면, 중앙에 대한 지방관리의 기만행위를 줄이거나 근절해야 하지만, 중앙에서는 더 이상 戶口수치만을 장악하는 것에 만족하지 못하고, 구체적인 호구자료를 장악해야 했다. 그 구체적인 수치는 가장 기초적인 내용으로서 각 戶의 籍貫을 보여주어야 하는데, 戶主 및 家庭구성원의 姓名·상호관계·연령·爵位·신체상황을 나타내고, 이는 사실상 종전 縣·鄕에서 보관하던 戶籍이라 할 수 있다.

이러한 수치는 언뜻 간단해 보이지만, 만약 簡牘을 서사재료로 삼았다면 전국에서 戶口를 적는데 필요한 簡牘의 양은 극도로 방대해지고, 중앙에서는 이를 보관하는데 상당한 어려움에 봉착할 수 밖에 없다. 簡牘에 비해 종이는 더 많은 내용을 기재할 수 있으며, 소장하기 위한 공간도 크게 줄어든다. 太元 4년 상세한 戶口조사를 마친 후 東晉 政府가 그 성과를 공고히 하기 위해서는 반드시 籍을 만들고, 戶籍을 보관할 때 戶籍을 종이에 적는 것이 가장 현명한 선택이자, 유일한 선택이었다. 東晉 초기 중앙에서 戶籍을 보관하는 내재적 요구로 인해, 戶籍 서사매체의 簡牘에서 종이로의 변화를 촉진시켰고, 이

에 "王丞相爲揚州"라고 하여, 王導가 錄尙書事를 맡기 전, 즉 晉國이 세워지기 전인 것 같다.

는 蘇峻의 난이 가지고 온 戶籍의 재구축이라는 외재적 압력보다 더욱 절실한 것이었다.

3. 종이시대 戶籍내용 및 典藏기구의 변화

先代의 官爵·起家官·婚姻상황 및 詔書이외, 가족 구성원의 嫡庶신분도 東晉 이후에는 戶籍내에 적어야 했다. 예를 들어 晉成帝 咸康2년(336년), 零陵 李氏가 陳詵에게 시집을 가 아내가 되어 네 명의 아들을 낳았다. 이후 도적에 의해 아내를 빼앗긴 陳詵이 嚴氏와 재혼하여 세 아들을 낳았다. 李氏가 다시 돌아와 "陳詵의 籍에는 두 아내를 거느리는 것(詵籍注領二妻)"으로 처리되었다. 이후 李氏가 죽자, 그의 長子인 陳暉가 어떻게 服喪해야 하는지에 대해, 陳詵이 판단을 내리지 못하고, 征西大將軍府에서 平議해줄 것을청하였다. 司馬인 王愆期는 李氏가 의심할 여지없이 陳詵의 아내이며, 그 증거 중 하나로 "아들이 첫 번째 적자이며, 黃籍에 그 이름이 열거되어 있다(子爲首嫡, 列名黃籍)"는 것이다.[54] 陳暉이 "首嫡"으로서 戶籍에 명시된 만큼 李氏의 다른 세 아들도 차례대로 嫡子신분으로 명시되어 있으며, 嚴氏 소생에서 태어난 아들은 庶子신분으로 명시되어야 한다. 자신의 신분은 그 어머니에 의해 결정되므로, 정상적인 상황에서는 母親이 正室, 후처[繼室]는 첩[側室]이 되어 마찬가지로 戶籍에 명시되어야 한다.

走馬樓 名籍簡 중에는 모든 아들이 나이에 따라 열거되었는데, 嫡庶를 구분하지 않고 아내를 大妻·中妻·小妻로 기재하였다. 大·中·小의 기준이 무엇인지는 알 수 없으며, 이론상 아내가 3명에 그치지 않고 4명 이상이면 어떻게

54 『晉書』卷20「禮志」, p.642.

기록하는지도 문제가 된다. 결국 大·中·小의 구분은 嫡庶와 관계가 없다.

『晉書』「華廙傳」의 기록에 따르면, 華廙가 華表의 世子가 되었는데 범법을 저질러 免官削爵이 되었다. 이를 두고 大鴻臚는 華廙가 이미 庶人이 되었기 때문에, 襲封해서는 안된다고 보았다. 반면 有司는 華廙가 제명되어 削爵된 것은 일시적인 제도일 뿐이고, 華廙는 世子로서 名簿에 기록되어 있으므로, 만약 자식이 잇지 않는다면 이중으로 처벌받는 것이라고 보았다.[55] 華廙의 世子신분은 黄籍에 기록된 것이 아니라 名簿에 기록된 것으로, 이는 陳暉의 상황과 다르다. 名簿의 함의는 비교적 광범위한데, 여기서 가리키는 것은 嫡庶신분을 전문적으로 기록하는 簿冊이다. 이러한 흔적에 근거하여, 우리는 戶籍상 妻·子의 嫡庶身份이 대략 東晉시기에 시작되었는지 신중하게 접근해야 한다.

이상의 분석을 종합하면, 東晉이후 戶籍의 내용은 나날이 복잡해져 先祖의 仕宦경력·가족 구성원의 통혼 상황 및 몇몇 詔書 등이 모두 戶籍에 기록되어야 했으며, 이러한 범주는 의심할 여지없이 戶籍의 편폭을 크게 확대하였다. 戶籍에 어떤 내용이 기록될지는 자연히 정부의 요구에 따라 결정되었지만, 이러한 요구가 실현될 수 있었던 것은 종이 戶籍의 출현 덕분이다. 簡牘시대에는 戶籍에 이렇게 많은 내용을 담을 수 없었기 때문이다.

종이를 서사매체로 하면, 호적에는 더욱 복잡한 내용을 기재할 수 있을 뿐만 아니라, 戶籍을 보관하는 기구에도 변화를 발생시킨다. 이러한 변화의 방향은 戶籍의 典藏, 즉 보관이 종전의 縣·鄉의 二級制에서 中央·州·郡·縣의 多級制로 변하는 것이다. 東晉이후 中央에서 戶籍을 보관한 점은 앞서 기술한 沈約의 上書로 이미 증명되었으며, 地方政府에서 戶籍을 보관한 점은 虞玩之의 上表에 잘 반영되어 있다.

表文에 따르면 劉宋의 檢籍에는 州와 縣이 원래 각각의 책임이 있지만,

55 『晉書』卷44「華廙傳」, p.1260.

실제 상황은 "무릇 籍을 받으면 縣에서는 검사하여 맞춰보지 않고, 오로지 봉하여 州에게 보냈으며, 州에서 검사하여 실정을 알면 비로소 縣에게 돌려보냈다(凡受籍, 縣不加檢合, 但封送州, 州檢得實, 方卻歸縣)"는 식이었다. 吏員이 모자란 縣級 政府가 검사하면서, 吏와 民이 결탁해 戶籍을 마음대로 바꾸는 현상은 상당히 심각해졌다. 이를 감안하여, 虞玩之가 건의하길, "建元 元年 書籍의 경우 …… 官長이 스스로 檢校하여 명확하게 한 후에 州에게 올려서 영구토록 正本으로 삼도록 하십시오. 만약 허위나 속이는 바가 있으면, 州縣이 함께 처벌받도록 해주십시오(建元元年書籍……使官長審自檢校, 必令明洗, 然後上州, 永以爲正. 若有虛昧, 州縣同咎)"라고 하였다. 縣에서 戶籍에 대한 檢校를 마친 후 이를 州에 올리고 "영구히 정본으로 삼고자(永以爲正)" 했는데, 이를 통해 州·縣에서 戶籍을 보관하는 것이 宋·齊의 일반적인 제도였음을 알 수 있다. 南朝시기 州·縣에서 籍을 보관하는 제도는 분명 東晉에서 계승했을 것이며, 앞서 인용한 雍州長史인 範覬之가 宗越을 役門으로 삼은 일에서 구체적으로 드러난다. 이는 範覬之가 곧바로 새로운 戶籍에서 宗越의 가문을 바꾼 것이 아니라, 예전에 보관한 옛 戶籍에 근거하여 대조 검토한 결과 문제를 발견했기 때문에 役門으로 삼았다는 것을 뜻한다. 範覬之의 부정행위가 있었다는 혐의에도 불구하고 宗越에게 행한 것에는 일정한 근거가 있는데, 그 근거가 바로 州에서 보관한 舊籍이다. 이보다 이른 시기 庾冰이 揚州刺史로 부임한 후, 일찍이 "이름이 없는 자 만여 명으로 군대를 보충(無名萬餘人, 以充軍實)"[56]할 수 있었던 것도, 아마 마찬가지로 戶籍을 장악하고 있었기 때문이다.

東晉시기 縣에서 戶籍을 보관한 점은 山遐가 餘姚縣令으로 任職한 기간에 括戶(징세를 위한 호구조사)를 한 일에서 어느 정도 찾을 수 있다. 『晉書』「山遐傳」에는 다음과 같이 기록되어 있다. "縣에 도착하고 80일이 되자, 만여 명을 찾아내었다. 縣人으로 虞喜라는 자는 戶를 숨겨둔 죄로 棄市에 해당하게

---

56 『晉書』卷78 「庾冰傳」, p.1928.

되자, 山遐가 虞喜를 포승줄로 묶고자 했다. 여러 豪强들이 이를 갈지 않은 자가 없었는데, 執事에게 말하길 虞喜는 높은 절개가 있어 굴욕을 당해서는 안 된다고 했다. 또한 山遐에게 마음대로 縣舍를 지었다는 죄로 모함하였다."[57] 餘姚의 여러 豪强들은 山遐에 대해 이를 갈고 미워하며 반드시 사지로 밀어 넣고자 했는데, 虞喜를 위해 변호한 이유는 그저 "虞喜가 높은 절개가 있었기(喜有高節)" 때문이다. 山遐에게 가한 죄명은 사적으로 縣舍를 만든 것으로 括戶에 대해서는 논하지 않았는데, 이는 바로 山遐의 括戶가 별다른 문제가 없었음을 시사한다. 山遐가 括戶를 정확하게 할 수 있었던 것은 新籍과 縣에서 보관하는 舊籍을 세밀하게 비교 검토한 결과이다.

虞玩之가 劉宋의 檢籍절차를 언급하길 戶籍은 縣과 州사이에 오고 가며 流轉되었을 뿐 郡과 관계없다고 하여, 아마 郡에서는 戶籍을 보관하지 않았을 것이다. 『南齊書』「王僧虔傳」에 따르면 王僧虔가 泰始年間(465-471年)에 吳興太守로 부임한 후 "民인 何系先 등 110家를 舊門으로 삼는 것을 수리하였다(聽民何系先等一百十家爲舊門)". 이후 佞幸인 阮佃夫가 御史中丞인 孫夐을 교사해 탄핵상주를 올리게 하여, 中央에서 "委州檢削"이라는 명을 내려 王僧虔을 결국 파직시켰다.[58] 王僧虔이 어떠한 경로로 이 110家를 舊門으로 분류했는지 史書에서는 기재되어 있지 않다. 첫 번째 가능성은 王僧虔이 직접 그들을 舊門에 넣은 것으로, 範覬之가 宗越을 役門으로 삼은 것과 유사하다. 두 번째 가능성은 王僧虔이 관할 각 縣을 통해 그들을 舊門에 넣은 것이다.

어떤 경우이든지 위조는 결국 縣을 피해갈 수 없다. 왜냐하면 郡은 戶籍을 州에 보내 점검하는 권한과 의무가 없기 때문에, 何系先 등 사람들의 가짜 신분은 吳興郡의 각 縣이 揚州에 보고하여 揚州에서 籍에 대한 검토가 끝난

57 『晉書』卷83「山遐傳」, p.1230:"到縣八旬, 出口萬餘. 縣人虞喜以藏戶當棄市, 遐欲繩喜. 諸豪強莫不切齒於遐, 言於執事, 以喜有高節, 不宜屈辱. 又以遐輒造縣舍, 遂陷其罪".

58 『南齊書』卷33「王僧虔傳」, p.592.

후에야 확인할 수 있기 때문이다. 만약 첫 번째 가능성이라면 郡에서 戶籍을 보관할 수 있었다는 말이지만, 이는 확증할 수 없다. 그러나 南齊 末年 郡에서 戶籍을 보관했음은 역사적인 증거가 있다. 『梁書』「鄧元起傳」에 따르면, 鄧元起가 蕭衍에 호응해 군사를 일으켜 益州刺史인 劉季連을 토벌하고자 했다. 군량이 부족해지자 어떤 이가 그에게 건의하길, "蜀지역의 政事가 해이하여 民들이 속이거나 기피하는 경우가 많으니, 만약 巴西郡의 籍注를 조사하여 여기에 근거해 벌을 내린다면, 필히 두터운 신임을 받을 것입니다"라고 하였다.[59] 巴西郡의 籍注에서 기록한 戶口수치는 비교적 구체적이고 정확해야 이것을 통해 속이고 기피하는 수많은 자들을 색출할 수 있으므로, 籍注는 분명 戶籍일 것이다.

南齊 末年 郡에서 戶籍을 보관하는 것이 새로운 규정인지, 예전부터 있었던 규정인지 현재의 사료로는 확인할 방법이 없지만, 필자는 후자에 좀 더 무게를 둔다. 왜냐하면 東晉시기에 郡에서 戶籍을 보관한 흔적을 찾을 수 있기 때문이다. 州·縣과 마찬가지로, 東晉에서는 郡守도 누차 括戶를 하였다. 앞서 언급했듯이 東晉초기 顔含은 吳郡에 부임한 후 括戶를 주요 업무로 삼았다. 簡文帝시기 王彪之는 會稽內史가 되어 "郡에 머문지 8년이 되자 豪右가 자취를 감추고 亡戶였다가 歸附한 자가 三萬餘口에 이르렀다(居郡八年, 豪右斂跡, 亡戶歸者三萬餘口)"라고 하였다.[60] 이는 王彪之가 조사한 會稽 全郡의 1/5로,[61] 이렇게 많은 脫籍者들을 조사해낼 수 있었던 것은 上計한 戶口의 統計수치만으로는 판별하기 어렵고, 분명 郡政府가 百姓의 구체적인 정보인 戶籍을 장악했을 것이다. 이전의 戶籍과 비교 대조하거나 혹은 하급정부에서 올

59 『梁書』卷10「鄧元起傳」, 北京 : 中華書局, 1973年, p.199.

60 『晉書』卷76「王彪之傳」, p.2010.

61 何茲全, 「社會經濟發展的特點」, p.412(白壽彜總主編, 何茲全主編, 『中國通史』第5卷『中古時代·魏晉南北朝時期(上冊)』, 上海 : 上海人民出版社, 1995).

린 戶籍을 비교 대조한 결과인 셈이다.

東晉이후 各級의 政府가 모두 戶籍을 보관할 수 있게 됨에 따라 籍을 검사하여 隱戶나 士族을 사칭하는 자들을 색출할 수 있게 되었다. 결국 東朝 특히 南朝 이후에는 中央을 중심으로 각급 정부가 籍을 검사하는 빈도가 점차 늘어나고 그 강도도 세지면서 지방에 대한 중앙의 통제력, 하급에 대한 상급의 통제력, 민간에 대한 정부의 통제력 정도가 더욱 강화되었다. 물론 南朝이후 戶籍을 속이는 현상은 이전에 비해 더욱 심각해졌지만, 이는 당시 특수한 정치형세와 사회구조에 의해 초래된 것이다. 오히려 戶籍을 보관하는 곳에 대한 조사를 통해 속이고 위조하는 자들과 대결 구도를 형성하여 정권의 기반을 공고히 하였다. 결국 새로운 국가 통치 방향을 대표할 수 있었던 것은 의심할 여지없이 바로 종이 호적의 출현 덕분이었다. 南朝에서 籍을 제작하고 조사하는 것에 관해서는 여전히 논의할 내용이 적지 않아 지면관계 상 여기서는 더 이상 기술하지 않으며 후고를 기대한다.

(번역: 김종희, 경북대학교 인문학술원 HK연구교수)

#04

漢晉시기의 종이와 서사

•

장더팡(張德芳)

(중국 甘肅簡牘博物館 연구원)

종이는 고대 중국의 4대 발명 중 하나이다. 일반적으로는 후한 시기의 채륜이 종이의 발명자로 알려져 있다. 이는《後漢書·蔡倫傳》의 다음과 같은 기재에서 기원한다. 예로부터 글자는 대부분 죽간을 엮어서 써왔는데, 비단을 사용하는 것을 일러 紙라고 했다. 비단은 귀하고 죽간은 무거워 둘 다 사람들에게 불편했다. 이에 채륜은 종이를 만들 뜻을 가지고 나무껍질, 부스러진 삼껍질, 헤어진 헝겊, 그물 등을 사용하여 종이를 만들었다. 元興 원년에 상주하니 황제가 그 재주를 좋게 여겼고, 이후로 이를 사용하지 않는 자가 없었다. 천하 사람들이 이를 칭하여 '蔡侯紙'라고 하였다."[1] 이 기록에는 세 가지 의미가 있다: 첫째는 채륜 이전의 紙는 곧 縑帛이며, 혹은 紙를 縑帛의 별칭으로 볼 수 있다는 것이다; 둘째, 채륜이 비로소 식물을 사용해 종이를 만들기 시작

1 《後漢書》권78,《蔡倫傳》, 中華書局 표점본, 1965, p.2513.

했으며; 셋째, 정확한 시기는 후한 和帝 元興 원년, 즉 기원전 105년이다. 이상의 역사 기록에 대해서는 예로부터 다른 의견이 있었다. 예를 들어 당나라 사람 張懷瓘이 《書斷》에서 말한 다음의 기록이 여기에 부합한다. "漢이 흥기한 후 紙로 簡을 대신하였는데, 和帝 때에 이르러 채륜이 이를 가공해 만들었다[工爲之]"[2]'에서 즉 漢代에 이미 종이[紙]가 있었음을 긍정하며, 채륜이 "工爲之"하여 기술을 개선한 공헌이 있었음도 긍정한 것이다. 송나라 사람 史繩祖의 《學齋占畢》에는 "紙筆은 채륜과 蒙恬으로부터 시작되지 않았다"라는 별도의 조목이 있는데, 거기서는 "채륜은 후한대의 사람인데, 《前漢·外戚傳》 '赫蹏書'에 注하여 이르기를 赫蹏는 小紙이다라고 하였으니 紙라는 글자가 이미 前漢대에 있었고, 이는 채륜으로부터 비롯된 것이 아님을 말한다. 그러나 蒙, 蔡가 만든 것은 전대에 이미 있던 것을 정밀히 가공한 것이니 紙, 筆이 이 두 사람으로부터 비롯되었다는 것은 불가하다"라고 이야기하였다.[3] 이것은 정확한 말이다. 물론 그들이 말하는 紙는 縑帛을 포함하여 "糸"를 따르는 "紙"와 "巾"을 따르는 "帋"에 구별이 있는 것으로 우리들이 이야기하는 종이[紙]와 동일한 개념은 아니다. 우리가 이야기하는 종이[紙]는 "식물섬유를 물리-화학 작용에 의해 정제, 분산하여, 그 漿液을 다공성 주형틀의 발[커튼]에 여과하여 형성된 습윤 섬유층을 건조 후 이어 만든 얇은 시트형 소재"를 가리키는 것이다.[4] 그 요소는 "식물섬유", "주형틀 발의 물 여과", "건조 후의 얇은 조각"이다. 이러한 개념에 따라 판단하면 채륜이 종이를 만들기 200여 년 전, 중국에는 이미 "종이[紙]"가 있었고, 이것은 거의 1세기 동안의 고고발견으로 실증되었다. 그러나 출토 古紙를 둘러싸고 채륜 이전에 종이가 있을 수 없다는 논란이 오랫동안 끊이지 않았다. 만약 종이가 있었다면 위에서 서술한 채륜 제지

2 張懷瓘, 《書斷》, 杭州:浙江人民美術出版社, 2012, p.190.

3 史繩祖, 《學齋占畢》, 《全宋筆記》 第8編 第3冊 수록, 鄭州:大象出版社, 2017, p.79.

4 潘吉星, 《中國造紙史》, 上海:上海人民出版社, 2009, p.5.

의 기록이 부정되고, 채륜을 '紙神', '紙祖'의 상징으로 보는 것은 부정된다. 더 나아가서는 고대 중국의 4대 발명도 부정된다는 것이다. 아래에서는 최근 수십 년 동안 서북 각지에서 발견되었던 古紙 및 그 논쟁 상황을 하나씩 열거하며 전한 시기에 종이가 있었다는 것은 이미 명백한 사실이며 부인할 수 없다는 것을 설명하고자 한다.

1. 1933년, 黃文弼 선생은 西北考察團의 일원으로 羅布淖爾에서의 고고조사를 진행하며, 羅布泊土垠유지에서 漢簡 71매와 麻紙 한 점을 발견하였다. 이것은 "麻質에 흰색이며, 네모난 모양의 얇은 조각이었다. 네 방면 둘레가 불완정했으며, 길이는 약 4cm, 폭은 약 10cm였다. 질은 매우 거칠고 고르지 못하며 紙 위에는 여전히 麻筋이 있었다." "이 紙가 출토된 羅布淖爾 고 烽燧亭중에서 동시에 출토된 것이 漢 宣帝 시기의 연호인 黃龍 원년의 목간인 점에 따르면, 이 紙는 전한대의 유물이라고 할 수 있다." 漢 宣帝는 기원전 73년부터 49년까지 25년간 재위하였다. 황문필은 계속해서 "전한 시기에 이미 책이 될 만한 종이가 있었을 것이다. 지금 내가 얻은 실물 상의 증명으로 전한 시기에 종이가 있었다는 것은 의심의 여지가 없다. 그러나 전한 시기 종이는 비교적 조악했고, 채륜이 만든 것은 더욱 정교하였다."라고 기록하였다.[5] 그는 양자 사이의 관계를 말하면서 채륜이 종이를 만든 공헌을 결코 부인하지는 않았다.

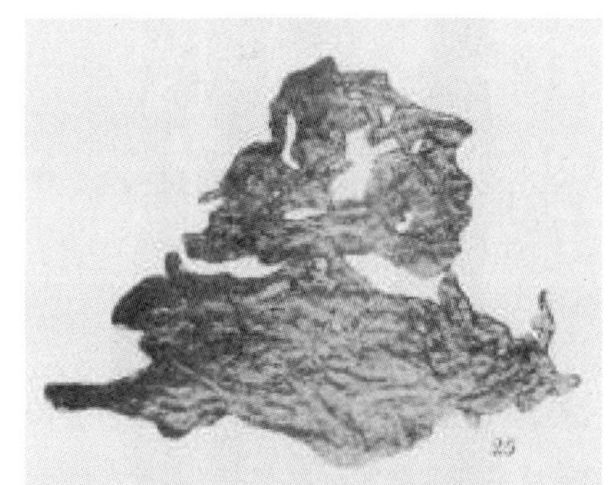
그림 1 黃文弼이 羅布泊에서 발견한 종이

2. 1942년 가을, 勞榦과 石璋如는 居延

5 中國西北科學考察團 叢刊之一, 黃文弼, 《羅布淖爾考古記》, 北平:國立北京大學出版部, 1948, p.168.

지역 고찰 중 額濟納河 연안 查科爾帖(북위 40°58′26″, 동경 100°13′30″), 즉 베르그만이 일찍이 "永元器物冊"을 발견한 곳에서 문자가 쓰여진 한 장의 종이를 발견하였다. "이 종이는 이미 물러져 덩어리를 이루고 있었다. 이것은 이미 발굴이 이루어진 구덩이 밑에 아직 발굴되지 않은 흙 속에 숨겨져 있었다"라고 말했다. 당시 勞榦은 이곳에서 '永元器物冊'이 출토되었기 때문에 해당 종이의 연대는 후한 永元 연간(89-105년)일 것이라고 보았다.[6] 사실 이것은 가장 늦은 연대 하한이며, 상한은 훨씬 더 빠를 가능성이 있다. 이후 勞榦 선생은 錢存訓이 쓴《書于竹帛-中國古代的文字記錄》의 後序를 쓰던 중 한 걸음 더 나아가 다음과 같이 말하였다. "내가《論中國造紙術的原始》라는 글을 쓸 때, 그 시대를 잠시 永元 10년(98년) 전후일 것이라고 했지만, 이것은 그 종이 연대의 가장 늦은 하한이며, 그보다 더 늦을 가능성은 크지 않으며, 오히려 더욱 빠를 가능성이 존재한다. 왜냐하면 居延 일대에서 발견된 목간 중《永元器物冊》은 시대가 가장 늦은 編冊이며, 그 나머지 각 簡의 대다수는 모두 전한시대의 것, 특히 昭帝와 宣帝시기의 것이다. 따라서 居延 종이의 시대를 논하자면 그 하한은 永元 연간이지만, 상한은 昭帝 및 宣帝시대(기원전86년~49년)로 올라갈 수 있다."[7]

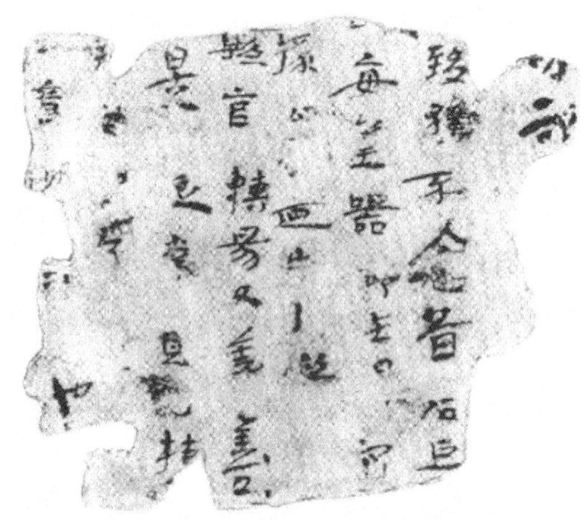

그림 2　**勞榦이 查科爾帖에서 발견한 문자가 기록된 종이**

6　勞榦,《論中國造紙術之原始》,《歷史語言研究所集刊》, 第19冊, 北京:中華書局, 1987年影印版 수록.

7　錢存訓 선생이 1975년 홍콩中文大學출판사에서 출판한《中國書史(또는〈書于竹

3. 1957년 섬서성 서안 灞橋지구 전한 전기 묘장 한 기에서 한 점의 麻紙가 발견되었는데, 이를 灞橋紙라고 한다. 당시 고고 簡報에서는 "비록 가로세로 길이가 10cm도 안되는 잔편이지만, 그 색깔은 옅은 황색을 띠고 있고, 지질이 얇고 균일하며 실크 섬유를 함유하고 있음을 알 수 있다. 그 제작 기술은 상당히 성숙하므로 따라서 아마도 종이의 발명은 전한 시기보다 훨씬 이전이라고 볼 수도 있다. 과거 역사기록에서 종이는 후한 和帝(89-105년) 中常侍 채륜이 만든 것이라고 하였지만, 이는 분명히 사실과 부합하지 않는다."라고 보도하였다.[8] 이 소식이 발표된 후 수십 년 동안 고고 역사학계와 제지학계에서는 灞橋紙가 과연 "종이"인가 아닌가를 둘러싸고 논쟁이 그치지 않았다. 中國科學院 自然史硏究所 潘吉星은 1964년과 1965년 두 차례에 걸쳐 실험을 진행하여 灞橋紙를 "세계 최초의 식물 섬유지"라고 인정하였다.[9] 輕工業部造紙硏究所의 엔지니어 王菊華, 李玉華는 "灞橋紙는 종이가 아니다", "부패한 방직품의 자투리 재료와 얽힌 마조각, 실밥 등과 같은 섬유의 퇴적물일 가능성이 높다."라고 하였다. 그러나 당시의 객관적인 정황을 보면 灞橋紙는 1949년 이후 처음으로 발견된 종이였지만 수량이 적어 학계의 논쟁을 불러일으킨 것은 정상적인 일이었다. 전한대 종이의 출토 수량이 점차 증가함에 따라 灞橋紙는 이제 유일한 출토 한대 종이는 아니지만, 오늘날에도 여전히 섬서역사박물관의 일급 문물로 소장 또는 전시되고 있으며, 이후로 출토된 채륜 이전의 전한대 종이와 비교해서 연구할 수 있다. 灞橋紙를 "부패한 방직품의 자투리 재료와 얽힌 마조각, 실밥 등과 같은 섬유 퇴적물일 가능성이 높으며, 銅鏡 아래

帛)》》, 1988년 北京印刷工業出版社에서 출판한《印刷發明前的中國書和文字記錄》, 2004년 上海書店出版社에서 출판한《書于竹帛 – 中國古代的文字發記錄》에 모두 勞榦 선생의 이 後序가 수록되어 있다.

8 田野(程學華),《陝西灞橋發現西漢的紙》,《文物參考資料》, 1957年第7期.

9 潘吉星,《世界上最早的植物纖維紙》,《文物》, 1964年第11期 ; 潘吉星,《中國造紙技術史稿》, 北京:文物出版社, 1979, pp.165-168.

그림 3 **陝西 灞橋紙**

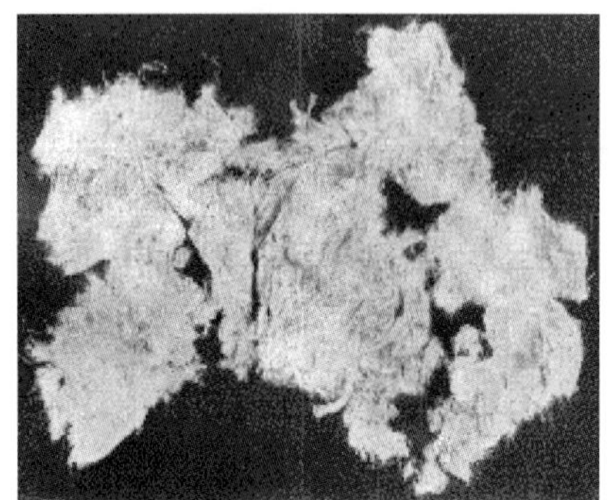

그림 4 **金關紙**

에 깔아놓은 패드로 사용하다가 오랜 세월이 흐르며 지하의 습한 환경에서 거울의 압력에 의해 형성된 시트 모양"[10]이라고 보는 관점은 분명히 성립되지 않는다.

4. 金關紙

1973년 甘肅文博部門이 肩水金關 유적을 발굴할 때 麻紙 2점을 출토하였다. "그 중 하나는 출토 당시 뭉쳐서 덩어리져 있었는데 복원을 통해 평평하게 펴니, 최대 가로세로 21×19cm이며, 빛깔은 희고, 얇고 균일하며, 한쪽 면은 평평하고 한쪽 면은 약간 보풀이 일어나 있었다. 그 재질은 세밀하고, 또한 단단하고 질기며 미세한 삼의 실밥을 함유하고 있었다. 현미경 관찰과 화학적 감정 결과 大麻 섬유만 함유되어 있었다. 동일한 곳에서 출토된 簡牘 중 연대가 가장 늦은 것이 宣帝 甘露 2년이다. 나머지 하나는 11.5×9cm이다. 어두운 황색으로 마치 거친 포장지 같았다. 삼 부스러기, 실밥, 부서진 마포 덩어리 등을 포함하고 있으며, 비교적 성기다. 출토 지층은 平帝 建平[11] 이전에 속한다."[12]라고 하였다. 1978년 蘇州의 제지

---

10 王菊華, 李玉華,《幾種漢紙的分析鑒定試論我國造紙技術的發明》,《文物》, 1980年第1期.

11 建平은 平帝가 아닌 哀帝시기의 연호인다. 哀帝 建平(기원전 6년-기원전 3년)의 오기인 듯하다.

12 甘肅居延考古隊,《居延漢代遺址的發掘和新出土的簡冊文物》,《文物》, 1978年第1

기술자가 金關紙에 대해 현미경 분석을 하여 그것이 麻紙임을 확인했다. 1979년 潘吉星 또한 해당 종이에 대한 화학적 실험 분석을 통해 그 원료가 주로 大麻섬유임을 규명하였다.[13]

5. 1978년 12월, 섬서성 扶風縣 中顔村 漢代 건축유지에서 움에 수장된 종이가 출토되었다. "원래 한 덩어리로 뭉쳐진 종이를 평평하게 폈는데, 가장 큰 조각은 6.8×7.2cm의 면적을 가지고 있다. 그 나머지 몇 조각은 크기가 서로 다르다"[14]고 하였다. 中顔村의 종이는 1998년, 潘吉星이 화학 분석을 진행하였는데, "中顔紙는 흰색을 띠며, 질이 비교적 가늘고 현미경 검사 결과 그 원료는 麻 섬유로 이미 섬유세포가 파괴되어 섬유화 정도가 비교적 높다." "연대 상한은 宣帝(기원전 73-49년)시기이며, 하한은 平帝(기원후 1-5년)시기이다."라고 하였다.[15] 王菊華는 2005년 현미경 관찰을 진행하여 "섬유 결합 상황은 비교적 居延紙에 비해 약간 긴밀하지만, 다공성은 여전히 크다. 섬유 형태는 居延紙와 비슷하며 역시 大麻류 섬유이다. 섬유의 펄프화 정도가 居延紙보다 약간 높다. 세척 상태가 매우 나쁘고 진흙이 많은데 어떤 것은 섬유와 뭉쳐져 덩어리지거나 종이 조직 중에 분산되어 있고, 혹은 토사층이 되어 종이 면 위에 떠 있다. 섬유 분산도가 떨어지고 줄무늬[帘紋]는 없다."라고 하였다.[16] 2012년 李曉岑은 이에 대해 다시 검사를 진행하여 "中顔紙는 일회용 움

期.

13 盧嘉錫 總主編, 潘吉星 著,《中國科學技術史(造紙與印刷卷)》, 北京:科學出版社, 1988, p.60.

14 羅西章,《陝西扶風中顔村發現西漢窖藏銅器和古紙》,《文物》, 1979年第9期.

15 盧嘉錫 總主編, 潘吉星 著,《中國科學技術史(造紙與印刷卷)》, 北京:科學出版社, 1988, p.60.

16 王菊華 等,《中國古代造紙工程技術史》, 山西教育出版社, 2005, p.63.

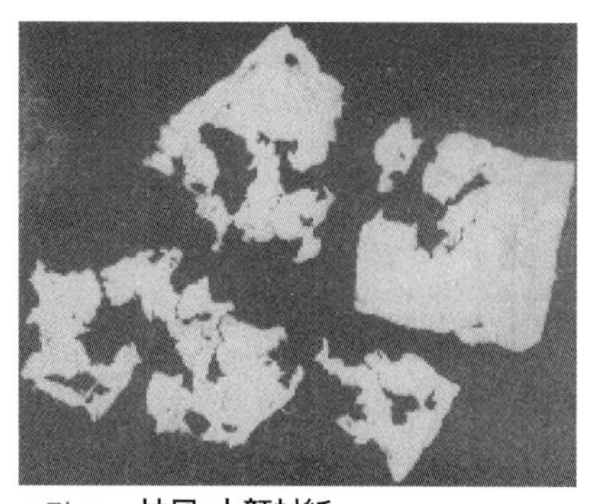
그림 5 **扶風 中顔村紙**

에서 출토된 물건으로 연대는 전한 시기에 속하는 종이로 확정할 수 있다. 외관 관찰과 실험을 통해 中顔紙는 표면이 거칠고 두꺼운 유형의 종이이고, 섬유 분포가 고르지 않으며 줄무늬가 없는 등의 특징을 알 수 있다. 이는 澆紙法으로 생산되는 종이의 외관 특징과 일치하는 것이다. 이런 종류의 澆紙法 造紙 공예는 현재 중국의 傣族, 藏族 등 소수민족 지역에서 여전히 보존되고 있다. 그러나 원료는 이미 构皮나 狼毒草로 바뀌었고, 더 이상 麻 섬유를 원료로 사용하지 않는다."라고 하였다.[17]

6. 1979년 감숙성 敦煌 馬圈灣 유지에서 麻紙 5건이 출토되었다. 가장 큰 한 점은 길이 32cm, 폭 20cm였다. 당시 정리자의 발굴보고에 따르면 "초기 종이의 색깔은 황색으로 그 지질은 거칠고 麻 섬유의 분포가 고르지 않았다. 함께 출토된 기년 간독 중 가장 이른 것은 宣帝 元康 연간이며, 가장 늦은 것은 甘露 연간이었다. 중기 종이의 색깔은 백색으로 그 지질은 비교적 가늘고 고르게 되어 있었다. 함께 출토된 기년 간독 대부분은 元帝, 平帝 시기의 것이었다. 말기 종이의 색깔은 백색으로 그 지질은 가늘고 고르게 되어 있었으며, 이미 麻 섬유 종이의 기본 필요 요소와 기능을 모두 갖추고 있었다. 이 종이는 堡 내부의 F2 상층 봉수가 붕괴된 폐토층에서 출토되었는데, 마땅히 王莽 시기의 물건이다."[18] 이 종이의 견본은 1981년 각각 中國科學院 自然科學史研究所와 輕工業部 造紙工業科學研究所에서 감정이 진행되었다. 전자의 감

17 李曉岑,《陝西扶風出土漢代中顔紙的初步研究》,《文物》, 2012年第7期.

18 甘肅省文物考古研究所編,《敦煌漢簡》, 北京:中華書局, 1991, 부록 p.91.

정 결과는 “성능이 비교적 양호한 식물섬유지로 그 물리적 성능 지표는 섬서 扶風에서 출토된 전한 종이와 서로 가까우며, 동일한 기술 유형에 속한다. 따라서 그 제조 시기 역시 상당히 근접할 것으로 짐작된다”라고 하였다.[19] 후자의 감정 결과는 “馬圈灣 출토 古紙 잔편은 종이 질이 서로 같지 않아 어떤 것은 종이 구조 현상이 뚜렷하게 나타나 加塡과 塗布 공정이 운용되었음을 표명하지만, 어떤 것의 질은 좀 조악하다. ... 종이 견본에 대한 분석 결과로 볼 때, 어떤 것의 종이 질은 고르고 세밀하며 백색으로 일정한 강도를 갖추고 있어 특별히 加塡과 塗布 등의 공정이 출현했음을 나타내는데, 확인할 수 있는 사서 기록에 근거하면 이것은 응당 후한 말 내지 후한 이후 시기에 만들어진 것이다.”라고 하였다.[20] 여기에는 매우 분명한 가이드라인이 있다. 즉: 만약 그 시대가 채륜 이전이라면 종이가 존재할 수 없고, 만약 종이의 존재를 부정할 수 없다면, 그것은 반드시 시대를 채륜 이후로 정해야 한다는 것이다. 馬圈灣 종이의 존재를 부정할 수 없기 때문에 어떤 사람들은 아예 이를 唐紙로 인정하지만, 이것은 매우 우스운 이야기이다.[21] 위에서 이른바 “확인할 수 있는 사서 기록에 근거하면”이라고 했지만, 어떤 “사서 기록”에서 확인한 것인지 알 수 없다.

그림 6 **敦煌 馬圈灣紙**

7. 1986년, 甘肅考古所가 天水市 외곽 放馬灘의 戰國, 秦漢墓를 발굴할 때, 5호 漢墓에서 종이 지도 한 장이 발견되었다(M5:5). 잔존 길이는 5.6×

19 甘肅省文物考古研究所編,《敦煌漢簡》, 北京:中華書局, 1991, 부록 p.104.

20 王菊華 等,《中國古代造紙工程技術史》, 太原:山西教育出版社, 2005, p.66.

21 榮元愷,《關于馬圈灣紙是唐紙的分析論證》,《中華造紙》, 1987年第2期.

2.8cm였다. 출토 당시 매장된 인골의 흉부에 놓여져 있었다. 종이는 황색을 띠며 표면에 얼룩이 묻어 있었고, 가는 검은 선으로 산천, 도로 등을 그렸다. 해당 묘에서 출토된 기물과 주변 묘장에 근거하여 발굴자들은 이 묘장의 연대가 전한 문·경제 시기(기원전 179~141년)에 해당한다고 보았는데, 그렇다면 이 지도는 최초의 종이지도가 된다.[22] 해당 종이 지도는 1990년 中國科學院 自然科學史研究所의 潘吉星과 胡玉熹가 기초 감정을 진행하여 "麻類 식물섬유지"라고 판단하였다.[23]

그러나 王菊華는 1990년 이 지도를 故宮에서 전시할 때 현미경으로 현장 관찰을 진행하여 "이 지도 모양의 잔편은 종이 지도가 아니라 직물의 잔편일 가능성이 높고, 帛 지도일 것"이라고 주장하였다.[24] 최근까지 王菊華는 근거리에서 放馬灘 지도를 관찰한 후에 여전히 이 "종이 지도"의 잔편 가장자리에는 누에실 같은 섬유가 노출된 것으로 보아 絲織品일 것이라고 주장하였다. 흑점은 벌레의 눈이고, 선 모양의 묵적은 잔편의 이미 파손된 섬유 위에 그려져 있기 때문에 후대인들이 그린 것으로 의심된다는 것이다. 그 주요 성분은 蠶絲이고, 잔편 위에 산천처럼 보이는 선은 흙에 묻힐 때 원래 있던 것이 아니라, 후대에 그려진 것이며, 흑색 반점은 지리도의 표식이 아니며 벌레의 눈이고, 그 벌레의 눈 중 어떤 것은 묵적을 포함하고 있다는 것이다.[25]

이효잠은 10여 년의 실지 조사 끝에 "중국 전통 제지에는 두 가지 전혀

---

22 甘肅省文物考古研究所,《甘肅天水放馬灘戰國秦漢墓群的發掘》,《文物》, 1989年第2期.

23 甘肅省文物考古研究所編,《天水放馬灘秦簡》, 北京:中華書局, 2009, p.158.

24 王菊華 等,《中國古代造紙工程技術史》, 太原:山西教育出版社, 2005, p.57.

25 王菊華, 李玉華, 齊曉東, 王玉, 王松,《蔡倫發明造紙術的歷史定論不能動搖 – 對"放馬灘紙地圖"殘片的再觀察》,《紙史和手工紙研討會論文集》, 北京:中國造紙出版社, 2019.

다른 방법이 있다. 하나는 澆紙法이고, 다른 하나는 抄紙法이다. 이 두 가지 방법으로 만들어진 종이는 서로 분명히 다른 외형적 특징을 가진다. 澆紙法으로 만든 종이는 두껍고 거칠며 섬유 분포가 고르지 않고, 표면에는 종종 줄무늬가 없는 특징이 있다. 抄紙法으로 만든 종이는 얇고 표면에 비교적 윤이 나며, 섬유 분포가 고르고, 표면에는 종종 줄무늬가 있는 특징이 있다. ...... 澆紙法 제지는 중국이 발명한 최초의 제지 방법으로 전한시대에 만들어졌으며, 채륜 계열의 제지방법이 아니다. 抄紙法 제지는 후한 이후에 발명된 제지 방법으로 채륜 계열의 제지법이다."라고 하였다.[26] 그 구별은 澆紙法이 고정된 발 틀에 종이액을 뿌려 발 하나에 종이 한 장씩 말린 뒤 종이를 떼어내는 방식이다. 반면 抄紙法은 움직이는 발 틀을 사용해 종이액 통에서 종이액을 뜬 연후에 뜨여진 종이 조각을 옆에 있는 평대에 엎어 중복 조작하여 압착 후 말리는 방식이다. 그는 放馬灘 종이에 대해 감정한 후 "이 종이는 표면에 줄무늬가 없고, 섬유가 서로 다른 방향으로 짜여 분포가 고르지 못하니 마땅히 澆紙法으로 만들어진 것이고, 이는 일종의 비 채륜계 제지법으로 생산된 산품이다. ...... 묘장에서 출토된 기물 분석 및 放馬灘 진묘에서 나온 목판 지도의 묘사 방법이 서로 일치하는 등의 정황으로 볼 때, 放馬灘紙는 마땅히 전한 초기의 麻紙이다. 放馬灘紙는 현재 시대를 확정할 수 있는 세계 최초의 麻紙이자 현존하는 세계 최초의 초급 가공지로서 이는 중국 제지 및 그 가공 기술의 기원을 이해하는 데 있어 중요한 의의를 지니고 있다."라고 하였

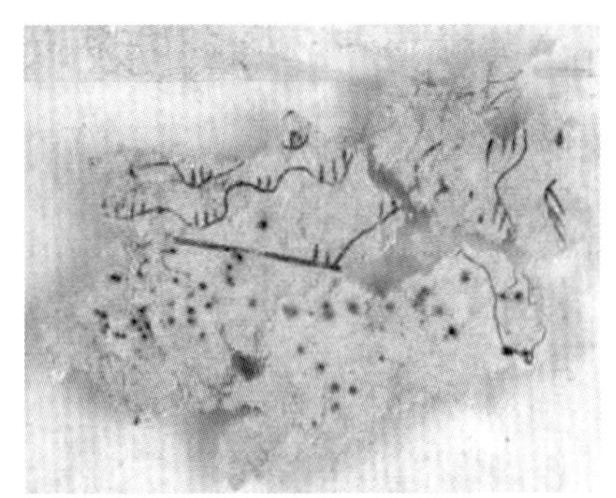

그림 7 天水 放馬灘紙(역자 보충)

26 李曉岑, 《澆紙法與抄紙法 – 中國大陸保存的兩種不同造紙技術體系》, 《自然辨證法通訊》, 2011年第5期.

다.[27] 이처럼 같은 종이와, 같은 측정기구를 가지더라도 편견을 가지지 않으면 완전히 다른 결론을 얻을 수 있음을 알 수 있다.

8. 1990년부터 1992년까지 敦煌 懸泉置 유지에서는 문자가 기록된 漢簡 23,000여 매와 기타 문물 35,000여 건, 문자가 기록된 종이 10편, 기타 문자가 없는 종이 460건이 출토되었다. 기년 간독 중 가장 이른 것은 漢 武帝 元鼎 6년(기원전 111년)이고, 가장 늦은 것은 후한 安帝 永初 원년(기원후 107년)이었다. 이는 지금까지 발견된 규모가 가장 크고 가장 완정한 漢晉시대의 郵驛유지이다. 懸泉 유지는 역사 시기의 범위가 커서 대략 兩漢 및 魏晉 시기에 걸쳐 있어서 출토 麻紙 또한 각 시기의 것이 모두 존재한다. 그러나 이것이 일단 공개되자 채륜 제지의 수호자들이 벌떼처럼 몰려들어 비난의 소리를 내었다.《中國造紙》1992年 第4期 "紙史專欄"에 제일 먼저 鍾逵의 서명이 있는《돈황 현천치에서 문자가 있는 '西漢紙'가 출토되었다는 보도에 해협 양안의 여론이 분분히 질의한다》라는 글이 실려 "작년 말, 올해 초 기간 중 北京, 上海 등지의 일부 신문에서 차례로 감숙성 돈황 懸泉置(古驛站) 유지에서 문자가 있는 '西漢紙'가 발견되었다고 보도한 후, 즉각 다른 반향이 일어나 분분히 이의를 제기했다; 臺灣 지역 신문 반응은 더욱 강렬하여 각계 전문가와 유관 부문의 연구가 필요하다고 했다. ...... 상술한 보도에 대해 北京, 上海, 福建, 安徽, 山西, 陝西 등지 역사계, 문물계, 교육계, 紙史 및 제지과학기술계의 적지 않은 전문가들이 한 목소리로 懸泉置 유지 발굴 보고는 국가 문물부문 및 유관 부문의 과학적 분석 검증을 거치지 않고 정식으로 공포되기 전 단지 蘭州의 한 보도에 근거해 그 과학성과 진실성을 확인하기 어렵고, 그래서 종합적이고 전문적인 연구와 토론을 전개할 수가 없다 라고 하였다"고 말했다. 그러나, 우리는 왜 이른바 해협 양안의 이렇게 많은 省, 이렇게 많은 학계, 이렇게 많은 전문가들이 어째서 "일치한 인식"을 했는지 보지 못한 것일까? 王菊華는

27 李曉岑,《甘肅天水放馬灘西漢墓出土紙的再研究》,《考古》, 2016年第10期.

1992년 9월과 1993년 9월 두 차례에 걸쳐 돈황의 발굴 현장과 蘭州의 甘肅考古硏究所에 방문해 16장의 실물 샘플에 대해 현미경 관찰을 하였다. 결론은 다음과 같다. "여기서 출토된 종이 모양의 잔편을 모두 漢代의 麻紙라고 할 수 없으며, 그 중 반드시 '西漢麻紙'가 있다고 할 수 없다. ...... 懸泉置 유지는 바람이 아주 센 지대에 위치해 자연조건의 변동이 크고 사계절 내내 광풍이 휘몰아치고 모래와 돌이 날린다. 게다가 유지는 여러 차례에 걸쳐 수몰, 화재를 겪으면서 보수, 증축되었다. 이런 상황 하에서 유지 폐기물이 매우 규칙적인 문화층으로 형성될 수는 없다. 이는 동태적 분석을 필요로 하며 출토 층위에 따라 완전히 종이의 단대를 정할 수는 없다. 종이와 공존하는 문화층 중에서 나온 기년 간독을 종이 단편의 연대 근거로 삼는 것 역시 반드시 믿을 수 있는 것은 아니다. ...... 출토 종이 잔편의 품질과 성분을 보면 부분적으로는 '西漢麻紙'의 잔편이며, 제지술이 비교적 성숙한 시기의 공예 수준을 갖추고 있다. 예를 들어 접착제·염색·도포 등이 그러하다. 섬유 성분 또한 모두 麻는 아니며, 나무껍질과 짚 펄프[straw pulp] 등을 응용한 것이 있는데, 이러한 기술들이 전한시기에 출현하는 것은 불가능하다. 이는 출토기물의 문화층이 혼란되어 있어 懸泉 출토 종이 잔편으로는 전한에 종이가 있었음을 설명할 수 없다. 이들 종이 조각은 아마도 후한 이후와 魏晉 시대의 유물일 것이다." 요컨대, "懸泉 460여 건의 종이 잔편은 채륜의 제지 기술 발명을 부정하는 근거로 삼을 수 없다."는 것이다.[28]

그러나, 2010년 과학기술사 전문가인 李曉岑이 蘭州에서 와서, 49편의 懸泉 古紙에 대한 관찰 감정을 실시한 결과, 완전히 다른 결론이 나왔다: "이들 초기 종이의 원료는 주로 麻이며, 비교적 두껍고 표면은 거칠고 섬유는 고르지 않으며 줄무늬가 없어서, 대다수는 澆紙法으로 만들어진 것이며, 매우 많은 종이의 제작 공정은 분명한 원시성을 보인다. 그러나 일부의 충전재가

28 王菊華 等,《中國古代造紙工程技術史》, 山西教育出版社, 2005, pp.75-76.

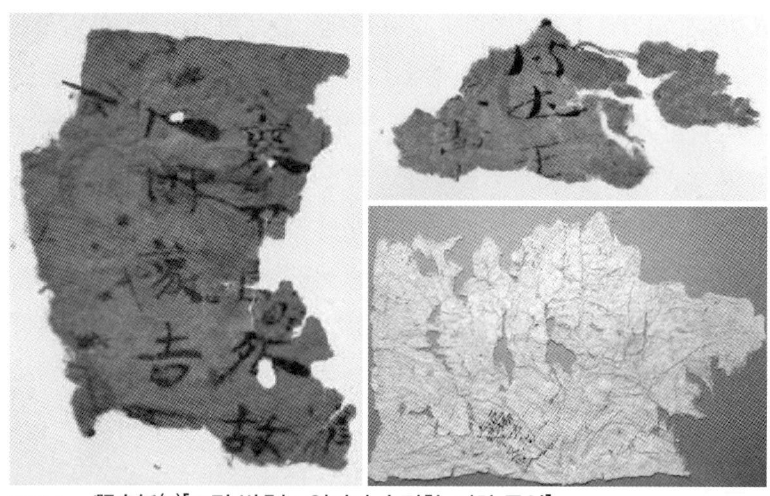

그림 8 **懸泉紙(1)[그림 번호는 역자가 수정함. 이하 동일]**
그림 9 **懸泉紙(2)**
그림 10 **懸泉紙(3)**

들어간 古紙는 표면에 윤이 나고 상대적으로 진보한 기술을 보인다. 소수의 古紙는 비교적 얇고 줄무늬가 있으며 섬유 분포가 고르고, 抄紙法으로 만들어진 것인데, 懸泉置 유지의 만기 층위에서 발견된 것이다. 당시에는 이미 먹으로 紙面에 글을 썼지만 이는 서사의 보조적인 역할만 했을 뿐 글자가 있는 종이의 비율은 그리 크지 않다. 4편의 서로 다른 층위 출토의 懸泉 古紙 섬유에 대해 현미경 분석을 진행하던 중 초보적으로 3편의 원료가 苧麻이며, 1편이 大麻인 것을 발견하였는데, 이는 모두 전분에 풀칠을 하거나 전분 滑石粉에 도포한 가공지로서 현재 漢代에 이미 가공지가 있었음이 발견된 최초의 기록이다."[29] 그 후 李曉岑, 王輝, 賀超海가 발표한 글에서 한 걸음 더 나아가 다음과 같이 지적하였다. "간독 기년에 근거해 감숙 懸泉置 유지 출토 古紙 각

29 李曉岑,《甘肅漢代懸泉置遺址出土古紙的考察和分析》,《廣西民族大學學報(自然科學版)》, 2010年第4期.

층위의 시대에 대해 분석을 진행한 결과 懸泉置 유지의 제3층과 제4층의 간독이 모두 전한 기년으로, 확실하게 전한대의 층위에 해당하고, 후한대 층위 유물이 교란되지 않은 것으로 보아 이 두 층위에서 출토된 古紙 역시 전한 시대의 것으로 설명된다. 이것은 중국이 이미 전한대에 종이와 제지술을 발명했다는 역사적 사실을 증명한다. 각 층위 종이에 대한 분석을 통해 초기의 西漢紙는 모두 澆紙法으로 생산되었고, 麻類 섬유를 사용하였는데, 이는 중국 제지술의 기원이 澆紙法으로 만든 麻紙임을 설명한다."30

그림 11 1998년 玉門關 발견 古紙

9. 1998년 敦煌市博物館은 小方盤城의 보강 보수에 맞춰 소방반성 주변에 대한 소규모 발굴을 진행하여 漢簡 381매, 기타 유물 100여 건을 출토했다. 동시에 4장의 麻紙가 출토되었는데, 이 중 1점에는 글자 30자가 있다. 함께 나온 간독은 전한 후기의 물건이다. 가장 빠른 기년은 甘露 2년(기원전 52년)이며, 가장 늦은 것은 平帝 元始 4년(기원후 4년)으로 반세기가 넘는다. 출토 麻紙는 비교적 거칠며, 30자가 쓰여져 있다. "陵叩頭再拜言/君夫人御者足下毋/不審至不陵不=□□/從者景地惠大奴." 墨跡은 새 것 같고 隷體로 서사되었다. 우리는 이 종이를 전한 후기의 물건으로 보고자 한다.

---

30 李曉岑, 王輝, 賀海超,《甘肅懸泉置遺址出土古紙的時代及相關問題》,《自然科學史研究》, 2012年第3期.

10. 1959년 10월 新疆 民豊 사막 尼雅유지 후한대 합장묘에서 "紙 한 조각을 발견하였는데, 작게 뭉쳐져 있었고, 대부분 검은색으로 칠해져 있었으며 길이는 겨우 4.3cm, 폭은 2.9cm였다."[31] 현재 新疆위구르자치구박물관에 수장되어 있으며(편호59MN1:477; 문물편호06966), 국가 1급 文物이다. 관련 전문가의 감정은 다음과 같다. "尼雅紙에 사용된 제지 원료는 麻類의 섬유로 줄무늬가 없고 표면이 거칠며 섬유 분포가 고르지 못한데, 이러한 특징은 초기의 제지 기술-澆紙法으로 생산되었음을 설명한다. 이는 감숙 懸泉紙, 섬서 中顔紙 등 漢代 초기 종이인 澆紙法으로 생산된 공예와 일치하며, 명확한 원시성을 갖추고 있었다."[32] 1974년 1월 감숙성 武威 旱灘坡 後漢墓에서도 역시 후한대 古紙 여러 점을 발견하였다. 가장 큰 것은 5×5cm였다. 旱灘坡紙는 무덤에 있는 木牛車 모형의 車箱 양측에 위치하였는데 세 겹의 종이가 붙어 있었다. 종이 위에는 비교적 큰 글자가 漢隷로 쓰여져 있었는데, 字迹이 이미 대부분 판독 불가능했지만, "青貝" 등의 글자는 분명히 판독할 수 있었다. 장기간의 노화로 종이 강도가 크게 감소하여 대부분이 이미 여러 조각으로 갈라져 있고, 갈색을 띤다.[33] 후한말에 속하는 물건이므로 본문에서 토론하는 중점은 아니어서 더 이상 언급하지 않는다.

위의 서술과 배열을 통해 채륜보다 200여 년 이전 전한 시기에 종이는 이미 사회생활 중에 출현했음을 어렵지 않게 알 수 있다. 최초의 放馬灘 종이본 지도로부터 勞榦 등의 사람이 居延의 査科爾帖에서 발견한 글자가 있는 古紙에 이르기까지, 또한 懸泉과 小方盤城에 이르기까지 종이는 계속해서 끊임

31 新疆위구르자치구박물관, 《新疆民豊縣北大沙漠中古遺址墓葬區東漢合葬墓淸理簡報》, 《文物》, 1960年第6期.

32 李曉岑 等, 《新疆民豊東漢墓出土古紙研究》, 《文物》, 2014年第7期.

33 黨壽山, 《甘肅省武威縣旱灘坡東漢墓發現古紙》, 《文物》, 1977年第1期; 潘吉星, 《談旱灘坡東漢墓出土的麻紙》, 《文物》, 1977年第1期.

없이 글을 쓰는 상황에서 출현하고 있다. 어렴풋하게 말하면 모종의 종이는 서사에 적합하지 않다. 이것은 엄밀한 말은 아니다. 내가 보기에는 적어도 어떤 펜을 들고, 어떤 묵을 사용해, 어떤 크기의 글자 및 어떤 용도 등으로 쓰는가 등의 방면에 제한되어야 하며, 그렇지 않으면 이 말은 성립되지 않는다.

(번역: 오준석, 경북대학교 인문학술원 HK연구교수)

#05

洛陽紙貴와 桂陽郡 木簡: 三國兩晉시기의 지목병용

•

다이웨이훙(戴衛紅)
(中國社會科學院古代史研究所 研究員,
"古文字與中華文明傳承發展工程"協同攻關創新平臺)

범엽은 『後漢書』「蔡倫傳」을 통해 "채륜은 字가 敬仲으로 桂陽사람이다. 예전 書契는 대부분 竹簡으로 엮었고, 縑帛을 사용한 경우는 '紙'라고 불렀다. 縑은 귀하고 簡은 무거워 모두 사람들에게 편리하지 않았다. 채륜은 이에 종이를 만들 마음을 먹고, 樹膚·麻頭 및 散佈·漁網을 이용하여 紙를 만들었다. 元興 元年 황제에게 이를 상주하니 황제가 그 능력을 칭찬하니 이로부터 종이를 사용하지 않는 자가 없었고, 천하에서는 이를 '蔡侯紙'라고 불렀다"(蔡倫, 字敬仲, 桂陽人也……自古書契多編以竹簡, 其用縑帛者謂之爲'紙'. 縑貴而簡重, 並不便於人. 倫乃造意, 用樹膚·麻頭及敝布·漁網以爲紙. 元興元年奏上之, 帝善其能, 自是莫不用焉, 故天下咸稱'蔡侯紙')라고 하였다. 元興 元年(105) 蔡倫은 자체적으로 樹皮·麻頭·敝布·漁網등의 原料를 사용해서 종이를 만드는 工藝를

漢和帝에게 상주했는데, 이는 歷史文獻 중 가장 이른 제지술에 관한 기록이다.

蔡倫이 제지술을 새롭게 改造한 후, 종이의 보급과 이용으로 학문과 지식이 더욱 광범위한 人群에게 미치게 되었고 종이가 簡보다 더 가볍고 휴대하기 용이하게 되면서 典籍文章도 더 먼 지역까지 전달될 수 있었다. 漢獻帝(189-220년 재위)시기에 이르면 東萊人인 左伯이 또 기존의 제지법을 개선하여 종이의 품질을 더욱 향상시켰다. 그가 만든 종이는 희고 깨끗하며, 섬세하면서도 부드럽고, 균일하게 촘촘하고 광택이 나서 左伯紙라고 불리었다. 唐李嶠의 詩인 「紙」에서는 "신묘한 자취는 蔡侯가 시행하였고 높은 명성은 左伯이 질주하였네(妙跡蔡侯施, 芳名左伯馳)"라고 찬탄하였다. 2~3세기 때 "左伯紙"와 "韋誕墨" "張芝筆"은 모두 유명했는데, 당시의 사람들, 특히 書法家들이 즐겨 사용하였다. 南齊의 蕭子良(460-494)은 「答王僧虔書」에서 "子邑의 종이는 곱게 물들여 빛나고, 仲將의 墨은 하나의 옻칠과 같다. 伯英의 필체는 신묘함을 궁구하여 그 뜻을 다하였다(若子邑之紙, 姸妙輝光; 仲將之墨, 一點如漆; 伯英之筆, 窮神盡意)"라고 표현하였다.

西晉의 傅咸은 종이를 묘사할 때 말하기를, "夫其爲物, 厥美可珍, 廉方有則, 體潔性貞. 含章蘊藻, 實好斯文. 取彼之弊, 以爲此新. 攬之則舒, 舍之則卷. 可屈可伸, 能幽能顯. 若乃六親乖方, 離群索居. 鱗鴻附便, 援筆飛書. 寫情於萬里, 精思於一隅"[1]라고 하여, 종이는 재질이 가볍고 부드러우며 손쉽게 접거나 펴고, 서사하여 전달하기 편리하다는 눈에 보이는 장점을 중점적으로 설명했다.

清代 학자인 章學誠은 簡紙교체기 文風의 변화를 날카롭게 관찰하여 簡牘時代에는 매체 공간이 협소하고 서사에 불편하므로, 여기에 쓰인 문장의 편폭은 짧고 간단하며 말도 간명하다고 지적했다. 반면 종이 시대의 텍스트는 수용할 수 있는 용량이 커지고 글쓰기도 편리해지면서 문장도 장황해지는 경

1 歐陽詢等, 『藝文類聚』卷五八 「雜文部·紙」, 上海古籍出版社, 1999, p.1053.

향으로 변하였다고 보았다.[2] 查屏球는 後漢중후기부터 三國 前期에 이르기까지 텍스트의 매체는 簡紙並用의 전환단계에 있었다고 보았다. 종이 텍스트는 일종의 새로운 전달 도구로서 처음에는 비공식적인 텍스트 형식일 뿐이었고, 세속화된 오락성 텍스트와 더욱 밀접한 관련이 있었다. 後漢이 붕괴되며 簡에서 종이[紙]로의 교체는 가속화되었다. 종이 텍스트의 넓은 서사 공간과 저렴한 제작비용은 簡冊 서사의 사유방식을 변화시켜 簡冊에 쓰는데 구상하는 과정을 단축시켰으며, 텍스트의 용량도 확대됨으로써 서정적인 뜻을 더욱 직접적이고 자유롭게 표현할 수 있게 되었다. 종이에 쓰는 텍스트의 정통적 지위 확립과 텍스트 전파방식의 혁신은 시공을 초월한 문학의 영향력을 직접적으로 보여주고, 문학의 가치를 제고했을 뿐만 아니라, 당시 書信體 문학의 발전을 촉진하여 문학의 서정성을 강화하였다. 텍스트 매체 형식의 변화는 문체의 변화를 불러와 문체론 연구가 나날이 세밀해졌으며, 문인들의 지식량 확대는 典籍을 이용하는 풍조를 유행하게 만들었다. 종이 텍스트의 지위가 상승함에 따라 일부 오락적이고 세속적인 텍스트의 위상이 올라가게 되었고, 텍스트 형식의 변화로 전통적인 텍스트의 무질서한 流傳도 야기시켰다.[3]

簡牘에서 종이로의 교체는 文風의 변화를 불러 일으킬 뿐만 아니라, 행정제도의 변화에도 영향을 주었다. 冨谷至는 簡牘 文書行政의 개념을 제기하며, "簡牘의 기초위에서 전개된 漢帝國의 行政은 종이시대의 唐代정치와 분명 구별되어야 한다"고 지적했다.[4] 최근 張榮强은 中古시기 簡牘에서 종이로 교체되는 변화가 造籍制度에 준 영향에 대해 심도깊게 검토하는 한편, 이러한 교체로 인한 지방권력운용과 행정관리 상의 변화를 고찰한 끝에, 서사매체

2 章學誠, 『乙卯劄記』, 北京: 中華書局, 2006, p.194.

3 查屏球, 「紙簡替代與漢魏晉初文學新變」, 『中國社會科學』2005年 第5期。

4 冨谷至, 『木簡竹簡述說的古代中國———書寫材料的文化史』, 劉恒武 譯, 人民出版社, 2007, p.138.

의 변화가 중국 고대 지방의 행정관리와 권력운용에 중요한 영향을 미쳤다고 판단하였다. 종이가 簡冊을 대체한 후, 제국은 鄕政의 폐단을 혁신하고 중앙집권체제를 강화하려는 내재적 추동 속에, 각종 기초 帳簿가 縣廷으로 상달, 제작되었고, 기층의 사무도 이에 따라 縣令이 총람하게 되었다. 簡牘에서 종이로의 교체는 비록 기층 통치의 중심이 상급기관으로 이동하는데 기술적인 조건을 제공하였지만, 縣廷은 분산된 개인 小農들을 직접 상대할 능력이 없었고, 唐後期 지방사회구조의 변화에 따라 신흥 士紳계급이 점차 鄕村 政治무대에 등장하면서 후대 "皇權이 縣아래 미치지 않는다는(皇權不下縣)" 국면을 열었다.[5]

이 글은 선현들의 연구기초 위에서 三國两晉시기 종이사용·簡牘사용 및 지목병용의 경우를 검토한 후, 簡牘과 종이의 실질적인 기능 및 사람들의 고정관념으로 인해 종이가 출현하고도 100여 년이 지난 후에, 簡牘이 서서히 역사의 무대 뒤로 물러났음을 지적하고자 한다.

I 洛陽紙貴: 종이를 사용한 경우

1. 종이가 文學·書信·藝術·典籍에 사용된 경우

『三國志』裴松之의 註에는 胡沖「吳曆」에서 "황제는 素書에 저술한 典論

5 張榮强, 「簡紙更替與中國古代基層統治重心的上移」, 『中國社會科學』2019年 第9期. 張榮强, 「中國古代書寫載體與戶籍制度的演變」, 『武漢大學學報(哲學社會科學版)』2019年 第3期 ; 張榮强, 「〈前秦建元籍〉與漢唐間籍帳制度的變化」, 『歷史研究』2009年 第3期.

및 詩賦를 孫權에게 주었는데, 이를 종이에 옮겨 적어 한 통을 張昭에게 주었다(帝以素書所著典論及詩賦餉孫權, 又以紙寫一通與張昭)"라고 한 것을 인용하였다.[6] 이러한 魏와 吳가 친교를 맺는 외교 장면 중 魏文帝인 曹丕는 "素(비단의 일종)"로 자신이 지은 「典論」및 詩賦를 孫權에게 주었는데, 孫權에게 이를 전해준 大臣 張昭는 "종이"에 서사하였다. 이러한 대비를 통해 素帛이 종이보다 훨씬 귀중했음을 알 수 있다.

265년, 司馬炎(265-290년 재위)은 曹魏政權을 대신하여 晉을 세우고, 수도를 洛陽에 정하였다. 그가 즉위했을 초에는 온 힘을 다해 나라를 다스리고 經濟를 재건하여 역사상 유명한 "太康之治"가 출현하였다. 干寶(283-351년)는 『晉紀總論』중에서 "太康(280-290年)之中, 天下書同文, 車同軌, 牛馬被野, 餘糧棲畝, 行旅草舍, 外閭不閉. 民相遇者如親, 其匱乏者取資于道路, 故於時有天下無窮人之諺"이라고 평가하였다. 太康 연간에는 사회가 상대적으로 평화롭고 人民들의 생활도 안정되면서 문학 창작도 고조되었다. 당시에는 "三張"(張載·張協·張亢), "二陸"(陸機·陸雲), "兩潘"(潘安·潘尼), "一左"라는 말이 流傳되었다. 左思의 여동생인 左棻은 재능이 뛰어나고 글을 잘 써서 晉武帝에게 부름을 받아 入宮했으며, 左思도 가족과 함께 京城인 洛陽에 도착하였다. 京城의 번화한 풍경을 목격한 左思는 三國시기 魏·蜀·吳 수도의 풍토·인심과 특산품을 내용으로 해서, 위(魏)의 수도 업성(鄴城), 촉(蜀)의 수도 성도(成都), 오(吳)의 수도 건강(建康)에 관한 「삼도부(三都賦) 」를 쓸 생각을 했다. 10년에 걸친 노력 끝에 左思는 「三都賦」를 완성하였는데, 皇甫謐은 이 篇의 賦에 序言을 쓰고, 著作郎인 張載가 「三都賦」가운데 魏都賦에 注를 달았으며, 中書郎인 劉逵는 蜀都賦와 吳都賦에 注를 달았고, 尚書郎인 衛權은 吳都賦에 敍文을 쓰는 한편 注를 달았다. 司空인 張華는 이 賦를 다 읽은 후 감탄하며 말하길, "班張之流也. 使讀之者盡而有餘, 久而更新"이라고 하였다. 이때

6 『魏書』卷二「文帝紀」.

부터 「삼도부」는 크게 명성을 떨쳤으며, 얼마 지나지 않아 도성을 풍미하게 되였다. 문학을 아는 사람들은 모두 「삼도부」에 대해 칭찬을 아끼지 않았으며 陸機도 「삼도부」를 보고 탄복하기도 했다. 그러자 부호들은 앞다투어 이를 傳寫하면서 洛陽紙의 가격도 높아지기 시작하였다. 후대 사람들이 "洛陽紙貴"라는 표현으로 작품에 나타내며, 인구에 회자되면서 널리 알려지게 된 것이다. 이는 三國 兩晉시기 종이로 문학작품을 서사 혹은 초사한 實例라고 할 수 있다.

秦漢이래로 西北·湖北지역에는 絹帛으로 서신을 쓴 유물이 남아있을 뿐만 아니라, 漢代 懸泉置 遺址에서도 460片의 古紙가 출토되었는데, 이 古紙의 연대는 前漢 武帝·昭帝 및 宣帝·元帝·成帝나 後漢初부터 西晉까지이며, 대부분이 前漢시대로 10점은 글자가 쓰여져 있고 품질도 비교적 좋다. 古紙의 색깔과 재질도 종류가 매우 많아 검은색의 두껍거나 얇은 것, 갈색의 두꺼운 것, 흰색의 얇은 것, 황색의 두꺼운 것 등 8종류가 있다. 남아있는 종이 위의 잔재를 통해 보았을 때, 古紙는 주로 마직물(麻織物)과 매우 가는 실로 된 짠 견직물로 제작되었고, 문서나 서신을 쓰거나 물품을 포장하는 데 사용되었다.

종이가 서사매체로 대량으로 사용된 이후, 일부는 서신과 서화에도 사용되었다. 『後漢書』「竇章傳」의 "更相推薦"에 대해, 李賢 注에서 漢 馬融의 「與竇伯向(章)書」중 "孟陵奴來, 賜書, 見手跡, 歡喜何量, 見於面也. 書雖兩紙, 紙八行, 行七字"라고 한 것을 인용하였다. 이 書의 내용을 통해 매 한 장마다 8行을 쓰고 각 行에는 7字를 적어 容字量이 56字임을 알 수 있다. 후대 서신용 종이도 이 정도 크기로 써서 매 한 장마다 8行씩 서사하여 서신의 명칭을 "八行書"라고 하였다.[7] 蜀漢의 呂凱는 郡의 五官掾功曹가 된 후, "이때 선주가 영안에서 죽었다는 소식을 옹개 등이 듣고는 나날이 교만하고 오만해졌다. 도호 이엄이 옹개에게 6장의 서신을 보내어 이해득실을 설명하고 깨우쳐 주었지만,

---

7 『文苑英華』卷二一四에서는 北齊 邢邵 「齊韋道遜晚春宴」詩: "誰能千里外, 獨寄八行書？" 唐 李治 「寄校書七兄」詩: "因過大雷岸, 莫忘八行書"를 인용하였다.

이엄은 단지 1장의 편지로 말하길, '하늘에 두 개의 태양이 없듯이 이 땅에 두 명의 왕이 없으나, 지금 천하가 鼎立하여 正朔이 3개가 있으니, 이로 인해 먼 곳에 있는 자들은 어쩔 줄 몰라 하며 어디에 귀의해야 할지 모른다'"(時雍闓等聞先主薨於永安, 驕黠滋甚. 都護李嚴與闓書六紙, 解喻利害, 闓但答一紙曰'蓋聞天無二日, 土無二王, 今天下鼎立, 正朔有三, 是以遠人惶惑, 不知所歸也.')[8] 라고 하여, 雍闓의 答書는 한 장 당 30字가 쓰여졌음을 알 수 있다.

현재 故宮博物院에서 보관하고 있는 西晉 陸機(261-303)의 紙本 章草 두루마기[手卷]인 「平復帖」을 보면, "彦先羸瘵, 恐難平復. 往屬初病, 慮不止此, 此已爲節年使至. 男幸有複失, 甚憂耳. 舍(或庶)子楊往, 初來至, 吾不能起. 臨西複來, 威儀詳時, 舉動成觀. 自軀體之恙也, 思識夢之邁甚, 執所恒與君. 稍之閔凶, 棠寇亂之際, 聞問不悉(或多)"라고 쓰여져 있다. 또한 東晉시기 名書家 중 유일하게 손수 쓴 글씨이자 乾隆 "三希閣" 중 유일한 眞跡으로서 현재 故宮博物院에 보관되어 있는 行書 두루마기[手卷]인 「伯遠帖」은 절친한 친구인 伯遠에게 보낸 서신이다. 그 내용은 "珣頓首頓首, 伯遠勝業情期群從之寶. 自以羸患, 志在優遊. 始獲此出意不剋申. 分別如昨永爲疇古. 遠隔嶺嶠, 不相瞻臨"이라고 쓰여져 있다.

종이는 書信이외 繪畫에도 사용되었다. 葛洪은 「神仙傳」에서 말하길, "仙人李意其, 蜀人也. 傳世見之, 云是漢文帝時人. 先主欲伐吳, 遣人迎意其. 意其到, 先主禮敬之, 問以吉凶. 意其不答而求紙筆, 畫作兵馬器仗數十紙已, 便一一以手裂壞之, 又畫作一大人, 掘地埋之, 便徑去"[9]라고 하였다. 비록 「神仙傳」에는 신선과 요괴로 기록하여 역사적 인물 간의 대응을 찾아볼 수 없지만, 종이와 붓으로 그림을 그려 당시 사회생활을 반영하고 있다. 李意其가 "하나하나씩 손으로 떼어낸다" "兵馬器仗 수십 종이"라는 기록에서 미뤄보았을 때, 이

8 『三國志』卷三七「蜀書·呂凱傳」.

9 『三國志』卷三二「蜀書二·先主傳」.

종이 수십 장이 그림을 그릴 때 달라붙어 있지 않은 것으로 추정된다.

1964년 투루판 아스타나(阿斯塔那) 13호 東晉墓 중에는 한폭의 「墓主人生活圖」가 나왔는데, 전체 폭은 가로 106cm, 가로 46cm로 비슷한 크기의 종이 6장을 이어 붙여 만들었다. 종이 재질은 두껍고 토황색을 띠며 뽕나무껍질의 종이와 유사한데, 그림을 그린 면이 가로로 펼쳐져 있고, 사변(四邊)의 선은 墨彩로 장방형을 그렸다. 그림의 상단부에는 왼쪽에서 오른쪽으로 각각 3그루의 나무가 그려져 있는데, 앞 두 그루 나무의 줄기는 비교적 선명하고 잎은 독특하며 각각 둥근 북두칠성이 두 쌍으로 장식되어 있고, 가운데 나무에는 봉황새 한 마리가 앉아 있다. 화면 왼쪽과 오른쪽 상단에 각각 원형 도안이 있고, 왼쪽 원안에는 두꺼비 형상이 그려져 있다. 그림 아래쪽 인물의 오른쪽에는 曲蓋·節·麾·幢이 차례로 그려져 있다. 그림 아래쪽 중앙 부근 평상에 단정하게 앉아 있는 사람이 묘주라고 봐야 하는데, 손에 둥근 부채를 들고 바람을 맞는 형상을 하며, 자태는 엄숙하고 체형은 약간 풍만해 보이며, 머리에 검은 관을 쓰고 줄무늬 포복(袍服)을 입고 있다. 남자가 입은 장삼(長衫)은 소매가 넓고 옷자락이 열려있어 魏晉시기 士大夫들의 전형적인 복장이라 할 수 있다. 묘주 근처에는 공손히 서 있는 여자가 있는데, 아마 주인의 아내일 수도 있고, 시녀일 수도 있다. 그 밖에 그림 왼쪽 하단에는 짧은 상의를 입은 馬夫, 그리고 보리 마당[麥場]과 부엌 등의 장면이 그려져 있다.

인도 뉴델리의 중앙아시아 박물관에는 신강 투루판시 아스타나 古墓에서 출토된 또 하나의 東晉시기 종이 그림을 소장하고 있는데, 이는 스타인이 약탈해 간 후 "사후의 향연"이라고 명명한 것이다. 그림의 오른쪽 상단에는 주인이 있으며, 머리에는 관을 쓰고 몸에는 긴소매의 두루마기를 입은 채 손에는 둥근 부채를 들고 臺床위에 무릎을 꿇고 앉아 있다. 臺床 앞의 젊은 시녀(侍女)는 머리를 말아올려 상투로 했고, 소매가 좁은 상의에 바지를 입고, 왼손에는 그릇 하나를 주인에게 건네주고, 오른손에는 긴 숟가락을 집고 있다. 시녀의 좌측에는 관식(冠飾)을 머리에 쓰고 소매가 넓은 두루마기를 입은 두

남자가 무릎을 꿇고 앉아 있는데, 아마도 주인의 친척이나 방문 손님일 것이다. 그림 중앙에는 악무기인(樂舞伎人)들이 있는데, 맨 앞이 여성 舞伎로 그 어깨가 반듯하고 소매가 내려앉아 나풀나풀 춤을 추고 있다. 뒷면에 무릎을 꿇고 앉은 두 명의 남자가 있으며, 한 명은 한 손으로 북을 치고 다른 한 명은 가늘고 긴 관 모양의 악기를 연주하고 있다. 왼쪽 아래에는 牛車, 아궁이 등 생활도구가 그려져 있고, 오른쪽 아래에는 무릎을 꿇고 불을 붙이는 하인이 그려져 있다. 이 그림은 당시 서역 高昌 귀족들의 생활상을 반영하여 짙은 삶의 정취를 담고 있다. 다만 그림의 크기, 종이 등의 정보는 미상이다.

투루판과 돈황에서 출토된 문헌을 보면, 三國 兩晉시기에는 儒家 典籍, 史籍과 佛經을 필사하는데 종이가 활용되었다. 연대상으로 기년이 확실한 가장 이른 佛經卷子가 李盛鐸이 舊藏한 「佛說五王經」이며, 卷末에 題記로서 "景初二年(238)歲次戊午九月十六日, 敦煌太守倉慈爲衆生供養, 薰沐寫已"[10]라고 되어 있다. 확실히 기년이 기록되어 믿을만한 敦煌 藏經洞에서 출토된 가장 이른 卷子가 현재 일본 書道博物館에 소장되어 있는 「譬喩經·出地獄品」이며, 그 卷末에 題記로 "甘露元年三月十七日, 於酒泉城內齋叢中寫訖. 此月上旬漢人及雜類被誅向二百人. 願蒙解脫, 生生敬信三寶, 無有退轉"이라고 적혀있다. 中村不折은 여기서 "甘露"는 曹魏의 年號, 즉 256년이라고 보았다. 그러나 池田溫은 常盤大定의 관점을 받아들여 前秦의 年號로서 露路 元年이 359년이라고 보았으며, 후자의 관점이 학계에서 받아들여졌다.

甘肅省博物館에서 소중히 보관하고 있는 前涼시기 『法句經』寫經은 『道行品法句經』第三十八과 『泥洹品法句經』第三十九의 내용을 抄寫한 것으로, 後半部의 經文 65行이 남아있으며 매 行은 16字에서 30字에 이르기까지 같지 않다. 이 寫經은 涼州의 姑臧城 중 官方인 "經生"이 쓴 것이다. 白麻紙는

10 池田溫, 『中國古代寫本識語集錄』, 그러나 적지 않은 연구자들이 이 題記의 사실성 여부에 대해 적지 않은 의심을 하고 있다.

열은 황색[泛黃]에 재질이 정교하고 紙面은 깨끗하며 보존상태는 양호해 가로 135cm, 세로 24.9cm이다. 이 卷의 말미에 前涼 升平 12년(368), 咸安3年(373)이 있는데 沙彌淨明이 두 차례 송독한 것으로 題記에 "升平十二年(368)沙彌淨明"과 "咸安三年(373)十月二十日, 沙彌淨明誦習法句起"라고 되어 있다.

上海博物館에서 보관하고 있는 「維摩詰經卷上王相高題記」는 北涼 麟嘉5年6月(393)이고, 세로 24.4cm, 가로 428.5cm이며 11장의 종이를 붙여서 만들었다.[11] 安徽省博物館에는 北涼 段業神璽 3年(399)의 「千佛名經卷」(寫本)을 소장하고 있는데[12], 1998년 「安徽省志·文物志」에는 寫本에 대하여 아래와 같이 상세한 기록을 남겼다.[13]

> 北涼 「賢劫千佛品」은 殘卷으로 麻와 樹皮를 혼합하여 섬유지를 만들었고, 經은 재단되어 있어 완전하지는 않다. 이 단락은 다시 두 번 잘라서 앞부분 2幅을 접착하였고, 길이는 54.2cm이다. 뒷부분은 4幅을 접착했으며 가로 121.9cm, 세로 24.3cm이다. 이 卷은 양면으로 서사되어 있으며, 정면에는 "賢劫千佛品第九·第十"이라는 제목이 쓰여 있고, 말미에 "神璽三年太歲在亥正月廿日道人寶賢于高昌寫此千名佛願使衆生禮敬奉侍所生之處曆奉千佛"이라고 쓰여 있다. 隸書로 쓰여 있지만 해서(楷書) 느낌도 나며, 곳곳에 자

---

11 上海博物館, 『上海博物館藏敦煌吐魯番文獻』第一册, 上海古籍出版社 1993년판. 孫致文, 「上海博物館藏支謙譯〈佛說維摩詰經·卷上〉寫本殘卷的研究意義」, 『正觀雜誌』第47期, 2008년 12월.

12 石谷風, 「談宋代以前的造紙術」, 『文物』1959년 제1기, p.33. 池田溫, 『中國古代寫本識語集錄』, 東京大學東洋文化研究所, 1990, p.78. 題名은 "賢劫千佛品經第十道人寶賢題記"로 되어 있다. 王素, 『吐魯番出土高昌文獻編年』, 臺北: 新文豐出版公司, 1997, p.75.

13 安徽省 地方誌 編纂委員會 編, 『安徽省志』「文物志」, 1998, p.571.

황색을 칠하였다. 종이 뒷면에는 승려를 양성하기 위해 寫經했다고 하여 글씨를 휘갈겨 썼는데, "一校"·"二校"라는 글자를 보면 분명 舊經紙의 뒷면을 이용하여 抄寫한 校經草稿일 것이다. 이것은 殘件에 속하지만 北涼 神璽 3년, 즉 天璽 元年(399年)·東晉 隆安 3年(399年)시기의 유물이다. 敦煌에서 나온 傳世 寫經으로서 비교적 빠른 시기에 手決된 것으로 보기 드물다. 北涼은 東晉과 동시기에 병존했던 北方의 十六國 少數民族정권 중 하나이다. 殘件은 형제의 분할을 거쳐 둘로 나눈 것이다. 安徽省 博物館에서는 1958년·1960년 전후에 合肥에서 구입한 것이다.

王丁은 題記의 文字를 고증한 끝에 "神璽三年太歲在亥正月廿日, 道人寶賢于高昌寫此千佛名. 願使衆生禮敬奉侍, 所生之處, 曆奉千佛"이라고 교정하였다.[14]

그 밖에도 영국에서 보관하는 S.797「十誦比丘戒本」은 西涼 建初元年(405), 比丘인 德祐가 敦煌城 남쪽에서 題記를 抄寫한 것인데, 楷書로 쓴 佛經寫本으로 전체 길이는 7m이고, 종이 재질은 딱딱하지만 종이면은 매끈하고 황색을 띠고 있다. 書寫者는 승려로서 전문적으로 寫經하던 사람은 아니었기 때문에 글자에서 소박함과 서투름이 드러난다.[15] 또한 아스타나 13호분에서는 십육국 시기의 古寫本『佛說七女經』도 출토되었다.

2002년 6월, 玉門 花海 畢家灘의 土壙墓 M24 가운데 文字가 있는 棺板

---

14 王丁,「佛教東傳早期的佛名經——《北涼神璽三年寶賢寫千佛名號》與漢譯《賢劫經》」,『敦煌學輯刊』2015년 제4기. 林世田·劉波,「國家珍貴古籍展: 跨越千年的對話」,『中華讀書報』2009년 6월24일의 錄文에서는 "神璽三年太歲在卯, 正月廿日, 道人寶賢于高昌寫此千佛名, 願使眾生禮敬奉侍, 所生之處, 曆奉千佛"이라고 하였다.

15 『敦煌遺書總目索引新編』, 中華書局, 2000, p.27. 伊藤伸은 자신의 저작에서 "원본을 보고 내가 가장 놀랐던 점은 필법이 조잡하다는 것이다."라고 하였다. 伊藤伸 著, 趙聲良 譯,「從中國書法史看敦煌漢文文書」,『敦煌研究』1995년 제3기, p.178.

이 출토되었는데, 그 글자를 보면 寫經한 글씨체로서 墨書이고 해서체를 활용해 세로로 썼다. 正文은 크게 쓰고 아래에는 2열로 小注가 적혀있는데, 먼저 글을 쓴 다음에 棺덮개에 도배해서 붙였다. 抄寫한 내용으로 “諸侯律注第廿” 뿐만 아니라, “捕亡律”·“系訊律” 등 법률 조문의 正文 및 注도 있어서 張俊民·曹旅寧 先生은 이렇게 抄寫한 내용이 「晉律注」일 것이라고 보았다.[16] 투루판의 英沙古城 남쪽 佛塔 遺址와 그 외 지역에서는 『三國志』「吳書」의 晉寫本 部分卷에 관한 殘本이 출토되었다. 아스타나 59호 墓에서는 종이 재질의 古寫本 「毛詩關雎序」66TAM59: 4/1(a)가 출토되었다. 비록 여기에는 구체적인 기년이 없지만, 이 墓에서 기년이 있는 문서가 많이 발견되었고 北凉 神璽 3년(399)에서 玄始 12년(423) 사이이기 때문에, 이 寫本도 아마 늦어도 423년 이전에 쓰여진 것이다.

2. 종이가 詔書·行政文書 등에 쓰인 경우

三國兩晉·十六國시기 종이는 문학작품·典籍 및 佛經을 抄寫하는데 쓰였을 뿐만 아니라, 書信이나 繪畫를 비롯해 행정측면에 이르기까지 광범위하게 사용되었다. 예컨대 吳末帝인 孫皓는 宮室을 크게 지으려 하자, 陸凱가 表를 올려 간언하였다. 陸凱는 詔書를 받아 읽은 후 재차 表를 올려 말하길, “臣拜紙詔, 伏讀一周, 不覺氣結於胸, 而涕泣雨集也”[17]라고 하였다. 『晉書』卷62 「劉琨傳」에는 劉琨이 晉帝에게 上疏하며 “謁者史蘭·殿中中郎王春等繼至. 奉詔, 臣俯尋聖旨, 伏紙飮淚.”이라고 말한 것이 기재되어 있다. 이 일은 建興元年

16 張俊民·曹旅寧, 「畢家灘〈晉律注〉相關問題硏究」, 『考古與文物』2010年 第6期 ; 曹旅寧·張俊民, 「玉门花海所出〈晋律注〉初步研究」, 『法學硏究』 2010년 제4기.

17 『三國志』卷六四 「陸凱傳」注에서 「江表傳」을 인용.

(313)에 일어났으며, "伏紙飮淚"는 詔書가 이미 종이로 쓰여졌음을 시사한다.

詔書의 색깔은 일반적으로 黃色이나 靑色이었다. 『三國志』卷14 「劉放傳」에는 "帝納其言, 即以黃紙授放作詔"라고 하고, 晉 元康元年(291) 八王의 난 중, 楚王이 "瑋臨死, 出其懷中靑紙詔, 流涕以示監刑尙書劉頌, 曰: '受詔而行, 謂爲社稷, 今更爲罪. 託體先帝, 受枉如此, 幸見申列'"[18]이라고 하였다. 楚王 懷가 품은 靑紙의 詔는 같은 해 6월 晉惠帝가 하사한 手詔이다. 元康9년(299) 12月, 晉惠帝는 靑紙로 된 詔로 太子에게 賜死를 명하며, "帝幸式乾殿, 召公卿入, 使黃門令董猛以太子書及靑紙詔曰: '遹書如此(愍懷太子名), 今賜死'"[19]라고 하였다. 마찬가지로 八王의 난 때 趙王은 "倫之詔令, 秀輒改革, 有所與奪, 自書靑紙爲詔, 或朝行夕改者數四, 百官轉易如流矣"[20]라고 하였다. 한편 赤色紙로 쓰기도 했는데, 『晉書』卷九 「孝武帝紀」에는 "二年夏六月壬戌, 劉裕至于京師. 傅亮承裕密旨, 諷帝禪位, 草詔, 請帝書之. 帝欣然謂左右曰: '晉氏久已失之, 今復何恨.' 乃書赤紙爲詔"라고 기록되어 있다.

대체로는 西晉의 조서에서 이미 종이를 쓴 영향을 받아, 晉황실이 남하한 후 북방에 남아있던 소수민족 정권도 이를 답습해 종이로 조서를 썼다. 後趙의 石季龍의 경우는 五色紙를 활용하여 詔書를 썼다. 『晉書』卷一〇六 「石季龍上」에서는 "(石季龍常)游于戲馬觀. 觀上安詔書五色紙, 在木鳳之口, 鹿盧回轉, 狀若飛翔焉"이라고 하였다. 지금까지 사료에서 알 수 있듯이, 東晉末年에 이르기까지 조서에 사용되는 특정 색상의 종이를 엄격하게 규정하지는 않았고, 특정 상황에서 조서의 종이색은 아마 황제 개인의 기호와 관련이 있는 것 같다.

詔書 이외에 실제 문서행정에서는 東晉시기 戶籍에 사용되는 호적용지도 구분되어 있어, 黃籍"과 "白籍"으로 토착인과 僑州郡縣 遷徙民의 호적을 나

---

18 『晉書』卷五九 「楚王瑋傳」.

19 『晉書』卷五三 「愍懷太子傳」.

20 『晉書』卷五九 「趙王倫傳」.

타냈다. 또한 尚書功曹가 사용한 인사이동 문서에는 黃色을 사용하도록 특정하였다. 『晉書』卷三六「劉卞傳」에 다음과 같은 기록이 있다.

> 劉卞字叔龍, 東平須昌人也. 本兵家子, 質直少言. 少爲縣小吏, 功曹夜醉如廁, 使卞執燭, 不從, 功曹銜之, 以他事補亭子. 有祖秀才者, 於亭中與刺史箋, 久不成, 卞教之數言, 卓犖有大致. 秀才謂縣令曰: "卞, 公府掾之精者, 卿云何以爲亭子?" 令即召爲門下史, 百事疏簡, 不能周密. 令問卞: "能學不?" 答曰: "願之." 即使就學. 無幾, 卞兄爲太子長兵, 既死, 兵例須代, 功曹請以卞代兄役. 令曰: "祖秀才有言." 遂不聽. 卞後從令至洛, 得入太學, 試經爲臺四品吏. 訪問令寫黃紙一鹿車, 卞曰: "劉卞非爲人寫黃紙者也." 訪問知怒, 言於中正, 退爲尚書令史. 或謂卞曰: "君才簡略, 堪大不堪小, 不如作守舍人." 卞從其言.

尚書臺省의 四品吏는 주로 臺省의 문서작업을 맡았는데, 여기서의 행정문서, 인사이동문서는 모두 黃紙를 사용하였다. 이러한 관습은 十六國시기의 통치자들에게도 계승되었다. 『晉書』卷一〇六「石季龍上」에 실린 石季龍의 조서에는 "魏始建九品之制, 三年一清之. 雖未盡弘美, 亦縉紳之清律, 人倫之明鏡. 從爾以來, 遵用無改. 先帝創臨天下, 黃紙再定"이라고 하였다. 여기서 "黃紙"는 九品制의 인재발탁 및 인사이동의 문서를 가리킨다.

劉宋시기에 이르기까지, 소위 "黃紙"는 계속 이러한 뜻을 가지고 있었다. 『宋書』卷五七「蔡廓傳」에는 蔡廓은 司徒左長史로 이동했다가 豫章太守를 거쳐 吏部尚書로 되었다고 기록되어 있다. 『宋書』卷五七「蔡廓傳」에 실린 내용을 보면, "[蔡]廓遷司徒左長史, 出爲豫章太守, 征爲吏部尚書. 廓因北地傅隆問亮: '選事若悉以見付, 不論; 不然, 不能拜也.' 亮以語錄尚書徐羨之, 羨之曰: '黃門郎以下, 悉以委蔡, 吾徒不復厝懷; 自此以上, 故宜共參同異.' 廓曰: '我不能爲徐幹木署紙尾也.' 遂不拜. 幹木, 羨之小字也. 選案黃紙, 錄尚書與吏部尚書連名, 故廓云'署紙尾'也"라고 하였다.

尙書臺省의 행정문서 이외에도 투루판에서 출토된 종이문서 중 前涼(318-376)·西涼(400-421)·北涼(397-439)시기의 계약문서, 衣物疏, 倉曹의 식량 대여문서, 배상문서, 名籍, 兵曹牒, 出麥帳, 高昌郡의 功曹문서, 中部督郵문서, 都鄉嗇夫의 被符征發役作문서, 西涼建初 4年(408) 秀才對策文, 下二部督郵, 縣主者符, 奴婢月廩麥帳, 西涼 建初 2년(406)의 功曹佐左謙奏爲以散翟定ㅁ補西部平水事, 橫截縣被符責取鹿角문서 등등이 있다. 투루판 문서의 경우 상당수가 殘卷상태이기 때문에 원래 종이 문서의 크기 및 尺寸은 확정하기 어렵다.

3. 晉代 종이의 尺幅크기 및 글자수용량

이상 우리는 三國 兩晉시기 종이가 서사매체로서 文學작품, 典籍과 佛經 초사, 書信, 회화(繪畫) 및 詔書, 戶籍, 行政文書 등으로 사용된 경우를 분석해 보았다. 그렇다면 晉代 종이의 尺幅은 어느 정도였을까? 宋人이 지은 『文房四譜』에서 인용한 晉令중에는 당시 종이의 尺度를 다음과 같이 명확하게 규정하고 있다.

> 諸作紙: 大紙一尺三分, 長一尺八分, 聽參作廣一尺四寸. 小紙廣九寸五分, 長一尺四寸.[21]

西晉시기의 1尺은 24.4cm로 秦漢의 23.1cm와 비교해 약간 길다. 西晉에서 흔히 쓰는 큰 종이는 1尺 3分으로 현재 25.1cm에 부합하고, 가로는 1

21 蘇易簡 著, 朱學博整理 校點, 『文房四譜』卷3 「紙譜·敘事」, 上海書店出版社, 2015, p.55.

尺 8分으로 현재 26.3cm에 부합한다. 이른바 "聽參作廣一尺四寸"은 세로 34.16cm에 달할 것이다. 작은 종이는 세로 9寸 5分이고 가로 1尺 4寸으로, 오늘날 세로 23.18cm, 가로 34.16cm이다. 秦漢시기 簡牘의 길이는 다양하지만 그 중 가장 많이 보이는 것이 1尺簡으로, 존귀함을 드러내 보이기 위해 皇帝의 詔書는 1尺簡을 썼다. 길이 측면에서 보았을 西晉의 작은 종이는 아마 漢代의 1尺簡을 모방한 것이다.

위에서 열거한 현존 三國兩晉시기의 用紙實物 가운데, 현재 고궁박물관에 보관하고 있는 陸機(261-303)의 「平復帖」은 종이본으로서 章草手卷이며 세로 23.8cm, 가로 20.6cm, 9行 84字이다. 현재 고궁박물관에서 보관하고 있는 王珣의 行書手卷으로 세로 25.1cm, 가로 17.2cm, 5行47字이다. 『文房四譜』에서 인용한 晉令이 틀림없다면, 현존하는 「伯遠帖」·「平復帖」의 紙幅은 晉令에서 규정한 큰 종이·작은 종이 너비의 尺寸과 비교했을 때 대략 같지만, 길이의 尺寸에서 차이가 있다.

현재 보존되어 있는 唐摹本이나 眞跡 가운데 종이로 된 尺寸도 조금씩 다르다. 唐摹本으로 東晉의 王羲之 「快雪時晴帖」은 세로 23.6cm, 가로 16.4cm, 4行28字이다. 唐摹本으로 東晉의 王羲之 行楷 「姨母帖」(원래 「萬歲通天帖」에 실림)은 硬黃紙本으로 세로 26.3cm, 가로 53.8cm이며 현재 遼寧博物館에 보관되어 있고, 6行 42字이다. 현재 일본 皇宮에 보관된 王羲之 行草 「喪亂帖」은 唐摹本으로 白麻紙이며, 세로 28.7cm에 8行62字이다.

위에서 언급한 新疆 출토 晉시기 『三國志』寫本殘卷의 尺寸은 卷57의 『吳書』「虞翻陸績張溫傳」 殘卷의 尺寸이 불명확하다는 점 이외, 나머지 5부 殘卷의 尺寸이 비교적 명확하여 제1부와 5부의 경우 세로 24.5cm로, 제3부의 24.3cm와 0.2cm밖에 차이 나지 않는다. 제4부의 세로폭은 제1·3·5부보다 현저히 작은 23cm밖에 되지 않는다.

종이 한 장에 담을 수 있는 글자량에 관해서는 글자체와 서사자의 서사방식에 따라 다르다. 예컨대 「平復帖」은 草隸書에 9行 84字이고 「伯遠帖」은

新疆 출토『三國志』晉寫本 殘卷

卷名	出土시기, 지역	종이의 성격, 書體	縱×橫(cm)	行數, 글자수	藏地
1.『吳書』卷57「虞翻傳」	1924 (1914-1915?, 투루판)	白麻紙, 烏絲欄, 隸書	24.5×19.09	10行, 107字	書道博物館
2.『吳書』卷57「虞翻陸績張溫傳」	1924 (1914-1915?, 투루판)	鉛畫界欄, 隸書		80行, 1072字	上野純一씨 소장
3.『吳書』卷52「步騭傳」	1931년. 敦煌의 어떤 절	硬紙, 鉛畫界欄, 隸楷	24.3×42	25行, 437字	敦煌研究院
4.『吳書』卷47「吳主(孫權)傳」	1965년 1월 10일. 투루판 英沙古城 南佛塔 遺址	紙本, 烏絲欄	23×72.6	40行, 墨書562字	신강위구르 자치구 박물관
5.『魏書』卷7「臧洪傳」	1965년 11월 10일 투루판 英沙古城 南佛塔 遺址	紙本, 烏絲欄	24.5×34	20行, 375字[22]	신강위구르 자치구 박물관

行書에 5行 47字이며, 앞서『後漢書』李賢 注에서 인용한 漢 馬融「與竇伯向(章)書」중 "紙八行, 行七字"라고 하여 1장의 종이에 8行씩, 매 행마다 7字로 한 장에 56字를 담을 수 있다.

현재 日本 書道博物館에 소장되어 있는『譬喻經』「出地獄品」은 총 길이 166cm로 7장의 작은 종이로 붙여 이었으며, 종이 한 장은 세로 30.3cm, 가로 23.6cm이다. 1964년 투루판 아스타나 13호 東晉墓에서 출토된「墓主人生活圖」는 6장의 畫紙를 이어 붙여 그린 것이다. 이러한 그림의 尺寸과 정보에 관해서 현재 두 개의 수치가 확인된다. 첫번째 설은 세로 46.2cm, 가로 105cm이고[22] 두번째 설은 너비 47cm, 길이 106.5cm이다. 비슷한 크기의 종이 6장을 이어서 만든 것으로, 종이 재질은 거칠고 황색을 띠며 桑皮紙와 비슷하

22 新疆維吾爾自治區文物局 編著,『帶你走進博物館——新疆維吾爾自治區博物館』, 北京: 文物出版社2011, pp.46-47.

다.[23] 만약 後文의 소개가 틀리지 않았다면, 作者인 에르밀라가 제공한 수치에 근거하여 1장당 가로 35.5cm, 세로 23.1cm임을 계산할 수 있다.

현재 北京故宮博物院에 소장된 唐代 畫家인 韓滉이 그린 「五牛圖」는 세로 20.8cm, 가로 139.8cm이고 6장의 종이를 붙여서 만든 것으로, 연노랑색이고 종이 표면에 광택이 나며 화학적 실험을 거친 결과 원재료는 뽕나무 껍질[桑皮]이다. 만약 이 6장의 종이 크기가 비슷하다면, 매 1장의 종이는 세로 20.8cm, 가로 23.3cm이다. 이 같은 종이의 폭은 「墓主人生活圖」의 紙幅보다 현저히 작다.

그림 1 **墓主人生活圖**

23 葉爾米拉, 「天上人間——記吐魯番出土〈墓主人生活圖〉」, 『文物鑒定與鑒賞』2013년 제3기.

II 桂陽郡晋簡: 簡牘이 사용된 경우

비록 사회적으로는 종이를 사용하는 것이 습관으로 되었지만, 先秦시기부터 내려 온 서사습관은 사회 전반에 걸쳐 깊은 영향을 주고 있었다. 『墨子』에는 "竹帛에 쓰거나 金石에 새기든지, 盤盂에 쪼아서 後世의 子孫들에게 전해 남김으로써 이를 알게 하였다"(書於竹帛, 鏤于金石, 琢於盤盂, 傳遺後世子孫者知之)라는 말이 있고, 三國시기에도 여전히 가장 중요한 문건은 鐘鼎으로 주조하고 그 다음이 竹帛에 쓰도록 하여 오랫동안 보관하는 근거로 삼았다. 예를 들어 『三國志』「魏書 · 陳思王植傳」에는 "功銘著於鼎鍾, 名稱垂於竹帛"이라고 하였다. 先秦이래로 簡牘은 장기간 政府 官方의 文書, 朝廷의 詔令을 서사하는 데 사용되어 역사의 무대 뒤로 사라지지 않았다.

2003년 11月부터 2004年 2月에 이르기까지 때마침 蔡倫의 故鄕인 桂陽郡(治所는 오늘날 湖南省 郴州市 蘇仙橋遺址부근)에서, 考古작업자들에 의해 東漢부터 宋元시기에 이르는 古井 11座를 긴급 발굴하였고, 그 중 J10에서 1,000枚에 가까운 西晉 簡牘이 출토되었다. 簡文 가운데 紀年이 명확한 것으로 元康(291年 3月~299年), 永康(300~301년 4月), 太安(302년 12月~303) 등의 연호가 확인되는데, 모두 晉惠帝인 司馬衷시기에 해당하며, 晉武帝가 吳나라와 桂陽郡을 西晉의 國家 통제 안에 편입시킨 시기로부터 23년이 채 되지 않는다. 『晉書』「地理志下」에는 桂陽郡이 郴 · 耒陽 · 便 · 臨武 · 晉寧 · 南平의 6개 縣을 관할했음을 기록하였으며, 2枚의 木簡에는 다음과 같이 기록되어 있다.

1-1 治便城周匝一里十五步高一丈五尺在郡北去郡

便令談隆一百廿里北去江州一千四百八十里去京城三千五百一十

里領員吏一百六十一人卒十三人

1-2 治晉甯城周匝一里二百卌步高一丈五尺在郡東去

晉甯令周系郡一百卅里去江州一千七百卅里去京城三千七百里領

員吏一百廿五人卒十二人

“令”은 바로 縣令으로 談隆과 周系가 각각 便縣과 晉甯縣의 縣令이었으며, 簡에는 이들이 관리하는 便縣과 晉寧縣의 縣城규모, 郡·州治·京城간의 거리와 吏員·卒의 설치를 상세하게 기록하였다. 木簡에는 田租나 戶調錦絹賈布 등의 賦稅, 田地·戶口·郵驛 등에 관한 기록이 있다. 예를 들어

2-387 今年應田租者八百四頃五十六畝六十步定入租穀三萬二

1-53 縣領水田八百一十八頃一畝六十步

1-21 凡丁男二千六百七

1-26 都郵南到穀驛廿五里吏黃朗士三人主

가 있다. 현지의 山川 溪流에 관한 기록도 있으니, 예를 들어

2-198 和溪原出縣和山

이 있다. 현지의 역사 유적에 관한 기록도 있으니, 예를 들어,

2-228 漢故長沙大守胡滕墓石虎石柱石碑

가 있다. 또한 현지의 광산 자원, 채소, 수목, 中草藥 등의 식물, 조류와 육지·바다동물에 관한 기록도 있으니, 예를 들어

2-234 進山未作銀坊罡一所土中有沙石可燒鑄爲銀

2-159 土地生草木中藥者穹窮烏頭術虎杖莉蕢

2-180 土地生熊虎豹狂蛇(虵)蜈蚣蝰(蓬)能毒害人陸生之屬

이 있다. 전반적으로 보았을 때, 현재 공포된 일부 簡文의 內容은 江州 桂陽郡 관할 각 縣의 개황, 縣城의 규모와 吏員설치, 地理와 道路郵驛, 政府건축물 등기, 桂陽郡의 人口, 土地, 물산, 賦稅, 광산자원, 人文관련 유적 祭祀社稷에 관한 神과 先農, 改火기록, 詔書政令 등 13개의 항목에 걸쳐 있다.

만약 이것을 1995년 江蘇 連雲港 尹灣에서 출토된 「集簿」와 비교해보면, 蘇仙橋에서 출토된 晉簡의 일부 내용과 漢代 地方政府의 연말 중앙에 보고한 고과 상계문서인 "集簿"내용이 크게 겹친다는 것을 확인할 수 있다. 필자는 일찍이 이전 글에서 簡의 일부 내용을 검토한 끝에, 이 晉簡은 桂陽郡에서 올린 "計階上書"로서 그 내용은 城邑·戶口·田租·綿絹·賈布 등을 포함하고, 簡 1-68의 "桂陽郡上城邑戶口田租綿絹賈布計階上書"에서 명확히 보여주고 있다고 지적하였다. 北魏時期이 闞駰이 지은 「十三州·土地志」에는 "計階次第歲入貢于天子, 郡國封瑞, 山川草木, 萬物有無, 不得隱飾"이라고 하여 魏晉南北朝시기 計階文書 가운데에도 지리·물자 측면의 내용이 있는데, 위의 晉簡이 마침 이러한 내용을 포함한 것이다.

簡牘의 서사 연대에 있어 簡牘의 形制는 文書에 서사한 내용·중요성과 밀접한 관계에 있다. 西晉의 杜預는 「春秋左氏傳序」에서 "大事는 策에 적고, 小事는 簡牘에 적을 뿐이다(大事書之於策, 小事簡牘而已)"라고 지적하였다.[24] 東晉초기에 이르러서도 중요한 의식에서 여전히 簡牘을 사용하였다. 東晉초기 宗室을 분봉하는 告廟 祝文의 경우 竹册을 사용해야 하는지 白簡을 사용해야 하는지, 글자체로는 篆書로 써야 하는지 隸書로 써야 하는지 太常이 물어보자, 博士인 孫毓이 다음과 같이 대답하였다.

"今封建諸王, 裂土樹藩, 爲册告廟, 篆書竹册, 執册以祝, 訖, 藏於廟。及封王

---

24 嚴可均 編, 「全上古三代秦漢三國六朝文·全晉文」卷四三(杜預, 『春秋左氏傳序』, p.3403).

之日, 又以册告所封之王. 册文不同. 前以言告廟祝文, 當竹册篆書, 以爲告廟册, 册之文即祝詞也. 舊告封王·告改年號, 故事, 事訖皆當藏於廟, 以皆爲册書. 四時享祀祝文, 事訖不藏, 故但禮稱祝文尺一, 白簡隸書而已."[25]

諸王으로 分封하고 年號를 바꾸는 큰 일의 경우, 告廟祝文은 竹册에 篆書로 쓰며, 四時享祀류처럼 통상적으로 쓰이는 祝文은 白簡에 隸書로 쓴다고 孫毓이 명확하게 설명하였다. "竹册"과 "白簡"으로 구별해서 사용하는 이유에 대해서는 孫毓의 설명이 매우 명확한데, "일이 끝나면 모두 廟에 보관해야 하기 때문에 册書로 해야 하지만(事訖皆當藏於廟, 以皆爲册書)", "일이 끝나고 보관하지 않으면 白簡에 隸書로 할 뿐이다(事訖不藏, 白簡隸書而已)"고 하였다. 장기간 보존해야 하는 당안은 册書를 사용하고 일이 끝나면 바로 폐기하는 것은 "白簡"을 사용한다는 것인데, "白簡"은 구체적으로 무엇을 가리키는가? 封王의 경우 册書를 사용해야 한다는 孫毓의 언급은 "故事"에서 비롯되었다. 蔡邕의 「獨斷」기록에 따르면 漢代 諸侯王·三公을 策封할 때 策書를 사용하며 "제도로 정하길 긴 것은 2尺, 짧은 것은 그 절반으로 하는데, 긴 것 하나와 짧은 것 하나를 차례대로 두고 두 개를 엮은 후 아래 篆書로 附記한다(其制長二尺, 短者半之, 其次一長一短 ; 兩編, 下附篆書)" 만약 三公을 파면한다면, "역시 策을 내리며, 文體는 上策과 마찬가지로 隸書로 하고 1尺木의 兩行으로 한다(亦賜策, 文體如上策而隸書, 以一尺木兩行)"고 하였다.[26] 이를 보았을 때, 孫毓이 말한 竹册에 상대되는 "白簡"은 실제로는 단독의 木簡이거나, 혹은 木牘이라고 직접 표현할 수 있을 것이다.[27]

---

25 『通典』卷五五「禮·吉禮」, pp.1539—1540.

26 『獨斷』卷上, p.878(『景印文淵閣四庫全書』, 臺北: 臺灣商務印書館, 1986, 第850册).

27 王國維는 "尺一木"으로 읽었다. 王國維, 「簡牘檢署考」(謝維揚·房鑫亮 主編, 『王國維全集』, p.494) 참고. 陳夢家는 "兩行은 즉 詔書를 쓴 尺一이고, 『獨斷』에서는 이른바

삼국 시기에는 簡牘으로 된 詔와 종이로 된 詔가 동시에 존재하였다. 『三國志』卷九 「諸夏侯曹傳」에는 嘉平六年(254) "天未明, 乘馬以詔版付允門吏曰 '有詔'"라는 구절이 실려있으며, 여기서 "詔版"은 曹魏시기 牘에 詔를 썼다는 증거이다. 『三國志』卷六四 「孫綝傳」注에서는 「江表傳」孫吳 太平 3年(258) "作版詔敕綝所領皆解散"이라고 인용했는데, 여기서 "版詔"는 孫吳시기 牘으로 詔를 만들었다는 증거이다. "版"과 "板"은 서로 통하므로, "版詔"는 즉 "板詔"이기도 하며 말그대로 木板을 사용해 서사한 詔書이다.

西晉시기에 이르면, "板詔書"라는 단어가 정식으로 출현하는데, 가장 이른 것이 西晉 陸機의 「謝平原內史表」가운데 "陪臣陸機言, 今月九日魏郡太守遣兼丞張含齎板詔書·印綬, 假臣爲平原內史"라고 한 것이다. 西晉 惠帝시기 童謠에서는 "荊筆楊板行詔書, 宮中大馬幾作驢"[28]라고 하였다. "荊筆楊板"의 "荊"은 楚王의 권력 장악, "楊"은 楊駿의 專權을 의미한다. "荊筆楊板行詔書"는 곧 楚王과 楊駿이 專權을 휘둘렀을 때, 版詔를 남발하여 제후로 봉하거나 任免하였고, 그 결과 "宮中大馬幾作驢"가 되어, 현명함과 우둔함이 뒤바뀌고 君臣의 禮가 어그러졌음을 의미한다. 西晉 趙王인 倫, 孫秀가 專權을 휘둘렀을 때는 "白版之侯"라는 말이 있었는데, 그 의미 역시 官吏들을 마음대로 봉하는 것을 비꼰 것이다.

東晉 南朝시기에 이르러서도 여전히 板을 통해 관원을 임명하였다. 『晉書』「虞潭傳」에서는 "王敦版潭爲湘東太守, 復以疾辭"라고 하였다. 『宋書』「孔季恭傳」에서는 東晉말엽 劉裕가 桓玄을 토벌한 일을 기록하면서 "及帝(宋高祖

'而隸書以尺一木兩行'이라고 하여 길이를 가리키는 명칭을 '尺一'이라고 하였다. 여기에는 두 줄로 쓸 수 있으니 '兩行'이라 칭하고 兩行 木牘으로 삼았으니, '木兩行'을 木牘이라 부른 것이다. 그리고 『論衡』「效力」篇에서도 '五行之牘'이라고 하여 훨씬 넓었다"라고 지적하였다. 陳夢家, 「由實物所見漢代簡冊制度」, 『漢簡綴述』, 北京: 中華書局, 1980, p.298.

28 『晉書』卷二八 「五行志(中)」.

劉裕)定桓玄, 以季恭爲內史, 使齎封板拜授"라고 하였다. 『宋書』「禮志二」에는 관직을 제수할 때 쓰이는 板의 형식이 다음과 같이 기재되어 있다. 즉 "令書前某官某甲. 令以甲爲某官, 如故事. 年·月·日. 侍御史某甲受. 右, 令書板文准於詔事板文"이라고 하였다. 『宋書』「江智淵傳」에는 "竟陵王誕復版爲驃騎參軍"라고 하고, 『宋書』「羊欣傳」에는 "即板欣補右將軍劉藩司馬"라고 기록되어 있다. 『宋書』「劉延孫傳」에는 "上使於五城受封版"이라고 하였다. 『宋書』「吳喜傳」에는 宋明帝가 吳喜에게 벌하고자 詔에서 이르기를, "喜自得軍號以來, 多置吏佐, 是人加板, 無複限極"이라고 기록되어 있다. 『宋書』「謝晦傳」에는 "版免晦侍中"이라고 기록되는 등 사례가 있다.

『南齊書』「曹虎傳」에는 "明年(永明二年), 江州蠻動, 敕虎領兵戍尋陽, 板輔國將軍, 伐蠻軍主"라고 하였다. 『南齊書』「劉休傳」에서는 "(吳)喜稱其(劉休)才, 進之明帝, 得在左右. 板桂陽王征北參軍"이라고 하였다. "板"을 붙인 명칭으로 된 官員으로, 板法曹·板行參軍·板諮議參軍·板司馬·板長史 등이 있으며 모두 職은 있지만 봉록은 없는 이름뿐인 직책이다. 이러한 종류의 官職 중 板法曹를 예로 들자면, 法曹와 동시에 존재했지만 法曹는 實職인데 반해 板法曹는 虛職이었다. 『隋書』卷二六 「百官志」에서는 "板者並不言秩"; "板則無秩, 其雖除, 不領兵"이라고 했으며, 또한 『南史』「韋睿又傳」에서는 "士大夫年七十以上, 多與假板縣令"이라고 하였다. 여기서 "板縣令"도 虛職이다.

板으로 된 詔書로 任命하는 것은 虛職이다. 이러한 변화는 隋唐까지 이어져 版을 근거로 物件을 주는 것도 점차 고령의 노인에게 고정되어 隋唐史 중 자주 볼 수 있다. 『隋書』卷三 「煬帝紀上」에는 大業 7년 2月, 詔를 내려서 "其河北諸郡及山西·山東年九十已上者, 版授太守 ; 八十者, 授縣令"라고 말한 것이 기재되어 있다.

한편 武威 旱灘坡 중 編號 85WHM19: 4인 墓葬에서 다음과 같은 板官木牘이 나왔다.

第3塊木牘: 武威欒瑜今察本清白異行建興卌三年十二月廿七日起撫軍將軍西曹

第4塊木牘: 有令武厲將軍督戰帥武威姬瑜今拜駙馬都尉建興卌四年九月十五日戊子下起東曹

第5塊木牘: 有令賚直軍議掾武威姬瑜今建義奮節將軍長史建興卌八年四月廿九日辛未下起東曹

張俊民 先生의 연구에 근거하면, "駙馬都尉板"과 "建義奮節將軍長史板"은 아마도 수장용의 明器이지만, 당시 板官이 되었을 때 사용한 "板" 및 文書형식을 어느 정도 복원하였다.[29] 앞서 언급하였던 투루판 문서 중에는 적지 않은 종이 衣物疏가 출토되었지만, 河西지역 十六國 墓葬 중에는 이러한 衣物疏가 여전히 대부분 木簡을 사용하였다.

예컨대 高臺 駱駝城 내부의 趙雙衣物疏와 西晋 建興 5년(317)의 「趙阿玆衣物疏」, 앞서 언급한 武威 旱灘坡 중 編號 85WHM19: 4인 墓葬에서 나온 3枚의 板官木牘 이외에도 「前涼升平十三年(369)姬瑜衣物疏」및 그 부인의 衣物疏도 출토되었다. 그리고 前涼시기 周振의 妻 孫阿惠 墓의 墓券 1枚(336년), 駱駝城 遺址주변 建興 24년 古墓 墓券 1枚(336년), 魏晉 耿少平·孫阿昭가 合葬된 墓에서 出土된 墓券, 前涼 建興 25년(337) 祁立智衣物疏, 江西 南昌 東晉 永和 8년(352年) 雷陔墓에서 출토된 衣物疏 1枚와 名刺 2枚, 駱駝城 遺址 古墓의 高容男·高俟의 墓券 2枚(382年), 駱駝城 遺址 升平 7년(363年) 3月 어떤 사람의 雜物疏 1枚, 高臺縣 晉徐 小牛 등 名籍(AD4세기 중엽), 前涼 升平 6년(362) M5衣物疏 1枚, 木封檢 1枚, 前涼 升平 6년(362) M21木牘 1枚, 前涼 升平 7年(363) 盈思衣物疏, 前涼 升平12년(368)楊柏黄石 衣物疏 2매, 前涼 升平 13년(369) 烏獨渾衣物疏 2枚, 前涼 升平 13年(369) 胡運於衣物疏,

29 張俊民, 「武威旱灘坡十九號前涼墓出土木牘考」, 『考古與文物』2005년 제3기.

前涼 升平 14년(370) 孫狗女衣物疏, 東晉 咸安 5年(375) 佚名衣物疏, 前涼(376) 周女敬衣物疏, 前涼 升平 22년(378) 趙宜衣物疏, 前涼 升平 23년(379) 佚名衣物疏, 前秦建元十六年(380)朱少仲衣物疏, 前秦 建元 20年(384) 12月 棺板題記, 後涼 麟嘉7年(395)佚名衣物疏, 後涼 麟嘉 15년(403)黃平衣物疏, 西涼 庚子 4년(403) 呂皇女衣物疏, 투루판 아스타나(阿斯塔那)-카라오차(哈拉和卓) TAM62에서 출토된 緣禾 5년 木牘(436), 그 밖에 紀年이 불명확한 墓葬에서 출토된 十六國時期로 추정되는 衣物疏 및 기타 文書가 있으며, 투루판 아스타나 177호 北涼墓 沮渠封戴 追贈令 簡牘 1枚(455年), 前涼 周南 衣物疏(4세기), 前涼 夏侯勝 榮衣物疏(4세기), 五涼(420) 某年 正月 佚名衣物疏, 畢家灘 3號墓 五涼 佚名衣物疏(4-5세기)가 있다. 투루판 아스타나(阿斯塔那)-카라오차(哈拉和卓) TAM90 중에는 高昌 延昌 8年(568년)의 墓表 木板도 출토되었는데, 이는 6세기 후반 무렵에 이르러서도 木簡이 서사 매체로서 완전히 역사에 무대 뒤로 사라지지는 않았음을 시사한다.

III 漢晋시기의 簡 · 紙병용

敦煌 馬圈灣 漢簡 974簡은 "正月十六日因檄檢下赤蹏與史長仲賓己部掾"[30]라는 내용으로 되어 있다. 胡平生 先生의 언급에 근거하면, 裘錫圭 先生은 1995년 5월 30일 中國社會科學院 歷史研究所에서의 첫 번째 강연 중 "赤蹏"를 언급했는데, 이는 文獻에 실린 "赫蹏"로 초기의 종이라는 것이다. 대체

30 張德芳 著, 『敦煌馬圈灣漢簡集釋』, 蘭州: 甘肅文化出版社, 2013, p.145.

로 檄檢아래 한 장의 종이가 있으며 吏인 長仲에게 전해준 것이다. 赫蹏에 관해 『漢書』外戚傳에는 "武發篋中有裹藥二枚, 赫蹏書, 曰: '告偉能:努力飮此藥, 不可復入. 女自知之!'"라고 있는데, 顔師古 注에서는 孟康이 "蹏猶地也, 染紙素令赤而書之, 若今黃紙也"라고 하고 鄧展은 "赫音兄弟鬩牆之鬩"라고 했으며, 應劭는 "赫蹏, 薄小紙也"라고 하고, 晉灼은 "今謂薄小物爲鬩蹏. 鄧音應說是也"라고 한 것을 인용하였다. 顔師古는 "孟說非也. 今書本赫字或作擊"이라고 하였다.[31] 이처럼 紙函을 병용하는 방식은 계속 존재하였고, 曹操 建安 10년(205) 「掾屬進得失令」을 반포하여 "自今諸掾屬侍中、別駕,常以月朔各進得失, 紙書函封,主者朝常給紙·函各一"라고 하였다. 『文選』卷四二吳質 「答東阿王書」에서는 "質白: 信到, 奉所惠貺. 發函伸紙, 是何文采之巨麗, 而慰喩之綢繆乎!" 라고 하였다.

1901년 3월 8일, 스웨덴 출신의 스벤 헤딘(Sven Anders Hedin)이 新疆 누란고성(樓蘭古城)의 편호 L.A.I組인 서남쪽의 "官署"遺址 가운데, 簡·紙문서를 발굴해냈다. 이후 1906년 12월 스타인이 재차 발굴을 진행하였고, 1980년에는 新疆 樓蘭 고고대가 여기서 고고 조사를 진행하여 漢文의 簡·紙문서가 출토되었다. 생산활동과 관련된 기록 중에는 吏士의 糧食공급이 泰始 元年(265년)의 1인당 하루 1斗2升에서 계속 감소하여 1斗, 8升, 6升 내지는 5升에 이르렀다고 한다. 泰始 5年(269年) 이후에는 絲織品 등을 사용해 吏士의 糴穀으로 삼아 군량을 충당한 기록도 수 차례 보인다. 籾山明 先生은 「魏晉樓蘭簡之形態」에서 그것은 書信을 접어 1枚의 木板사이에 끼워 넣은 후 묶고 封泥를 덧붙여 보낸 것이라고 보았다. 그는 또 니야 尼雅遺址 XV지점의 유물 중에는 서신을 접어서 작은 상자에 넣은 후 위에 재차 封檢하는 것이 있었다고 지적했다. 胡平生 선생은 "이처럼 封檢과 종이를 조합하여 사용하는 형태는 과거의 연구자들이 알지 못했던 것으로, 裘錫圭 선생이 馬圈灣 漢簡의 簡文을

31 『漢書』卷九七下「外戚傳下」, pp.3991—3992.

정확하게 석독하고 糿山明 선생이 누란문서(樓蘭文書) 가운데 簡·紙 실물 자료를 결합시켜 고찰함으로써, 우리는 그들의 관계를 확실히 알 수 있게 되었다. 그 뿐만 아니라 簡紙가 혼용되던 시기 양자의 관계에 대해서도 매우 큰 시사점이 있다"고 지지하였다. 필자도 이 관점에 동의한다.

紙函병용에 관한 전세문헌과 출토자료 이외, 우리는 三國 兩晉墓葬에서 木質의 衣物疏牘, 名刺 및 종이의 병존을 확인할 수 있다. 1979년 6月 하순에는 高榮墓 丙棺 가운데 木簡 21件과 衣物疏 2件(232-238년)이 출토되었다. 이 21件의 木簡은 名刺簡으로, 長方形이고 형태와 크기가 똑같아 길이 24.5cm, 너비 3.5cm, 두께 1cm이다. 묵으로 隸書體를 썼으며, 매 片의 내용이 서로 같아 위에 "弟子高榮再拜問起居沛國相字萬綬"라고 썼다. 衣物疏상에는,

> 翁一枚;
> 書刀一枚;
> 研(硯)一枚;
> 筆三枚;
> 書□一枚;
> □□一枚;
> (象)□刷一枚;
> 帅一枚;
> □具一枚;
> 官(棺)紙百枚.

가 기록되어 있다. 衣物疏 중에는 簡牘을 깎는 書刀 및 硯·筆 등의 서사도구가 있을 뿐만 아니라, "官紙百枚"도 있었는데, 이 역시 당시 簡紙병용을 보여주는 좋은 자료이다.

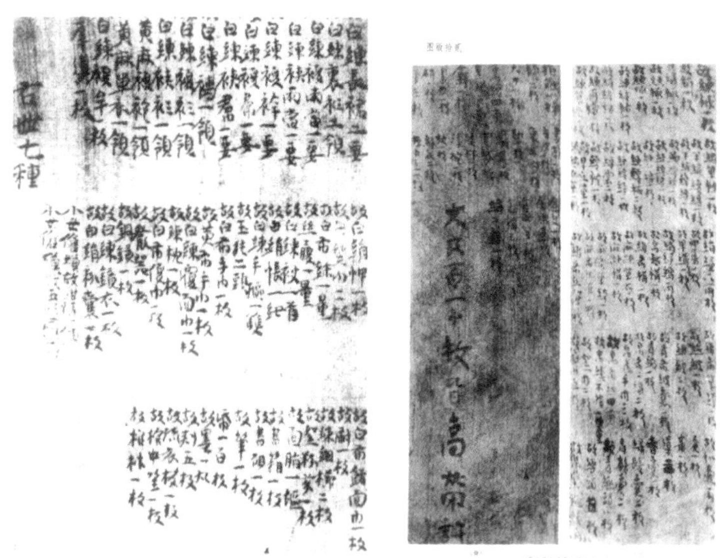

그림 2

위에서 언급한 「前涼升平十三年(369)姬瑜衣物疏」의 내용은 다음과 같다.

故白練尖一枚, 故巾幘一枚, 故練面衣一枚, 故練褕一領, 故牧綿四斤, 故本郡清行板一枚, 故練兩當一領, 故碧襦一領, 故白練襦一領, 故白練橦帬一立, 故練襪一量, 故黃柏瓢二枚, 故蒲席一領, 故白絹帢一枚, 故青訾衣一枚, 故青頤衣一枚, 故練褌一立, 故練衫一領, 故練袴一立, 故青糸屐一量, 故壘單衣一領, 故白練衾袍一領, 故黃絹審遮各一枚, 故駙馬都尉青銀印一紐, 故奮節將軍長史金印一紐, 故黃金百斤, 故白銀百斤, 故筆一枚, 故黃白絹三百匹, 故縹百匹, 故黃柏器一口, 故駙馬都尉板一枚, 故建義奮節將軍長史板一枚, 故雜黃卷書二弓, 故紙三百張.

升平十三年七月十二日, 涼故駙馬都尉·建義奮節將軍長史·武威姬瑜隨身物疏令卅五種.[32]

32 가장 이른 것은 『散見簡牘合輯』에 수록되어 있으며, 『魏晉南北朝敦煌文獻編年』에

이러한 衣物疏의 기록 중에는 三枚의 板官에 관한 板이 별도로 있으면서, "故雜黃卷書二卷, 故紙三百張" 이라고 하여, 종이가 주요 서사매체였음을 보여주고 있다. 한편 劉宋시기에 이르러 皇太子監國儀注 중에 기록된 令書板文, 尙書下令書板文, 拜詔(令)書除刺史二千石誡敕文 및 辭關板文을 통해서는 여전히 紙와 板文이 공존하고 있었음을 알 수 있다.

> 令書前某官某甲. 令以甲爲某官, 如故事. 年月日. 侍御史某甲受. 右令書板文准於詔事板文. 尙書下云云. 奏行如故事. 右以准尙書敕儀. 起某曹. 右並白紙書. 凡內外應關箋之事, 一准此爲儀. 其經宮臣者, 依臣禮. 拜刺史二千石誡敕文曰制詔云云. 某動靜屢聞. 右若拜詔書除者如舊文. 其拜令書除者, "令"代"制詔", 餘如常儀. 辭關板文云: "某官糞土臣某甲臨官. 稽首再拜辭." 制曰右除糞土臣及稽首云云. 某官某甲再拜辭. 以"令曰"代"制曰". 某官宮臣者, 稱臣. 33

종이가 簡牘을 대체한 후 "刮"이라는 舊稱을 계속 사용했는데, 예를 들어 『梁書』「庾肩吾傳」에는 "紙刮無情, 任其搖襞"이라고 하고 『南史』「張興世傳」에는 "檄板不供, 由是有黃紙刮"이라고 했으며, 『南史』「江夏王蕭鋒傳」에는 "張家無紙刮, 乃倚井欄爲書"라고 하는 등 사례가 있다. 『陳書』「徐陵傳」에는 "黃紙"를 "黃刮"이라고 하였다.[34] 이처럼 簡紙병용 시대는 중국에서 東晉 安帝시기

도 釋文이 수록되어 있다. 張俊民은 이를 분석하여 校錄을 했다.

33 『宋書』卷一五「禮志」. 관련 연구는 中村圭爾, 『魏晉南北朝における公文書と文書行政の研究(研究成果報告書)』, 大阪: 共栄印刷所, 2001참고.

34 『梁書』卷四九「文學上·庾肩吾傳」, 北京: 中華書局, 1973, p.691; 『南史』卷二五「張興世傳」, 北京: 中華書局, 1975, p.690; 『南史』卷四三「江夏王蕭鋒傳」, p.1088; 『陳書』卷二六「徐陵傳」, 北京: 中華書局, 1972, p.333. 傅克輝는 여기에 근거하여 "刮"이 종이를 대체한 것은 南朝이후의 일이라고 보았다. 傅克輝, 『魏晉南北朝籍帳硏

까지 이어졌으며, 당시 太尉 桓玄(369-404년)은 晉帝를 폐한 후 황제로 자칭하면서, 국호를 楚(403년 11월-404년 5월)로 바꾸고, 곧 이어 令을 내려 "古無紙, 故用簡；非主於敬也. 今諸用簡者, 皆以黃紙代之"라고 하였다. 또한 서로 다른 종류의 종이를 제작하도록 명령하였다. 『初學記』卷21에는 應德詹「桓玄僞事」에서 "(桓)玄令平准作青·赤·縹·綠·桃花紙, 使極精, 令速作之"라고 칭한 것을 인용하였다. 이 때에 이르면 중국 士大夫의 서신이나 官府의 공문서들이 기본적으로 모두 종이로 바뀌게 된다.

Ⅳ 餘論

전세문헌을 보았을 때, 桓玄이 위법적으로 楚라 칭한 시기에 비록 "今諸用簡者, 皆以黃紙代之"라는 명을 내렸지만, 사실상 木簡과 竹簡이 단번에 역사의 무대 뒤로 사라진 것은 아니다. 新疆 위구르 자치구 바인궈렁 몽골자치주[巴音郭楞蒙古自治州] 위리현(尉犁縣) 동남쪽 90㎞ 떨어진 곳에 위치한 황량하고 인적이 없는 커야커쿠두커(克亞克庫都克) 봉수유지(烽燧遺址)에서 876件의 文書가 출토되었으며, 그중에서 종이 문서 749건, 木簡 122건, 帛書 4件, 刻辭 1件이 나왔다.

이는 유지에서 출토된 것 중, 수량이 가장 많은 唐代 문서자료일 뿐만 아니라, 중국 내에서 처음으로 발견된 漢文 木簡의 實物표본이다. 실험장비 분석 결과 육안으로 식별할 수 없었던 세부적인 부분을 많이 발견했다. 예를 들

究』, 濟南: 齊魯書社, 2001, p2.

어 문서 종이로 麻紙가 많으며, 소량의 皮紙가 있었음을 확인하였다. 전경(電鏡) 및 적외선 분광으로 스캔하여 분석한 결과, 종이 샘플에 각각 광물류의 첨가제 또는 도료(塗料)가 추가되고 표면에는 아교를 칠한 공법이었음을 추정했다. 열분해 가스 색층 및 질량분석 등의 검사를 통해 조사한 결과 송연(松煙)으로 문서를 쓴 것으로 추정된다. 잿더미에서 나온 종이 문서와 木簡 위에 명확하게 기년이 표시된 것이 있어 "先天"·"開元"·"天寶" 등의 연호를 발견하였다. 동시에 開元通寶나 乾元重寶 등 화폐 표본도 출토되었다. 봉수 본체, 잿더미 등 유적에서 채취한 8건의 탄소14 표본을 실험실별로 검사·분석한 결과 모두 700년 전후의 것으로 측정되었다.[35]

결국 唐前期의 커야커쿠두커(克亞克庫都克) 봉수유지(烽燧遺址)에서는 종이 문서와 木簡이 동시에 존재했으며, 이는 唐前期에 이르러서도 변새 지역에서는 簡牘과 종이 문서가 여전히 병용되었음을 시사한다. 또한 중국 옆 한반도에서는 6-7世紀 百濟木簡 및 7-8世紀의 新羅木簡이 출토되었다. 月城垓子2호 四面木觚의 기록은

> 第一面: 大烏知郎足下 再拜白
>
> 第二面: 經中入用, 思買白不踓紙一, 二千
>
> 第三面: 牒: 垂賜教在之. 後, 事若, 命盡
>
> 第四面: 使, [illegible][36]

으로 되어 있다. 이 四面觚에 기록된 것은 경상 구입비 항목 중의 비용이다.

---

35 胡興軍·蔡浩強 等, 「新疆尉犁克亞克庫都克烽燧遺址」, "文博中國"微信公衆號, 인터넷 연결: https://mp.weixin.qq.com/s/wId3iDqFFGzHSNQAqrjG2Q

36 金秉駿 著, 戴衛紅 譯: 「再讀新羅月城垓子2號木簡——與中國出土古代行政文書的比較研究」, 『簡帛研究二〇一八(秋冬卷)』, 廣西師範大學出版社 2019.

여기에는 白不踖 한 다발을 구입했는데 가격은 2,000이라고 하여, 이 시기는 신라 등 동아시아 국가에서 여전히 木簡과 종이를 병용하는 시대였음을 시사한다. 中國의 簡紙병용 상황은 신라·古日本의 簡·紙병용 관련 문제를 연구하는 데 참고할 만하다.

(번역: 김종희, 경북대학교 인문학술원 HK연구교수)

#06

대나무에서 종이로-서사재료와 기후변화

•

이케다 마사히로(池田昌広)
(일본 京都産業大学 外国語学部 교수)

I 문제의 소재

이 글은 서사재료로서 종이가 고안된 이유를 종래와는 다른 시점에서 추정하고자 하는 시론이다.[1] 먼저 종이에 대해서 정의해 둔다. 종이는 "식물섬유가 수소결합(hydrogen bonding)에 의해 결합 형성된 시트"를 말한다. 따라서 재질이 식물섬유라 하더라도 섬유 간의 결합원리가 수소결합이 아닌 파피루스는 종이라고 할 수 없다.[2]

1 이 글은『京都産業大学論集 人文科学系列』第50号(2017年)에 게재된 같은 제목의 졸론을 간략하게 해서 약간 수정한 것이다.

2 籾山明「簡牘·縑帛·紙—中国古代における書写材料の変遷」(籾山明·佐藤信編『文

그런데 종이의 발명 시기에 대해서는 논쟁이 있으나, 그 귀추에 관계없이 용도를 서사재료로 한정하면 그 시작은 후한시기 채륜이 고안한 채후지에서 찾을 수 있다.[3] 채후지의 개발은 범엽의 『후한서』 열전 68의 환자전에 보인다.

自古書契多編以竹簡, 其用縑帛者謂之為紙, 縑貴而簡重, 並不便於人. 倫乃

獻と遺物の世界—中國出土簡牘史料の生態的硏究』六一書房, 2011년) 239쪽 참조. 수소 결합은 山内龍男 『紙とパルプの科学』(京都大學學術出版會, 2006년) 24~25쪽 참조.

3 채륜의 채후지 개발의 역사적 사실을 둘러싸고 두 가지 평가가 있다. 하나는 채륜을 종이의 발명자로 보는 견해, 또 하나는 개량자로 보는 견해이다. 전자의 대표적 논저는 王菊華 외 『中国古代造紙工程技術史』(山西教育出版社, 2006년), 후자의 경우에는 潘吉星 『中國造紙史』(上海人民出版社, 2009년)이 있다. 양측의 논쟁은 아직 마무리되지 않고 있다. 이 논쟁에 대해서는 小林良生 「蔡倫以前紙に関する学術論争」(『科學史硏究』 247號, 2008년)이 정리한 것이 유용하다. 그런데 논쟁의 귀결은 소론의 논지에 영향을 주지 않는다. 서사용 종이의 등장을 언제로 보느냐고 물으면 사실 양쪽의 주장은 현격한 차이가 없기 때문이다. 채륜 발명설은 이른바 前漢의 古紙를 종이가 아닌 그 전 단계로 간주하여, 채륜 직후 종이에 초사한 것을 인정하기 때문에 해당 설은 채후지를 서사용 종이의 초창기로 사실상 간주하고 있다. 채륜 개량설에 의하면 채륜 이전에 이미 종이가 사용된 것이 되지만, 이들 前漢의 古紙는 서사에 적합한 품질이 아니며 용도도 서사를 전제로 하지 않는다고 한다. 개량설의 유력한 논자인 도미야 이타루(冨谷至)는 前漢 古紙의 용도를 포장 내지는 장식이며, 채륜은 이를 서사에 어울리는 소재로 개량했다고 주장한다. (冨谷至 『木簡·竹簡が語る中國古代—書記の文化史』(岩波書店, 2003년)12~14쪽, 동 「3世紀から4世紀にかけての書写材料の変遷—楼蘭出土文字資料を中心に」(冨谷至編 『流沙出土の文字資料 楼蘭·尼雅出土文書を中心に』 京都大學學術出版會, 2001년) 482~485쪽). 서사재로서 종이의 창시를 채후지에서 찾는다는 점에서는 개량설도 발명설과 같다고 해도 좋다. 채후지의 역사적 사실은 상징적인 사건에 불과할지 모르지만, 이 글에 있어서는 2세기 초부터 서사용 종이가 등장하는 것만 확인할 수 있으면 충분하다.

造意, 用樹膚·麻頭及敝布·魚網以為紙. 元興元年奏上之, 帝善其能, 自是莫不從用焉, 故天下咸称蔡侯紙.

(范曄『後漢書』列傳68, 宦者傳)

이 기록에 따르면 尙方令이었던 채륜이 元興 원년(105)에 종이를 만들어 황제에게 바쳤으며, 세간에 채후지로 칭해져 많이 사용됐다고 한다. 尙方이란 궁중의 어용품을 제작하는 장소이기 때문에 개발지는 도읍지인 낙양인 셈이다. 서사용 종이의 등장이 2세기 초 낙양이었다고 하니 대체적으로 지지를 얻을 수 있을 것이다.

문제는 채륜이 서사용 종이를 개발한 이유이다. 채륜이 채후지를 만든 동기라고 해도 좋다. 통설은 간책의 불편을 해소하기 위해서라고 한다.[4] 고대 중국에서 종이 이전의 被寫소재로는 대나무·나무·비단 등이 있었으나, 글씨를 쓰는 재료로 일반적이고 보편적으로 사용된 것은 대나무였다.[5] 이른바 죽간

---

4 桑原隲蔵「紙の歴史」(『桑原隲蔵全集』第2巻, 巖波書店, 1968년. 初出 1911년)70쪽, 銭存訓(宇都木章·沢谷昭次·竹之内信子·廣瀬洋子訳)『中国古代書籍史—竹帛に書す』(法政大学出版局, 1980년. 原著1962년) 149쪽 등이 있다.

5 서사재료로서의 나무와 비단의 사용에 대해 코멘트해 둔다. 간독의 출토 상황으로 미루어 보아 나무의 사용은 한정적이거나 특례적인 것으로 결론짓는다. 예를 들어 1996년 대량의 간독이 출토되어 화제가 되었던 走馬樓吳簡(후난성 창사시)의 내역은 封検 8매, 簽牌 68매, 木牘 165매, 小木簡 60매, 大木簡 2548매, 竹簡 136729매라고 한다(汪力工「略談長沙三国吳簡的清理与保護」,『中国文物報』2002년 12월 13일). 대나무가 압도적으로 많이 사용한 것에 비해 나무의 사용은 저조하다. 서북변방의 건조지대에서는 죽간이 아닌 주로 목독(목간)이 출토되지만, 해당 지역이 대나무를 생산하지 않기 때문이지 나무는 어디까지나 대나무의 대체품에 불과하다. (冨谷至『木簡·竹簡が語る中国古代—書記の文化史』(前掲)95~100쪽, 劉光裕·陳静「最早書籍与簡書」(『出版史料』2005年 第1期)107쪽.) 전래문헌에 비추어 보아도 나

이다. 보통 여러 개의 죽간을 실로 편철하여 간책으로 하고 여기에 묵서하였다. 통설에 의하면 간책은 무겁고 부피가 크다는 난점이 있어 이를 해소한 서사재료가 요구된 결과 종이가 고안되었다고 한다.

필자는 통설에 오래도록 의문을 가져왔다. 의문은 다음과 같은 2가지로 요약할 수 있다.

(1) 통설은 종이의 개발 시기가 2세기 초였다는 점을 경시하는 것이 아닌가.

(2) 애당초 통설이 말하듯이 간책은 정말로 무겁고 부피가 큰 것인가.

(1)에 대해 말을 이으면, 간책은 殷代에 이미 사용되었다고 하니 그 사용이력은 2세기 초의 시점에서 천 수백 년의 장기간에 걸쳐 있다.[6] 종이의 개발

무의 사용은 한정적이라고 볼 수밖에 없다. 예를 들어 글을 쓰는 것을 의미하는 관용구로 '죽백에 쓰다'(『墨子』兼愛下 등), '죽백에 기록하다'(『韓非子』安危 등), '죽백에 저술하다'(『史記』권10, 孝文本紀 등) 등의 표현이 보인다. 여기서 서사재료로 인정되는 것은 대나무와 비단이며 나무는 염두에 없다. 앞서 인용한 范書의 기록에서도 언급되는 것은 대나무와 비단 뿐이다. 간책을 만들려면 동일 규격의 죽간이 필요하고 규격품의 양산에는 분명히 나무보다 대나무가 작업 효율이 좋다. 비단은 고가였기 때문에 상용하기 어려웠음은 쉽게 짐작할 수 있다. 馬王堆漢墓에서 출토된 帛書의 예가 있지만, 기본적으로 지도를 포함한 그림을 위한 被寫소재로 여겨진다. 나무도 비단천도 종이 이전의 주요 서사재로 보기 어렵다.

6 殷代의 간책은 아직 발견되지 않았지만 갑골문 중에 '冊', '典'으로 석독할 수 있는 글자가 있는데, 이를 주된 논거로 하여 殷代의 간책 사용을 설명하는 것이 통설적인 견해이다. (王国維原著, 胡平生·馬月華校注『簡牘検署考校注』(上海古籍出版社, 2004년. 原著 1912년 定稿, 1914년 初出)69쪽, 蔣紅毅·陳撫生·張玉強「試論殷代簡冊的使用」(『殷都學刊』1992年 第2期), 仝冠軍「論簡牘不晩于甲骨出現」(『出版発行研究』2003年 第2期), 劉光裕「商周簡冊考釈—兼談商周簡冊的社会意義」(『済南大学学報』社会科学版 2010年 第5期) 등.)

은 간책을 포기하는 것과 같다. 천 년 넘게 사용한 안정된 서사재료라고 할 대나무를 포기한 것이 왜 2세기가 된 이후일까. 간책에 불편을 느꼈다면 2세기를 기다리지 않고 더 이른 시기에 종이와 같은 대체품이 나타나도 좋을 것이다. 前漢시대 이미 종이 내지는 종이의 전신과 같은 제품이 있었던 것이 판명되고 있다(前漢 古紙).[7] 이것을 곧바로 서사용으로 개량하지 않고 여전히 간책을 사용하고 있던 사실은 통설과 잘 연결되지 않는다. (2)에 대해 기술하자면, 애초에 간책에 무게의 어려운 점이 있었다는 상식은 사실일까. 우리가 죽간의 현물을 볼 수 있게 된 것은 최근의 일이다. 활발한 발굴조사를 통해 계속해서 출토된 죽간 현물은 의외로 가볍고 부피가 크지 않다. 출토되는 죽간은 보통 폭 10mm 이내, 두께 1mm 정도, 길이는 보통 1척(약 23cm). 죽간은 기존에 상상했던 것보다 콤팩트하다. 자칫 무겁고 부피가 크다고 불편만 강조되기 일쑤였던 간책은 현물의 출토로 종래와는 다른 이미지를 줄 것이다.[8] 또 간책이 무겁고 부피가 크다는 지적은 채후지가 개발된 이후의 문헌에 한정된다. 앞서 인용한 『후한서』 환자전의 "縑貴而簡重, 並不便於人"의 기록도 채후지 개발 이후에 쓰여 졌다.[9] 여기에 함정이 있다. 간책에 대한 불편함을 느꼈다는 것은 종이의 편리함을 손에 넣어야만 가능한 일이 아니었을까. 통설이 입

---

7 '紙'자의 최초 용례는 睡虎地秦簡의 『日書』 甲種에 보인다. 銭存訓 「紙的起源新証—試論戦国秦簡中的紙」(『中国古代書籍紙墨及印刷術』 北京図書館出版社, 2002년).

8 福田哲之 「諸子百家の時代の文字と書物」(浅野裕一 · 湯浅邦弘編 『諸子百家〈再発見〉』 岩波書店, 2004년)77~78쪽.

9 范書 편찬의 주재료인 『東觀漢記』는 이미 산실되고, 類書 등에 남은 佚文을 열람해도 "縑貴而簡重, 並不便於人"에 대한 표현은 확인할 수 없다. 呉樹平 『東觀漢記校注』(中華書局, 2008년)下 816~817쪽 참조. 단 『東觀漢記』에 같은 표현이 있어도 채후지 이후의 기록이라는 것은 변함이 없다. 간책이 불편하다는 모든 기록은 劉光裕 「東漢末年是否還用'簡'抄書」(『編輯学刊』 1997年 第5期, 1997년) 87쪽, 동 「紙簡併用考」(『編輯之友』1 998年 第2期, 1998년) 60쪽에서 많이 수집하고 있다.

론의 전제로 한 간책의 불편을 이야기한다는 것은 사실 증명되지 않았다고 해야 할 것이다.

이처럼 통설에는 의문이 있다. 이 글은 통설을 대신하는 가설을 제기한다. 즉, 한랭화에 의한 대나무재료 공급의 불안정이야말로 종이 개발의 이유였다고 주장한다. 중요한 것은 종이 이전의 주요 서사재료였던 대나무의 분포 변화이다. 후술한 바와 같이 殷周시대에서 六朝시대로 기후는 대국적으로 한랭화 되었다. 식물의 분포는 환경의 변화에 좌우된다. 대나무의 경우 한랭화는 마이너스로 작용했을 것이고, 화북의 대나무 숲은 대국적으로는 축소되었을 것으로 추측할 수 있다. 채후지를 낳은 後漢시대는 이 축소 경향의 중도에 있었다. 대나무 숲의 축소는 대나무재료 공급의 불안정을 야기하고, 새로운 서사재료를 개발할 계기가 되었을 가능성이 있다.

이하, 다음의 5가지 논점에 따라 가설의 타당성을 검토한다.

(3) 대나무라고 하는 식물의 생육 조건
(4) 중원에 있어서 현재 대나무의 분포 상황
(5) 중원에 있어서 前漢 이전 대나무의 분포 상황
(6) 대나무의 분포가 크게 변화된 요인
(7) 채후지가 개발될 무렵 중원에 있어서 대나무의 분포 상황

II 대나무란 어떤 식물인가?

본장에서는 (3)부터 (6)까지를 확인한다.

우선 (3)에서 대나무는 벼과 식물이다. 생태적으로 대나무류와 조리대류로 크게 두 가지로 구분한다. 죽간에 사용된 것은 대나무류로, 그 중에서도 죽순대가 일반적으로 사용된 것 같다.[10] 대나무의 분포가 적도를 중심으로 하는 것에서도 요연하듯, 대나무는 고온 다습한 것을 선호하는 식물이다. 따라서 추위와 건조에 약하다. 대나무의 생육을 고려하는 관점으로 강수, 기온, 빛, 토양의 양분 등을 들 수 있는데 특히 중요한 것은 앞의 두 가지이다.[11] 강수는 연중과 특정 시기에 필요한 양을 충족해야 한다. 죽순대를 예로 들면, 천연 갱신(무성번식)에 의해 생육을 유지하려면 연간 1,000mm 이상의 강수가 필요하고, 또 1개월 100mm 이상의 강수가 최소한 연간 2개월이 필요하다고 한다. 특정 시기의 강수란 죽순과 지하 줄기 사이의 각 신장기의 강수이다. 죽순이 지상에 발생하는 지표온도 10℃ 시기(3월부터 4월경)에 하루 약 20ℓ의 수분이 필요하고 지하줄기 신장기(8월 중순부터 9월 중순)에도 같은 강수가 1회 있는 것이 바람직하다. 기온에 대해서도 죽순대를 예로 들면 천연 갱신을 위해서는 연간 평균 기온이 10℃ 이상이고, 가장 추운 월 평균 기온이-1.5℃ 이상이어야 한다. 더 이상 낮으면 대나무는 고사할 가능성이 있다. 대나무는 이들 조건이 함께 충족된 지역에서 처음으로 생육할 수 있는 식물인 것이다. 대

10 蕭静華「従実物所見三国呉簡的製作方法」(長沙市文物考古研究所編『長沙三国呉簡暨百年来簡帛発現与研究国際學術研討会論文集』中華書局, 2005년) 24쪽, 横山恭三『中国古代簡牘のすべて』(二玄社, 2012년) 20쪽.

11 内村悦三『竹資源の植物誌』(創森社, 2012년) 29쪽, 林文鎮·江濤主編(上田弘一郎講義)『竹林之経営』(中国農村復興聯合委員会, 1963년) 周芳純(垂谷好子譯)「我が国の黄河流域の竹林」(『富士竹類植物園報告』25號, 1981년. 原著初出 1975년), 何業恒「古代黄河流域的竹林」(『中南林学院學報』1981年 第2期), 李国慶「我國北方竹林分布的特点与栽培」(『竹子研究匯刊』第5巻 第1期, 1986년), 文煥然「二千多年来華北西部経済栽培竹林之北界」(文煥然 외『中國歴史時期植物与動物変遷研究』重慶出版社, 1995년. 初出 1993년) 등.

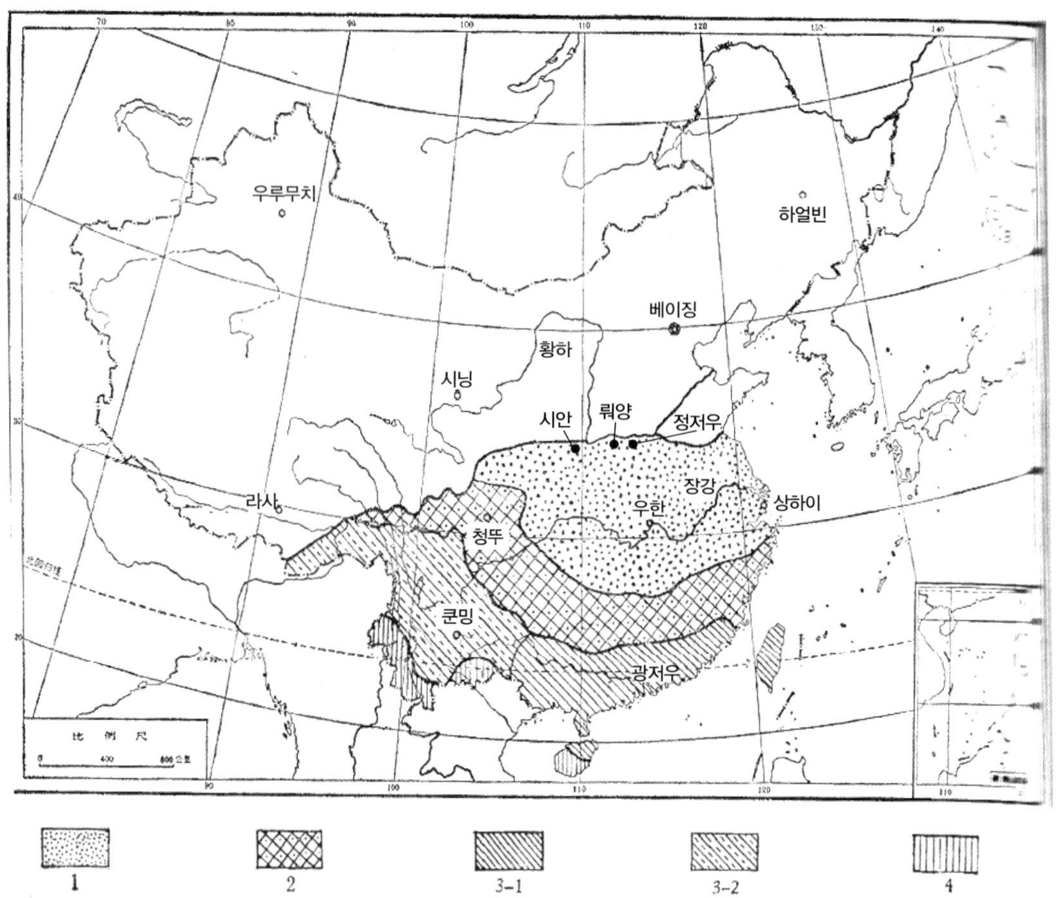

그림 1 **중국 죽림 분포도**

1. 화중, 아열대 산생 죽림구역
2. 화중, 아열대 혼생 죽림구역
3. 남방열대-아열대 총생 죽림구역 : 3-1. 화난 총생 죽림아구역 3-2. 시난 총생 죽림아구역
4. 충덴 열대등반 죽림구역

출처 : 각주12에서 인용한 『中國植被』414쪽 「중국 죽림 분포도」에 가필하여 작성함.

나무가 열대림에서 난온대림에 걸쳐 많이 자라고 있는 것은 해당 지역이 충분한 강수와 온난한 기온을 만났기 때문이다.

이상 대나무의 생육 조건을 근거로 (4)를 확인하면, 대나무 자연분포의 북쪽 한계선은 거의 북위 35도 부근이다**(그림 1)**. 이는 화북의 강수량과 기온이 대나무의 생육에 매우 충분하지 않기 때문이다.[12] 현재 화북의 연평균 강수량은 800mm 이하, 그 중에서도 황하 중류지역은 더 적어서 동남부는 약 400~600mm, 서북부는 400mm 내외라고 한다. 게다가 강수의 60% 이상이 여름(6~8월)에 집중되어 있고 대부분이 폭우이다. 따라서 건조한 정도가 높아 정주-낙양-개봉의 동서 라인은 특히 건조하며, 건조 정도는 1.5 이상이나 된다. 기온에 대해서도 황하 중류지역의 여름은 매우 덥지만, 겨울이 되면 달라져서 같은 위도의 다른 지역에 비해 훨씬 춥다.[13] 천연 숲이 거의 없는 것도 납득이 간다. 채후지를 낳은 낙양은 지금 대나무가 생육하기에는 가혹한 지역이라 해야 한다. 그러나 前漢 이전에는 전혀 달랐다.

여기서 (5)를 확인하면, 고대 화북의 식생이 현재와 달리 매우 풍요로웠음은 이미 우리의 상식이다.[14] 문환연에 따르면 한대 이전에 대나무 식생의 북쪽 한계가 북위 40도라고 하니 지금보다 5도나 북상했던 것이다.[15] 고대 중

---

12 中国植被編輯委員会編著『中國植被』(科学出版社, 1980년. 열람은 1983년 2쇄에 의함) 413~416쪽.

13 任美鍔主編(阿部治平·駒井正一譯)『中國の自然地理』(東京大學出版會, 1986년. 1982년 初出의 초역) 57~58·63~64·78~79·81쪽, 落合盛夫「中國とその周辺」(畠山久尚 외『アジアの気候』古今書院, 1964년).

14 袁清林(久保卓哉譯)『中国の環境保護とその歴史』(研文出版, 2004년. 初出 1990년) 등 참조.

15 文煥然「二千多年来華北西部経済栽培竹林之北界」(앞의 책) 112쪽. 何業恒「古代黄河流域的竹林」(앞의 책) 151쪽은 북쪽 한계선을 북위 39~40도 사이라고 한다. 闞傳友「甘粛竹林資源的歴史変遷与発展建議」(『世界竹藤通訊』第3巻 第2期, 2005년) 2~3쪽에 의하면 甘粛省에도 天水·隴西地方에 천연 대나무 숲이 있었다고 하기 때문에, 식생에 큰 변화를 엿볼 수 있다. 그 밖에 森鹿三「竹と中國古代文化」

화왕조는 가깝고 윤택했기 때문에 대나무를 주요 서사재료로 선택한 것이다. 漢代 이전의 중원에 대나무가 풍부했다는 사실은 많지는 않지만 문헌에 확실히 기록되어 있다. 渭水 변에 있었던 千畝의 대나무 숲(『史記』 貨殖傳), 장안의 남쪽의 鄠縣·杜陵縣에 있던 대나무 숲(『漢書』地理志) 등이 알려져 있는데, 이곳에서는 비교적 사료가 풍부한 淇園의 대나무 숲을 예로 들어 중원의 대나무가 소실되어 가는 경위를 보자.

淇園의 대나무 사료가 처음으로 보이는 것은 『시경』 으로 여겨진다. 예를 들어 衛風의 '淇奥'에 "瞻彼淇奥, 緑竹猗猗" 등이 있고, 같은 衛風의 '竹竿'에는 "籊籊竹竿, 以釣于淇"라고 있다. '淇奥'란 하남성을 흐르는 淇水가 굽이진 곳으로 지금의 하남성 淇縣(중심위도 북위 35도 37분) 서북쪽. 이곳은 殷나라의 紂王이 도읍한 朝歌로 春秋戰國시대에는 衛나라의 영역이었다. 그 동쪽을 흐르는 淇水에 푸른 대나무가 우거져서 긴 낚싯대로 가공되었다고 알려져 있다. 淇園의 대나무는 前漢시대에도 여전히 풍성하게 우거져 있었다. 武帝의 元封 2년(기원전 109), 지금의 河北省 濮陽縣에서 황하가 터져서 무너졌을 때 그곳을 꽉 채워서 막기 위해 淇園의 대나무를 사용한 것이 『史記』 河渠書와 『漢書』 溝洫志에 보인다. 대량의 수요를 충족시킬 만큼 淇園의 대나무는 무성했던 것이다. 淇園의 대나무는 화살촉의 재료로도 유명했다. 예를 들어 『淮南子』 兵略訓에 "夫栝淇衛·箘簬, 載以銀錫, 雖有薄縞之幨, 腐荷之矰, 然猶不能独射也"이라 하고, 後漢의 許慎이 "淇衛·箘簬, 箭之所出也"라고 주석하였다. 後漢 초 河內의 태수였던 寇恂가 군사훈련을 하기 위해 淇園의 대나무를 베어 100여만 개의 화살을 만들었다고 한다. 『太平御覽』 권349에서 인용한 『東觀漢記』의 일

(『東洋學研究 歷史地理篇』 東洋史研究會, 1970년. 初出 1947년), 周芳純(垂谷好子 譯) 「我が国の黄河流域の竹林」(앞의 책), 史念海 「歷史時期黄河中游的森林」(『河山集』 2集, 生活·読書·新知三聯書店, 1981년), 関伝友 「論先秦時期我国的竹資源及利用」(『竹子研究匯刊』 第23卷 第2期, 2004년)도 참조.

문에 "上拜寇恂河內大守, 恂移書属県, 講兵肄射, 伐淇園之竹, 治矢百餘万"이라고 되어 있다. 그러나 이 寇恂의 고사를 끝으로 淇園의 대나무를 대량으로 소비하는 기록은 확인할 수 없게 된다. 竹園 자체는 존속한 듯하지만 그 규모는 잘 알 수 없다. 다만 늦어도 北魏 시대에는 이미 옛날의 모습은 없었다. 酈道元는 『水經注』 권9, 淇水의 경문 "淇水出河內隆慮県西大号山"에 대해 이렇게 말한다.

> 詩云, 瞻彼淇澳, 菉竹猗猗. 毛云, 菉, 王芻也. 竹, 編竹也. 漢武帝塞決河, 斬淇園之竹木以為用. 寇恂為河內, 伐竹淇川, 治矢百餘萬, 以輸軍資. 今通望淇川, 無復此物. 惟王芻編草, 不異毛輿.

'此物'이란 淇園의 대나무다. 『水經注』는 6세기 초에 성립된 것이기 때문에, 後漢 초기부터 北魏 말까지 약 500년간 淇水 일대의 대나무는 궤멸되고 끝내 회복되지 않았다. 이 기간에 해당 지역에서 큰 식생의 변화가 있었던 것은 분명한 것 같다.[16] 고대에 대나무가 우거진 중원은 시간이 지나면서 대나무가 매우 부족한 지역이 된 것이다.

식생의 변화는 왜 일어났을까. 여기서 (6)에 대해 서술하자. 중국 환경사의 도달점에 따르면 화북의 식생 파괴를 이유로 역사 지리학이 인위적인 삼림 파괴설을, 지질학이 한랭화와 건조화에 인한 기후변화설을 주장하고 있다.[17] 대나무 숲의 감소 원인도 같은 것으로 지적되고 있다. 이 글은 이 중 기후변화설에 주목하고자 한다. 역사시대에 한해서도 기후는 일정하지 않았다. 식물은

16 陳橋駅 「《水経注》記載的植物地理」(『《水経注》研究』 天津古籍出版社, 1985년) 122쪽.

17 松永光平 「中國黃土高原の環境史研究の成果と課題」(『地理學評論』 第84巻 第5號, 2011년)。

정도의 차이는 있으나 환경 변화에 민감하다. 중원에서 前漢 이전에 대나무가 풍부했던 것은 당시의 기온 및 강수량 등 자연환경이 대나무의 생육조건을 충족했기 때문이며, 어느 시기에 감소하고 소실된 것은 그것이 충족되지 않게 되었으므로, 구체적으로는 한랭화가 진행되었기 때문으로 보는 것이 합리적이다. 화북의 경우 한랭화는 건조화를 동반했다. 한랭화(및 건조화)가 대나무의 생장을 억제하는 것은 (3)의 논점에서 쉽게 이해될 것이다. 중국 고기후학의 성과에 따르면 殷周시대는 기본적으로 온난했다. 당시 화북의 식생이 풍부했던 것은 온난한 기후의 혜택이다. 그러나 六朝시대에 소빙기라고도 불리는 비상한 한랭기를 맞아 삼림 면적의 대폭적인 감소 등 식생이 악화되었다. 앞서 淇園의 쇠퇴도 한랭화의 영향이라고 생각하는 연구자는 적지 않다.[18]

온난한 殷周시대에서 한랭한 六朝시대로, 그 중도에 채후지가 고안된 후한시대가 위치한다. 채륜 무렵 중원의 대나무 식생이 악화되었을 가능성을 짐작할 수 있다.

III 漢代의 기후와 중원의 대나무

본장에서는 (7)을 확인한다.

당시 대나무의 분포를 직접 보여주는 사료는 없다. 여기서 주목한 것이 기후-구체적으로는 기온과 강수량(건습)이다. 기후 여하와 대나무 분포의 상관관계는 인정되므로[19] 당시의 기후를 복원할 수만 있다면 어느 정도 대나무

18 예를 들면 葛全勝 외 『中国歴朝気候変化』(科學出版社, 2011년) 256쪽.

19 대나무 분포 상황은 고기후의 복원 연구에서도 寒暖의 지표로 이용되고 있다. 예

의 분포는 추측할 수 있다. 일단은 기온부터.

중국 고기후학의 도달점에 따르면 後漢시기의 기온에 대해 크게 두 가지 대조적인 복원 방안이 제시되어 있다. 後漢 말에 이미 현재보다 한랭하고 魏晉시대에 한층 추워진다는 것은 일치하면서 그것에 이르기까지 兩漢의 기온의 추이는 특히 後漢의 기온을 어떻게 인정하느냐가 다르다. 대표적인 연구를 소개한다.

하나는 後漢의 일관된 한랭을 주장하는 陳良佐「再探戦国到両漢的気候変遷」(『中央研究院歴史語言研究所集刊』第67本 第2分, 1996년)이다. 겨울보리와 조의 파식 생육 및 이상기후의 기록을 뒤져서 분석한 정밀한 연구이다. 온난했던 기온은 前漢 武帝시기 무렵부터 하강하여 元帝시기에는 소빙기에 돌입, 後漢이 되어도 이 한랭은 계속하여 말기 이후 한층 심각해진다고 인정한다. 陳良佐에 따르면 後漢은 이행기가 아니라 이미 한랭기인 셈이다. 비슷한 복원 방안은 적지 않다.[20]

를 들어 文煥然「二千多年来華北西部経済栽培竹林之北界」(앞의 책), 牟重行「黄河流域竹類分布与資源萎退」(『中国五千年気候変遷的再考証』気象出版社, 1996년), 李睿「歴史時期中国竹林分布対気候変化的響応」(『竹子研究匯刊』第21巻 第2期, 2002년), 関伝友「歴史時期気候変化対西北地区竹林分布的影響」(『農業考古』2003年 第3期), 関伝友·呉良如「西北地区竹資源変遷与発展建議」(『竹子研究匯刊』第22巻 第3期), 陳業新「両漢時期気候状況的歴史学再考察」(『歴史研究』2002年 第4期) 79~82쪽, 王子今「秦漢時期気候変遷」(『秦漢時期生態環境研究』北京大學出版社, 2007년) 18~22쪽 등 다수.

20 후한한랭설을 주장하는 사람은 다음의 논저가 있다. 王子今「秦漢時期気候変遷」(앞의 책), 劉昭民『中國歴史上気候之変遷 修訂版』(台湾商務印書館, 1992년) 28~29·83쪽, 許倬雲「漢末至南北朝気候与民族移動的初步考察」(『許倬雲自選集』上海教育出版社, 2002년), 卜鳳賢「周秦両漢時期農業災害至災原因初探」(『農業考古』2002年 1期), 劉昌森 외『上海自然災害史』(同濟大學出版會, 2010년)50~52쪽, 原宗子『環境から解く古代中國』(大修館書店, 2009년) 214~216쪽 등 다수.

다른 하나는 後漢을 온난기로 보는 葛全勝 외 『中國歷朝気候変化』(앞에 게제)이다. 해당 서적은 지역별로 기온을 복원하고 있다. 중원은 「동쪽 중부지구」로 분류되는데, 그 결과는 이렇다.[21] 温暖(기원전 221~기원전 150) → 偏暖(기원전 150~기원전 75) → 温暖(기원전 75~기원전 45) → 寒冷(기원전 45~30) → 偏暖(30~180) → 寒冷(180~210) 그리고 六朝에 걸쳐 비상한 한랭기(소빙기)에 돌입했다고 한다. 즉 前漢에서 後漢으로 직선적으로 한랭화가 진행된 것이 아니라 기원 전후로 한 차례 바닥을 찍고 다시 상승세로 돌아서서 후한 중기에 최고치로, 그로부터 六朝의 한랭기에 돌입했다는 것이다. 後漢은 말기를 제외하고 겨울 반년의 평균 기온을 현재 대비 +약 0.2도로 평가하기(148쪽)때문에, 요약하면 현재와 거의 같은 기온이었다고 하는 것이 된다 **(그림 2)**.[22] 마찬가지로 결론짓는 연구는 일정수가 있다.[23]

---

21 같은 책 134쪽 그림 5.9 · 138~152쪽 · 권말의 그래프 「秦漢以来中國気候変化及其影響」.

22 **그림 2**에 대해서 코멘트 해 둔다. 본 그래프는 葛全勝 · 鄭景雲 · 満志敏 · 方修琦 · 張丕遠 「過去2000年中國温度変化研究的幾箇問題」(『自然科學進展』 第14巻 第4期) 450쪽에서 인용했다. 본 그래프는 葛全勝 · 鄭景雲 · 満志敏 · 方修琦 · 張丕遠 「過去2000a中國東部冬半年温度変化序列重建及初歩分析」(『地學前縁』 第9巻 第1期, 2002년) 175쪽의 「中國東部過去2000a的冬半年平均温度変化序列」과 竺可楨 「中國近五千年来気候変遷的初歩研究」(『考古學報』 1972年 第1期) 36쪽의 「中國五千年来中國温度変遷圖」와 두 개의 그래프를 시간축으로 비교한 것이다.(맨 아래쪽의 그래프가 竺可楨 논문의 変遷圖). 竺可楨의 논문은 중국 고기후 최초로 체계적인 연구라고 해야 할 논고로 여전히 영향력이 있다. 「中國東部過去2000a的冬半年平均温度変化序列」의 저자는 『中國歷朝気候変化』의 그것과 겹쳐서 결론도 마찬가지이기 때문에, 본 그래프는 竺可楨의 논문과 『中國歷朝気候変化』의 비교로 볼 수 있다.

23 후한온난설을 주장하는 사람은 다음의 논저가 있다. 張丕遠主編 『中國歴史気候変化』(山東科學技術出版社, 1996년) 288~289쪽, 文煥然 『秦漢時代黄河中下游気候研究』(商務印書館, 1959) 76쪽, 馬新 「歴史気候与両漢農業的発展」(『文史哲』 2002

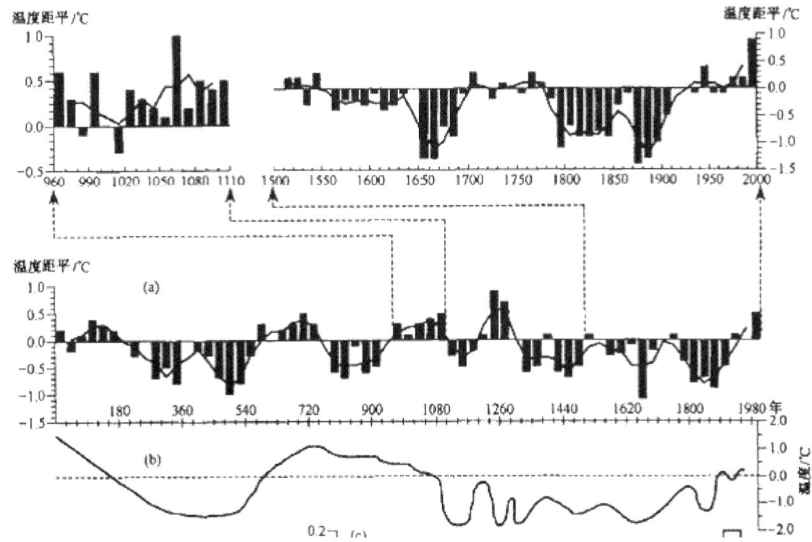

그림 2　중국 동부의 과거 2000년 겨울 반년 동안의 온도 변화
출처 : 각주 22에 인용한 葛全勝 외 「過去2000年中國温度変化研究的幾箇問題」450쪽.

후한기 중원의 강수량(건습)에 관해서도 대조적인 견해가 병립하고 있다. 예를 들면, 상술한 『中國歷朝気候変化』는 후한 중엽을 습윤기로, 그 전후를 건조기로 인정한다. 그러나 福澤仁之·安田喜憲의 「水月湖の細粒堆積物で検出された過去2000年間の気候変動」 및 王子今(放生育王譯) 「漢魏時代黄河中下流域における環境と交通との関係」(鶴間和幸編 『黄河下流域の歴史と環境—東アジア海文明への道』 東方書店, 2007년)는 後漢 중기를 건조기로 인정하고 있다. 중원에서는 기본적으로 한랭=건조, 온난=습윤의 상관관계가 있으므로 기온의 승강상이 대조적이면 건습상도 대조적일 수밖에 없다.

이처럼 후한기의 기후에 대해서는 두 가지 복원 방안이 있다. 다만 어느

年 第5期), 秦大河 외 総主編 『中国気候与環境演変』(科學出版社, 2005年) 74~79쪽, 満志敏 「西周至両漢降温期黄河淮平原気候的基本特徴」(鄒逸麟編 『河淮海平原歴史地理』 安徽教育出版社, 1993년) 등.

복원 방안을 채택하더라도 후한기 중원에 대나무가 무성했을 것이라고는 도저히 상상할 수 없다. 다음에 한랭설과 온난설과 각각에 의거한 경우, 중원의 대나무의 분포를 어떻게 추정할 수 있는지 사고실험을 해보고 싶다. 기준이 되는 것은 논점 (4)에서 서술한 현재 대나무의 분포 상황이다. 한랭설에 따른 경우는 이미지화하기 쉬울 것이다. 현재까지도 중원은 대나무 식생의 북쪽 한계이므로 後漢시기를 현재보다 한랭이라는 이 설에 따르면, 천연림은 거의 없었다고 생각할 수밖에 없다. 온난설에 따른 경우는 어떠한가. 殷周에서 六朝로의 기후 트렌드가 한랭화라는 데는 이론이 없다. 즉 대국적으로 대나무 숲은 축소되는 방향이다. 온난설은 기원 전후로 한랭의 바닥을 들어내고, 게다가 後漢에서 기온이 일시로 상승했다고 하는데, 논점은 後漢에서 얼마나 대나무 식생이 회복되었는가 하는 것이 될 것이다. 여기서 유의하고 싶은 것은 後漢에 온난한 시기가 있었다고 해도 그 수준이 현재 수준에 불과하다는 점이다. 현재의 기후로 중원이 대나무 식생의 북쪽 한계라는 것을 감안하면 회복의 정도는 과대하게 평가할 수 없다. 천연림은 매우 작았을 것이고 재배림도 분포가 한정되어 있었다고 보는 것이 타당하지 않을까. 이 사고실험은 상당히 거친 것이다. 그럼에도 後漢시기 중원에 대나무가 무성하지 않았을 가능성이 높다는 것은 보여줄 수 있지 않았을까. 온난의 좋은 영향을 최대한으로 잡아도 당시의 대나무 분포는 현재 수준에 그칠 수밖에 없다.

덧붙이자면 1세기부터 2세기에 걸쳐 동아시아는 기존의 질서가 붕괴된 혼란기였다. 일본 열도에서는 高地性 취락의 출현(1~2세기)과 '倭國大亂'(2세기 후반)이 있고, 중국에서는 통일왕조 後漢의 해체가 추진된다. 후자에 대해 다시 말하면, 중앙의 조정은 혼란스럽고 지방에서도 행정의 정체가 지적되고 있다.[24] 사회경제적으로는 그동안 大家-中家-貧家 등 3개의 계층으로 구

---

24 東晋次『後漢時代の政治と社會』(名古屋大學出版會, 1995년) 92·248쪽, 狩野直禎『後漢政治史の研究』(同朋舍出版, 1993년) 419쪽, 五井直弘「後漢王朝と豪族」(『漢

성되어 있었던 농촌이 소수의 부호층과 압도적 다수의 빈가층으로 분화하면서 기존의 토지제도 및 조세제도는 붕괴된다.[25] 그리고 184년에 발발한 황건의 난으로 後漢왕조는 사실상 무너진다. 황건의 난도 2세기 초부터 단계적으로 북에서 남으로 반란이 확대되고 전국적으로 일어난 반란으로 알려져 있다.[26] 북방 유목민족의 장성 이남의 이주가 진행된 것도 1~2세기이다. 永初 원년(107)에 羌族의 대반란이 일어나는데, 이를 계기로 화북을 무대로 이민족의 반란이 장기화된다.[27] 이러한 동시대의 열도와 대륙의 혼란이 한랭화와 밀접하게 연관될 것이라는 것은 이미 지적하고 있다.[28]

채륜 무렵 중원의 환경이 대나무 생육에 매우 부적절했던 것에는 개연성이 높다. 즉 대나무가 풍부하게 우거져 있었다고 보기는 어려운 것이다. 천연림은 거의 전무했을 것이며 재배림의 유지에도 상당한 어려움이 있었을 것으로 추측된다.

代の豪族社会と國家』名著刊行会, 200년. 初出 1970년) 267~269쪽 등.

25 渡辺信一郎『中國古代社会論』(青木書店, 1986年) 132·321~322쪽, 동『中國古代國家の思想構造』(校倉書房, 1994년) 152쪽.

26 多田狷介「黄巾の乱前史」(『漢魏晋史の研究』汲古書院, 1999년. 初出 1968년).

27 熊谷滋三「後漢の羌族内徙策について」(『史滴』第9호, 1988년), 西嶋定生「漢末の動乱と'倭国大乱'—中國古文献中の「倭」とその背景」(『邪馬台國と倭國』吉川弘文館, 1994년. 初出 1992년) 등.

28 置田雅昭「後漢帝國の崩壊と倭国大乱」(吉野正敏·安田喜憲編『歴史と気候』朝倉書店, 1995년)에 연구사 정리가 있다.

Ⅳ 결론을 대신하여

이상 (3)부터 (7)까지의 확인 사항을 종합해 보면, 殷周시대에 무성했던 중원의 대나무 숲은 한랭화로 채륜 무렵에는 크게 감소했을 것으로 추정된다. 이 상황에서는 대나무 재료를 안정적으로 공급하려고 해도 그 실현은 쉽지 않았을 것이다. 고대 왕조는 가까이에 윤택했기 때문에 대나무를 서사재료로 채택했지만 한랭화로 상황이 달라진 것이다. 이렇게 되면 대나무를 대체할 새로운 서사재료가 필요하다. 그것이 종이였던 것이 아닌가. 당시 이미 前漢 古紙가 있었으므로 이를 개량하여 서사에 적합한 종이가 개발되었다는 것이 본 논문의 전망이다. 關尾史郎가 "애초에 정말로 간독을 종이로 바꿀 필요가 있었는가"라고 말해, 예를 들면 長沙라고 하는 대나무와 나무가 무진장하게 많은 지역에서는, 종래의 대나무 및 나무를 적극적으로 버리고 종이로의 이행을 서두른 적은 없었다고 추론한다.[29] 나도 그렇게 생각한다. 신소재의 개발은 구소재의 부정 내지 포기를 의미한다. 오래 사용해 온 소재를 포기하는 것은 쉽지 않다. 그러나 대나무 소재의 공급이 불안정한 사태가 닥치면서 포기할 수밖에 없었던 것이다. "필요는 발명의 어머니"라는 속담은 서사재료로서의 종이 탄생에도 적용 가능하지 않을까.

대나무에서 종이로의 이행이 불편의 해소라는 적극적 이유에 의한 것이 아니라, 공급 불안정으로 불가피하다는 소극적 이유에 의한 것이라면 두루마리가 간책의 모습을 충실히 모방하고 있다는 의미는 한층 무거워진다. 두루마리가 간책의 모습을 재현하고 있는 것은, 예를 들어 두루마리에 필요 없었을 계선이 그어지는 사실을 예증으로서 자주 설명된다. 계선에 둘러싸인 세로길이의 부분이 죽간 1개에 상당하는 것이다. 또한 초기 두루마리의 길이가 간책

29 關尾史郎「木と紙のあいだ」(『東洋文化研究』14호, 2012년) 630쪽.

의 그것과 일치하여 1척이라는 점, 두루마리에서 두 행의 주석은 간책의 서식을 계승하고 있을 것이라는 점도 모방의 한 증거이다.[30] 두루마리는 기본적으로 앞면에만 서사한다. 이는 뒷면은 종이를 뜰 때 대나무발의 자국이 남아있어 울퉁불퉁하여 초사하는데 적합하지 않기 때문이라고 종래에 말해 왔는데 과연 그러한가. '紙背文書'의 용어가 있듯이, 뒷면에 초사하는 것이 불가능하지 않을 뿐만 아니라, 책자에서는 양면 서사가 보통이다. 그것은 돈황문서 중의 책자나 仁和寺의 '三十帖册子'를 보면 이해될 것이다. 필자는 이것은 간책을 모방한 흔적이 그대로 습관화된 것이라고 추측하고 있다. 죽간의 경우, 대나무의 푸른 외피쪽을 '筤', 노란색 안쪽을 '笨'이라고 하며(『說文解字』), '笨'쪽에만 글을 쓴다.[31] 즉 간책은 단면 서사이다. 두루마리 단면 서사는 이를 모방한 것이 아닌가. 결국 두루마리는 종이로 만든 간책에 불과하다.[32] 이는 두루마리가 간책보다 뛰어난 형태로 발명된 것이 아니라 어디까지나 간책의 대

---

30 冨谷至「3世紀から4世紀にかけての書写材料の変遷—楼蘭出土文字資料を中心に」(앞의 책) 522쪽.

31 李零「簡帛的形制与使用」(『簡帛古書与学術源流 修訂本』 生活·読書·新知三聯書店, 2020년. 初出 2003년) 115쪽.

32 고대 중국의 두루마리에 대해서 "大題在下, 小題在上"이라는 말이 있다. 권두의 제1행 위부분에 소제목인 편명 등이, 아래 부분에 큰 제목인 서명 등이 적혀 있다는 의미이다. 이것도 두루마리가 간책을 모방한 흔적이라고 추측된다. 실제 간책은 기존에 알려진 것보다 간편한 것이지만 그래도 두루마리보다 부피가 큰 것은 사실이다. 간책 한 권의 글자 수는 적고 따라서 편명만 쓰면 됐다. 편명의 위치는 물론 권두의 윗부분일 것이다. 그러나 두루마리 1권에는 간책의 몇 권분을 수용할 수 있었기 때문에 서명을 쓸 필요가 있었다. 권두의 윗부분은 이미 편명으로 채워져 있고 비어 있는 아랫부분에 서명을 쓴 것이 아닐까. 黃威『古籍書名考』(中華書局, 2021년) 제4장「古書'大題在下'現象研究」에도 같은 지적이 있다(155쪽). 마왕퇴 출토 백서를 보면 두루마리의 서식은 비단에 쓰인 서적과는 무관한 듯하다. 두루마리는 백서의 대체품이 아닌 것으로 보인다.

체품으로 시작되었음을 시사하고, 또한 서사용 종이가 소극적으로 창안해 낸 것과 부합한다.

소론은 여전히 시론에 그치지만, 장래의 고기후학의 진전에 따라 漢代 중원의 대나무 분포는 정밀하게 추측할 수 있을 것이다. 그렇게 되면 본 논문의 가설에 설득력을 부여받을 수 있을지도 모른다. 지금은 그것을 기다리기로 하자.

(번역: 우근태, 경북대학교 대학원 사학과 박사수료)

#07

일본 고대 寫經所의 종이 문서와 목간*

•

사카에하라 도와오(栄原永遠男)

(일본 오사카시립대 명예교수·도다이지사(東大寺史)연구소 소장)

Ⅰ 머리말

일본 고대에 목간은 보조적인 기록 매체로서 문서에 의한 사무 처리와 깊이 관련되어 있을 뿐만 아니라 율령국가의 행정과도 불가분의 관계에 있었다고 한다. 이는 일찍이 토노 하루유키[東野治之]가 御薪札(옮긴이: 매년 정월 15일에 이루어지는 궁중에 장작을 바치는 의례 진행 시 장작과 함께 진상하는 장작의 수량을 적은 나무편[札])·功過簡(옮긴이: 관리의 공적 또는 과실을 기록한 나무편[簡])·成選擬階短册(옮긴이: 하급 관리의 위계 수여 의식에

* 이 글은 「일본 고대 寫經所의 종이 문서와 목간」의 제목으로 『목간과 문자』28호(2022년 6월)에 게재된 논문이다.

사용한 나무편[短冊])·日給簡(옮긴이: 궁중에서 관리들의 출근을 확인하기 위하여 사용한 대형 목간) 등 다양한 사례에 대해 많은 문헌 자료를 조사함으로써 제시한 훌륭한 견해이다.[1] 또한 東野는 寫經所[2]에서도 사무 처리 시 목간을 널리 사용했다고 주장했다.

이러한 주장은 설득력이 있다. 따라서 목간 연구와 서사 재료로서의 종이와 나무의 관계를 이해하는데 깊은 영향을 미치고 있으며 많은 목간의 출토와 함께 현재까지 널리 받아들여지고 있다. 그 때문에 이 통설은 지금까지 별로 검토되지 않았다. 이 글에서는 寫經所에 관한 고찰을 통해 이 통설에 대해 약간의 사견을 제시하고자 한다.

寫經所에서 목간을 사용했다는 근거로 거론되어 온 자료는 아래와 같다.

① 天平20年(748) 9月9日 〈花嚴供所牒〉(續々修6ノ1(1), 10ノ82~83[3])
② 天平寶字6年(762) 8月10日 〈米賣價錢用帳〉(續修後集11(1)(2) 및 題籤(未収),5ノ266~270)
③ 天平寶字6年 12月8日 〈下道主啓〉(續修49⑧(2), 16ノ24~25)
④ 天平寶字6年 12月15日 〈石山院解〉(續々修4ノ21(2)裏, 5ノ289~290)
⑤ 天平寶字6年 12月20日~23日 〈寫經料雜物収納并下用帳〉(續々修4ノ21(5)(4)裏,16ノ88~90)
⑥雜札 中倉21 第1號
⑦雜札 中倉21 第2號
⑧往來類(옮긴이: 제첨축을 가리킴)

---

1 東野治之, 1974,「奈良平安時代の文献に現れた木簡」, 나라국립문화재연구소,『研究論集』II (1977,『正倉院文書と木簡の研究』, 塙書房에 재수록).

2 일본 고대에는 여러 개의 寫經所가 병존하고 있었지만 이 글에서 말하는 寫經所는 단지 皇后宮職·造東大寺司 계통의 사경소를 가리킨다.

3 『大日本古文書(編年)』10卷, 82~83쪽. 이하 같음.

아래에 시기와 사료의 성격에 따라 ①, ②~⑤, ⑥⑦, ⑧의 4종류로 나누어 검토하도록 하겠다.

II 短籍과 食口案

우선 사료 ①부터 살펴보도록 하겠다.

① 花嚴供所　　牒寫一切經司
　　　　　　五十張凡紙
　合 紙 壱仟陸拾張　筆壱拾参箇　墨壱拾挺
　　右, 爲寫新經之疏一部料, 奉送如
　　前, 今以状牒
　　　　　　天平廾年九月九日維那僧標瓊
　　　　　　　　　　　　僧「性泰」
　　　　　　　都維那僧「法正」
　「告」寫書所
　　　上件疏, 早速令寫, 其寫人等食物
　　　別注申之, 毎日常食短籍載之「告」
　　　　王　　　　　判官田辺真人

이것은 80권본 華嚴經 『續華嚴略疏刊定記』(慧苑) 사경에 관한 문서이다. 造東大寺司가 寫經所에 대하여 花嚴供所로부터 종이와 붓, 먹이 寫經所로 지급되었으니 사경을 빨리 시작하라고 지시한 내용, 寫經所에 종사하는 經師들의 식량은 따로 신청하고 매일 지급되는 常食(옮긴이: 현재의 급식에 해당함)

은 '短籍'에 기재하도록 명령한 내용이 적혀 있다.

東野는 이 '短籍'을 다키가와 마사지로[瀧川政次郎][4]의 견해에 따라 木札이라고 하고 常食, 즉 급식은 목간에 의해 매일 청구했을 것으로 보고 있다.[5] 그후에 야마구치 히데오[山口英男]도 이 견해를 계승하여 매일 지급되는 常食에 관한 기록을 옮겨 적어 일별 食口案(옮긴이: 매일 사용한 쌀의 양과 寫經生의 인원수를 적은 문서)을 작성한 경우가 있다고 했다[6]. 이러한 견해가 현재 통설로 되어 있다고 할 수 있지만 과연 타당한 것일까?

Ⓐ〈奉寫一切經所食口文案〉(續々修40ノ1裏, 21ノ269)에 주목해 보면 이 자료에는 글자 삭제를 뜻하는 선이 그어져 있어 내용에 대한 변경이 있었음을 알 수 있다. 또한 숫자가 수정되어 있는 곳도 있는데 이러한 부분은 일단 생략하고 처음에 기재된 내용의 판독문을 아래에 제시한다.

Ⓐ 奉寫一切經所食口陸拾参人　料米玖㪷捌合
經師卅九人　裝潢四人已上 三人別一升六合　校生五人別一升二合
案主一人一升二合　舍人三人別八合　自進二人別一升　仕丁八人別一升二合
寶龜四年二月五日案主上

이 자료는 寶龜 4년(773) 2월 5일 하루의 食口를 기록한 종이 문서이다(이하 日別 카드라고 칭함). 이것은 〈奉寫一切經所食口案帳〉(21ノ125~233. 이하 같은 부류의 문서를 모두 食口案이라고 칭함.)의 뒷면에 기재되어 있는

4　瀧川政次郎, 1958, 「短册考—払田柵址出土の木札について—」, 『古代学』7ノ2(1967, 『法制史論叢 第4册　律令諸制及び令外官の研究』, 角川書店에 재수록).

5　東野治之, 1974, 앞의 논문, 7쪽.

6　山口英男, 2000, 「帳簿と木簡—正倉院文書の帳簿·継文と木簡—」, 『木簡研究』22, 351쪽(2019, 『日本古代の地域社会と行政機構』, 吉川弘文館에 재수록).

데, 같은 내용이 이 뒷면에도 기록되어 있다[7](21／135~136). 앞 뒷면을 비교하면**(그림 1)** 2월5일의 일별 카드를 바탕으로 정정한 수치를 食口案에 적은 뒤, 곧바로 뒤집어서 그 뒷부분에 이어 붙이고 2월 6, 7일 기록을 적은 것으로 이해할 수 있다. 따라서 食口案은 일별 카드를 바탕으로 작성했다고 볼 수 있다.

Ⓐ와 동일한 형식의 일별 카드로는 이 밖에도 Ⓑ寶龜5년 2월 30일(22／299), Ⓒ寶龜6년 8월 18일(23／241), Ⓓ寶龜7년 5월 30일(23／309), Ⓔ寶龜7년 6월 8일(23／311)**(그림 2)**가 있다. 이러한 자료는 모두 食口案에 붙여진 1매의 종이편이며 일별 카드가 그대로 食口案에 부착되었음을 보여주고 있다.[8]

또한 Ⓕ寶龜6년 6월 8일(23／224) 기록도 주목할 만 하다(朱点 생략. **그림 3**).

八日
奉寫一切經食口卌八人　五斗六升二合

　案主廾五人　裝潢 已上卅七人別一升二合 / 二人

　案主一人　校生一人 已上二人別一升二合

雜使一人 一升　仕丁八人 別一升二合

이것은 일별 카드를 Ⓐ와 같이 재활용하거나 Ⓑ~Ⓔ와 같이 그대로 붙여

---

7 Ⓐ에는 선을 그어 글자를 삭제한 흔적이 남아 있고 숫자는 정정되어 있다. 이를 옮겨 적은 食口案에는 정정 후의 수치가 기록되어 있다. 아래에 소개할 Ⓑ~Ⓔ에도 숫자의 정정이 이루어지고 있다. 이러한 숫자는 정정 이전의 Ⓐ~Ⓔ 수치가 청구 수량, 정정 이후의 수치가 실제로 지급된 수량이라고 생각한다. 食口案의 기타 부분의 정정도 마찬가지로 생각할 수 있다.

8 寶龜 연간의 기다란 食口案 중 일별 카드가 그대로 사용된 것은 Ⓐ~Ⓔ뿐이며 그 수량은 매우 적다. 왜 Ⓐ~Ⓔ만 그대로 붙여 사용했는지에 대해서는 아직 답을 찾을 수 없다. 향후의 과제로 삼고자 한다.

그림 1　食口案과 그 뒷면의 일별 카드Ⓐ

그림 2 **일별 카드 ⒷⒸⒹⒺ**

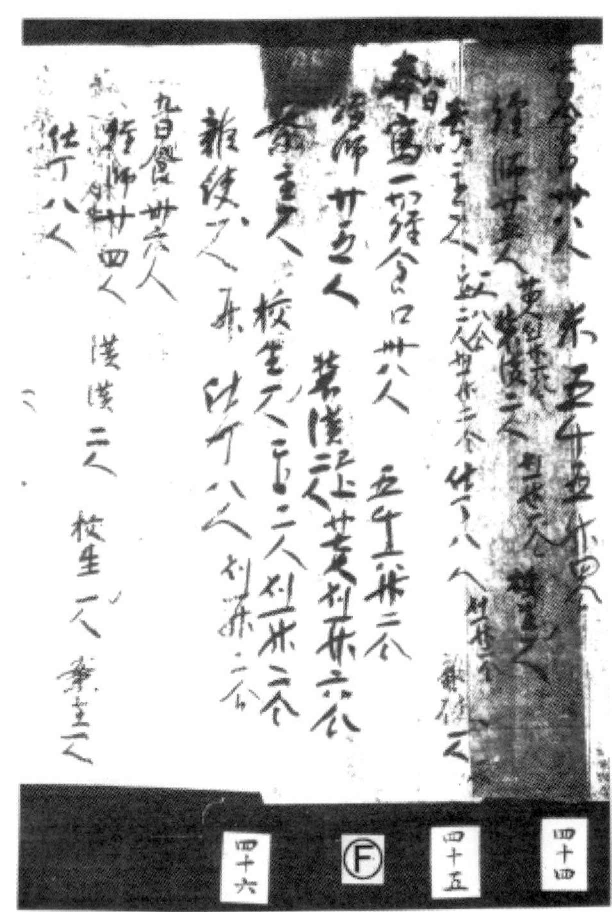

그림 3 **일별 카드 Ⓕ를 옮겨 적은 食口案**

넣은 것이 아니라 실제로 있었다고 상정되는 일별 카드 Ⓕ를 옮겨 적은 것이라고 생각된다. 그 서식을 보면 '奉寫一切經食口'로 시작되는 어구의 우측에 '八日'이란 날짜가 쓰여 있는데 이는 날짜+식구로 되어 있는 기타 문서와는 다르다. 그 이유는 아마도 일별 카드 Ⓕ를 바탕으로 食口案을 작성할 때, 일별 카드의 서식에 이끌려 날짜가 빠진 것을 보충하려고 옆에 추가한 것으로 이해된다.

이러한 사례로부터 寫經所의 寶龜 연간 食口案은 일별 카드를 바탕으로 작성했다는 것이 분명하다. 그리고 그 일별 카드는 목간이 아닌 종이였다는 것이 확실하다. 東野는 平城宮 터에서 출토된 '縫殿食口'[9], 西隆寺 터에서 출토된 '工所食口'[10] 목간을 예로 寫經所의 食口案도 목간의 기록을 수집하여 다시 정리한 것이라고 추정하였다.[11] 하지만 이 글에서 서술한 이상의 사례로부터 寫經所의 食口案 작성에는 종이로 된 일별 카드가 사용되었다고 보아야 할 것이다.

일별 카드 Ⓐ~Ⓔ는 사진에 실린 스케일로 측정해 보면 약 13~16cm(대략 종이 1매의 4분의 1 정도)의 세로로 긴 직사각형이며 모두 같은 형태이다. 사료 ①에 보이는 '每日常食'을 기재한 '短籍'이 바로 이러한 것이 아닐까? 사료 ①의 연대는 天平 20년(748)인데 비해 食口案은 寶龜 4~7년(773~776)으로 시기가 달라서 쉽게 단정할 수는 없지만 그러한 가능성은 충분히 있다고 인정해도 될 듯 하다. 만약 이러한 추정이 인정된다면 사료 ①의 '短籍'은 반드시 목간이라고 할 수는 없고 종이일 가능성도 충분히 있다고 봐야 한다.

---

9 奈良国立文化財研究所, 1975, 『平城宮木簡二』, 목간 번호 2598.

10 奈良国立文化財研究所, 1976, 『西隆寺発掘調査報告書』, 西隆寺跡調査委員会, 도판 16.

11 東野治之, 1976, 「正倉院伝世木簡の筆者」, 『ミュージアム』304(1977, 『正倉院文書と木簡の研究』, 塙書房에 재수록).

III 下道主와 목간

다음은 사료 ②~⑤를 검토해 보고자 한다.

②米賣價錢用帳　　第二杙
(天平寶字六年)
八月十日下錢壱貫陸伯文　　米伍斛價料俵別百六十文

(하략)

(題籤)米賣錢用

倉杙　(앞면과 뒷면 내용은 같음)

③謹啓　　　道守尊左右

一　進上經師等借用錢杙一紙

(중략)

(天平寶字六年)
十二月八日辰時下道主

④石山院

令奉請大般若六百巻　又理趣分一巻後奉寫者

(중략)

以前物等, 略勘注申上, 但道主板寫公文未了,

加以, 雜散殿〃物等, 一殿収置, 十日以来将参上, 以解,

天平寶字六年十二月五日申時下道主

一　爲板寫公文読合并經所食口拔出, 二箇日,

阿刀乙万呂所請如件,加以行事可大在,

⑤(ㄱ)雜物収納杙
(天平寶字六年)
十二月廾一日収白米六斛　塩一斗　滑海廾六斤

海藻五籠別六斤

(중략)

(ㄴ)錢用札
(天平寶字六年)
十二月廾一日下錢七十七貫五百八十七文

(중략)

(ㄷ)用札
(天平寶字六年)
十二月廾日下調綿六千七伯屯　租布七段

(하략)

위의 사료 ②~⑤를 보고 즉시 확인할 수 있는 문제점은 사료의 큰 편중이다. 우선 시기가 모두 天平寶字 6년(762) 후반기에 집중되어 있다. 둘째로 ③④는 날짜 아랫부분에 적힌 인명이 시모노 미치누시[下道主]이고 ②⑤의 필체도 東野에 의하면 下道主의 필체라고 한다. 필체에 관한 판단은 어렵지만 타당하다고 생각한다. 그렇다면 이들은 모두 下道主라는 개인과 관련된 사료가 된다. 다시 말하자면 ②~⑤는 시기적으로도 인물적으로도 한정된 사료인 것이다. 또한 이것은 아래에 언급하는 '札'이라는 문자가 寫經所에서는 下道主만이 사용하였으며,[12] 그 밖에 이 문자를 사용한 인물은 寫經所 문서에서는 찾아 볼 수 없다는 것과 관련이 있다. 이와 같이 편중이 심한 사료로서 寫經所 전체에 대해 일반화할 수 있을지가 우선 의문이다.

東野는 ②③⑤에 보이는 '札'에 주목해 이 문자는 센(セン)으로 읽으며 '簡이나 牒, 즉 목간을 의미한다고 볼 수 있다'라고 지적했다. 이 견해에 대해 가쿠바야시 후미오[角林文雄]는 '札'을 '찰'로 읽어야 하며 '札'의 이체자라고 비판하였고,[13] 그후에 東野도 이 비판을 기본적으로는 받아 들이고 있다.[14]

12　②에는 제첨축이 붙어있으나 『大日本古文書(編年)』에는 수록되어 있지 않다. 사진에 의하면 이것도 下道主의 필체로 보인다.

13　角林文雄, 1977, 「木簡を意味する文字について」, 『続日本紀研究』194.

14　東野治之, 1978, 「「札」と「札」—角林文雄氏の所説を読んで—」, 『続日本紀研究』195.

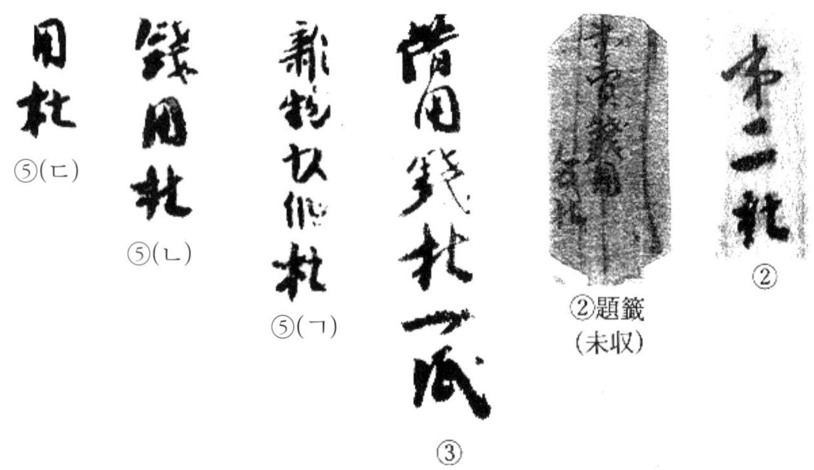

그림 4 '杙' 글자

'杙'의 우부방은 東野의 연구 이후 가타카나 '히(ヒ)'와 같은 자형으로 다루고 있다. 그러나 ③의 글자를 사진으로 보면 분명히 왼쪽에서 오른쪽으로 가로획이 그어져 있고 '히(ヒ)'처럼 오른쪽에서 왼쪽으로 쓴 것이 아니다. ②와 ⑤의 4곳, 그리고 ②題籤도 오른쪽에서 왼쪽으로 쓴 필획이라고 말할 수 없다(그림 4). 따라서 '札'의 이체자라고 하는 角林의 설을 받아들일 수 있다고 생각한다.

그럼 '杙'가 '札'자라고 하면 아래에는 이 글자가 무엇을 의미하는 지가 문제로 된다. 東野는 목간을 뜻하는 문자라고 했지만 여기서 주목해야 할 것은 사료 ③이다. 이 자료는 下道主가 '道守尊' 즉 가미노 우마카이[上馬養]에게 보낸 서신이다. '進上經師等借用錢杙一紙'라는 내용이 기재되어 있는데 이야나가 테이조[弥永貞三]는 이 부분에 주목해 "앞서 서술한 紙箋(지은이: 越中国 調綿의 紙箋)과 같은 것도 杙이라고 할 수 있다"[15]라고 지적했다. 이에

15 弥永貞三, 1976, 「古代史料論一木簡」, 『岩波講座日本歷史』別巻2, 65-66쪽.

대해 東野는 “이것은 확실히 있을 수 있는 일이라고 생각한다”라고 한 후에 寫經生의 借錢解(옮긴이: 돈을 꾸기 위한 상신문서)는 목간이 사용되는 경우도 있었을 것으로 추정하고 “이 ‘借用錢札一紙’란 아마도 經師들이 목간에 써서 제출한 借用錢의 解를 앞서 거론한 雜物収納札이나 錢用札과 같이 종이에 다시 정리한 문서라고 볼 수 있다”라는 해석도 성립될 여지가 있으며, 弥永 설·東野 설 “어느 쪽으로도 해석할 수 있다”라고 하였다.[16]

이에 관하여 東野 설은 平城宮에서 출토된 借用錢 목간[17]을 예로 들어 寫經所 經師들의 借用錢解에 목간이 사용되었을 가능성이 있다고 보고 이것을 전제로 하였다. 이러한 가능성을 완전히 부정하고 배제하는 것은 어렵다. 하지만 정창원문서에는 많은 月借錢이나 借錢 관련 문서가 남아 있음에도 불구하고[18] 목간 사용을 예상하게 하는 것은 하나도 없으며 모두가 종이 문서이다. 적어도 장부에 정리할 만큼 많은 목간을 사용했다고는 볼 수 없다. 또한 어떤 경우에는 목간을 사용하고 다른 경우에는 종이를 사용하는 불안정한 상황이 사무 처리 방식으로서 존재했다고는 보기 어렵다.

東野는 “같은 문서에 ‘札’과 ‘帳’을 분별해서 사용한 사례가 있다는 것은 ‘札’에 ‘帳’과는 다른 독특한 의미가 있었던 것을 나타낸다”라고 하는데 그 사례는 ②일 것으로 생각된다. ②에는 ‘帳’과 ‘札’이 확실히 병존하고 있지만 그렇다고 해서 다른 의미로 사용했다고는 단언할 수 없다. 또한 東野의 논고에 소개된 ⑤(ㄱ)(ㄴ)(ㄷ)를 정리해서 옮겨 적은 장부에는 ‘札’에 해당하는 부분이 모두 ‘帳’이라고 적혀 있다.[19] 따라서 下道主가 ‘札’자를 쓸 때 ‘帳’을 의식

16 東野治之, 1974, 앞의 논문, 부기.

17 『平城宮木簡一』에 수록된 70호 목간을 예로 제시하고 있다.

18 정창원문서의 月借銭 관련 자료를 망라하여 검토한 것으로는 아래의 논문이 있다. 栄原永遠男, 2018, 「月借銭解に関する基礎的考察」, 『正倉院紀要』40.

19 東野가 예로 든 것은 아래 장부이다. (1)「奉写二部大般若経料雜物納帳」(続々修

하고 있었을 가능성은 충분히 있을 것으로 생각된다.

사료 ②~⑤ 중에서 아직 언급하지 않은 ④는 조이시야마데라소[造石山寺所]의 자료인데 『平城宮木簡一 解說』[20]에서는 '板寫公文'이란 어구에 주목하여 "그러한(지은이: 목간을 가리킴) 가능성도 완전히 부정하기는 어렵다"고 하였으며 東野[21]와 山口[22]도 이 견해를 계승하고 있다.

그런데 '板寫公文'을 목간으로 보았을 때 '但道主板寫公文未了'의 훈독이 어려워 진다. 그리고 '公文을 板寫하다', '公文을 板에 옮겨 적다[寫]'로 이해하면 종이에 쓰인 내용을 일부러 나무 판에 옮겨 적는 것이 되기 때문에 이 또한 가능성이 적다. 이 구절은 '다만 道主는 板을 공문에 옮겨 적는 일이 아직 끝나지 않았다' 또는 '다만 道主는 판을 옮겨 적는 공문이 아직 끝나지 않았다'라고 해설하는 것이 좋을 듯 하다. 또한 '爲板寫公文読合幷經所食口抜出, 二箇日阿刀乙万呂所請如件'은 '판을 옮겨 적은 공문의 내용 맞추기 및 經所의 食口 뽑아내기를 하기 위하여 이틀간[二箇日] 아토노 오토마로[阿刀乙万呂]를 이상과 같이 청구한다'라는 뜻으로 이해할 수 있다.[23]

따라서 天平寶字 6년 12월 경의 造石山寺所에는 食口를 적은 '板'이 존재했음을 알 수 있다. 그러나 造石山寺所와 같이 판재를 입수하기 쉬운 곳의 사

39／4裏, 16/71~) 및 「二部般若雜物納帳」(続々修4／8, 5／300~), (2)「奉写二部大般若経銭用帳」(続々修4／10, 16／90～), (3)「売料綿下帳」(続々修43／16, 16／74~).

20 奈良国立文化財研究所, 1969, 『平城宮木簡一 解説』, 21쪽.

21 東野治之, 1974, 앞의 논문, 20쪽.

22 山口英男, 2000, 앞의 논문, 347쪽.

23 "板寫公文"의 판독에 관해서는 정창원문서를 읽는 연독회의 토론 내용에 의함. 당시 구와바라 유코[桑原祐子]·나카가와 유카리[中川ゆかり]·야마시타 유미[山下有美]의 가르침을 받았다.

례를 판재를 쉽게 구할 수 없는 寫經所에 빗대어 생각하는 것은 신중해야 한다. 寫經所에서는 凡紙(옮긴이: 여러 용도로 사용되는 품질이 낮은 종이)를 두세 장 이어 붙여 벽 등에 고정하면 '板'과 같은 필기 공간이 쉽게 확보되므로 굳이 판재를 애써 확보해서 기입할 필요는 없다.

여기까지 사료 ②~⑤에 대해서 검토하였는데, 그 중 ③④는 造石山寺所 관련 자료이므로 그 사무 처리 방식은 寫經所와는 다른 면이 있었을 것이다. 寫經所에 관한 것은 ②⑤인데 ②는 奉寫石山院大般若經所의 자료이다. 이는 石山寺의 증개축 공사 현장 부근에 임시로 마련된 寫經所이므로 여기서의 사무 처리 방식을 곧바로 奈良의 寫經所에 적용시키는 것은 주저된다. ⑤는 奈良의 奉寫二部大般若經所의 자료로 ②보다는 寫經所 본래의 사무 처리 방식을 반영하고 있을 테지만, 관련 자료도 포함해서 살펴보았을 때 여기서 목간 사용은 확인되지 않는다. 또한 '札'자는 寫經所 문서 중 ②③⑤에 한정되고 모두 下道主에 의해 서사된 것이며 寫經所에서는 그자 외에 이 글자를 사용한 인물은 확인되지 않는다. 이와 같이 사료 ②~⑤에 의하면 寫經所의 사무 처리에 목간이 널리 사용되었다고 쉽게 말할 수 없지 않을까.

Ⅳ 정창원의 雜札

다음은 사료 ⑥⑦에 대해 살펴보도록 하겠다. 정창원에는 문서목간이 10점 존재하는데,[24] 東野는 그 중 ⑥⑦(中倉 21 제1·2호)에 주목했다(그림 5,

24 中倉21 雜札 제1~5호, 中倉 165 金銅火舍 제3호 부속 木牌, 中倉 202 제71호 궤 雜札 제1·2호, 南倉 187 琴瑟類 잔재 목찰 1·2의 총 10점이다.

6).[25]

⑥·「法花經疏一部十二巻吉蔵師者

右, 依飯高命婦寶字元年閏八月十日宣, 奉請内裏

·「使召継舎人釆女家万呂

判官川内画師　　主典阿刀連[26]

노송나무, 길이 29.0cm, 폭 4.1cm

⑦·「　　　　ⓐ阿閇豊庭　ⓑ子部多夜須　ⓒ山部吾方万呂

可返上筆　ⓓ三嶋子公　ⓔ丸部人主　ⓕ信濃虫万呂

　　　　ⓖ丈部子虫　ⓗ三嶋百兄　ⓘ安宿広成　」

·「ⓙ前部倉主　ⓚ秦忍国　ⓛ若倭部国桙

ⓜ余乙虫　ⓝ住道小粳　ⓞ高東人

ⓟ忍海広次　ⓠ将軍水通　」

삼나무, 길이 28.0cm, 폭 4.7cm

東野는 목간 ⑥⑦의 서사자를 오사타노 미누시[他田水主]라고 하며 "이 두 자료는 모두 造東大寺司 관하인 寫經所의 사무 처리에 사용된 것으로 이해해야 한다"라고 하였다. 그리고 ⑥은 "經巻을 대출할 때의 기록이며 奉請狀의 요항을 적은 것으로 보인다.", "이러한 목간의 기록을 정리하여 작성한 것이 ……經疏奉請帳과 같은 것으로 생각된다.", "경전 대출 시 이러한 목간을 직접 궤에 넣어 현재 도서관에서 사용되는 代本板(옮긴이: 도서관에서 도서가 원래

25 ⑥⑦의 사진과 석문은 正倉院事務所 편, 1994, 『正倉院宝物』4 中倉Ⅰ, 每日新聞社; 松嶋順正편, 1978, 『正倉院宝物銘文集成』, 吉川弘文館, 13／227, 13／240에 수록되어 있다.

26 사진을 봐도 ⑥의 하단이 원형을 유지하고 있는지 잘 알 수 없다.

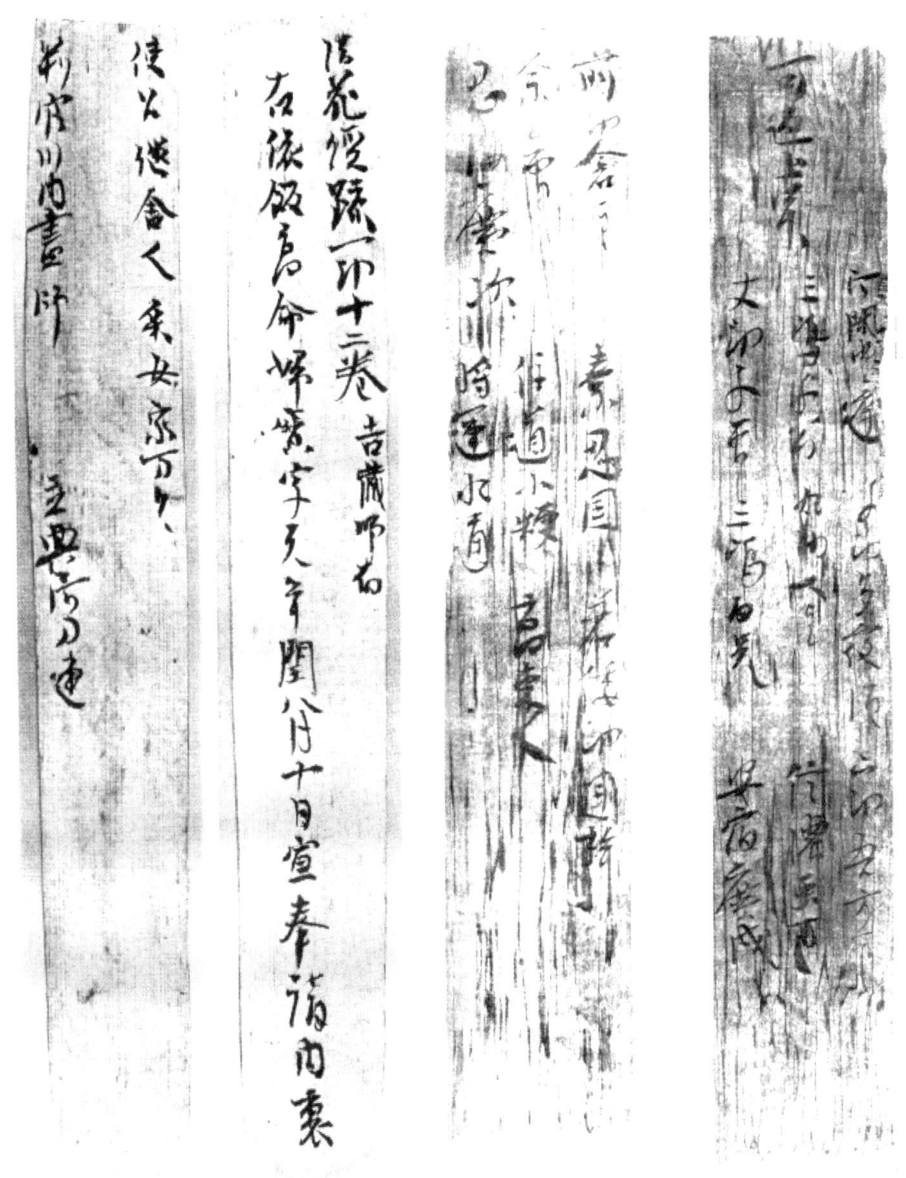

그림 5　⑥잡찰(中倉21 第1호)
(『正倉院寶物銘文集成』에 의함)

그림 6　⑦잡찰(中倉 21 第2호)
(『大日本古文書』13권 수록 사진에 의함)

자리에 없을 때 대신해서 놓은 판을 가리킴.)[27]과 같이 사용하였다."라고 추측했다. 그리고 ⑦은 붓 반환을 명하는 일종의 하달 문서이며 전달 방법은 回覽에 의한 것으로 추측하였다.[28] 東野의 이러한 지적은 그 후의 연구에서도 받아 들여져 왔지만 필자는 이에 대해 문제점을 제시해 보고자 한다.

이것에 대한 전제로서 ⑥⑦은 내용으로 보아 寫經所의 목간으로 봐야 한다는 점을 기억해 두어야 한다. 또한 ⑥⑦의 시기를 미리 밝혀둘 필요가 있다. ⑥은 天平寶字 원년(757) 윤 8월 10일에 이다카 묘부[飯高命婦]의 宣에 의해 法花經疏 1부 12권을 内裏에 奉請한 것과 관련이 있는 것이므로 그 직후의 것으로 볼 수 있다.

⑦의 연대에 관해서는 여기에 열거된 ⓐ~ⓠ 17명의 經師 모두가 天平寶字 2년(758)의 千巻經·千四百巻經에 종사한 것이 확인되며 마지막의 千二百巻經에는 그중 9명이 보이고 나머지 8명은 보이지 않는다. 그 전후의 사경 사업으로는 (1)天平勝寶 8~9세(756~757)의 大般若經 30권·道巖經 13권, (2)天平勝寶 9세의 般若心經 100권, (3)天平寶字 원년의 金剛壽命陀羅尼經 1000권과 (4)諸佛集會陀羅尼經 400권이 있는데 이러한 자료에 보이는 經師 이름은 ⑦과 일치하지 않는다. 또한 天平寶字2년 이후의 상황을 보았을 때 天平寶字 3년에는 사경 사업이 없었고 (5)天平寶字 4년에 이르러 百三十五部經 사경 사업을 시행했다. 하지만 이러한 자료에 보이는 경사 이름과는 모두 일치하지 않는다. 이상으로부터 약간 소극적이지만 ⑦은 天平寶字 2년의 자료라고 생각된다.[29]

---

27 柳雄太郎는 東野治之, 1976, 앞의 논문에 의하여 이것을 "留守居札"이라고 하였다(1976,「正倉院伝世の木簡」, 奈良国立文化財研究所編,『第1回木簡研究集会記録』). 弥永貞三, 1976, 앞의 논문도 "留守居札"이라고 한다.

28 東野治之, 1976, 앞의 논문. 이하, 정창원 雜札에 대한 東野의 견해는 이 논문에 의한 것이다.

29 東野는 前部倉主가 天平寶字 2년의 문서에만 보이고 阿閇豊庭·子部多夜須·余乙

이상으로부터 ⑥⑦의 서사자는 天平寶字 1, 2년(757, 758)에 寫經所에 있었던 인물이라는 것을 알 수 있다. 東野는 ⑥⑦의 서사자가 他田水主라고 하지만 이미 山下有美가 지적한 것처럼[30] 他田水主는 天平勝寶 4년에 寫經所에서 다른 곳으로 옮겼다. 造東大寺司 정청에서 案主(옮긴이: 문서 작성 및 관리를 담당한 하급 관리)로서 근무한 후, 天平寶字 4년 7월부터는 寫經所의 案主로 되었다. 이러한 자료로부터 보았을 때 他田水主는 적어도 天平寶字 1, 2년 경에는 寫經所에 없었으므로 ⑥⑦의 서사자는 他田水主가 아닌 것이 된다.

그럼 ⑥⑦의 서사자는 누구일까. 이에 관해서는 〈金剛般若經書生等文上帳〉(續々修8／11, 13／463~469)에 대해 주목해 보고자 한다.[31]

書生等文上帳

忍海広次　　寫經十卷(五巻波和良 / 五巻白紙)　用紙一百卌七月十九日十卷

并波和良　合弐拾参巻

(하략. 이하 같음.)

이 자료는 天平寶字 2년에 진행된 金剛般若經 1000권의 사경 사업[千巻經]에 관한 장부로 같은 해 7월 17일부터 26일 사이에 經師가 사경이 끝난 권을 사무직에게 제출한 내용, 그 경사가 千巻經 중 몇 권 서사했는지를 기록한 것이다. 여기에 보이는 經師 이름의 필적은 ⑦과 상당히 비슷하여**(그림 7)** 양자

虫·高東人이 天平寶字 2년을 마지막으로 문서에서 보이지 않게 된 것을 근거로 ⑦을 天平寶字 2년의 金剛般若経·千手千眼経 등의 서사와 관련되어 있는 것으로 추측하고 있어 설득력이 있다. 『大日本古文書(編年)』는 天平寶字 2년 6월 19일 문서에 수록하고 있다.

30 山下有美, 1999, 『正倉院文書と写経所の研究』, 吉川弘文館, 271~273·301쪽.

31 이 사료에 관해서는 山下有美의 가르침을 받았다.

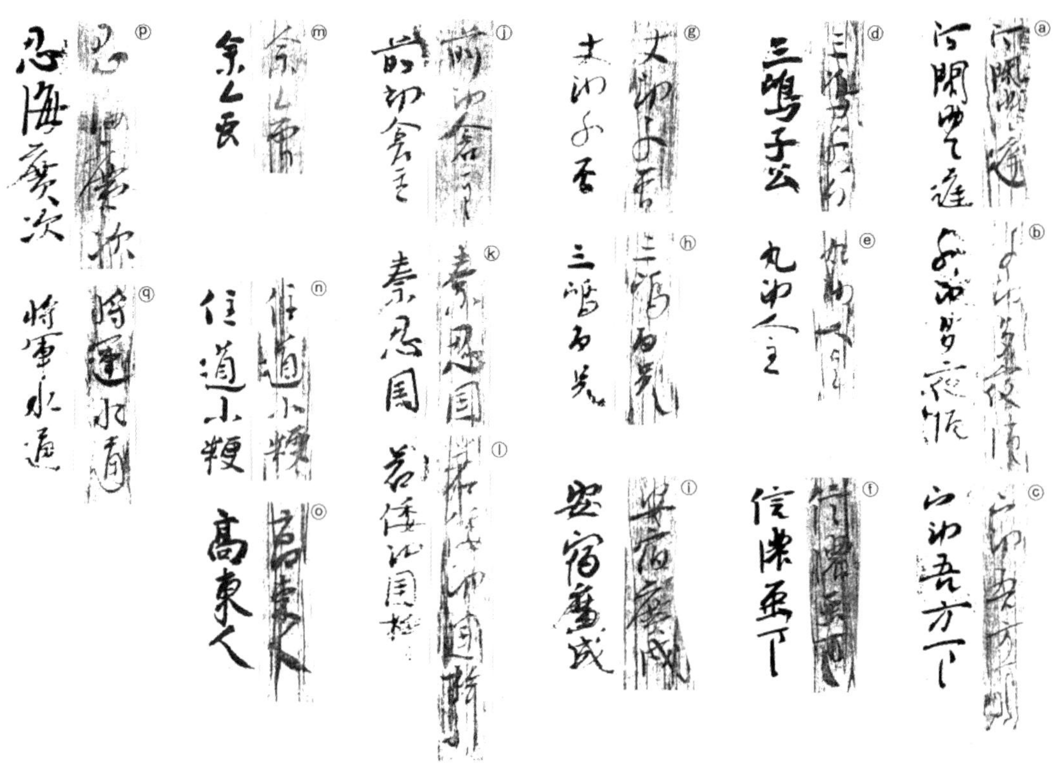

그림 7　**필적 비교**
오른쪽은 ⑦잡찰의 ⓐ-ⓠ. 왼쪽은 〈金剛般若經書生等文上帳〉의 經師 이름

는 동일인의 필적일 가능성이 높다. 이 장부의 서사자는 上馬養일 가능성이 높으나 단정할 수 없어 일단 아무개[某]로 해두겠다. ⑥⑦은 他田水主가 아닌 아무개가 寫經所에서 쓴 글이다.

東野는 ⑥⑦에 근거하여 "寫經所에서는 이외에 다수의 목간이 사용되었던 것은 의심할 여지가 없다"라고 하며 食口案이 "아마 목간의 기록을 모아 다시 정리한 것일 것이다"라고 언급하고 있다. 하지만 ⑥⑦의 서사자가 他田水主일 가능성은 낮으며 食口案도 앞서 말한 것처럼 寫經所에서는 종이로 된 일별 카드를 바탕으로 했다고 생각되므로 寫經所에 관한 東野 설은 성립한다고 보기 어렵다.

하지만 앞서 서술한 바와 같이 ⑥⑦은 아무개가 寫經所에서 썼을 가능성이 높기 때문에 寫經所에서 목간을 사용했다고 보는 東野의 견해는 여전히 성립한다. ⑥의 기재 내용에 대해 東野가 經卷 대출의 기록으로 보고 있는 것은 타당하다. 그러나 經疏의 奉請帳類[32]를 목간에 적힌 기록을 정리해서 작성했다고 보는 부분에 관해서는 증명되지 않았다. 奉請帳類가 奉請에 관한 기록을 정리하여 작성되었다는 점은 분명하지만 그 청구 기록이 꼭 목간이라고는 할 수 없다.

東野가 그것을 목간이라고 한 것은 ⑥이 실제로 존재하고 있다는 점 외에 ⑥을 오늘날의 도서관에서 사용하는 代本板과 같은 것으로 보고 있는 것과 연동된다. 예를 들어 經卷이 선반 등에 정렬되어 있고 보관 위치가 고정되어 있다면 확실히 代本板의 사용은 유효할 것이다. 하지만 經卷은 經櫃에 넣어 관리했다. 經櫃 안의 각 經卷 위치는 經卷을 넣고 뺄 때마다 변동되었을 것으며 만일 代本板으로서 목간을 넣었다고 해도 그 위치는 고정되지 않았을 것이다. 이러한 상황이라고 하면 代本板의 기능을 별로 발휘하지 못하였을 것이다. 즉 經卷 대출의 기록을 목간으로 작성해야 할 필요성은 그리 높지 않다는 것이다. 經卷의 送狀 사본과 수령증 등 종이 문서를 토대로 하여 종이로 經卷 청구 리스트를 작성하고(그 사본도 종이로 작성), 이것에 의해 經卷 관리를 했다는 것은 충분히 있을 수 있다.

⑦에 관해서는 〈可返上筆經師交名〉(續々修32ノ5㉜, 15ノ355, **그림 8**)의 기록이 주목된다.

---

32 「写経所写経出納帳」(続々修16-5①, 12ノ310), 「写経奉請帳」(同②(1)(2), 12ノ431~434), 「写疏所経疏奉請帳」(同③, 12ノ388), 「写疏所経疏奉請帳」(同④, 12ノ389~390), 「東大寺写経奉請帳」(同⑤, 13ノ208~209), 「東大寺写経奉請帳」(同⑥⑦, 13ノ210~212) 등.

그림 8 〈可返上筆經師交名〉

可返上筆　　張兄万呂二　伊蘇志内万呂一　高市老人一

이것은 ⑦과 완전히 동일한 성질의 자료이지만 종이에 쓰여 있다.[33] 이것은 메모와 같은 것으로 보이지만 ⑦도 마찬가지가 아닐까. ⑥에 비해 ⑦의 글씨는 약간 조잡한데 이 점도 필자의 추측과 일치한다. 이것은 寫經所에서 수집한 새로운 木札에 메모한 것으로 생각된다.[34]

이와 같이 ⑥⑦과 같은 기록 내용은 寫經所에서는 종이에 서사하는 것이 일반적이었고 목간에 쓴 것은 특수한 경우로 이해해야 할 것이다. ⑥⑦이 寫經所에서 쓴 목간인 것은 사실이나 이로써 寫經所에서 다수의 목간이 사무 처리에 사용되었다고까지 추정하기는 어렵다.

V 제첨축

마지막으로 사료⑧ 제첨축(題籤軸)에 대해 검토해 보겠다. 정창원에는 문서에서 분리되어 있는 제첨축이 62점, 頭部 즉 제첨 부분 잔결이 9점, 잔결 13점(이상 中倉 22) 있으며 현재 장부 등에 부착되어 있는 것은 259점이다(中倉 255점, 北倉 4점).[35] 실제로 제첨축이 붙어 있는 장부류는 물론 분리된

---

33 이 외에 〈充筆経師交名〉(続々修32ノ5㉒, 15ノ353~354), 〈充筆墨経師交名〉(続々修32ノ5⑦裏, 15ノ354)는 『大日本古文書(編年)』에서는 붓과 먹 지급에 관한 것이라고 하지만 반납에 관한 것일 수도 있다.

34 東野는 ⑦을 붓의 반납을 명한 일종의 하달 문서로 보고 전달 방법은 回覧에 의한 것으로 추측했다. 필자는 이것을 하달 문서라고 생각하지 않는다. 설령 하달문서라고 해도 회람으로 붓을 회수할 수 있을지 의문이 된다.

35 점수에 관해서는 杉本一樹, 1990, 「正倉院」, 『日本古代木簡選』, 목간학회편, 岩波

제첨축도 그것이 원래 붙어 있던 寫經所의 장부류를 상정할 수 있으므로 이들 대부분은 寫經所의 것으로 보면 된다.[36]

그 중에는 軸部에 문자·묵흔이 있는 것이 존재하므로 이것을 목간을 재활용한 것으로 보고 寫經所에 목간이 존재하였음을 보여주는 근거로 간주해 왔다. 中倉 22호 중 제5·6·7·16·21·34·37·38·53·62호, 두부 잔결 제4호, 잔결 제13호 총 12점의 축부에 글자가 쓰여 있다.[37] 그 비율은 약 15%이며 어느 정도의 비율을 차지한다는 것은 확실하다.

축부는 종이에 감겨 있는 부분으로 거기에 글자가 쓰여 있다 하더라도 그것을 깎아낼 필요는 없다. 따라서 거기에 문자·묵흔이 없는 것은 묵흔을 깎아낸 것이 아니라 원래 문자가 없었다고 볼 수 있다.[38] 제첨부에 관해서는 제첨부 두께와 축부 두께 차이에 관한 데이터가 없기 때문에 깎았는지 아닌지 확인할 수 없다. 하지만 제첨부에 글자를 깎은 흔적이 남아 있다는 소견이 없기 때문에, 이 부분에는 원래 글자가 없었을 가능성이 있다.

장부류에 붙어 있는 제첨축에 대해 검토할 수 없다는 점에서 과제가 남

書店(2001,「正倉院の木簡」,『日本古代文書の研究』, 吉川弘文館 재수록)에 의함. 柳雄太郎, 1976, 앞의 논문에서는 문서에 부착되어 있는 것이 234점이라고 하였다. 또한, 현재 문서에 부착되어 있는 제첨축 중에는 축부에 문자가 적혀 있는 것도 있다(예를 들어 22／278). 하지만 문자가 있는지 없는지에 대한 확인은 종이 문서가 감긴 상태인지 아닌지에 의해 결정된다. 따라서 종이 문서가 부착되어 있는 제첨축이 목간을 재활용한 것인지 아닌지에 대해서는 지금으로서는 정확한 데이터를 확보하기 어렵기에 이 글의 검토 대상에서 배제하고자 한다.

36 다만 北倉 문서에 부착되어 있는 4점은 분명히 寫經所의 것이 아니다.

37 이외에 축부에 종이가 부착되어 있고 거기에 글자가 있는 것으로는 제15·61호, 잔결 제12호가 있지만 이 글에서는 검토 대상으로 하지 않는다.

38 제21·38·53호는 제첨부의 문자 방향과 축부의 문자 방향이 거꾸로 되어 있다. 문서는 일반적으로 하부에 공백이 많은데 이것과 관련 있다고 생각한다.

아 있지만, 장부류로부터 분리되는 일이 순서 있게 일어나는 것은 아니기에 분리된 제첨축은 전체를 반영하고 있다고 볼 수 있다. 그렇다면 제첨축 재목에는 일정한 정도의 목간이 포함되어 있으며 그 비율은 약 15%로 그리 높지 않고 대부분은 아무것도 쓰여지지 않은 새로운 재목이었을 것으로 보인다.

제첨축의 작성에 관해서는 호죠 토모히코[北條朝彦]의 연구가 주목된다.[39] 北條는 정창원의 제첨축에 대해 사진을 이용하여 제첨부 크기를 산출하고 "문자 수에 맞추어 임기응변으로 크기 조절을 했던 것이 아닌가"라고 했다. 이 지적은 제첨축을 이와 관련된 장부류가 존재하는 그 자리에서 작성했음을 시사한다. 그럼 장부류가 작성·정리된 현장 주위에 제첨축의 소재로 되는 목재가 존재했다는 것이다. 하지만 문제는 그 재료가 어디서 가져 왔는지 하는 유래에 관한 것이다.

축부의 문자·묵흔 중 어느 정도 의미를 알 수 있는 것은 제5·21·34·38·53호, 잔결 11·13호 총 7점이다**(그림 9)**. 이들은 목간을 이용해서 작성한 제첨축이다. 그중 34호에 보이는 '戶主布師千万呂', 잔결 11호에 보이는 '和大山高原高万呂' 3인은 寫經所 관련 자료는 물론 기타 자료에도 보이지 않아 쉽게 寫經所 사람으로 보기 어렵다.[40] 그러나 53호에 서사된 '川內豊□〔敷?〕'은 裝潢·校生이고 잔결 13호에 서사된 '大鳥高人'은 寫經所에서 경사로 활동한 인물로 확인된다. 또 제5호에 쓰인 '大乘圣四百八十四匚', 제38호에 쓰인 '校紙九百張'[41]도 寫經所의 기록으로 봐야 할 것이다.

이로부터 미루어 보았을 때 제첨축 소재가 된 목간은 대부분이 寫經所에

---

39 北條朝彦, 1998, 「古代の題籤軸—正倉院伝世品と地方官衙関連遺跡出土品—」, 皆川完一編, 『古代中世史料学研究』上巻, 吉川弘文館.

40 제21호 "用紙筑前国戶籍"(주서)은 寫經所의 것인지 확실하지 않다.

41 『正倉院宝物銘文集成』(앞의 서책)에서는 "間紙九百張"이라는 판독문을 제시하고 있지만 『正倉院寶物』4의 판독문은 "校紙九百張"으로 되어 있다.

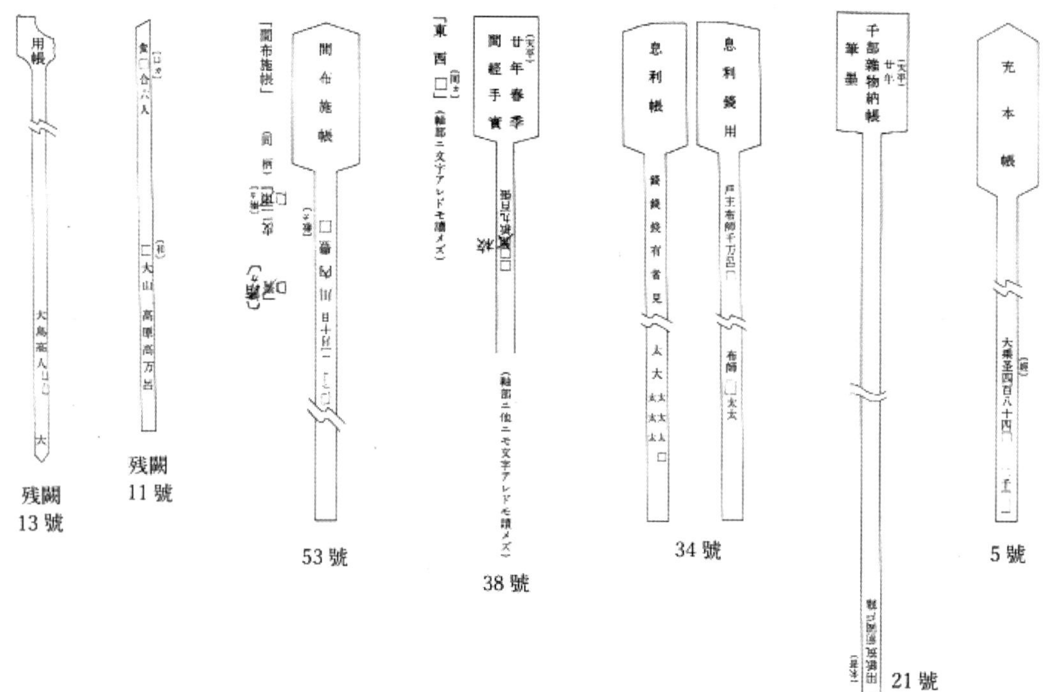

그림 9 **축부에 문자가 있는 제첨축(『正倉院寶物銘文集成』에 의함)**

있었던 것일 가능성이 있으나 일부는 寫經所 밖에서 반입되었을 가능성도 있을 것으로 보인다.

이상 서술한 내용으로부터 寫經所에서 제첨축의 소재로 모은 재목의 대부분은 아무것도 기재되지 않은 새로운 판재로 판단된다. 목간을 이용하여 제첨축을 작성하는 경우도 있었으나 그리 많지 않았던 것으로 생각된다. 이러한 제첨축의 작성 상황으로 보아 寫經所에서 대량의 목간이 재활용 되었다고 까지는 볼 수 없을 것이다.

VI 맺음말

이 글은 寫經所의 사무 처리에 많은 목간이 사용되었다는 통설에 대해 그 사료적 근거를 검토하는 것이 제일 큰 목적이었다. 결과 寫經所에서 목간이 사용되기는 했으나 기존에 예상되었던 것 만큼 많지 않다는 사실이 밝혀졌다.

그러나 이것은 寫經所의 상황이므로 고대 율령 관사 일반의 사무 처리에 널리 목간이 사용되었다는 통설의 전망 자체는 여전히 성립한다고 말 할 수 있다. 平城宮·京 터를 중심으로 한 대량의 목간 출토 사실도 이를 뒷받침해 주고 있다.

다만 이 점을 충분히 고려한 위에 이 글에서 밝힌 寫經所의 상황을 보면 그 전망에 대해 약간 신중하게 고려할 필요가 있다고 생각한다. 東野는 문헌 사료에 보이는 목간의 사례를 망라하여 제시하였다. 그가 제시한 견해는 타당하고 배울 점도 많지만 東野 자신이 지적한 것처럼 나무로서의 재질이 유리한 경우의 사례가 많은 듯하며,[42] 사무 처리 일반에 널리 목간이 사용되었다고까지는 볼 수 없다고 생각한다.

寫經所라는 관사에서는 경문을 적은 종이편이 사무용으로 재활용되는 경우가 많았으며 종이가 많이 존재한 것은 확실하다. 따라서 寫經所에서의 목간 사용이 적었다는 상황을 설명할 수도 있다. 그러나 다른 율령 관사·귀족의 가정기관에 있어서 종이와 나무의 사용 비율은 지금까지 검증된 바 없다.[43]

42 東野治之, 1974, 앞의 논문.

43 長屋王家 목간 중에는 經典이나 漢籍 서사에 관한 내용을 기록한 목간이 존재하지만 이러한 목간은 쌀밥 지급에 관한 것으로 사무 처리 체계의 전체적 양상이 분명치 않다. 또한 장부와 관련한 목간이 보이지 않아 장부는 종이로 작성되었을 가능성이 있다고 생각한다(山上憲太郎, 2021, 「長屋王家の写経事業とその変遷」, 『日本歷史』874 ; 勝浦令子, 1991, 「木簡からみた北宮写経」, 『史論』44).

寫經所 나아가서 寫經所 문서를 특수한 환경에 처해있는 것으로 整合性을 노리는 것이 아니라 이 글에서 밝힌 바와 같이 寫經所에서의 종이와 나무의 관계를 적극적으로 고려해야 할 것이다.

(번역: 팡궈화(方國花), 경북대학교 인문학술원 HK연구교수)

참고문헌

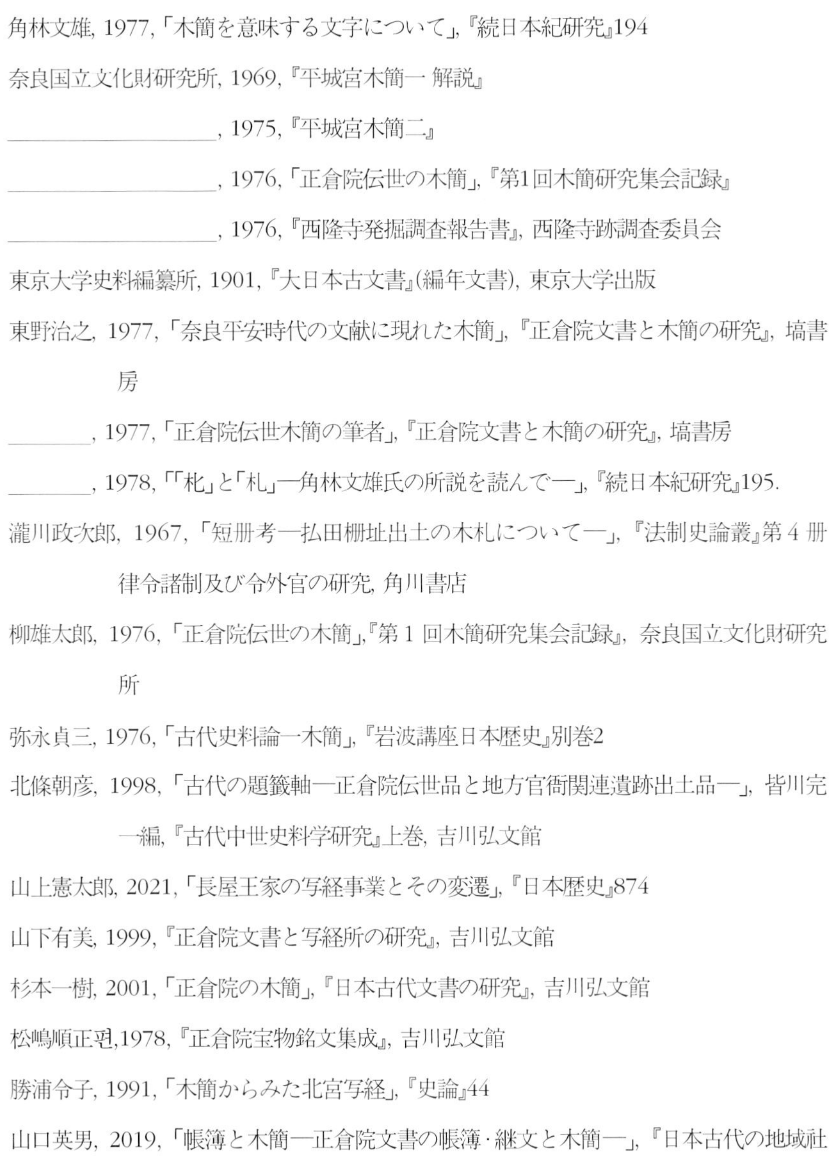

角林文雄, 1977, 「木簡を意味する文字について」, 『続日本紀研究』194

奈良国立文化財研究所, 1969, 『平城宮木簡一 解説』

__________________, 1975, 『平城宮木簡二』

__________________, 1976, 「正倉院伝世の木簡」, 『第1回木簡研究集会記録』

__________________, 1976, 『西隆寺発掘調査報告書』, 西隆寺跡調査委員会

東京大学史料編纂所, 1901, 『大日本古文書』(編年文書), 東京大学出版

東野治之, 1977, 「奈良平安時代の文献に現れた木簡」, 『正倉院文書と木簡の研究』, 塙書房

_______, 1977, 「正倉院伝世木簡の筆者」, 『正倉院文書と木簡の研究』, 塙書房

_______, 1978, 「「杙」と「札」―角林文雄氏の所説を読んで―」, 『続日本紀研究』195.

瀧川政次郎, 1967, 「短冊考―払田柵址出土の木札について―」, 『法制史論叢』第 4 冊 律令諸制及び令外官の研究, 角川書店

柳雄太郎, 1976, 「正倉院伝世の木簡」,『第 1 回木簡研究集会記録』, 奈良国立文化財研究所

弥永貞三, 1976, 「古代史料論一木簡」, 『岩波講座日本歴史』別巻2

北條朝彦, 1998, 「古代の題籤軸―正倉院伝世品と地方官衙関連遺跡出土品―」, 皆川完一編, 『古代中世史料学研究』上巻, 吉川弘文館

山上憲太郎, 2021, 「長屋王家の写経事業とその変遷」, 『日本歴史』874

山下有美, 1999, 『正倉院文書と写経所の研究』, 吉川弘文館

杉本一樹, 2001, 「正倉院の木簡」, 『日本古代文書の研究』, 吉川弘文館

松嶋順正 편,1978, 『正倉院宝物銘文集成』, 吉川弘文館

勝浦令子, 1991, 「木簡からみた北宮写経」, 『史論』44

山口英男, 2019, 「帳簿と木簡―正倉院文書の帳簿·継文と木簡―」, 『日本古代の地域社

会と行政機構』, 吉川弘文館

栄原永遠男, 2018,「月借銭解に関する基礎的考察」,『正倉院紀要』40

正倉院事務所 편, 1994,『正倉院寶物』4 中倉Ⅰ, 毎日新聞社

#08

簡牘 시대 『史記』 寫本의 원류와 傳承 과정*

•

금재원

(경북대 인문학술원 HK연구교수)

I 머리말

前漢代 武帝 재위기 전반에 걸쳐 太史직을 역임한 司馬談·司馬遷 부자 저작의 『太史公書』, 즉 훗날 『史記』로 專稱되는 史書의 연구는 오늘날 '史記學'이라 부를 수 있을 정도로 하나의 연구 분야를 형성하고 있다. 특히 『사기』 전승 연구는 『사기』를 중국 역사학의 시초로 여기는 만큼, 중국 史學史 분야의 泰斗로서 중요한 가치를 지닌다.

최초 저술에서 오늘날의 전승에 이르기까지, 2000년을 초과하는 『사기』의 연구사를 한편의 원고 속에 모두 담아낼 수는 없을 것이다. 그 한계를 인

* 이 글은 『중국고중세사연구』제63집(2022.2)에 게재되었던 논문이다.

정하고 이 글은 단지 기록 매체의 발전사라는 측면에서 『사기』의 전승 문제에 접근하고자 한다. 최초 제작된 『사기』의 기록 매체는 簡牘이었다. 이 간독의 시대를 거쳐 종이의 발명으로 도래한 紙卷 시대까지의 '寫本', 인쇄술 발명 이래 출판문화의 흥성으로 획기적이고 광범한 전승이 진행되었던 '版本', 심지어 현대의 디지털 다중 매체 시대의 도래와 더불어 다방면에서 입체적으로 진행되고 있는 電子本에 이르기 까지[1], 『사기』 전승의 사학사는 그 자체로도 2000여년 동아시아 기록 문화 전체를 아우르는 通史가 된다. 따라서 『사기』의 연구는 전통의 중국 고대사 분야에서 뿐만 아닌, 동아시아 기록문화를 관통하는 가장 주요한 표본 자료로서도 주목할 필요가 있다.

그런데 현재까지 『사기』의 원류와 전승 연구는 풍부한 수량의 축적에도 불구하고 극복할 수 없는 난관이 오랫동안 상존해왔다. 즉, 『사기』 실물의 절대 다수가 인쇄술 발명 이후의 '판본'인 반면, 그 이전 시대의 '사본'은 극소수에 불과하다는 것이다. 그것은 관련 연구가 판본 연구 혹은 판본에 의거한 사본 연구에만 그치고 있는 원인이기도 하다. 『사기』 사본은 기존에 가장 이른 시기의 종이 초사본인 일본 石山寺 소장 「張丞相列傳」·「酈生陸賈列傳」 잔편을 비롯한 15여종의 일본 전래 초사본에 더하여,[2] 최근 러시아 소장 돈황문

---

1 일찍이 張顯成은 簡帛文獻을 개설한 그의 저서에서 서사 매체에 의거한 시기 구분을 제시한 바 있다. 그는 삼 단계 시기구분으로서 "簡帛시대-紙卷시대-印刷시대"를 제시했다. 나아가 현재 진행형의 시대 특성을 "電子데이터(數據)시대"로 규정했다(『簡帛文獻學通論』, 中華書局, 2004, 11쪽).

2 기존 일본의 『史記』 사본 및 판본 연구는 水澤利忠의 역작 『史記會注考證校補』(史記會注考證校補刊行會, 1957-1970)가 가장 전면적이면서도 완결된 연구 성과로 알려져 있다. 이는 1986년에 중국의 上海古籍出版社에 의해 재차 출간되기도 했다. 이를 포함한 총괄 분류·정리는 張宗品, 「近百年來 『史記』寫本研究述略」, 『古籍整理研究學刊』, 2014-3를 참고.

서에서 정리된 「李斯列傳」 잔편[3]에 이르기까지 그 가능성이 조금씩 개선되어 가고 있다. 하지만 여전히 극소수인 자료만을 가지고 총괄 연구를 진행한다는 것은 요원하기만 한 일이다. 하물며 종이 사본은 그나마 발견이라도 되지만, 간독 사본의 실물은 현재까지 발견된 바가 없다.[4] 이 같은 실물의 결핍은 인간의 인식에도 영향을 끼쳐, 간독과 지권의 문화 속에서 지적 유기체로 살았던 고대인들에 비해 현대인들은 그에 대해 무지하도록 만들었다. 『사기』 사본의 연구는 인지 구조(cognitive structure)가 상실된 無知의 시대 동안 진행되어 왔기 때문에, 해결이 불가한 결함 요소가 항상 내재될 수밖에 없었다.

필자가 생각하고 있는 기존 『사기』 사본 연구의 문제는 대략 두 가지로 나눌 수 있다. 첫째, 기존 연구는 판본 체계와 사본 체계를 구분하지 않고 혼동한 채 개념을 적용한 경우가 많다. 가장 대표적인 예가 현재 산을 이루고 있는 『사기』 개별 편장의 진위 논쟁이다.[5] 이들은 의식적이든 무의식적이든 간에 판본의 존재를 가정해 위작을 판별하거나, 판본에서 일어날 수 있는 위작의 가능성과 사본에서 일어날 수 있는 경우를 혼동하여 진위를 일도양단하듯 나누곤 한다. 이러한 견해들은 사본의 인식 제고를 통해 조정될 필요가 있다.

---

3 張宗品, 「俄藏敦煌文獻所見存世最早的『史記』寫本殘片及其綴合」, 『敦煌研究』, 2011-5 참조.

4 지금은 대영박물관에 소장 중인 T.Ⅵ.b.i301호 簡에 대해, 일찍이 『流沙墜簡』은 이것이 『史記·滑稽列傳』을 誤列한 殘簡인 것으로 考釋한 바 있다. (羅振玉·王國維, 『流沙墜簡』, 中華書局, 1993, 218쪽 "簡牘遺文" 참조). 그러나 "久不相見"으로 시작하는 해당 구절은 사실 「골계열전」에서만 볼 수 있는 용어가 아니라, 서북 한간의 서신에서 오랫동안 만나지 못했다는 관용적 표현으로 자주 쓰인다. 따라서 이것을 왕국유·나진옥의 초기 견해를 따라서 「활계열전」의 잔간으로 단정할 수는 없는 것 같다.

5 대표적인 것으로는 후술하게 될 "十篇有錄無書"와 관련한 진위 논쟁이다. 그 외에 『戰國策』과 『史記』를 비교한 관련 편장의 위작 논쟁, 「屈原賈生列傳」의 의심에 근거한 '굴원부정론', 혹은 가의에 초점을 맞춘 개작 논란 등이 여기에 속한다.

나아가 사본 중에도 간독 사본과 지권 사본은 구분이 필요하지만, 대부분은 이들을 구분하지 않은 채 동일하게 인식하고 접근한다. 간독과 종이 사이에는 실물의 확연한 변화가 발생하기 때문에, 그것의 製作·增補·逸失의 현상은 결코 동일할 수 없다. 따라서 그 구조의 상이한 바를 엄격히 구분할 필요가 있을 것이다. 이 글은 간독을 대상으로 해 온 필자의 연구 경험에 의거해, 간독『사기』 사본의 고유한 특성을 가정하고 그 체제와 전승의 개념 정립을 시도할 것이다.

둘째, 간독『사기』 사본 연구는 실물이 존재하지 않기 때문에 언제나 '실증'이 아닌 '상상'일 수밖에 없는 근본적 한계가 존재한다. 이는 이 글 또한 극복할 수 없는 문제이다. 그러나 과연『사기』의 원류를 추적하는 것이 단지 신기루를 좇는 것에 불과한 일일까? 비록 실물을 확인할 수는 없지만『사기』의 원본 혹은 사본이 간독의 형태로 전승되었던 것은 부정할 수 없는 사실이다. 입증하지 않아도 확신할 수 있는 사실이 있기 때문에, 우리는 '합리적 상상'을 전개하는 것이 가능하다. 이미 그 배경 사실을 방증할 수 있는 상황은 충분히 마련되어 있다. 오늘날 다량으로 출토되고 있는 간독 문서 및 전적, 그리고 돈황 및 각지에서 발견되는 종이 문서 등 실물 필사 텍스트의 예는 간독 문헌의 상상이 언젠가는 입증 가능한 사실로 바뀔 수도 있음을 보여준다. 그것은 지하의 기록인 간독과 지상의 기록인 전래 문헌 간을 비교하는 '이중증거법'[6]의

6 王國維가 최초로 주창한 '二重證據法'은 陳寅恪이「王靜安先生遺書序」에서 세 가지 방법론으로 정의한 이래, 오늘날 중국의 중고교 역사 이론 교재로 활용될 정도로 중국사학의 바탕이 되는 지론을 형성하고 있다(해당 문장은『中學歷史教學』, 2006-4에도 수록된 바 있다). 즉, 진인각은 왕국유의 사학을 "地下의 實物과 紙上의 遺文을 상호 석증하는 것"(取地下之實物與紙上之遺文互相釋證), "국외(異族)의 古書와 국내(吾國)의 舊籍을 상호 보정하는 것"(取異族之故書與吾國之舊籍互相補正), "외래의 관념과 고유의 자료를 상호 참증하는 것"(取外來之觀念, 與固有之材料互相參證)으로 분류했다. 그 중 고고학과 고대사를 비교·대조한 첫 번째 분류가 실증 사학 분야의 '이중증거법'에 해당할 것이다. 여기에 사회학 혹은 문화인류학 등 분야와의

가능 영역을 확장하는 일이기도 하다.

요약하면 동아시아의 기록 매체가 간독에서 지권, 출판인쇄물, 디지털 다중 매체로 대체되는 파고를 거치며, 현대인은 『사기』 본연의 매체가 간독이었다는 사실을 잊은 채 살고 있다. 게다가 간독 『사기』의 원본이 실제 발견될 가능성은 거의 0에 가까워, 어쩌면 영원히 발견되지 않을 지도 모른다. 그 희박한 가능성으로 인해, 우리는 원류로 향하는 指標를 상실한 채 『사기』를 상상해 왔다. 이 글 또한 여전히 상상의 영역에 머무르겠지만, 최소한의 목표는 제시하고자 한다. 그것은 실증으로 나아가기 위한 지표의 복원, 사람들의 사고 속에서 오랫동안 잊혀 폐허가 된 간독의 인지 구조를 재구축하는 것이다.

II 簡牘 『史記』의 轉寫 경로

司馬遷은 『史記』의 마지막 편장인 「太史公自序」에서 130편 52만 6500여 자로 쓰여진 '太史公書'의 완성을 확정하며, 그것을 名山에 소장하고 부본을 京師에 둔다고 밝혔다.[7] 즉, 『사기』는 정본 '명산본'과 부본 '경사본'의 동일한 두 편으로 제작되었다. 그 증언을 『漢書』 역시 「司馬遷傳」에서 동일한 기록으

접목을 통한 '삼중증거법' 혹은 '사중증거법'으로의 확장을 시도하기도 하지만, 그 기본은 언제나 특성이 다른 두 자료를 비교 검증한다는 '이중'의 틀을 벗어나지 않는다.

7 『史記』(中華書局 點校本, 1982年版)卷130 「太史公自序」, 3319-3320쪽: 凡百三十篇, 五十二萬六千五百字, 爲太史公書. 序略, 以拾遺補蓺, 成一家之言, 厥協六經異傳, 整齊百家雜語, 藏之名山, 副在京師, 俟後世聖人君子. 第七十.

로 전하고 있다.[8] 그런데, 『한서』는 다른 사실 하나를 부연했다. 班固는 의도하지 않았겠지만, 그것은 2000년 『사기』 연구사에 풀리지 않는 난제를 던진 셈이 되었다. 널리 알려진 바와 같이, 『사기』가 "十篇有錄無書"[9], 즉 130편 중 10편이 목록만 있고 문서가 실전했다는 언급이 바로 그것이다.

『한서』는 그 10편이 무엇인지 밝히지 않았지만, 曹魏 시기의 인물 張晏은 그것을 "景紀·武紀·禮書·樂書·律書·漢興已來將相年表·日者列傳·三王世家·龜策列傳·傅靳蒯列傳"로 특정했다. 그리고 漢代 元·成 년간에 '褚先生', 즉 褚少孫에 의해 "武帝紀, 三王世家, 龜策·日者列傳"이 보충되었다고 말했다.[10] 唐代에 司馬貞이 쓴 주석 『索隱』은 앞선 장안이 말한 망실된 10편의 목록을 그대로 따르며, "景紀(「孝文本紀」)가 班書(『漢書』)에 의해 보충되었고 武紀(「孝武本紀」)가 「封禪書」의 내용을 취했으며, 「禮書」가 荀卿의 禮論을 취했고, 「樂(書)」가 禮樂記를 취했다"[11]라고 하는 등, 보다 구체적인 상황을 부연했다. 이렇게 반고의 증언에 기초하여 장안의 손을 거쳐 사마정에 이르며 점진적으로 구체화된 "十篇有錄無書"의 說은 역대 수많은 논자들이 믿고 따르는 『사기』 전승에 관한 상식으로 이해되었다. 그러나 오늘날 그 설을 있는 그

---

8 『漢書』(中華書局 點校本, 1964年版)卷62 「司馬遷傳」, 2724쪽: 臧之名山, 副在京師, 以竢後聖君子. 第七十……

9 『漢書』卷62 「司馬遷傳」, 2724쪽: ……遷之自敍云爾. 而十篇缺, 有錄無書. 동일한 증언은 「藝文志」에서 한 차례 더 언급되었다. 卷30 「藝文志」, 1714쪽: (太史公百三十篇)十篇有錄無書.

10 『史記』卷130 「太史公自序」, 3321쪽: 『集解』駰案……張晏曰"遷沒之後, 亡景紀·武紀·禮書·樂書·律書·漢興已來將相年表·日者列傳·三王世家·龜策列傳·傅靳蒯列傳. 元成之閒, 褚先生補闕, 作武帝紀, 三王世家, 龜策·日者列傳, 言辭鄙陋, 非遷本意也.

11 『史記』卷130 「太史公自序」, 3321쪽: 『索隱』案……景紀取班書補之, 武紀專取封禪書, 禮書取荀卿禮論, 樂取禮樂記……

대로 믿는 학자는 없고, 의문과 반박을 제기한 연구 성과도 다수 존재한다. 오랜 기간 진행된 연구에도 불구하고 각각의 설은 분산된 채 논의되고 있을 뿐, 누구 하나 定論을 이루지 못하고 있는 실정이다.

"十篇有錄無書" 논쟁의 가장 큰 문제는 정작 '사건 현장'이라 할 수 있는 『사기』에서 『한서』에 이르는 200년 가량의 기간을 논의의 주제로 삼지 않는다는 것이다. 그 기간을 생략하고 장안의 설로부터 단서를 이어 나가면, 漢代를 외면한 채 삼국시기 상황부터 『사기』를 논하는 셈이 된다. 무엇보다 삼국시기에 이르면 蔡倫이 개량하여 만든 '蔡侯紙'[12]의 상용화가 진행되기 시작하여, 서사 매체가 간독에서 종이로 전환되는 紙·木 병용의 시대가 도래 한다. 매체의 구조가 달라지면 그로 인해 텍스트를 인식하는 사람의 인지 구조 또한 기존과 동일할 수는 없다. 장안이 보았던 『사기』와 관련 해석을 남긴 문서가 기존 매체인 간독이었는지, 아니면 신매체인 종이로 구성되었는지는 확실히 알 수 없다. 다만, 그 시기 전후하여 장안을 비롯한 여러 논자들에 의해 편찬되기 시작하는 註釋은 기존 간독의 협소한 서사 공간을 벗어나 종이로 인한 혁신이 일어나며 확장 발전된 필법이었다. 종이 매체가 보다 정교해지고 紙卷 시대가 확립되면서, 남조 시기에 이르러서는 『사기』의 '具註'라 할 수 있는 『史記集解』의 편찬까지도 가능하게 된다. 문제는 지권 시대의 자료인 『사기집해』에 반영된 인식을 간독 시대였던 한대인의 인식과 등치할 수 없다는 것이다. 간독과 종이에 대한 인식이 뒤섞여 있는 증언 속에서, 각각의 시대를 구분해 내고 그 설이 간독 시대의 전승 원리에 부합하는지를 판별하는 것이 관련 문제의 선결 과제일 것이다. 그 과정은 결코 간단하지 않다. 따라서 논의에 앞서 필자의 생각을 종합하여 최종 정리한 『사기』 전승 경로의 개략적 모식을 다음

12 『後漢書』(中華書局 點校本, 1973年版)卷78「宦者列傳」, 2513쪽: 自古書契多編以竹簡, 其用縑帛者謂之為紙. 縑貴而簡重, 並不便於人. 倫乃造意, 用樹膚·麻頭及敝布·魚網以為紙, 元興元年奏上之, 帝善其能, 自是莫不從用焉, 故天下咸稱蔡侯紙.

과 같이 먼저 소개함으로써 이해의 편의를 도모하고자 한다.

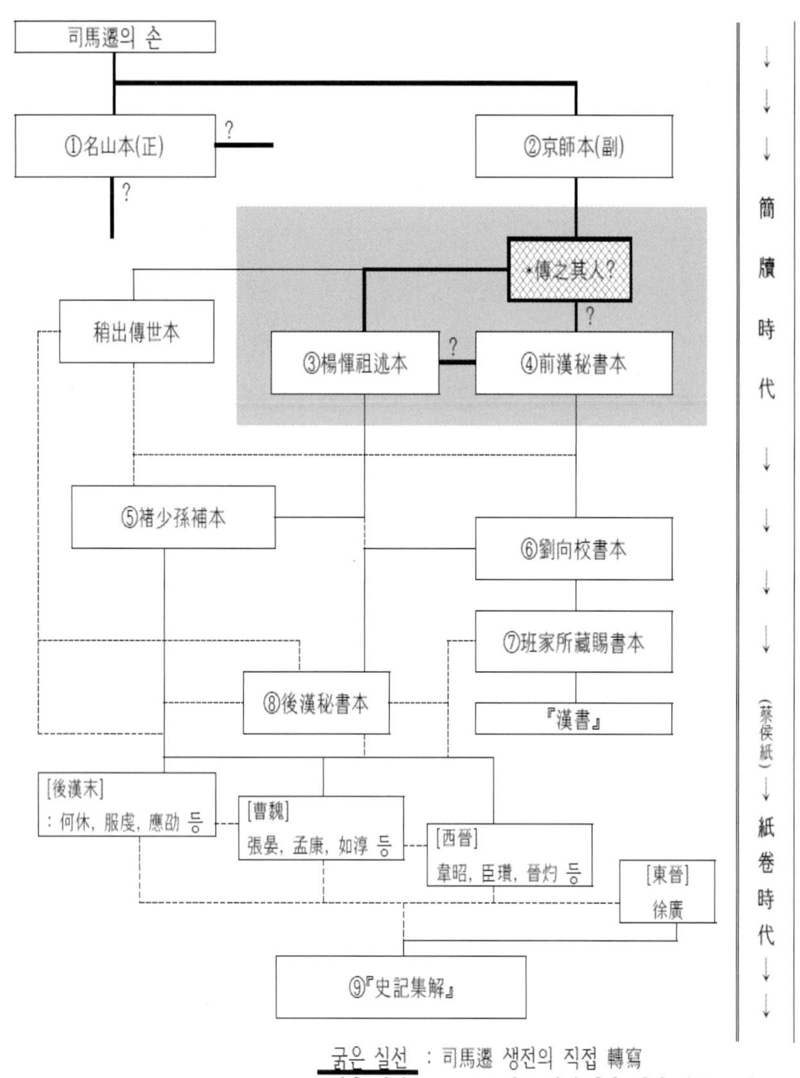

簡牘 시대 『史記』 寫本 轉寫의 추이

상술한 바와 같이 『사기』는 최초에 사마천의 손을 거쳐 ①명산본과 ②경사본으로 제작되었다. 이에 대해 보통은 ①이 正本, ②가 副本인 것으로 이해한다. 그 중 ①의 '名山'을 어떻게 이해할 것인지에 대해 각 논자마다 다른 견해가 존재한다. 크게 두 가지 설로 나누어 보면, 하나는 顏師古의 주석과 같이 특정한 山의 서고에 보관했다는 설로서 일반적인 견해에 속한다.[13] 다른 하나는 사마정의 해석에 의거해 관방의 書府로 보고 이것이 바로 ④의 皇室祕書本이 되어 『사기』의 정본을 형성했다는 것이다.[14] 두 번째 설에서 '명산'의 의미를 寓意로서 푸는 것은 가능할지 모르겠으나, 만약 그것이 직접 ④로 이어진다면 간독의 전승 원리에 있어 몇 가지 난제가 발생한다. 다시 말해, ①과 ②가 모두 사마천의 손을 떠나 전수의 목적으로 제작되었다는 논리가 되는데, 과연 그것이 진정 사마천이 의도한 바일지는 의문이 든다.

일단 '명산'의 함의를 차치하고 사마천이 그것을 말한 본의를 천착해 보자. 그는 『사기』를 제작하며 古文으로서 고정되는 정본(藏之名山)과 今文으로 유통되는 부본(副在京師)의 형성을 의도했을 것이다. 그런 차원에서 보면 비록 단순하긴 해도 정본의 소장을 망실에 대비한 것으로 이해한 안사고의 주석이 보다 핵심에 가깝다. 게다가 사마천이 지적한 '경사'의 지리 범위에는 황실 또한 포함되므로, 명산을 중앙 조정의 서부로 해석하면 경사와 중복 표현이 된다. 그러한 세세한 문제를 떠나, 간독으로 제작된 서적이 관방이든 민간이든 간에 일단 저자의 손을 떠나면 변형이 불가피하다는 사실을 사마천이 모를 리 없다. 정·부본을 이중 제작하는 방식은 바로 그러한 간독 문서의 변형을 방지하고 원본 내용을 유지하기 위한 필사법이다. 진한 행정 문서에서도 문서

13 『漢書』卷62「司馬遷傳」, 2724쪽: 顏師古注: 臧於山者. 備亡失也. 其副貳本乃留京師也.

14 易平·易寧, 「『史記』早期文獻中的一個根本問題-『太史公書』"藏之名山, 副在京師"考」, 『南昌大學學報(人文社會科學版)』, 2004-1 참조.

의 유통을 정본 혹은 부본으로 하는 것에 대한 행정 절차가 존재했다.[15] 법률 문서 자체도 그러한 정·부본의 원리에 따라 필사되고 끊임없는 교감이 이루어진다.[16] 사마천이 자칭한 '태사공'은 바로 기층에서 법률·행정 문서의 서사를 담당하는 史의 임용 시험 주관자이기도 했던 太史를 가리킨 것이다.[17] 요컨대, 사마천은 필사 분야에 있어 당대 최고의 전문가였다. ①②는 바로 그의 전문 지식에 따라 원본의 망실과 변형에 대비한 '轉寫'의 원칙을 따른 것이라 할 수 있다.

비록 ①이 유출되어 전승되었을 가능성도 배제할 수 없지만, 그 여부를 고려하더라도 원본 유지를 위해 보관했던(藏) 고정형의 정본이 존재했음은

---

15 이를 테면 정본 문서를 보낼 것을 명시한 '上眞書' 혹은 '騰眞書'라는 행정 용어가 있다(陳偉 主編, 『里耶秦簡牘校釋』(第一卷), 武漢大學出版社, 2012, 47·52쪽). 그리고 '當騰' 혹은 '當騰騰'과 같은 행정 용어 또한 빈번히 출현한다. 오늘날 이 용어는 '마땅히 전송할 문서는 전송한다'는 의미로 해석되지만, 초기에는 '騰'을 '謄'의 通假로 보아 '초록하다'는 의미로 이해했다(『里耶秦簡牘校釋』(第一卷), 3-4쪽의 주석[9]가 관련 용어를 자세히 집석했다). 간독 문서의 특성상 '移書'는 반드시 '抄錄'을 동반하므로 이 두 가지 행위를 굳이 엄격히 구분할 필요는 없다고 본다. 여전히 기존의 해석을 수용하여 '초록', 즉 '轉寫'를 동반한 전송으로 볼 수 있을 것이다.

16 진한대 율령은 원본의 개념으로 '三尺律令'이 존재했고, 그것을 지방의 郡 예하 縣官에서 율령을 전파하고 감수하는 '讎'의 과정을 통해 원본과의 동일성을 유지하고자 했다. 관련 연구는 졸고, 「家傳하는 簡牘 문서–睡虎地秦簡 법률문서 성격의 재고」, 『中國古中世史硏究』第六十輯, 2021 참조.

17 彭浩·陳偉·工藤元男 主編, 『二年律令與奏讞書』, 上海古籍出版社, 2007, 296쪽의 조문에서 알 수 있듯이 史學童의 시험과 성적 평가, 임용의 총괄 권한은 太史에게 있었다(史·卜子年十七歲學. 史·卜·祝學童學三歲, 學佴將詣太史·太卜·太祝, 郡史學童詣其守, 皆會八月朔日試之……郡移其八體課太史, 太史誦課, 取最一人以爲其縣令史, 殿者勿以爲史. 三歲壹并課, 取最一人以爲尙書卒史).

틀림없다. 그 개념을 전제하여 이 글은 ①을 正, ②를 副로 가정한다. 유통을 목적으로 한 ②는 『한서』에 따르면 사마천 사후 부분 내용이 조금씩 유출되던 것이 宣帝 시기에 이르러 외손자 楊惲이 祖述, 즉 베껴 쓴 寫本인 ③이 세간에 나오면서 전면 공개되었다.[18] 아마도 그 시기를 즈음하여 ④가 확정되었을 것이다. 그러나 ④로의 전승 경로는 확실하지 않다. 『한서』 기록의 맥락에 의거하면, ③이 먼저 형성된 후 ④로 이어졌을 가능성이 높다. 하지만, 사마천 부자가 서적을 제작하고 있다는 것은 생전에 공공연한 사실로 알려져 있었기 때문에[19], 완성된 서적은 어떠한 형식으로든 관부에 헌상되어야 했을 것이다. 따라서 ③을 거치지 않고 ②에서 바로 ④로 이어졌을 가능성 또한 배제할 수 없다.

관건은 ②의 1차 전수자가 누구인지에 달려 있을 것이다. 그 대상은 다수가 아닌 특정한 개인, 혹은 소수의 그룹으로만 한정된다. 하나의 版本으로 불특정 다수로의 전수가 가능한 시대에 사는 우리에게는 낯선 개념이겠지만, 인쇄술이 발명되기 이전까지의 모든 서적은 寫本, 즉 오로지 전사를 통해 특정 개인에게만 전수되는 것이 오히려 상식이었다. 사마천은 지인 任安에게 보내는 서신에서 정·부본으로 이루어진 '태사공서'의 존재를 한 차례 더 언급했다. 여기에서 그는

---

18 『漢書』卷62「司馬遷傳」, 2737쪽: 遷旣死後, 其書稍出. 宣帝時, 遷外孫平通侯楊惲祖述其書, 遂宣布焉.

19 「太史公自序」에서는 上大夫 壺遂와 나눈 현 시대(무제 시기) 역사 저작의 필요성에 대한 공개 토론 내용을 수록했다(『史記』卷130「太史公自序」, 3297-3300쪽). 이는 '太史公' 부자가 사서를 편찬 중임을 기타 조정의 관료들 역시 인지하고 있었다는 증거가 된다. 그리고 후술하듯이 司馬遷이 지인 任安에게 보낸 서신 중에서도 '太史公書'의 존재를 상세히 전하고 있다.

하나는 名山에 보관하고, **하나는 그 사람에게 전하여(傳之其人)** 마을과 大都(수도)에 유통시킬 것이다.[20]

라고 했다. 이는 ①②를 달리 말한 것으로, 특히 ②를 실천하기 위한 구상을 밝혔다는 면에서 주목할 필요가 있다. 사마천은 ②를 왜 "傳之其人", 즉 "그 사람에게 전한다"라고 한 것일까? 출판과 디지털 매체에 익숙한 현대인과 달리, 아마도 사마천의 인지 구조 속에는 개인의 지식을 불특정 다수에게 바로 전파한다는 개념 자체가 존재하지 않았을 것이다. 개인이 지식의 전파를 위해 주체적으로 할 수 있는 일은 특정한 개인에게 전수하는 것뿐이기 때문에, 그 필수의 과정으로서 '傳之其人'을 의식적으로 언급했을 것이다. 따라서 ②가 ③과 ④로 이어지기 전, 어느 개인이 그것을 1차로 전수받는 과정은 반드시 수반되어야 한다. 그것이 ②-③의 경로라면, 양운이 확보한 『사기』는 바로 ②의 부본(이를 ②-N으로 칭하겠다)일 것이다. ②로부터 ②-1을 전사 받은 개인이 중간 고리로서 존재해야 ③이 성립될 수 있는 것이다. 그것은 사마천의 딸이었던 양운의 모친일 수도, 그의 부친이자 昭·宣 년간에 승상을 역임한 楊敞일 수도 있다.[21] 아니면 다른 누군가의 ②-1을 이들이 전달받았거나 혹은 재차 전사한 ②-2를 받은 것일지도 모른다. 만약 ③을 거치지 않은 ②-④의 경로가

---

20 『漢書』卷62 「司馬遷傳」, 2735쪽: 藏之名山, **傳之其人**通邑大都.

21 『漢書』卷66 「公孫劉田王楊蔡陳鄭傳」, 2889쪽에 楊惲이 사마천의 딸이었던 모친으로 인해 『史記』를 읽기 시작했고, 『春秋』에 능했다는 그의 소질을 짤막하게 서술했다(惲母, 司馬遷女也. 惲始讀外祖 『太史公記』, 頗爲 『春秋』). 부친인 楊敞의 역할은 기록에 언급된 바 없지만, 승상이었던 그의 사회적 지위와 가장으로서 家傳 문서를 통제할 수 있는 권력이 있었다는 면에서 그가 전승에 개입했을 것으로 추측된다. 그러나, '司馬英'으로 알려진 司馬遷 딸의 이름이나, '名山'의 寓意가 아버지가 당한 李陵의 변으로 인해 시댁인 華陰으로 대피한 '사마영'이 『사기』 정본을 가져갔던 연유로 '華山'을 지칭한 것이라는 설 등은 모두 근거 없는 소문에 불과하다. 그것은 사마천의 일생과 『사기』 저작의 극적 요소로 인한 감정 이입의 산물일 것이다.

형성되었다 해도, ②-1의 존재는 필수이다. ④로의 전달을 사마천 본인이 했건 그의 1차 전수자가 했건 간에 경사 지역의 유통을 목적으로 한 이상, 황실의 祕書로서 유통이 중단되는 ④를 부본 없이 단일본으로 헌상하지는 않았을 것이다. 그 말인 즉, ②를 떠난 『사기』 사본은 그것을 의도했건 의도하지 않았건 간에, 원본의 변형은 불가피하게 일어날 수밖에 없다.

②에서 ③④로 이어지는 구간은 사마천이 의식할 수 있는 범위 내의 직접 전사가 이루어졌다는 면에서, 『사기』 사본 중의 源流에 속한다. 반면, ⑤ 이하의 구간은 사마천이 예상할 수 없는 사후의 간접 혹은 부분 전사가 혼재되어 있다는 면에서, 이를 『사기』 사본의 支流로 분류할 것이다. 먼저 ⑤는 元·成 년간에 활동한 褚少孫이 사적 경로를 통해 집성한 것으로서 지류에 해당한다. 전래의 『사기』 내용이 불완전한 것은 다수의 사례가 ⑤로부터 발원했기 때문이다. 그러나 "十篇有錄無書"가 ⑤로 인해 발생한 것은 아니다. 이는 ⑥⑦⑧의 문제와 더불어 후술할 것이다.

④로부터 이어진 ⑥은 成帝 년간부터 황실 秘書를 校正한 劉向, 넓게는 그를 이은 아들 劉歆에 의해 형성된 사본이다. 그것은 교정의 다소에 따라 ④와 동일한 부본일 수도, 혹은 변형된 사본일 수도 있다. ⑥에 관한 기록은 ⑥의 부본인 ⑦을 전수받아 참고한 班固 형제의 저작 『漢書』의 「敍傳」을 통해 전해진다. 반고의 부친인 班彪의 仲父, 班斿는 성제 시기 유향과 더불어 황실 비서의 교정 작업에 참여했고, 그 공으로 비서의 여러 부본을 하사받을 수 있었다.[22] 그 중 ⑦이 포함되어 있었던 것이고, 현재 우리가 보는 『한서』에서 『사기』와 중복되는 다수의 내용은 바로 ⑥으로부터 전사된 것이기 때문이다. 여기서 기타 사본과는 다른 황실 '비서'만의 특성이 있다. 그것은 폐쇄적 전수를

22 『漢書』卷100上「敍傳」, 4203쪽: 斿博學有俊材, 左將軍史丹擧賢良方正, 以對策爲議郎, 遷諫大夫·右曹中郎將, 與劉向校秘書. 每奏事, 斿以選受詔進讀羣書. 上器其能, 賜以祕書之副. 時書不布, 自東平思王以叔父求太史公·諸子書, 大將軍白不許. 語在東平王傳.

지향하는 사본으로서, 민간 경로를 통한 간접·부분 전사가 허용되지 않는다. '태사공서'를 얻고자 했으나 황제에게 거부당한 東平思王의 예가 그러한 특성을 잘 보여준다.[23] 반고가 「서전」에서 그 고사를 특별히 언급한 것은 아무에게나 전수되지 않는 '원형 그대로의 사본'(⑥을 말한다)을 사사받았다는 班家의 자부심을 표현한 것이다.

이상을 기초하여 이제는 "十篇有錄無書"를 논하는 것이 가능하다. 실전된 10편은 바로 『한서』의 편찬을 주도한 반고, 내지 이를 최종 완성한 班昭가 내린 결론이다. 그것은 반가 소장의 ⑦이 기본 소재였을 것이고, 후한 황실의 인가를 받아 사서를 제작할 수 있었던 반고가 東觀이나 蘭臺에 소장된 ⑧과의 대교를 통해 종합 검토한 결과일 것이다. 그러나 오늘날 우리가 보는 『사기』는 대체로 ⑤로부터 발원한 내용이 다수를 차지하기 때문에, 이를 통해 그 실체를 검증하는 것은 불가하다. 그것은 반고 생전의 ⑦⑧에 비해 100년 이상 이른, ⑥이 나오기 전부터 형성된 것이고, 따라서 그것이 ⑦⑧의 상황과 동일하다는 보장이 없다. 宋代 이후에 형성되는 『사기』의 판본은 아마도 높은 확률로 ⑤로부터 전승되었고, 낮은 확률로 ⑦⑧, 그리고 초기에 유출된 부분 편장 등이 여러 경로를 통해 보완·집성된 결과물일 것이다. 편장의 결락은 ⑦⑧과 동일할 가능성을 배제할 수 없지만, 그것은 10편보다 많을 수도, 혹은 적을 수도 있다. 한 마디로 알 수 없다는 말이다.

이와 유사하게 일어나는 오늘날 『사기』의 불완전성에 대한 오해가 하나 더 있다. 그것은 황실 비서의 교감을 주관한 유향·유흠이 『사기』의 부분 편

---

23 「宣元六王傳」에 東平思王이 諸子 및 太史公書를 얻기를 요청하고 그것을 거부하기까지의 연유와 과정이 상세히 소개되어 있다. 그 주요한 이유는 태사공서가 전국종횡가의 설과 漢朝 이래 謀臣의 奇策, 天官·災異, 군사지리의 핵심 지역이 기록되어 있는 諸侯王이 가져서는 안 되는 책이라는 것이었다.(『漢書』卷80 「宣元六王傳」, 3324-3325쪽: 太史公書有戰國從横權譎之謀, 漢興之初謀臣奇策, 天官災異, 地形阸塞: 皆不宜在諸侯王. 不可予.)

장을 '위작'한 '원흉'이라는 인식이다. 이에 대해서는 세세한 논증을 진행하기 전에, 한 가지 전제되는 인식이 필요하다. 『사기』 사본은 ⑥(성제 이후)이 형성되기 전에 이미 ⑤(원성지간)가 전승되었고, 다시 거슬러 올라가면 ②③④의 원류 구간 내에서도 여러 경로로 민간에 유출된 사본이 존재했다. 즉, 유향은 세간의 『사기』 사본 모두를 장악할 수 없는 위치에 있었다. 게다가 현재 우리가 접하는 『사기』는 ⑥보다는 ⑤의 영향이 더 크다. 편장을 의도적으로 위조하고 그것으로 원본을 대체하는 것은 전승 경로가 단일한 ②의 1차 전승 및 ③④가 포함된 원류 구간 내에서만 가능하다. ⑥은 이미 그 원류에서 벗어난 지류에 속한다. 따라서 『사기』 편장 구성에 유향·유흠의 위작이 개입되는 것은 불가능하며, 설령 시도했다 해도 판본으로 이르는 과정 중의 ⑤ 내지 여러 민간 경로와의 대조를 통해 포착되었을 것이다.

『사기』 사본의 '위작' 문제를 제기하기에 앞서 우선은 그것이 '版刻'이 아닌 '轉寫'를 통해 전승이 이루어진다는 인식이 필요하다. 간독 시대에는 전체 위조보다는, 편장 내의 加 혹은 減, 간독 편철 순서의 조정 등에 의한 '改作'이 더 용이하다. 어떤 의미에서 위작은 '創作'이기 때문에, 간독 제작의 여건하에서 그것은 원본의 창작만큼이나 어려운 일이다. 뿐만 아니라, 우리가 위작을 생각할 때에는 '版權'의 개념을 전제한 출판 시대의 상식을 적용하는 경우가 많다. 만약 그와 같은 위작이 성립되기 위해서는 그것의 출간을 통해 영리를 추구할 수 있는가의 여부가 중요하다. 다시 말해, 간독 시대 당시 대중서적 시장의 존재 유무가 그 여부를 결정하겠지만, 가능성은 그리 높지 않다.

간독 시대는 전사에 의한 사본의 '유동 전승'이 이루어진 시대였기 때문에, '고정 전승'이 이루어진 판본과는 개념 자체가 다르다. 그러한 개념의 변화가 기존에 없던 위작 논쟁이 송대 이후부터 활발해지기 시작하는 이유일 것이다.[24] 사본은 '위작'보다는 '개작'이 주요 논쟁의 대상이었고, 따라서 '전사'

24 예를 들어 東晉 시기 豫章內史 梅賾에 의해 헌상된 『古文尙書』의 경우 南宋代 朱熹

의 가치를 평가 절하하는 '표절'의 개념도 존재하지 않았다. 사실 사마천 역시 부친 사마담의 저술을 바탕으로 자신이 채집한 자료를 '전사'한 것이지만, 『사기』를 표절이라고 비판하지는 않는다. 관련하여 『한서』를 편찬한 반고에 대해, 『사기』의 '표절자'에 불과하다는 비난이 나오기 시작한 것도 송대 이후라는 점 또한 주목해 보아야 할 현상이다.[25] 그것은 출판 시대에 존재하는 '판본'에 대한 평가이다. '사본'의 관점에서 본다면 『한서』가 그만큼 『사기』로부터 '전사'가 잘 이루어졌다는 의미이므로, '표절'로서 비하될 일은 아니다.

본 장의 결론을 요약하면, 『사기』의 사본은 사본으로, 간독은 간독의 개념을 적용해야 그 전승의 실체에 보다 더 가까이 접근할 수 있다. 간독의 시대

에 의해 최초로 의심이 제기된 후 淸代 閻若璩의 고증에 따라 僞書로 확정되었다. 유사하게 『竹書紀年』은 唐代까지 전해져 오다 宋代에 실전되는데, 출판 시기에 輯佚된 今本 『竹書紀年』은 각종 외부 기록이 竄入되었다는 이유로 오늘날 위서로 인식되고 있다. 그러나 이것이 장기간 전사되는 과정에서 발생한 변형으로 보고 이로부터 원본을 추적하는 연구 또한 소수이지만 존재한다. 대표적으로 에드워드 쇼네시의 연구가 그러하다(Edward L. Shaughnessy, *Before Confucius: Studies in the Creation of the Chinese Classics*, State University of New York Press, 1997).

25 『通志』의 저자 鄭樵의 의견이 대표적일 것이다. 「總序」에서 그는 "高祖에서 武帝까지 총 6世에 이르는 전반부는 모조리 遷의 書를 표절해 놓고서는 부끄러운 줄도 모른다"(自高祖至武帝, 凡六世之前, 儘竊遷書, 不以爲慚)라고 반고를 격렬히 비판했다. 심지어 "遷을 固에 빗대는 것은 용을 돼지에다 빗대는 것과 같다"(遷之於固, 如龍之於猪)고 원색적인 비난을 하는 등, 본격적으로 시작된 출판의 시대에 지식인의 '표절'을 대하는 분노를 생생히 느낄 수 있다(이상, 『通志』, 新興書局 影印本, 1958, 1쪽 참조). 이후의 상황도 정초의 시대와 다르지 않아, 明代에 이르기까지 班固의 『漢書』를 여러 자료의 '표절'로 평가절하하고 『史記』를 추켜세우는 '尊馬抑班'의 시대가 지속된다(오키 야스시 지음, 김성배 옮김, 『사기와 한서』, 천지인, 2010 참조).

에 출판 시대와 같은 '위작'과 '표절'은 존재하지 않았다. 그것은 '전사'와 관련한 여러 용어를 살펴봐도 알 수 있다. 『사기』는 최초에 '藏'과 '副'로 나누어지며, 이는 전사를 전제한 정·부본의 성립을 말한다. 또 전수가 금지된 황실의 '秘書'는 유향·유흠에 의해 '校書'가 되었다. 그것은 금·고문의 두 가지 사본을 대교하는 '讎'의 교정 작업을 수반한다. 그리고 사마천의 외손 양운이 했다는 '祖述'은 원본을 그대로 서술한다는 의미, 즉 베껴 쓴다는 뜻이다. 나아가 '述'과 '作'의 차이를 명시한 孔子의 명언, "述而不作"[26]도 사실상 원본을 베껴 쓰는 것의 중요함을 강조한 말이다. 당시의 식자들이 '作'이 아닌 '述'에 치중한 것은 그만큼 옛 것을 동일하게 전승하는 일이 어려웠고, 그래서 가치 있는 일이었기 때문이다. 간독『사기』 사본은 이러한 '유동 전승'의 특성, 즉 '전사'의 관점에서 개념을 새로이 정립할 필요가 있다.

III 誤·錯·加·刪: 簡牘『史記』寫本 변형의 예

현재 우리가 보고 있는『史記』는 불완전하다. 그것은 출판물 시대 版本의 불확실성, 나아가 簡牘·紙卷 시대 寫本의 전승 과정으로부터 발생한 변형 때문이다. 특히 판본과는 다른 사본의 유동 전승은 그 변형의 더욱 주요한 요인으로 작용했을 것이다. 그렇다면 현재의 불완전한『사기』를 교정할 수 있는 방법은 없을까? 물론, 司馬遷이 직접 필사한 원본『사기』가 발견되지 않는

26 集註는 "述은 다만 옛것을 전하는 것이다. 作은 창시하는 것이다(述, 傳舊而已. 作, 則創始也)"라고 주석했다(『四書章句集註』(中華書局 點校本, 1983年版), 93쪽 참조).

한 그것을 완벽히 해내는 것은 불가능하다. 다만 최소한 서로 다른 사본의 對校를 통해 부분적인 교감을 하는 방식은 가능하다. 그 교감의 대상은 바로『漢書』로부터 찾을 수 있다. 상술했듯이『한서』는 전세본『사기』판본의 원형이 되는 ⑤와는 다른 支流에 속한다. 그것은 ④의 校書인 ⑥으로부터 轉寫한 ⑦을 底本으로 한다. ⑦은 ②에서부터 줄곧 단일 경로를 를 통해 전승되어 왔기 때문에, 간접 전사와 수집을 통해 집성된 ⑤보다 일정 정도 원본의 내용을 더욱 충실히 반영할 수 있다.『한서』는『사기』로부터 동일 내용을 대거 전사했다는 이유로 宋代 이래 '표절'로서 비판의 대상이 되기도 했는데, 그러한『한서』의 내용은 오히려 전세본『사기』를 대교할 수 있는 유용한 자료가 된다.

물론『한서』가『사기』원본의 내용을 변형한 사례 또한 많을 것이다. 그러나 지면의 한계 상 이 글에서『한서』에 담긴 모든 사례를『사기』와 대교 검증할 수는 없다. 이 글에서는『한서』를 통해『사기』의 내용을 보충 가능한 대표적 사례만을 한정하여 제시할 것이다.『한서』와의 대교를 통해 발견할 수 있는『사기』변형의 유형을 각각 한 글자씩으로 요약하면, 바로 본 장의 제목과 같이 '誤'·'錯'·'加'·'删'으로 표현할 수 있다. 그 중에서 誤와 錯, 즉 '誤記'와 '錯簡'은 전사 과정에서 사소하면서도 흔히 발생 가능한 실수에 속한다. 이것은 의도치 않은 실수로서, 無意圖의 변형으로 정의할 수 있다. 반면, 加와 删, 즉 '加筆'과 '删失'은 보다 비중 있고 의식적으로 이루어질 수 있는 개작이 포함된다. 따라서 보다 난이도가 수반되는 검증 대상이라 할 수 있다. 그것은 ⑤ 혹은 ⑥ 이하의 지류 구간에서 발생하기도 하지만, ②③④ 내의 源流 구간에서 발생할 수도 있다. 특히 후자라면『한서』또한 그 영향 하에 있기 때문에 대교를 통해 변형의 발생을 포착할 수 없는 경우도 다수 있을 것이다. 하지만,『한서』는『사기』와 동일한 내용뿐만 아니라, 새로이 보충하거나『사기』로부터 삭제한 내용 또한 다수를 차지한다. 관련 내용의 선후 관계 검토를 통해, 최소 그것이 지류에서 발생한 변형인지, 아니면 원류 구간에서 발생한 초기의 변형인지를 유추할 수 있다. 아래와 같이 절을 나누어 각각의 예를 설명하겠다.

1. 誤記와 錯簡: 無意圖의 변형

우선 오기의 사례로서 다음의 두 기록을 비교할 수 있다.

·『史記』

項梁嘗有櫟陽逮, 乃請蘄獄掾曹咎書抵櫟陽獄掾司馬欣, 以故事**得已**.[27]

·『漢書』

梁嘗有櫟陽逮, 請蘄獄掾曹咎書抵櫟陽獄史司馬欣, 以故事**皆已**.[28]

이는 反秦起義가 일어나기 전, 項羽의 숙부 項梁의 행적에 관한 동일한 기록이다. 『사기』가 항량의 성과 이름을 모두 기재하고 접사 '乃'를 추가한 것을 제외하면 『한서』에 기재된 문자 구성은 『사기』의 경우와 동일하다. 항량은 櫟陽에서 체포되었을 때 蘄의 獄掾에게 부탁하여 역양의 '獄掾' 司馬欣에게 서신을 보내어 옛 일로써 사건을 종결하도록 했는데, 여기서 『한서』는 역양 '옥연'을 '獄史', 사건의 종결을 뜻하는 '得已'를 '皆已'로 다르게 기재했다. 간독 문서로부터 알 수 있는 秦代 縣級 吏員의 직명 중에는 '獄史'는 있지만 '獄掾'은 발견되지 않는다.[29] 따라서 이를 '獄史'로 기재한 『한서』의 경우가 좀 더 사실적인 표현이다. 그보다 중요한 문제는 '得已'와 '皆已'를 어떻게 해석하느냐에 달려 있는데, 이 또한 『한서』의 경우인 '皆已'를 쓰는 것이 보다 정확하다. '皆已'의 사전적 의미는 모두 완료하다는 뜻인 반면, '得已'는 자신의 바

27 『史記』卷7 「項羽本紀」, 296쪽.

28 『漢書』卷31 「陳勝項籍傳」, 1796쪽.

29 관련하여 『嶽麓書院藏秦簡』의 3권에서 6권에 걸쳐 수록된 여러 안례 및 법율령 조문을 참고할 수 있다(上海辭書出版社, 2013 · 2015 · 2017 · 2020). 현재의 데이터 상으로 총 21건의 '獄史'가 발견되는 반면, '獄掾'은 한 차례도 발견되지 않는다.

표 1

皆已(11例)	□令鬼薪軫小城旦乾人為貳春鄉捕鳥及羽=**皆已**備	8-1515A	LY-1
	問之白翰鳥**皆已**	9-125	LY-2
	□陵丞主移敢告主 □ 庫主當□**皆已**□聽書以律令	9-1893B	LY-2
	斧刃二破斧頭一破 •**皆已**易 ……蓬索一幣 •已易	112·023	JO-2
	……負呂昌錢二百五百五十皆□□」**皆已**入畢前所移籍當去	EPT51:77	JN-3
	奉唯官賦以付彊錢□前十月**皆已**出三	EPT52:521A	JN-3
	人肉錢六十**皆已**	EPT59:364B	JN-5
	□□□約**皆已**成叩頭死罪死罪	EPT59:657	JN-5
	居延流民亡者**皆已**得度今發遣之居延它未有所聞	EPF22:325B	JN-7
	皆已□身將來急官檄事□	EPW31:94A	JN-7
	☑ 十五日所作治**皆已**畢成敢言之	99ES17SH1:8	EJ
得已(3例)	毋入飯中, 不可**得已**.	ZOUYAN-169	ZJ
	以彭故不遣已至意**得已**蒙厚恩甚厚謹因子春致書彭叩頭單	495.004B	JO-4
	□□願足下善毋恙間者□遣卒幸**得已**甚善迫身伏前言	T23:239	JS-2

* 출처코드

LY-1: 『里耶秦簡』(壹)(2012); LY-2: 『里耶秦簡』(貳)(2017); JO-2: 『居延漢簡』(貳)(2015); JO-4: 『居延漢簡』(肆)(2015); JN-3: 『居延新簡集釋』(3)(2016); JN-5: 『居延新簡集釋』(5)(2016); JN-3: 『居延新簡集釋』(7)(2016); EJ: 『額濟納漢簡』(2005); ZJ: 『張家山漢墓竹簡』(247號墓)(釋文修訂本)(2006); JS-2: 『肩水金關漢簡』(貳)(2012)

람에서 나오다, 의지대로 하다는 뜻으로서, 흔히 쓰는 '不得已'의 반대말이다. 『漢語大詞典』은 상술한 『사기』의 예를 유일하게 들어 '得已'가 '종결을 획득하다'라는 의미로 쓰이기도 한다고 보았는데,[30] 『한서』와의 대교에서 알 수 있듯이 재고의 여지가 있다. 지금까지 발견된 간독 자료의 '皆已'와 '得已'의 예 또한 이상의 결론을 뒷받침한다.

여기서 제시한 '皆已'의 11가지 예는 이야진간 및 거연신간을 비롯한 여러 한간의 공문서에서 어떠한 행정 절차의 완료의 의미로 쓰였다는 것을 확

30 『漢語大詞典』(知網版)"得已"(http://hd.cnki.net/kxhd/Search/Result) 참조.

인할 수 있다. 반면 '得已'의 사례는 3차례에 불과하며, 의지대로 한다는 원래의 사전적 의미로만 쓰였다. 또 공문서보다는 사문서에서 그 용례가 더 자주 보인다는 것도 한 가지 특징이다. 요컨대 해당 사례는 관방의 행정인 治獄 절차의 종결을 의미한다는 면에서, 원본 『사기』에는 『한서』와 같이 '得已'보다는 '皆已'로 기록되어 있었을 가능성이 더 크다.

다음으로 착간의 사례를 하나 살펴보자.

·『史記』

所過毋得掠鹵, 秦人喜.

·『漢書』

所過毋得鹵掠, 秦民喜.

이 구절은 반진기의 당시 劉邦軍이 關中을 향해가는 전역 중, 노략질을 하지 않아 秦人이 좋아했다는 동일한 기록에 속한다. 『한서』가 '掠鹵'를 '鹵掠'으로 바꾸어 쓰고 '秦人'을 '秦民'으로 썼지만, 의미상 차이가 없다. 이는 오히려 『한서』의 경우가 더 원본과 동일하게 전사했을지도 모른다. 문제는 이 동일 내용의 구절이 『사기』와 『한서』에서 서로 다른 맥락 중에 출현한다는 것이다. 그 전후의 사실 관계는 다음과 같다.

이는 각각 유방군이 관중에 진입하기 전의 南陽 戰役과 관중 입관 후의 藍田 전역에 해당한다. 『사기』에서는 해당 구절이 남전 전역 부분에 삽입되어 마치 관중의 '진인'이 유방군의 도래를 환영했다는 의미로 보인다. 하지만 이에 대해서는 陳蘇鎭이 이미 그 오류를 지적한 바 있다.[31] 『한서』에서는 郡守를 비롯한 남양의 여러 縣을 항복 시킨 후 민심을 수습하는 자연스런 맥락에서 해당 구절이 나온 반면, 『사기』의 경우는 한참 전투가 진행 중인 상황에서

31 陳蘇鎭, 『〈春秋〉與"漢道"-兩漢政治與政治文化硏究』, 中華書局, 2011, 26-27쪽.

표 2 『史記』와 『漢書』 "秦民喜" 비교

	『史記』[32]	『漢書』[33]
南陽之役	乃以宛守爲殷侯, 封陳恢千戶. 引兵西, 無不下者. 至丹水, 高武侯鰓·襄侯王陵降西陵. 還攻胡陽, 遇番君別將梅鋗, **與皆, 降析·酈.** 〔脫簡?〕 **遣魏人甯昌使秦**, 使者未來. 是時章邯已以軍降項羽於趙矣.	七月, 南陽守齮降, 封爲殷侯, 封陳恢千户. 引兵西, 無不下者. 至丹水, 高武侯鰓·襄侯王陵降. 還攻胡陽, 遇番君別將梅鋗, **與偕攻析·酈, 皆降.** 〔**所過毋得鹵掠, 秦民喜.**〕 **遣魏人甯昌使秦**. 是月章邯擧軍降項羽, 羽以爲雍王. 瑕丘申陽下河南.
藍田之役	又與秦軍戰於藍田南, 益張疑兵旗幟, **諸**〔**所過毋得掠鹵, 秦人喜**〕 **秦軍解, 因大破之**. 又戰其北, 大破之. 乘勝, 遂破之.	沛公引兵繞嶢關, 踰蕢山, **擊秦軍, 大破之藍田南**. 遂至藍田, 又戰其北, 秦兵大敗.

뜬금없이 출현한다. 이는 오늘날 『사기』 판본의 저본이 간독 사본인 상태에서부터 발생한 착간일 것이다. 훗날의 판본이 그것을 수정하지 않은 채 그대로 판각함으로써 오류가 오늘날까지 이어지게 되었을 것이다.

2. 加筆과 刪失: 원본 변형 意圖의 미스터리

오기와 착간의 예와는 상이하게, 加筆 혹은 刪失은 의도가 개입될 수 있다. 그것은 개인의 일정한 지식 혹은 가치관에 의한 개입이며, 개인을 넘어 시대정신의 반영일 수도 있기 때문에 보다 주의를 요하는 문제이다.

먼저 간단한 가필의 예부터 들어 보겠다. 叔孫通은 당시 황제였던 漢高祖 유방이 長子를 太子에서 폐하는 것을 고려하자 다음과 같은 간언으로 그것을 반대했다고 전해진다.

32 『史記』卷8 「高祖本紀」, 360-361쪽.

33 『漢書』卷1 「高帝紀上」, 20-22쪽.

·『史記』

秦以不蚤定扶蘇, **令趙高得以詐立胡亥**, 自使滅祀, 此陛下所親見.[34]

·『漢書』

秦以不早定扶蘇, **胡亥詐立**, 自使滅祀, 此陛下所親見.[35]

여기서 "진이 부소를 일찍이 태자로 정하지 않아 胡亥가 거짓으로 세워졌고 이로부터 사직이 멸해진 것은 폐하께서도 친히 보신 바 있습니다"라는 현장 증언은 『사기』와 『한서』 모두 동일하다. 결정적인 차이는 『사기』에서 '胡亥詐立'을 '令趙高得以詐立胡亥', 즉 "趙高로 하여금 호해를 거짓으로 세우도록 만들었다"라고 하여 음모의 주체자로서 조고를 지정했다는 것이다. 이는 같은 말 같지만, 세부의 사실 관계를 따져보면 매우 다른 말이다. 최근에 공표된 北京大學藏西漢竹書 중 「趙正書」는 호해 계위에 있어 기존의 역사 상식을 뒤집는 내용을 담고 있다. 즉, 호해가 조고와 李斯의 음모에 의한 것이 아닌 秦始皇의 의사에 따라 정당하게 즉위한 것으로 묘사되어 있다.[36] 그것은 「李斯列傳」에 기재된 해당 고사의 진위를 오래전부터 의심했던 宮崎市定의 관점과 부합하는 내용이기도 하다.[37] 만약 『사기』의 내용을 지지한다면, 秦 朝廷의 정치를 경험한 숙손통이 사실 관계에 입각해 조고의 음모가 있었음을 증언한 것일 수 있기 때문에, 이는 「조정서」의 사실여부를 반박할 근거로 활용 가능하다. 하지만 반대로 『한서』의 기록이 정확한 것이라면, 숙손통의 증언은 조고의 음모를 인지하지 못한 상태에서 그저 반진 기의군의 명분과 합치하는 논

34 『史記』卷99 「劉敬叔孫通列傳」, 2725쪽.

35 『漢書』卷43 「酈陸朱劉叔孫通傳」, 2129쪽.

36 北京大學出土文獻硏究所 編, 『北京大學藏西漢竹書(參)』, 上海古籍出版社, 2015, 189-194쪽 참조.

37 宮崎市定, 「史記李斯列傳を讀む」, 『東洋史硏究』35, 1977 참조.

리[38]를 내세운 것에 지나지 않을 것이다. 그리고 『사기』의 해당 구절은 훗날 조서 위조의 서사를 인지한 누군가에 의해 덧 씌워진 것이 된다. 이 글에서는 지면상 구체적인 분석은 할 수 없고, 이를 가필을 고려할 수 있는 하나의 사례로서만 제시하겠다. 관련 문제는 별고를 통해 보다 상세한 분석을 진행할 것이다.

이보다 좀 더 복잡한 사례를 하나 소개하겠다. 『사기』의 「屈原賈生列傳」은 기존 '十篇有錄無書'의 일부에는 포함되지 않지만, 진위에 관한 가장 첨예한 논쟁이 발생한 편장에 속한다. 초기에는 굴원의 실존 여부에 논의가 집중되었지만, 최근에는 合傳의 대상인 賈誼에 관한 서사까지 위작이라는 논란으로 이어져 한때 중국 학계에서 격렬한 논쟁이 발생한 적이 있다.[39] 위작으로 의심되는 핵심 단서는 바로 열전의 말미에 사마천이 아닌 누군가에 의해 가필된 흔적이 있다는 것이다. 『漢書·賈誼傳』의 해당 구절과 비교하면 다음과 같다.

---

38 胡亥가 거짓으로 세워졌고 扶蘇가 정통이라는 논리는 최초에 陳勝·吳廣의 反秦軍의 구호로 활용되었다. 그런데 그것은 사실 관계에 입각한 것이라기보다 음모론에 편승하고자 한 전략적 선택이었다. (『史記』「陳涉世家」, 1950쪽: 陳勝曰: "天下苦秦久矣. 吾聞二世少子也, 不當立, 當立者乃公子扶蘇. 扶蘇以數諫故, 上使外將兵. 今或聞無罪, 二世殺之. 百姓多聞其賢, 未知其死也……今誠以吾衆詐自稱公子扶蘇·項燕, 爲天下唱, 宜多應者.")

39 「屈原賈生列傳」이 劉向 혹은 그의 부친인 劉德에 의해 위조된 것이라는 汪春泓의 연구(「讀『史記·屈原賈生列傳』獻疑」, 『文學遺産』, 2011-4)가 발표된 이래, 劉國民, 「『史記·屈原賈生列傳』的作者·主旨及存在的問題 - 兼論汪春泓『讀「史記·屈原賈生列傳」獻疑』」, 『學術界』, 2012-7; 王培峰·趙望秦, 「『史記·屈原賈生列傳』作者祛疑」, 『陝西師範大學學報(哲學社會科學版)』, 2013-3; 王克家, 「出土文獻與『史記·屈原賈生列傳』的可信性問題」, 『文藝評論』, 2014-6; 張樹國, 「漢初隷變楚辭與『史記·屈原賈生列傳』的材料來源」, 『中華文史論叢』, 2018-1 등이 이를 비판하는 수정 의견을 연이어 제기한 바 있다.

·『史記』

及孝文崩, 孝武皇帝立, 擧賈生之孫二人至郡守, 而賈嘉最好學, 世其家, **與余通書**. **至孝昭時**, **列爲九卿**.[40]

·『漢書』

孝武初立, 擧賈生之孫二人至郡守. 賈嘉最好學, 世其家.[41]

일찍이 『史記志疑』 역시 이 구절의 문제점을 지적한 바 있는데, 이것이 후인에 의해 '增改'된 것이라 하였다.[42] '及孝文崩' 후에 景帝가 즉위하지만 이를 건너 뛰어 '孝武皇帝立'으로 이어지는 것은 자연스럽지 않다. 게다가 사마천은 무제 재위기 동안 『사기』를 편찬했기 때문에 '孝武皇帝'는 관용적으로 '今上'이라 칭해진다. 나아가 '至孝昭時'라고 한다면 시기상 宣帝 이후이기 때문에, 이때에 사마천은 이미 고인이 된 상황이었다. 따라서 이 구절은 사마천이 쓴 것이라 볼 수 없다. 『한서』에는 그러한 의문의 소지가 있는 구절, '及孝文崩', '與余通書', '至孝昭時, 列爲九卿'이 삭제되어 실려 있다.

『한서』가 가필 혐의를 지워낸 나머지 구절을 동일하게 기재한 것을 보면, 『사기』를 전사했던 것이 틀림없다. 『한서』에 문제의 구절이 기재되지 않은 데에는 두 가지 가능성을 가정할 수 있다. 하나는 『한서』가 참고한 ⑦에는 해당 부분이 기재되지 않았을 가능성이다. 다른 하나는 ⑦에 기재되어 있었으나 반고 형제가 그에 대한 문제점을 인지하고 의도적으로 삭제했을 가능성이다. 만약 전자의 경우라면 ④-⑥-⑦의 전사와는 다른, ③-⑤의 지류 구간에서 가필이 이루어졌다는 의미가 될 것이다. 반면, 후자의 경우라면 그것은 초기의 원류 구간 내에서 발생한 것으로, 후에 전승되는 모든 사본이 이상과 같이 가

40 『史記』卷84「屈原賈生列傳」, 2503쪽.

41 『漢書』卷48「賈誼傳」, 2265쪽.

42 『史記志疑』(梁玉繩撰, 中華書局1981年版)卷31「屈原賈生列傳」, 1307쪽.

필되었을 것이다. 그 외에 '與余通書'의 '余', 즉 1인칭의 저자를 劉向 혹은 그의 부친인 劉德으로 추론하고, 「굴원가생열전」이 그들에 의해 위작되었다는 설[43]은 이제 더 이상 고려할 필요가 없을 것 같다. 이미 I 장에서 『사기』 전사 경로를 탐색하며 유향의 校書를 통해 위작이 발생하는 것이 불가함을 논증한 바 있다. 나아가 『한서』는 ⑥으로부터 직접 영향을 받았음에도 불구하고, 문제의 구절을 기록하지 않았다.

간독 전승의 특성을 고려하면, 『사기』는 전체 편장의 '위작'보다는 부분적인 '개작'이 이루어질 가능성이 더 크다. 자료가 극히 부족한 상황에서 논리적 판단에 의존할 수밖에 없지만, 그래도 필자의 판단을 내리자면 「굴원가생열전」 중 가의 관련 후반부 다수의 내용은 의도가 개입된 '산실'이 이루어진 것으로 보인다. 그리고 『한서』가 참고한 ⑦의 「굴원가생열전」 또한 ⑤와 동일한 형태의 산실이 이루어졌을 것이다. 즉, 사본의 개작은 ②③④의 원류 구간 내에서 발생한 것으로 판단한다. 『한서·가의전』은 「굴원가생열전」에서 볼 수 없는 새로운 내용을 대거 수록했는데, 이는 기존 ⑦의 부족함을 인지한 반고 형제가 수정·보충한 것이다. 이에 대해 아래의 세 가지 단서를 통해 추론한다.

첫 번째 단서는 「가의전」 본전 뒤에 첨부된 반고의 贊語로부터 찾을 수 있다. 그는 가의에 대한 유향의 평가를 인용했는데, 그에 따르면 유향은 여러 가의의 저술을 검토해본 결과 그 재능이 伊尹·管仲을 넘어설 정도로 출중했지만 용렬한 신하들의 모해로 인해 쓰이지 못했으므로 매우 '悼痛'한 감정을 느꼈다.[44] 그것은 굴원과의 대비를 통해 비운의 이미지를 극대화한 기존 「굴원가생열전」의 의도를 그대로 따른 감상평이라 할 수 있다. 그러나 반고는 유

43 汪春泓, 「讀『史記·屈原賈生列傳』獻疑」.

44 『漢書』卷48 「賈誼傳」, 2265쪽: 賈誼言三代與秦治亂之意, 其論甚美, 通達國體, 雖古之尹·管未能遠過也. 使時見用, 功化必盛. 爲庸臣所害, 甚可悼痛.

향에 비해 한발 더 나아간 냉정한 고찰을 진행한다. 가의의 저술을 살펴보면 가의는 결코 군주에게 쓰이지 못한 비운의 인물이 아니었다는 것이 반고의 최종 판단이었다. 그래서 반고는 가의에 대해 "일찍 생을 마감하여 비록 공경에 이르지 못했지만, 불우(不遇)하지는 않았다"라는 평을 내린다. 바꾸어 말하면, 가의는 때를 만나 충분히 뜻을 펼쳤고, 그의 불운은 영화를 누릴 겨를이 없었던 짧은 생애에 한정된다. 그 증거로서 반고는 가의 저술 58편의 절요를 傳에 직접 실었음을 밝혔다.[45] 이에 따르면 「굴원가생열전」에 없는 「가의전」 후반부의 내용은 반고가 가의의 저술을 전사한 새로운 내용일 것이다.

두 번째 단서는 「가의전」이 『사기』를 전사한 단계와 새로운 내용을 저술하는 단계로 분명한 구분점을 보인다는 것이다. 즉, 「가의전」은 가의가 長沙王 太傅로 좌천된 시기까지의 전반부 내용을 기존 『사기』의 내용으로 채우고, 梁懷王 太傅에 올라 사망에 이르는 6년의 시간을 새로운 내용으로 채워 넣었다. 그 전후의 전환이 일어나는 장면이 하나 있는데, 그것은 군신 간의 좌담을 대표하는 유명한 고사, 야밤의 未央宮 宣室에서 漢文帝와 가의가 나눈 귀신에 관한 좌담이다.

> 몇 년이 지나, 문제는 가의가 생각나 그를 불렀다. 장안에 도착해 입궐하여 회견하는데, 황제는 마침 제사를 지내고 남은 고기를 받아 宣室에 앉았다. 황제는 이로 인해 귀신의 일에 감흥이 들어 귀신의 본질에 대해 물었다. 가의는 그 연고를 구체적으로 답했다. **한밤 중에 이르러, 문제는 자리를 가의 앞으로 당겨 앉았다(至夜半, 文帝前席).** 회견이 끝난 뒤 말하길, "내가 오래도록 **가생(賈生)**을 만나지 않아 스스로 그를 넘어섰다고 여겼으나, 오늘 보니 그에 미치지 못하는 구나"라고 했다. 이에 가의를 梁懷王 太傅로 모셨다. 회

45 『漢書』卷48 「賈誼傳」, 2265쪽: 誼亦天年早終, 雖不至公卿, 未爲不遇也. 凡所著述五十八篇, 掇其切於世事者著于傳云.

> 왕은 황제의 少子로 총애를 받고 책을 좋아했던 고로, 가의로 하여금 가르침을 받도록 하고, [(*『한서』 추가 부분)"수 차례 (국가 대사의) 득실을 자문했다(數問以得失)."][46]

보통은 이 고사를 기껏 인재를 불러놓고 귀신에 관한 것만 묻고 중용하지 않은 한문제의 무심함으로 이해하곤 한다. 그러나 반고는 이 고사에는 寓意가 있다고 생각한 듯하다. 그래서 『사기』에는 없는 다섯 글자, "數問以得失"을 추가 기재했을 것이다. 즉, 한문제는 무심하게 귀신에 대해서만 묻기 위해 가의를 불렀을 리 없고, 깊은 밤에 이르기까지 자리를 당겨 앉아야 할 만큼 중요한 이야기를 나누었을 것이며, 자신보다 세 살 연하인 가의를 굳이 선생, 즉 '賈生'이라 부르며 자신이 총애하는 아들의 태부로 삼은 것은 무언가 심오한 뜻이 있었을 것이다. 그것은 "數問以得失", 황제의 가까운 곳에 두고 국가 정책의 득실을 상시 자문하기 위해서였다고 반고는 생각한 것이다.

만약 이것이 반고가 이해한 것처럼 가의의 중용을 위한 밑그림이었다면, 사마천은 그러한 극적 장치를 서술해 놓고서도 왜 가의가 마지막까지 중용되지 않고 비운 속에서 죽어간 것으로 열전을 급하게 마무리 지었던 것일까? 가의는 갓 즉위한 문제를 처음만난 때부터 장사왕 태부 시절까지 총 6년의 시간을 보냈다. 그리고 양회왕 태부에 올라 사망하기까지도 그와 동일한 6년이었지만, 『사기』는 그 기간을 대거 생략했다. 단지 「굴원가생열전」만 그런 것이 아니다.

여기서 보다 결정적인 세 번째 단서를 제시하겠다. 오늘날 전해지는 『사

46 『漢書』卷48「賈誼傳」, 2230쪽: 後歲餘, 文帝思誼, 徵之. 至, 入見, 上方受釐, 坐宣室. 上因感鬼神事, 而問鬼神之本. 誼具道所以然之故. 至夜半, 文帝前席. 旣罷, 曰: "吾久不見賈生, 自以爲過之, 今不及也." 乃拜誼爲梁懷王太傅. 懷王, 上少子, 愛, 而好書, 故令誼傳之, 數問以得失.

기』의 「孝文本紀」는 바로 가의가 양회왕 태부에서 사망까지, 반고가 "數問以得失"의 시간을 보낸 것으로 추정한 문제 7년에서 12년까지의 기록이 '없다'.[47] 즉, '산실'된 것으로 보이는데, 「굴원가생열전」과 비교하면 그것은 의도적인 '산실'로 추측된다.

그렇다면 가의와 문제의 '6년'을 삭제한 자는 누구일까? 가장 먼저 저자인 사마천 본인을 의심해볼 수 있다. 즉, 사본의 '산실'이 아닌 원본 제작 단계에서부터 삭제되었을 가능성이다. 사마천은 본인의 주관에 따라 무제와 당시의 권신들을 비판하고 그와 대비하여 문제의 정치를 이상향으로서 윤색하고자 했다는 기존의 연구도 존재한다.[48] 또 가의는 「伯夷列傳」에서 열전의 구상을 설파한 것과 같이[49] 역사상의 '정의로운 패자'를 알아보고 구원하고자 한 사마천의 의도와 일맥상통하는 이미지를 가진다. 따라서 그 의도와 배치되는 權謀를 부린 가의와 覇道를 추구한 문제의 모습을 가리기 위해 그들의 '6년'을 고의로 지웠던 것은 아닐까? 하지만 달리 볼 여지도 충분하다. 사마천은 다른 편장에서 문제에 대해 "본래 刑名之言을 좋아했다"[50]라던가, 가의에 대해서도 晁錯과 더불어 "申·商에 밝았다"[51]라고 사상 경향을 분류하는 등, 이미 색다

---

47 『史記』卷10 「孝文本紀」, 426쪽에서 427쪽 사이를 찾아보라.

48 余建平, 「制造漢文帝－司馬遷『史記』文本與漢文帝的刑象建構」, 『唐都學刊』, 2018-6.

49 「伯夷列傳」의 마지막 구절 "(伯夷·叔齊, 顏淵과 같은) 閭巷의 사람들이 자신의 뜻을 수행하고 이름을 알리려 해도 청운지사를 만나지 않고서야 어찌 그 뜻을 후세에 알릴 수 있겠는가?"(閭巷之人, 欲砥行立名者, 非附青雲之士, 惡能施于後世哉?)라는 말은 사마천이 그러한 隱士들을 발굴하는 '청운지사'가 되겠다는 목표를 제시한 것과도 같다(『史記』卷61 「伯夷列傳」, 2127쪽 참조).

50 『史記』卷121 「儒林列傳」, 3117쪽: 然孝文帝本好刑名之言.

51 『史記』卷130 「太史公自序」, 3319쪽: 賈生·晁錯明申·商.

른 견해를 내비친 바 있다. 문제와 가의의 이미지를 인식하는 기존의 견해는 사실 사마천의 견해가 아닌, 그것을 읽는 후대인이 선택하여 만들어낸 생각일 수도 있는 것이다. 무엇보다 사마천이 그토록 지우고 싶어 한 역사가 정말 그 6년 사이에 존재했다면, 앞서 언급한 두 번째 단서인 야밤의 좌담부터 지웠어야 하지 않을까? 그 고사는 분명 우의를 담고 있는 서술 장치였고, 약 200년 뒤 반고에게 해석의 여지를 제공해 주었기 때문이다. 그래서 추측컨대, 사마천은 그 6년의 시간을 숨기려 했기보다, 사실은 무언가를 말하고자 했을 것이다.

그 외에도 의심할 수 있는 후보군은 많다. 사마천으로부터 『사기』를 1차 전수받는 입장에 있었던 "傳之其人"의 대상, 楊惲이거나 아들 양운에게 그것을 전한 사마천의 딸, 혹은 사위였던 楊敞일 수도 있다. 그들에게 賈嘉 혹은 기타의 가의 관련자와 우리가 알지 못하는 모종의 이해관계가 있었을지도 모른다. 아니면 당시의 권력자인 霍光, 황제였던 昭帝 혹은 宣帝, 그 사이에 있었던 廢帝 劉賀와의 관련 정치 때문일 수도 있다.

하지만 이 글은 추론을 여기서 그치도록 하겠다. 그 이상의 추론으로 나아가는 것은 단서가 존재하지 않는 순수한 상상의 영역일 뿐이기 때문이다. 남겨진 기록의 창으로만 역사를 보는 우리의 제한된 상상력은 그 이상의 사실에 도달하지 못할 것이다. 문제와 가의, 나아가 前漢 정치 전반에 대한 더욱 넓고 복잡한 미지의 역사가 『사기』와 『한서』 너머에 존재한다. 차후의 과제는 출토 간독 자료에서 기존의 역사 상식과 위배되는 새로운 기록이 출현하더라도, 당황함 없이, 편견을 제거하고 사실 관계를 재구성하는 일이 될 것이다.

Ⅳ 맺음말

최초의『史記』원본은 어떻게 제작되었을까? 이에 대해 일찍이 邢義田이 居延漢簡 측량의 경험에 의거하여 재연한 적이 있다.[52] 이를 참고하여 상상하면, 처음에 司馬談은 어딘가에서 가공이 완료된 다량의 竹簡 혹은 木簡을 마련했을 것이다. 그것이 약 23cm 내외의 1尺簡이었다면, 자신이 수집한 자료를 하나의 간에 약 38자씩 轉寫했을 것이다. 아니면 전사는 자신의 뜻을 이해하고 있는 조수들에게 맡기고 자신은 그것의 최종 감수를 맡아서 했을 지도 모른다. 일생동안 그것을 완성하지 못한 사마담은 그 사업을 아들인 司馬遷에게 계승했다. 사마천에 의해 최종 13,000여매 이상 누적된 간은 편장 분류에 따라 130편으로 나누어졌고, 이는 각각 하나의 두루마리를 이루는 130개의 簡冊으로 제작되었을 것이다. 간의 재질에 따라 적게는 50kg, 많게는 100kg를 초과했을『사기』의 완성본을, 사마천은 다시 동일한 방식으로 부본을 하나 더 제작했다. 마지막으로 사마천은 정본을 名山에 보관하고, 부본은 누군가에게 전수하여 京師 지역에 유통시켰다.

간독시대에 제작된『사기』의 전승은 '유동전승', 즉 끊임없는 '전사'의 연속이었다. 그것은 부단한 변형의 연속이기도 하다. 기존의 연구는 이러한 전승의 특성을 망각한 채『사기』의 일실 혹은 개작 문제를 논해 왔기 때문에 논점이 본질에서 벗어나는 경우가 많았다. 판본의 세계 속에 존재하는 위작·표절의 개념을 배제하고 간독의 전승 원리에 부합하도록 사고 구조를 전환해야, 우리는 비로소『사기』의 원류로 향하는 지표를 세울 수 있게 된다.

본문이 열거한 간독 사본이 변형되는 誤·錯·加·刪의 네 가지 사례는 비

52 邢義田,『地不愛寶』, 中華書局, 2011, 12쪽 참조.

록 초보적이긴 하지만 상기한 개념에 따라 유형을 분류한 것이다. 그 중에서 의도가 개입된 변형, 즉 加筆과 刪失의 문제는 기존의 학설을 뒤집는 중대 이슈로 발전할 수도 있다. 예를 들어 기존 漢代의 이상적 정치모델로 알려진 '文景之治'는 전혀 상반된 이면의 사실이 밝혀질 지도 모른다. 그리고 그동안 배일에 가려져 있던 賈誼라는 인물은 梁懷王 太傅에 오른 이후 6년의 시간이 어떻게 채워지느냐에 따라 기존과 다른 전혀 새로운 인물로 거듭날지도 모른다.

이상의 문제 제기는 비록 파격적으로 보일 수는 있으나, 사실은 이 또한 간독과 문헌이 융합되어 가는 자연스런 과정 중 일부에 불과할 것이다. 예를 들어 우연한 이유로 앞서 발견된 睡虎地秦簡을 비롯한 여러 진간 자료들은 기존『사기』에서 볼 수 없었던 다양한 자료를 제공함으로써 오늘날 秦史 연구의 방향을 획기적으로 바꾸어 놓았다. 40여년 전 수호지진간이 처음 발견되었을 때 학계는 그야말로 충격 그 자체였을 것이다. 그러나 현재 이것을 지상의 문헌과 비교 검증하는데 학자들은 별 다른 이질감을 느끼지 않는다. 뿐만 아니라 호북 지역에서 집중 발견되는 여러 楚簡, 前漢 초의 張家山漢簡, 漢武帝 이후의 서북지역 한간, 後漢 및 三國의 자료를 담은 長沙 지역의 간독 등 비교 자료는 갈수록 다양해지고 있다.

그 사이에 끼인 文·景 시기의 간독 자료는 다만 그 우연한 기회가 찾아오지 않았던 이유로 자료가 상대적으로 적었을 뿐이다. 그런데 2006년에 수호지진간이 발굴된 동일한 구역에 佐史 계열의 少吏의 것으로 추정되는 한기의 한묘에서 다량의 문·경시기 법률 문서가 출토되었고 현재(2022년 8월 기준) 간독은 정리 중이다.[53] 수호지한간으로 명명된 해당 문서는 과거 수호지진간과 같이 획기적인 자료가 될 것으로 기대를 모으고 있다. 뿐만 아니라 현재 발굴·정리가 진행 중인 荊州 胡家草場漢簡 또한 文帝 시기까지의 편년을

---

53 湖北省文物考古研究所 等, 「湖北雲夢睡虎地M77發掘簡報」, 『江漢考古』2008-4; 熊北生 等, 「湖北雲夢睡虎地77號西漢墓出土簡牘概述」, 『文物』2018-3.

다룬 「世紀」를 비롯해 그 당시의 법률 문서를 다수 수록하고 있는 것으로 전해진다.[54] 이 글은 아직 이들 자료를 보지 않은 상태에서 문제를 제기한 것이므로, 관련 이슈는 향후 자료의 공개에 따라 다소간 수정의 가능성이 열려 있다. 그에 따라 이 글을 수정해야 한다면, 그 또한 필자가 바라는 일이기도 하다.

간독의 발견은 기존의 『사기』를 새롭게 인식할 수 있는 기회를 제공한다. 하지만 그래서 『사기』가 더 이상 중요해지지 않는 것은 아니다. 기존의 역사가 『사기』를 중심으로 돌아갔다면, 이제는 『사기』가 여러 간독 자료와 함께 역사를 중심에 두고 도는 본연의 위치를 찾아가는 중이다. 그래도 지구는 돌듯이, 『사기』는 자신이 가진 위치에서 본연의 가치를 발현하게 될 것이다.

종합하면, 『사기』는 사실 그 자체가 아닌 사실에 대한 하나 혹은 여러 개의 관점이다. 그것이 곧 『사기』의 사실성을 더욱 명백히 나타내는 귀결이 될 것이다. 우리가 사는 세상에 백만이 아는 하나의 사실이 있다면, 그것은 곧 백만의 관점이 존재함을 의미한다. 지나간 역사 또한 누군가가 살던 세상이었기 때문에 우리는 더욱 다양한 시선, 더욱 입체적인 사연이 담긴 자료가 필요하다. 간독의 발견은 이 같은 다양함 속에서 『사기』의 관점을 드러내고, 다양함은 개별이 아닌 하나의 역사 안에서 유기적 관계를 나타낼 것이다. 역사의 큰 틀 속에서, 『사기』는 사실을 반영하는 동시에 관점을 투영하는 하나의 텍스트로서 일정한 가치를 지닌다고 할 수 있다.

---

54 荊州博物館, 「湖北荊州市胡家草場墓地M12發掘簡報」; 李志芳·蔣魯敬, 「胡北荊州市胡家草場西漢墓M12出土簡牘概述」, 『文物』, 2020-2 참조. 현재 일부를 선별하여 공개한 석문의 출간이 이루어진 상태이다(荊州博物館·武漢大學簡帛硏究中心 編著, 『荊州胡家草場西漢簡牘選粹』, 文物出版社, 2021).

2부

목간의 제작과 폐기

#09

함안 성산산성 출토 목간의 제작 유형과 제작 단위

•

김도영
(경북대 인문학술원 HK교수)

Ⅰ 머리말

역사시대를 복원하기 위해 고고학자들이 분석 대상으로 삼는 유물은 工人이 그것을 생산하는 단계를 시작으로 사용자가 직접 물건을 사용하는 단계, 그리고 역할을 마친 후 무덤이나 주거지에 폐기되는 단계를 거쳐 현재의 우리와 마주한다. 나무를 가공하여 만든 얇은 판에 묵으로 글씨를 쓴 木簡도 예외는 아니다. 문자가 쓰여 있다는 이유로 주로 역사학자의 관심을 받아 온 목간 역시 고고자료라는 점을 고려하면 나무를 가공하고 문자를 기입하여 사용한 후, 폐기되는 과정을 거친 것은 분명하다.

이처럼 탄생부터 죽음까지 '木簡의 一生'을 복원하는 데 지금까지 가장 많은 주목을 받은 것은 단연 함안 성산산성에서 출토된 목간이라 하겠다. 한반도에서 발견된 목간 가운데 절반가량에 달하는 대량의 목간이 대부분 上州에서 제작하여 성산산성으로 보낸 짐에 매달았던 하찰이라는 것이 밝혀지면서 목간의 생산-사용(운반)-폐기 과정을 어느 정도 유추할 수 있게 되었기 때문이다.

다만 후술하듯이 모든 연구자가 성산산성에서 출토된 목간의 일생을 동일하게 그리고 있는 것은 아니다. 특히 목간의 제작과 관련하여 하나의 목간에 복수의 지명이 쓰여 있는 경우 郡과 城·村 가운데 어느 단위에서 목간을 생산하였는지에 관해서는 크게 견해가 갈리고 있다. '木簡의 一生'을 복원하기 위한 첫걸음이라는 점에서 결코 소홀히 할 수 없는 목간의 제작 단위 분석은 이후 사용(운반)과 폐기 과정과도 밀접히 연관되어 있다. 목간의 제작 유형과 제작 단위를 명확히 제시할 수 있다면 신라 중고기 지방 수취제도만이 아니라 6세기 신라 사회상의 일단면도 엿볼 수 있으리라 기대된다.

이 글에서는 이와 같은 문제의식을 바탕으로 함안 선상산성에서 출토된 목간을 종합적으로 분석하여 그 제작 유형과 제작 단위를 밝혀보고자 한다. 논지의 전개 순서는 다음과 같다. 우선 Ⅱ장에서는 연구사를 검토하고 문제를 제기한다. Ⅲ장에서는 목간의 분석 시점을 제시한 후 Ⅳ장에서는 성산산성에서 출토된 목간 가운데 지명이 쓰인 목간을 분석한다. 마지막으로 Ⅴ장에서는 前章의 분석 결과를 토대로 목간의 제작 유형을 나누고 제작 단위를 파악함으로써 함안 성산산성에서 출토된 목간의 일생을 시론적으로 복원해본다.

본론에 들어가기에 앞서 한 가지 사항을 언급해둔다. 바로 목간의 번호와 석문이다. 성산산성에서 출토된 목간은 지금까지 여러 차례 보고되면서 하나의 목간에 다양한 번호가 부여되었다. 또 연구자마다 다른 석문을 내놓기도 한다. 독자의 편의를 위해 이 글에서는 2017년 국립가야문화재연구소에서 발간한 『韓國의 古代木簡Ⅱ』에 수록된 목간의 연번(국가 귀속번호)과 석문을 따르되 일부 석문에 관해서는 종래의 연구 성과를 참고로 하면서 논지를 전개한다. 또 본문에서 다른 연구자가 언급한 목간 번호를 필자가 임의로 추가한 경우에는 【○○, 가야○○】와 같은 방식으로 追記한다.

II 연구사 검토 및 문제 제기

1. 연구사 검토

함안 성산산성에서 출토된 목간의 방대한 연구사는 이미 여러 선학이 정리한 바 있다. 여기서는 목간의 제작 단위와 관련하여 논의된 내용을 연구자별로 검토한다.

과문한 탓인지 모르겠지만 목간의 제작 단위가 본격적으로 논의되기 시작한 것은 윤선태에 의해서인 것 같다. 씨는 함안 성산산성에서 출토된 목간을 A~C로 분류하고 그 가운데 C형 목간에 甘文城, 甘文本波가 병칭된 것을 근거로 甘文이 本波를 행정적으로 관할한 것으로 보았다. 仇利伐과 上彡者村, 仇伐과 干好津村의 관계도 기본적으로 이와 유사한데 이처럼 목간에 '村'의 상위 행정단위로 '郡'이 등장한 것은 각 촌 사이의 차등적인 지배를 전제로 한 것으로 이해하였다(尹善泰 1999).

목간에 기록된 지명의 형식을 이처럼 州-郡-縣이라는 지방 체제로 이해한 위 견해는 이내 변경된다. 당시까지 보고된 부찰목간 가운데 지명이 적힌 목간이 대부분 '촌명+인명'으로 구성되어 있으므로 '촌명+촌명+인명'으로 구성된 10번 목간【229, 김해1272】 역시 仇伐이라는 행정촌과 그 예하의 자연촌,

즉 '촌명(+취락명)+인명'으로 보는 것이 타당하다며 종래의 견해를 수정한 것이다. 또 仇利伐과 上彡者村이 함께 쓰여 '촌명+촌명+인명'의 구조로 보이는 명적목간[1] 역시 작성 주체가 행정촌임은 분명하므로 앞의 촌명을 행정촌, 뒤의 촌명을 그 예하의 취락으로 이해하였다(尹善泰 2002).

이후 '城下'가 표기되어 복수의 지명이 나열된 하찰에 주목한다. 앞서 언급한 것처럼 구리벌, 고타 등 서식이나 형태로 보아 '지역색'이 완연한 하찰이 행정촌 단위에서 제작된 것은 명백하므로 '城下'목간에 기록된 복수의 지명에 관해 '감문성'이 감문, 본파 등 몇 개의 행정촌을 아울러 통할하는 광역의 행정 기능을 수행하는 가운데 麥을 부담시킨 지역으로 이해하였다. 즉 '城下'목간을 어느 성 예하의 소지역 거주민이 납부한 개인 하찰로 본 것이다(윤선태 2012).

유사한 인식은 이경섭의 연구에서도 확인된다. 이경섭은 당시까지 보고된 성산산성 출토 목간이 上州의 州治인 甘文과 마산·창원 부근인 仇利伐에서 제작된 것으로 보았다(李京燮 2005). 이후 구리벌을 안동시 임하면으로 새로 비정함과 동시에 후술할 목간의 '郡' 제작설에 대하여 행정촌마다 목간의 형태나 목간의 서체가 다른 점, '郡'이 쓰인 목간이 발견되지 않은 점, '추문+○○촌'이라고 기재된 목간【12, 가야38】이 확인된 점을 고려하여 두 개의 지명이 기재된 목간의 경우, 앞의 지명을 행정촌으로, 뒤의 지명을 자연촌으로 이해하였다. 또 수취 행정의 핵심 단위인 행정촌에서 목간을 제작하였으며 목간에 村名만 기재된 村의 경우 행정(성)촌과 자연촌 두 가지 가능성이 모두 존재하는 것으로 보았다(李京燮 2011). 제작 단위에 대한 이같은 견해는 최근까지도 이어진다(이경섭 2020).

한편 전덕재는 목간에 서사된 글자 가운데 가장 많이 등장하는 '稗'의 서체를 비교함으로써 부세 수취의 기본 단위가 군인지 아니면 행정촌 또는 자연촌인지를 분석하였다. 그 결과 지명과 필체가 연동된다는 사실을 밝히고 동일

1 이후 목간의 용도를 수정하였다.

한 지명이 기재된 목간들은 한 사람이 묵서한 것으로 추론하였다. 또 중고기 행정촌을 세 가지로 정의하고 여기에 해당하는 구리벌이나 고타, 구벌, 감문, 추문, 구벌, 급벌성, 이벌지, 매곡촌을 행정촌으로, 행정촌에 속하지 않은 여러 촌을 자연촌으로 분류하였다. 더욱이 목간의 제작 단위에 대해서 자연촌에서 목간이 제작되었다면 촌별로 서체가 달라져야 하나 실제로는 그렇지 않고 고타, 구리벌 등 행정촌 단위로 서체가 동일하므로 이를 곧 목간의 제작 단위가 행정촌임을 알 수 있는 강력한 증거로 이해하였다. 나아가 자연촌만 적힌 11번 목간【227, 김해1270】과 12번 목간【228, 김해1271】도 실은 급벌성(행정촌)에서 제작된 것이므로 자연촌에서 하찰을 제작하기는 어려웠을 것으로 보았다(전덕재 2007).

후속 논고에서는 목간을 더욱 체계적으로 분석한다. 그 결과, 지명이 같은 목간은 형태적으로 닮았으며 서체가 동일할 뿐만 아니라 자연촌명이 묵서된 목간의 서체가 행정촌명이 쓰인 목간의 서체와 일치하므로 중고기에는 행정촌 단위로 목간을 제작하고 서사한 것으로 이해하였다. 즉 자연촌 주민들이 직접 자기가 납부할 곡물을 상자에 넣어 행정촌에 가지고 갔고 文尺과 같은 행정촌 관리가 곡물의 종류와 수량, 납부한 사람의 거주지를 파악한 후 미리 제작해 둔 목간에 그 내용을 묵서한 것으로 상정함으로써 전고의 논지를 보강하였다(전덕재 2009).

홍기승 역시 성산산성 목간에서 '郡'이라는 명칭을 찾아볼 수 없으므로 '지명+촌명' 목간을 '郡+행정촌'으로 볼 수 없으며 '행정촌+자연촌'으로 이해하는 편이 타당하다고 보았다. 나아가 자연촌을 지방지배의 기층 단위로서 일정 역할을 수행한 독자적 단위로 파악하였다(홍기승 2019).

이상에서 언급한 연구는 세부적인 차이는 있지만 하나의 목간에 복수의 지명이 기재된 경우 이 가운데 앞선 지명에서 목간이 제작된 것으로 이해하는 점, 또 그 단위를 행정촌으로 비정하는 점에서는 공통된다.

한편 이상에서 언급한 견해와 달리 목간에 기재된 지명 가운데 일부를

'郡'으로 보는 견해도 엄존한다.

김재홍은 일본의 목간 분류안을 참고하여 당시까지 보고된 성산산성 목간을 문서목간과 물품목간으로 대별하고 이 가운데 문서목간을 ⅠA(州+郡+村+人名), ⅠB(郡+村+人名), ⅠC(村+人名), ⅠD(人名) 형식으로 세분하였다. 또 형식마다 최종적으로 작성한 단위 지역이 달라 州, 郡, 村 단위에서 각각 목간을 제작한 것으로 보았다(金在弘 2001). 村만이 아니라 州, 郡 등 상위 단위에서도 목간을 제작한 것으로 이해한 점에 그 의의가 있다.

목간 제작 단위에 대한 유사한 인식은 다른 연구에서도 확인된다. 김창석은 6세기 중엽 신라의 지방통치체제를 목간의 분석을 통해 밝히고자 하였다. 그 결과 목간의 자연촌 앞에 쓰인 지명을 郡 또는 행정촌 중 어느 하나로 일괄할 수 없으며 郡(고타, 급벌성, 물사벌), 행정촌(구리벌, 구벌, 일고리촌, 수벌, 추문), 자연촌, 자연촌락 등 다양한 단위에서 목간을 제작한 것으로 보았다. 당시는 州-郡-城·村으로 이루어진 지방통치체제가 정립되어 가던 시기였으므로 郡 또는 행정촌 단위의 정형화된 문서 행정 시스템을 상정하기 어려우며 오히려 이처럼 미숙한 통치체제야말로 6세기 중엽 신라 사회의 실상을 나타내는 것으로 파악하였다(김창석 2016).

한편 '仇利伐 上彡者村' 목간에 주목한 이수훈은 仇利伐을 행정촌으로, 上彡者村을 자연촌으로 볼 근거는 어디에서도 없다면서 종래의 견해를 비판하였다. '○○村'을 자연촌으로 보면 인명 표기 방식에 일관성이 없으므로 仇利伐을 郡으로, 上彡者村을 행정촌으로 파악하는 것이 순리라고 보았다. 그리고 목간의 인명과 함께 표기된 '○○村'은 행정촌이었으며 郡名은 생략할 수 있으나 행정촌은 반드시 기재한 것으로 이해하였다(이수훈 2007).

橋本繁는 성산산성 목간 가운데 '村' 앞에 쓰인 구리벌, 고타, 구벌 등을 '郡'으로 상정하였다.[2] 그리고 기재양식을 분석하여 군 단위에서 제작된 목간

2 전덕재가 정의한 중고기 신라의 행정촌을 간략히 비판한 후 상위 행정단위를 행정

에서 표리의 기재, 물품명의 표기법, 형상 등이 공통된다고 지적한다. 그 후 구리별 목간의 필적을 분석하여 촌마다 서자가 달랐을 가능성, 고타 목간의 필적을 분석하여 군 내부에 복수의 서자가 존재하였을 가능성, 구벌 목간을 분석하여 구벌 목간이 촌에 구애되지 않고 같은 서자(同筆)에 의해 제작되었을 가능성을 제기하였다.

이같은 결과를 바탕으로 성산산성 목간은 ①村에서 제작되었거나 ②郡에서 목간이 제작되었으되 村마다 다른 서자가 담당한 것으로 상정하는데 앞서 언급한 것처럼 구벌 목간을 검토한 결과, 村이 달라도 同筆 관계가 인정되므로 村 단위가 아니라 郡 단위에서 목간을 제작하였을 가능성이 큰 것(②)으로 결론짓는다(橋本繁 2014).

이상으로 언급한 연구는 목간에 복수의 지명이 병기된 경우 그 일부가 郡에 해당하며 郡 단위에서도 목간을 제작하였을 것으로 본다는 점에서 공통된다.

이처럼 성산산성에서 출토된 목간에 복수의 지명이 기재되었을 때 각 지명이 어느 단위에 해당하는지, 또 기재된 지명 가운데 어느 단위에서 목간이 제작되었는지에 관해서는 크게 두 견해로 나누어지고 각 견해는 다시 세분된다.

2. 문제 제기

연구사 검토를 통해 아래와 같은 문제를 제기할 수 있다.

첫째, 우선 지명이 기재된 모든 목간을 집성하여 분석할 필요가 있다. 『韓國의 古代木簡Ⅱ』가 출간되어 지명이 적힌 목간은 쉽게 정리할 수 있음에

촌으로 볼지 군으로 볼지에 따라 지방제도의 평가가 크게 좌우된다며 신중한 태도를 취한다.

도 의외로 목간을 지명별로 집성한 후 분석한 연구는 드물다. 구리벌, 고타, 구벌이 기재된 목간은 크기, 서체 등 공통된 특징을 지닌 것으로 이해되고 있는데(李京燮 2005; 橋本繁 2014; 전덕재 2007) 실제로 그러한지, 또 이외에 지명이 적힌 목간들도 유사한 특징을 띠고 있는지 검토할 필요가 있다.

둘째, 지명별로 집성된 목간을 종합적이고 체계적으로 분석할 필요가 있다. 주지하듯이 모든 목간은 나무를 깎고 다듬는 제작 과정과 먹을 묻힌 붓으로 문자를 쓰는 서사 과정을 거쳐 완성된다. 지금까지는 연구자마다 주목하는 시점이 달라 여러 과정 가운데 일부만 분석하는 사례가 많았다. 다만 목간 역시 하나의 유물이기 때문에 목간에서 확인되는 '속성'에 주목하고 다양한 분석 시점을 제시한다면 지명이 기재된 수많은 목간을 일관된 기준으로 분석할 수 있을 것이다. 앞으로 발굴할 계획이 없어 더는 자료가 증가하리라 기대하기 어려운 성산산성 목간을 최대 수로 확보한 이 시점에 지명이 적힌 목간을 체계적으로 분석하는 작업은 제작 단위를 판단하는 가장 큰 근거가 될 것이다.

III 목간의 분석 시점

목간을 분석하는 시점을 제시하기 위해 그 제작 과정에 주목한다. 목간은 적당한 크기의 나뭇가지를 잘라 원하는 크기로 재단하고 표면을 다듬는 ①제작단계와 다듬은 목재 면에 붓으로 문자를 쓰는 ②서사 단계를 거쳐 완성된다. ①제작단계에서는 연륜 배열, 형식, 크기, 홈 가공 방법, 수종 등 제작기법과 관련된 내용을, ②서사 단계에서는 기재 내용, 할서, 서사 위치, 서사면, 기재 방향, 목간 방향, 서체 등 서사와 관련된 내용을 분석할 수 있다. 아래에서는 지명이 적힌 목간을 중심으로 각 단계를 나누어 분석을 시도한다(**그림 1**).

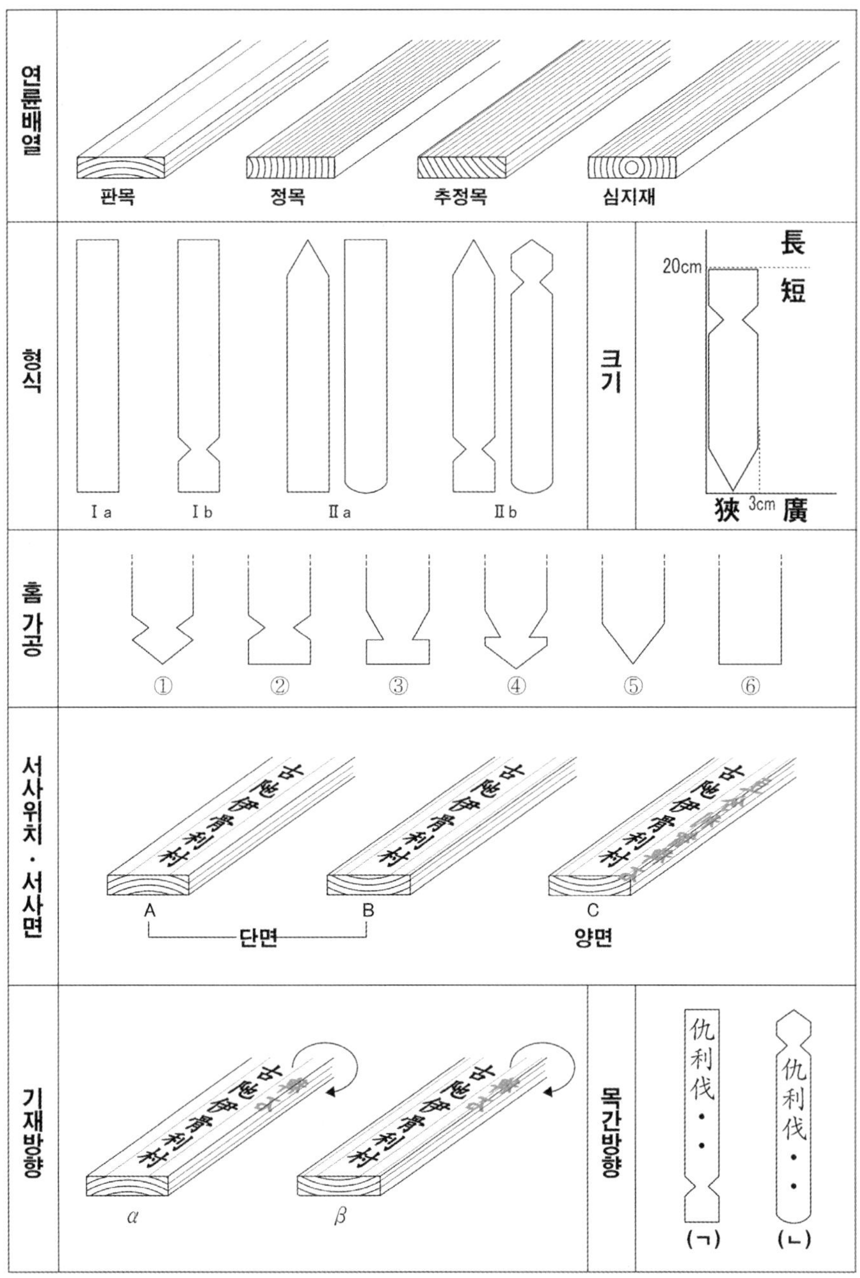
연륜배열
판목
정목
추정목
심지재
형식
Ⅰa
Ⅰb
Ⅱa
Ⅱb
크기
長
20cm
短
狹
3cm
廣
홈 가공
①
②
③
④
⑤
⑥
서사위치·서사면
古陁伊骨利村
A
B
C
단면
양면
기재방향
α
β
목간방향
仇利伐
(ㄱ)
(ㄴ)

그림 1 목간의 분석 시점

1. 제작

제작기법의 속성은 아래와 같이 분류한다.

1) 연륜 배열

목간의 단면에 남은 연륜의 배열을 기준으로 아래와 같이 분류한다.

판목: 재면에 대한 연륜의 각도가 45° 이하일 때 얻을 수 있는 목재. 건조 시 수축되면서 변형이 크며 무늬가 화려하여 '무늬결'이라고도 한다.

정목: 재면에 대한 연륜의 각도가 45° 이상일 때 얻을 수 있는 목재. 결의 변화가 없어 단조로우나 건조가 잘되면 휘어지거나 틀어지지 않는다. 결의 변화가 없어 '곧은결'이라고도 한다.

추정목: 정목과 판목의 중간적인 형태. 재면에 대한 연륜의 각도가 30°~60° 사이의 목재를 말한다.

심지재: 수(髓)가 남아 있는 목재를 말한다.

2) 형식

성산산성에서 출토된 목간은 양면묵서사면목간 2점【75, 가야1602】,【188, 가야2956】과 사면묵서사면목간 2점【186, 가야2645】,【218, 가야5598】을 제외하면 모두 얇은 판상의 목간이다. 사면목간을 제외한 나머지 판상목간을 분류한다[3].

---

3 성산산성에서 출토된 목간은 이경섭의 기준에 따르면 장방판형목간, 다면형목간, 홈형목간으로 나누어지고(이경섭 2013) 이재환의 기준에 따르면 외형(11), 서사면수(Ⅱ)는 대부분 비슷하나 단부에 따라 세분되며(이재환 2019) 전덕재에 따르면 형식을 알 수 없는 것을 포함하여 ⅠMA부터 Ⅱ③D까지 총 21가지로 세분된다(전덕재 2009).

고고학에서 자주 시도되는 유물의 분류는 사실 그 자체가 목적이 아니라 유물 사이에서 확인되는 상관관계나 정형성을 파악하기 위해서이다. 너무 세분한 분류는 정형성을 파악하는 데 오히려 방해가 될 수도 있다. 따라서 목간의 평면 형태와 홈의 유무에 주목하여 목간의 양단부가 '—'자형인 장방판형 목간(Ⅰ)과 (양)단부를 아치형이나 규두형으로 다듬은 목간(Ⅱ), 그리고 홈이 없는 것(a)과 있는 것(b)으로 분류한다. 각 속성을 조합하면 아래와 같이 4개의 형식으로 분류할 수 있다[4].

Ⅰa: 장방판형목간, 홈 ×

Ⅰb: 장방판형목간, 홈 ○

Ⅱa: (양)단부 아치형 또는 규두형, 홈 ×

Ⅱb: (양)단부 아치형 또는 규두형, 홈 ○

3) 홈 가공

하찰목간은 짐에 매달기 위해 하단부에 홈을 가공하거나 구멍을 뚫는 것이 일반적이다. 홈의 형태는 대부분 삼각형인데 양쪽에서 가공하여 삼각형의 양변 길이가 동일한 사례와 한쪽에서 날을 길게 넣어 양변 길이가 다른 사례로 나눌 수 있다. 한편 홈을 가공하고 나서 선단을 다듬은 사례와 그렇지 않은 사례가 존재한다. 끈을 묶는 것이 최종 목적이었다면 홈만 가공하면 되었을 것이므로 선단을 가공하였다는 것은 그 외의 다른 의미가 있었을 것으로 예상된다. 따라서 유효한 속성을 간주할 수 있을 것이다. 이상을 고려하여 목간의 하단부에 있는 홈의 가공 방법을 기준으로 아래와 같이 분류한다.

①: 홈을 양쪽에서 가공하고 선단을 다듬은 목간

②: 홈을 양쪽에서 가공하고 선단을 다듬지 않은 목간

4 목간의 일부가 결실되어 속성을 알 수 없는 경우는 '?'로 표시한다.

③: 홈을 한쪽에서 길게 가공하고 선단을 다듬지 않은 목간

④: 홈을 한쪽에서 길게 가공하고 선단을 다듬은 목간

⑤: 홈을 가공하지 않고 선단만 다듬은 목간

⑥: 홈을 가공하지 않고 선단도 다듬지 않은 목간

4) 크기

길이-**長**(20cm 이상)과 **短**(20cm 미만)로 분류한다.

너비-**廣**(3cm 이상)과 **狹**(3cm 미만)으로 분류한다.

5) 수종

목간을 만드는 데 사용된 나무는 굴피나무류, 밤나무류, 버드나무류, 산벚나무류, 산뽕나무류, 소나무류, 전나무류, 팽나무류로 분류할 수 있다.

2. 서사

서서와 관련된 속성은 아래와 같이 분류한다.

1) 기재 내용

목간에 기재된 내용은 지명(城, 村), 인명, 물품(수량), 외위(관등) 등으로 분류할 수 있다.[5]

2) 할서

二行이나 오른쪽으로 치우쳐 문자를 기입(右寄)한 것을 할서로 분류한다.

---

5 기재 내용은 橋本繁(2014)의 분류안을 따라 정리하였다.

3) 서사 위치

연륜 배열이 판목일 때

A: 수피 쪽 면에만 서사한 목간.

B: 수(髓) 쪽 면에만 서사한 목간.

C: 나무판의 양면에 묵서한 것.

4) 서사면

단면: 나무판의 한쪽 면에만 묵서한 것. (서사 위치 A · B)

양면: 나무판의 양면에 묵서한 것. (서사 위치 C)

5) 기재 방향

서사 위치가 C일 때 (즉, 서사면이 양면일 때)

α: 수피 쪽 면에 먼저 서사 후 나머지 내용을 수(髓) 쪽 면에 서사한 목간

β: 수(髓) 쪽 면에 먼 저 서사 후 나머지 내용을 수피 쪽 면에 서사한 목간

6) 목간 방향

(ㄱ): 목간의 하단에 홈이 있는 것

(ㄴ): 목간의 상단에 홈이 있는 것

7) 서체

지명별로 목간의 서체 특징을 비교한다.

표 1 구리벌 목간의 속성

그룹	군	연번	국가 귀속번호	연륜 배열	형식	홈 가공	크기: 길이		너비		두께	수종	기재내용: 지명1	지명2	인명	외위	노인	인명	부	할서	서사 위치	서사면	기재 방향	목간 방향
Ⅰ	1군	6	가야 32	판목	Ⅱb	①	29.6	長	3.5	廣	0.7	소나무류	仇利伐	彤谷村				仇礼支	負	○	A	단면	-	ㄱ
		83	가야 1616	판목	-	⑥	18	短	3.6	廣	0.7	소나무류		末甘村				借刀利支	負	○	A	단면	-	-
		107	가야 1999	정목	Ⅱb	-	24.9	長	2.8	狹	0.6	소나무류	仇利伐	□□只村				□伐支	負	○	-	단면	-	ㄱ
		142	가야 2034	정목	Ⅱb	③	28.6	長	3.2	廣	0.7	소나무류	仇利伐	習彤村				牟利之	負	○	-	단면	-	ㄱ
	2군	7	가야 33	판목	Ⅱb	②	29	長	3.1	廣	1	소나무류	仇利伐	上彡者村				波婁		○	A	단면	-	ㄱ
		209	가야 5589	정목	Ⅰb	④	28.8	長	3.7	廣	0.9	소나무류	仇利伐	上彡者村						○	-	단면	-	ㄱ
		222	진주 1263	추정목	Ⅰa	⑥	23.6	長	4.4	廣	0.7	소나무류	仇利伐	上彡者村				波婁		○	-	단면	-	-
		232	김해 1275	판목	Ⅰa	⑥	23.5	長	3	廣	0.9	소나무류	仇利伐	上彡者村				乞利		○	C	양면	β	-
	3군	173	가야 2627	판목	Ⅱb	①	28.5	長	4.6	廣	0.7	소나무류	仇利伐	□伐彡□村				伊面於支	負		C	양면	α	ㄱ
	4군	234	김해 1277	판목	-	-	16.7	短	3.4	廣	0.5	소나무류		前谷村				阿足只	負	○	A	단면	-	-
Ⅱ		9	가야 35	판목	Ⅱb	①	29.6	長	3.8	廣	0.7	소나무류	仇利伐		只卽智		奴	於□支		○	B	단면	-	ㄱ
		67	가야 1594	판목	Ⅰb	④	22.1	長	2.7	狹	0.5	버드나무류	仇利伐		□智		奴	□□□支	負	○	B	단면	-	ㄱ
		69	가야 1596	판목	Ⅱb	④	29.7	長	4.5	廣	0.9	소나무류	仇利伐					□□□□支	負	○	A	단면	-	ㄱ
		80	가야 1613	판목	Ⅱa	⑤	32.2	長	3.2	廣	0.6	소나무류	仇利伐		比夕智		奴	先能支	負	○	A	단면	-	-
		97	가야 1989	추정목	?b	④	26.1	長	3.2	廣	0.5	소나무류	□□□		仇阤知	一伐	奴人	毛利支	負		-	단면	-	ㄱ
		120	가야 2012	판목	Ⅱb	④	24.3	長	3	廣	0.6	소나무류	仇利伐		仇阤知	一伐	奴人	毛利支	負		A	단면	-	ㄱ
		243	김해 1287	판목	Ⅱb	④	22.8	長	3.8	廣	0.6~0.9	소나무류	仇利伐		仇阤介	一伐		介利□支		○	A	단면	-	ㄱ
		244	진주 1288	판목	Ⅱ?	-	20.3	長	3.1	廣	0.6	소나무류	仇利伐		□德知	一伐	奴人	□…×			B	단면	-	-
		109	가야 2001	정목	Ⅰa	⑥	32	長	4.1	廣	0.7	소나무류	仇□□		[ ]智		奴人			○	-	단면	-	-
		116	가야 2008	판목	Ⅰb	④	21.8	長	3.9	廣	0.8	소나무류	仇利伐		郝豆智		奴人	□支	負	○	B	단면	-	ㄱ
		144	가야 2036	판목	Ⅱb	④	25.2	長	3.7	廣	1	소나무류	仇利伐					今介次	負		B	단면	-	ㄱ
		169	가야 2619	판목	Ⅰb	②	24.3	長	3.8	廣	0.4	소나무류	仇利伐					記本礼支	負		A	단면	-	ㄱ
		170	가야 2620	판목	Ⅰa	⑥	29.1	長	3.8	廣	0.8	소나무류	仇利伐		[ ]智			[ ]支		○	A	단면	-	-
		212	가야 5592	판목	Ⅰb	④	21.9	長	3.5	廣	0.4~1.3	소나무류	丘利伐		卜今智	上干支	奴	□□支	負	○	A	단면	-	ㄱ
		213	가야 5593	판목	Ⅱb	④	21.7	長	2.6	狹	0.5	소나무류	仇利伐		夫(及)知		奴人	宍礼	負	○	A	단면	-	ㄱ
		8	가야 34	판목	Ⅱb	④	27.7	長	3.3	廣	0.6	소나무류			內恩知		奴人	居助支	負		A	단면	-	ㄱ
		10	가야 36	판목	Ⅱb	①	24.4	長	3.5	廣	0.8	소나무류			內只次		奴	須礼支	負	○	A	단면	-	ㄱ
		11	가야 37	판목	-	-	26.7	長	4.7	廣	0.7	소나무류			比□須		奴	介先利支		○	A	단면	-	-
Ⅲ		29	가야 55	판목	Ⅱa	⑥	27.8	長	1.7	狹	0.6	소나무류						弘帝沒利	負		A	단면	-	-
		90	가야 1624	판목	Ⅰb	④	24.3	長	3	廣	0.7	산벚나무류						一古西支	負		C	양면	α	ㄱ
		130	가야 2022	판목	?b	④	19.8	短	3.6	廣	0.7	소나무류						居利	負		A	단면	-	ㄱ
		152	가야 2046	판목	-	-	10.5	短	2.7	狹	0.3	소나무류						支	負稗		B	단면	-	-
		171	가야 2624	추정목	?b	③	10.3	短	3.1	廣	0.5	소나무류									-	단면	-	ㄱ

【범례】 음영 : 뒷면 기재, - : 확인불가

Ⅳ 지명별 목간의 분석

앞서 제시한 속성을 기준으로 Ⅳ장에서는 지명이 기재된 목간을 분석한다. 지명이 쓰인 목간이 복수로 확인되는 사례로 구리벌, 감문성, 고타, 구벌, 급벌성, 아개, 이진지, 추문, 이벌지, 매곡촌, 상모촌, 진성, 상불도리촌, 양촌, 건부지성, 이실혜촌 목간을 들 수 있다.

1. 구리벌 (표 1, 그림 3)

1) 제작기법

(1) 연륜 배열: 33점 가운데 26점이 판목이다.

(2) 형식: 확인할 수 있는 25점 가운데 Ⅰa가 4점, Ⅰb가 6점, Ⅱa가 2점, Ⅱb가 13점이다.

(3) 홈 가공: 33점 가운데 ④가 13점, ⑥이 6점으로 다수이다.

(4) 크기: 33점 가운데 길이 長이 28점, 너비 廣이 28점 확인된다.

(5) 수종: 33점 가운데 31점이 소나무류이다.

2) 서사

(1) 기재 내용: 아래와 같이 Ⅰ~Ⅲ그룹으로 나눌 수 있다.

§ Ⅰ그룹: 仇利伐+○○村+인명+負

§ Ⅱ그룹: 仇利伐+인명+(외위)+奴人+인명+負

§ Ⅲ그룹: 인명+負

(2) 할서: 33점 가운데 20점에서 할서가 확인된다.

(3) 서사 위치: 확인할 수 있는 26점 가운데 A가 17점으로 다수이다.

(4) 서사면: 33점 가운데 30점이 단면, 3점이 양면이다.

(5) 기재 방향: 확인할 수 있는 3점 가운데 α가 2점, β가 1점이다.

(6) 목간 방향: 확인할 수 있는 22점 모두 (ㄱ)이다.

3) 소결

제작기법과 관련하여 우선 목간의 크기에 주목해 볼 수 있다. 구리벌 목간의 크기를 파악하기 위해 구리벌 이외에 지명이 쓰인 목간이 최소 4점 이상 출토된 사례를 함께 정리한 것이 **그림 2**이다. 대부분의 목간 길이가 15~25cm에 집중된 것을 알 수 있다. 이진지, 감문 목간은 길이 30cm가 넘는 대형도 1점씩 있으나 어디까지나 예외적인 존재이며 대부분 18~25cm에 속한다(**그림 2-3**). 이에 반해 구리벌 목간의 길이는 대부분 20~30cm에 집중적으로 분포한다. 특히 너비 3cm가 넘는 목간은 다른 목간에서 그다지 찾아보기 어려워 구리벌 목간만이 지닌 특징이라 하겠다(**그림 2-1**). 따라서 크기로 보아 구리벌 나무판을 다듬는 가공 작업은 하나의 단위(공방, 공인)에서 이루어진 것으로 추정할 수 있다.

다음으로 목간의 서사와 관련해서는 기재 내용, 할서, 서체 등에 주목해 보자.

구리벌 목간은 앞서 언급한 것처럼 기재 내용을 기준으로 크게 Ⅰ~Ⅲ그룹으로 뚜렷하게 대별된다(**표 1**). 그럼에도 각 그룹에 속하는 목간의 크기는 특별한 경향성은 띠지 않는다(**그림 2-1**). 앞서 언급한 것처럼 나무판을 다듬는 가공 작업이 하나의 단위(공방, 공인)에서 이루어진 것을 고려한다면 하나의 단위 내에서 제작된 나무판에 서사하는 방법과 관련하여 여러 유형이 존재한 것을 의미할 것이다.

한편 Ⅰ그룹에는 모두 村名이 기재되어 있는데 서체, 할서 등 서사와 관

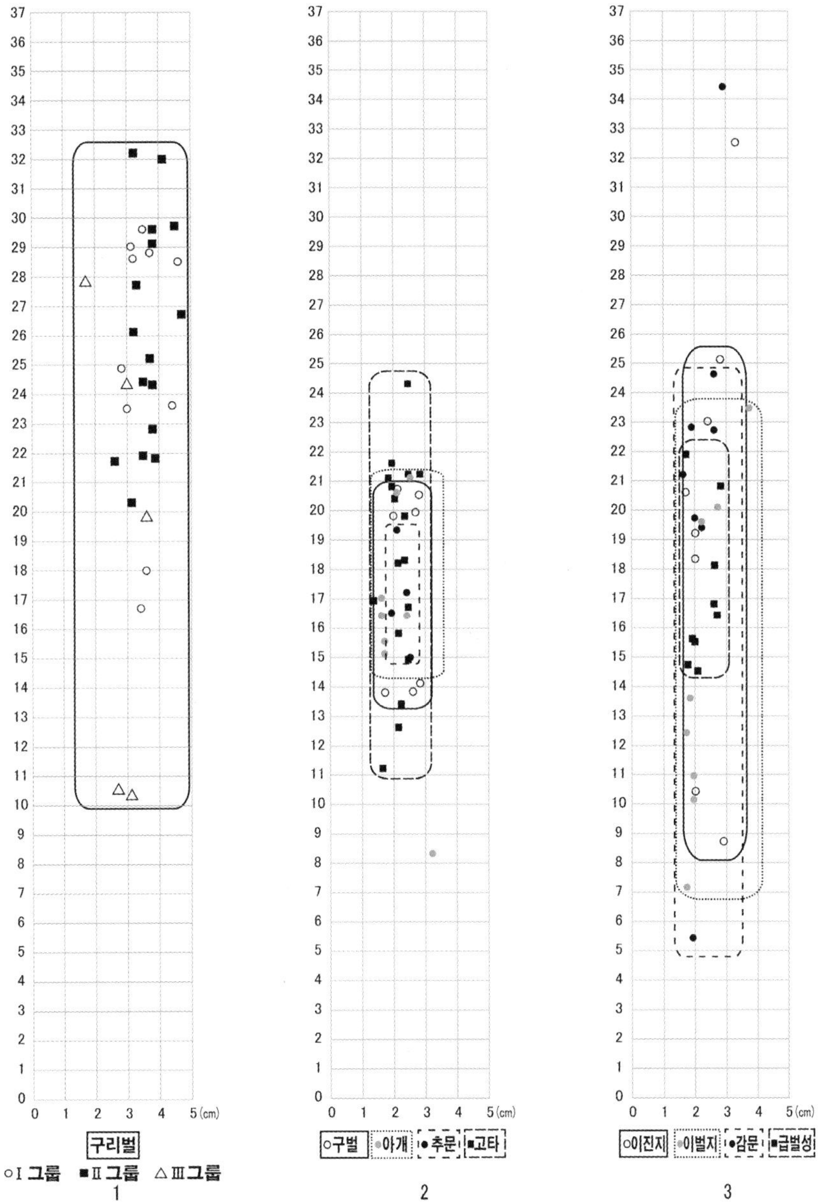

그림 2 지명별 목간의 크기

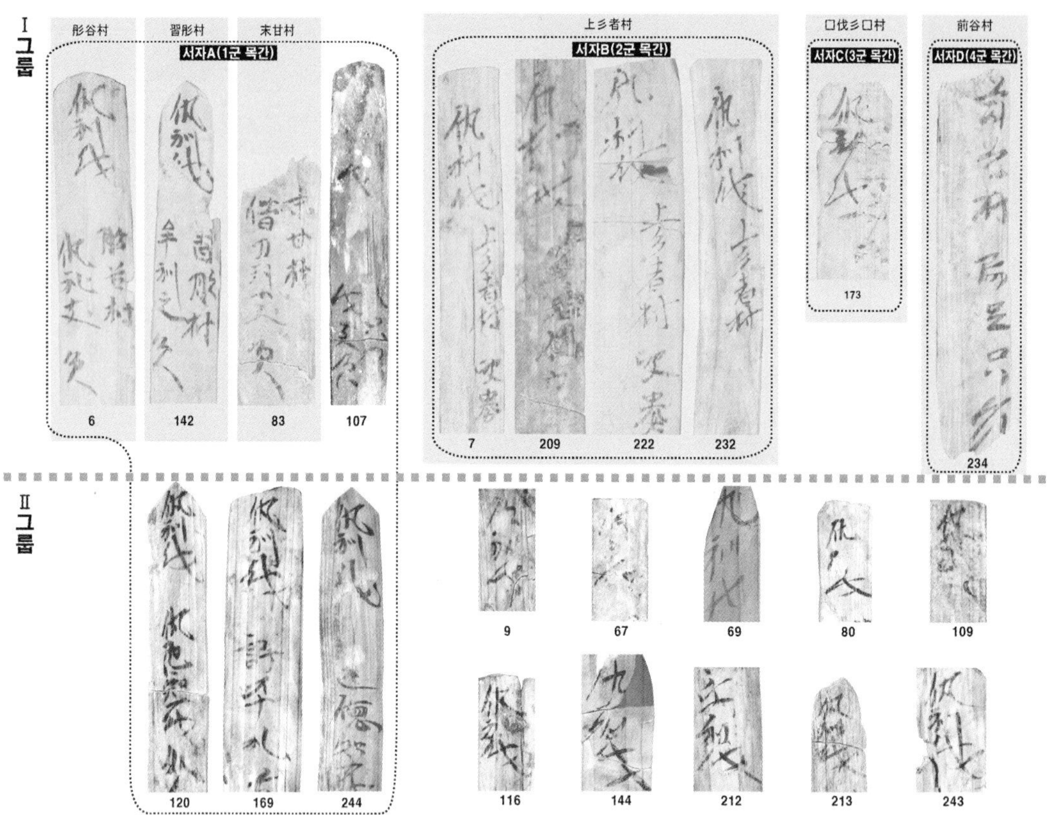

그림 3 **구리벌 목간(Ⅰ~Ⅱ그룹)의 서체와 서자**

련된 속성으로 보아 다시 4개의 군으로 세분할 수 있다(**그림 3**).

Ⅰ그룹 1군 목간은 【6, 가야32】, 【83, 가야1616】, 【107, 가야1999】, 【142, 가야2034】로 구리벌+촌명(彤谷村, 末甘村, □□只村, 習彤村)+인명+負가 기재되어 있다. 仇利伐, 負의 서체가 같을 뿐만이 아니라 촌명과 인명+負를 仇利伐 하단에 양쪽으로 배치(할서)한 것도 같다. 또 서사 위치와 서사면, 목간 방향이 각각 A, 단면, (ㄱ)으로 공통된다. 기재와 관련된 속성이 매우 유사한 것으로 보아 Ⅰ그룹 1군 목간에 문자를 기재한 서자는 동일인(서자A)으로 볼 수 있을 것이다.

Ⅰ그룹 2군 목간은 【7, 가야33】, 【209, 가야5589】, 【222, 진주1263】, 【232, 김해1275】로 구리벌+上彡者村+인명이 기재되어 있다. 仇利伐 서체가 매우 유사하며 구리벌의 하단부 오른쪽에 치우쳐 上彡者村을 쓴 점, 구리벌 목간에서 여럿 확인되는 負가 확인되지 않는 공통점으로 미루어 보아 2군 목간에 문자를 기재한 서자 역시 동일인(서자B)으로 볼 수 있을 것이다.

이외 3군 목간【173, 가야2627】과 4군 목간 【234, 김해1277】은 기재된 내용이 적어 자세한 분석은 할 수 없으나 서체로 보아 적어도 1, 2군 목간의 서자와 다른 서자(서자C · D)로 간주할 수 있을 것이다.

한편 Ⅰ그룹의 1군 목간과 동일한 서체가 Ⅱ그룹에서 확인되어 주목된다. Ⅰ그룹의 1군 목간 【6, 가야32】, 【142, 가야2034】에 적힌 仇利伐 서체와 Ⅱ그룹 【120, 가야2012】, 【244, 진주1288】, 【169, 가야2619】에 쓰인 仇利伐 서체를 비교해 보면 매우 유사한데 특히 '利'의 '刂'을 'ツ'와 같이 쓴 것으로 보아 동일 서자(A)로 보아 무방하다고 생각한다. 특히 Ⅰ그룹의 1군 목간에 촌명과 인명이 모두 할서로 기재된 것에 반해 Ⅱ그룹 목간은 할서로 기재되지 않은 점, 一伐과 奴人이 확인되는 점을 고려하면 동일한 서자(A)라고 하더라도 목간의 크기와 기재하고자 하는 내용의 多少를 고려하여 처음부터 문자를 배치할 공간을 의도적으로 조절하여 쓴 것으로 볼 수 있을 것이다.

이상의 분석 결과를 통해 한 명의 서자(A)가 다양한 촌명(彤谷村, 末甘村, □□只村, 習彤村)을 쓸 수 있었으며 기재할 내용과 양을 애초에 고려하여 할서로 쓰거나 한 줄로 쓴 것을 알 수 있다. 또 한 명이 여러 목간에 동일한 촌명을 기재하거나(서자B) 촌마다 서자(C · D)가 한명씩 존재하는 는 경우도 있었다.

마지막으로 할서는 Ⅰ, Ⅱ그룹에서만 확인되는데 구리벌 이외의 목간에서는 전혀 확인되지 않으므로 구리벌 목간의 특징으로 간주할 수 있다.

2. 고타 (표 2, 그림 4)

1) 제작기법

(1) 연륜 배열: 17점 가운데 판목이 13점이다.

(2) 형식: 확인할 수 있는 13점 가운데 Ⅰa가 1점, Ⅰb가 1점, Ⅱa가 4점, Ⅱb가 7점이다.

(3) 홈 가공: 17점 가운데 ④가 5점, ⑥이 4점으로 다수이다.

(4) 크기: 길이는 長, 短 모두 확인되나 너비는 17점 모두 狹이다.

(5) 수종: 17점 가운데 14점이 소나무류이다.

2) 서사

(1) 기재 내용: 지명+촌명+~那+인명+수량으로 정형화되어 있다.

(2) 할서: 확인할 수 없다.

(3) 서사 위치: 확인할 수 있는 13점 모두 C이다.

(4) 서사면: 17점 모두 양면이다.

(5) 기재 방향: 확인할 수 있는 13점 가운데 α가 9점, β가 4점이다.

(6) 목간 방향: 확인할 수 있는 9점 모두 (ㄱ)이다.

3) 소결

고타 목간은 연륜 배열, 형식, 크기, 수종 등 제작기법과 관련하여 특별한 정형성을 찾기는 어렵다. 이에 반해 기재 내용, 서사 위치, 서사면 등 서사의 속성은 매우 유사한데 예를 들어 서사 위치는 모두 C(양면)이며 기재 방향도 α, 즉 수피 쪽 면에 먼저 서사 후 나머지 내용을 수(髓) 쪽 면에 서사하였다는 공통점이 있다. 한편 고타 목간에서 伊骨(利)村, 一古利村, 新村, 密村이 확인되는데 1점【118, 가야2010】밖에 없어서 판단이 어려운 密村을 제외하면 나

표 2 고타 목간의 속성

연번	국가 귀속번호	연륜 배열	형식	홈 가공	크기					수종	기재내용						할서	서사 위치	서사 면	기재 방향	목간 방향
					길이		너비		두께		지명	촌명	~那	부명?	인명	수량					
1	가야27	판목	Ⅱa	⑥	24.3	長	2.5	狹	0.7	소나무류	古阤	伊骨利村	阿那		衆智卜利 古支	稗發		C	양면	α	-
239	진주1283	판목	Ⅰa	⑥	12.6	短	2.2	狹	0.5	소나무류	古阤	伊骨利村			仇仍支	稗發		C	양면	β	-
89	가야1623	판목	Ⅰb	②	13.4	短	2.3	狹	0.5	소나무류	古阤	伊骨村	阿那		仇利稿支	稗發		C	양면	α	ㄱ
4	가야30	추정목	Ⅱb	④	21.2	長	2.9	狹	0.5	소나무류	古阤	一古利村	末那		毛羅次尸 智	稗石		-	양면	-	ㄱ
100	가야1992	판목	-	-	16.7	短	2.5	狹	0.5	소나무류	古阤	一古利村	末那		殆利夫	稗□		C	양면	α	-
103	가야1995	판목	Ⅱ?	-	21.2	長	2.5	狹	0.4	소나무류	古阤	一古利村	末那		仇□	稗石		C	양면	α	-
106	가야1998	판목	Ⅱa	-	18.3	短	2.4	狹	0.5	소나무류	古阤	一古利村			乃兮支	稗石		C	양면	α	-
114	가야2006	정목	Ⅱb	④	21.6	長	2	狹	0.5	소나무류	古阤	一古利村	阿那		弥伊□ (久)	稗石		-	양면	-	ㄱ
122	가야2014	판목	Ⅱb	④	19.8	短	2.4	狹	0.6	소나무류	古阤	一古利村	末那		沙見 日糸利	稗石		C	양면	α	ㄱ
181	가야2636	심지재	?b	④	15.8	短	2.2	狹	0.4	소나무류	古阤	一古利村		本波	×阤々支	稗發		-	양면	-	ㄱ
189	가야4685	판목	Ⅱb	③	18.2	短	2.2	狹	0.4	소나무류	古阤	一古利村		本彼	阤々只	稗發		C	양면	β	ㄱ
127	가야2019	정목	Ⅰ?	-	11.2	短	1.7	狹	0.3	채취불가	古阤	□利村				稗石		-	양면	-	-
2	가야28	판목	Ⅱa	⑥	21.1	長	1.9	狹	0.8	소나무류	古阤	新村			智利知一 尺那□ 豆兮利智	稗石		C	양면	β	-
99	가야1991	판목	Ⅱa	⑥	20.4	長	2.1	狹	0.6	버드나무류	古阤	新村			呵斤□利 沙礼			C	양면	α	-
118	가야2010	판목	Ⅱb	①	14.9	短	2.5	狹	0.5	소나무류	波阤	密村			沙毛	稗石		C	양면	α	ㄱ
146	가야2038	판목	Ⅱb	④	16.9	短	1.4	狹	0.4	버드나무류	古阤			本波	豆物烈智 □ (勿)大兮			C	양면	α	ㄱ
192	가야4688	판목	Ⅱb	②	20.8	長	2	狹	0.6	소나무류	古阤	伊未矢开上 干一大兮伐			豆幼去			C	양면	β	ㄱ

【범례】음영 : 뒷면 기재

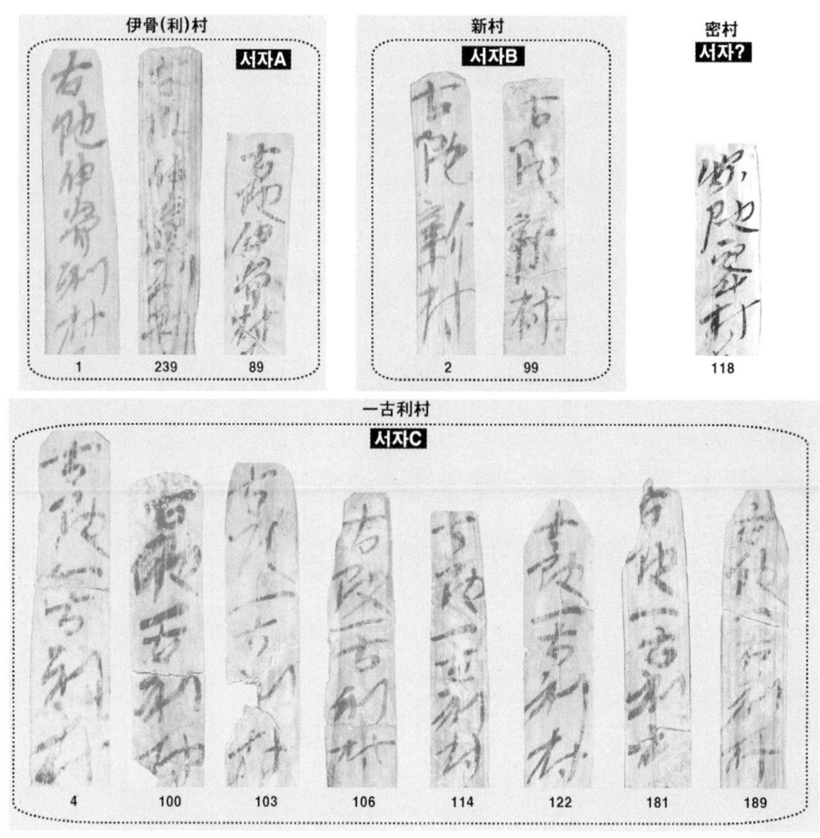

그림 4 **고타 목간의 서체와 서자**

머지 목간은 촌별로 서체가 동일하다**(그림 4)**. 예를 들어 新村 목간은 '古'자의 '口'를 다른 목간과 달리 역삼각형이 아닌 사각형으로 표현하였고 '村'자 역시 다른 목간과 확연히 달라 이미 지적된 것처럼(정현숙 2017) 서자가 달랐을 가능성이 크다.

따라서 고타 목간이 모두 고타에서 제작되었다는 종래의 견해(李京燮 2011; 전덕재 2009; 橋本繁 2014)가 타당하다면 고타에 속하는 伊骨(利)村, 新村, 一古利村에 각자 서자(A, B, C)가 존재한 셈이 된다. 다만 고타 목간이 확인되는 서사의 속성(기재 내용, 서사 위치, 서사면)이 매우 유사한 것을 감안한다면 각 촌에 거주한 서자는 매우 가까이 존재하면서 서사와 관련된 다양한 지식을 서로 공유하였던 것으로 추정해 볼 수 있다.

3. 감문 (표 3, 그림 5)

1) 제작 기법

(1) 연륜 배열: 정목 2점, 판목 4점, 추정목 1점, 심지재 1점이 확인되어 정형성은 없다.

(2) 형식: 확인할 수 있는 7점 가운데 Ⅱa가 3점, Ⅱb가 4점 확인된다.

(3) 홈 가공: 확인할 수 있는 6점 가운데 ①이 2점, ③이 1점, ④가 1점, ⑥이 1점으로 다양하다.

(4) 크기: 길이는 長, 短 모두 확인되나 너비는 8점 모두 狹이다.

(5) 수종: 8점 모두 소나무류이다.

2) 서사

(1) 기재 내용: 지명1(甘文城下)+물품+지명2(감문)+부명+촌명+인명+수량이 쓰여 있다.

(2) 할서: 확인되지 않는다.

(3) 서사 위치: 확인할 수 있는 4점 가운데 A가 2점, C가 2점이다.

(4) 서사면: 8점 가운데 5점이 양면이다.

(5) 기재 방향: 확인할 수 있는 2점 모두 α이다.

(6) 목간 방향: 확인할 수 있는 4점 모두 (ㄱ)이다.

3) 소결

감문 목간은 연륜배열, 형식(Ⅱa · Ⅱb), 크기, 수종(소나무) 등 제작기법의 속성이 유사하며 기재 내용 역시 어느 정도 정형화되어 있다. 서사와 관련하여 大村, 旦利村이 확인되는데 大村이 적힌 2점【64, 가야1590】, 【134, 가야2026】의 서체는 묵흔의 잔존 상태가 양호하지 않아 비교하기 어려우나 '甘文', '大村'을 비교해 볼 때 異筆(서자A · B)일 가능성이 크다. 旦利村 목간은 1점 밖에 없어 비교하기 어려우나 역시 다른 서자(C)였을 것으로 보인다. 이외에 '甘文城下麦十五石甘文本波'로 시작하는 2점의 동문목간【191, 가야4687】, 【225, 진주1268】도 同筆(서자D)로 보인다. 이를 바탕으로 한다면 감문 내에는 복수의 촌이 존재하였으며 하나의 촌에 복수의 서자가 거주한 경우도 있었던 것으로 추정할 수 있다.

4. 구벌 (표 4, 그림 6)

1) 제작기법

(1) 연륜 배열: 7점 가운데 판목 4점, 정목 2점, 추정목 1점이 확인되어 정형성은 없다.

(2) 형식: Ⅰa가 1점, Ⅰb가 2점, Ⅱa가 3점, Ⅱb가 1점으로 모든 형식이 확인된다.

(3) 홈 가공: 7점 가운데 ⑥이 5점으로 다수이다.

(4) 크기: 길이는 長, 短 모두 확인되나 너비는 7점 모두 狹이다.

(5) 수종: 7점 가운데 6점이 소나무류이다.

2) 서사

(1) 기재 내용: 지명+~郱+인명+수량으로 정형화되어 있다.

표 3 감문 목간의 속성

연번	국가 귀속번호	연륜 배열	형식	홈 가공	크기					수종	기재내용								할서	서사 위치	서사 면	기재 방향	목간 방향
					길이		너비		두께		지명1	물품	지명2	부명?		촌명	인명	수량					
36	가야62	정목	-	-	5.4	短	1.9	狹	0.6	소나무류	甘文城下			阿波						-	양면	-	-
64	가야1590	판목	Ⅱb	③	24.6	長	2.6	狹	0.6	소나무류	甘文城下	麦		本波		大村	毛利只	一石		C	양면	a	ㄱ
134	가야2026	판목	Ⅱb	①	34.4	長	2.9	狹	1.3	소나무류	甘文城下	ㅁ米十一斗石		喙		大村	卜只次持去			A	단면	-	ㄱ
162	가야2057	판목	Ⅱa	⑥	21.2	長	1.6	狹	0.8	소나무류			甘文				ㅁ宍大只伐	ㅁ原石		A	단면	-	-
191	가야4687	추정목	Ⅱb	④	19.4	短	2.2	狹	0.6	소나무류	甘文城下	麦十五石	甘文	本波			加本斯	稗一石之		-	양면	-	ㄱ
215	가야5595	심지재	Ⅱa	-	22.8	長	1.9	狹	0.9	소나무류	甘文城下	麦十五石	甘文	本波			伊次只去之			-	양면	-	-
225	진주1268	정목	Ⅱa	⑥	22.7	長	2.6	狹	0.5	소나무류			甘文	本波	(居)(村)	旦利村	伊竹伊			-	단면	-	-
236	진주1279	판목	Ⅱb	①	19.7	短	2	狹	0.6	소나무류	甘文城下	麦	甘文	本波			文利村(知)利(兮)	負		C	양면	a	ㄱ

【범례】음영 : 뒷면 기재

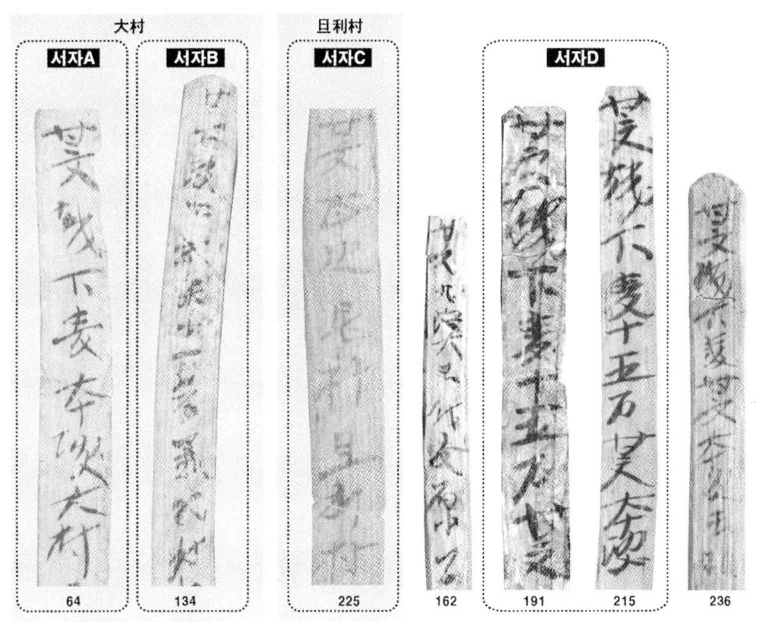

그림 5 감문 목간의 서체와 서자

(2) 할서: 확인할 수 없다.

(3) 서사 위치: 확인할 수 있는 4점 가운데 3점이 A, 1점이 C이다.

(4) 서사면: 7점 가운데 단면이 4점, 양면이 3점이다.

(5) 기재 방향: 확인할 수 있는 목간 1점은 a이다.

(6) 목간 방향: 3점 가운데 (ㄱ)이 1점, (ㄴ)가 2점이다.

표 4 구벌 목간의 속성

연번	국가 귀속번호	연륜 배열	형식	홈 가공	크기					수종	기재 내용					할서	서사 위치	서사 면	기재 방향	목간 방향
					길이		너비		두께		지명	촌명	~那	인명	수량					
24	가야50	추정목	Ⅱa	⑥	19.9	短	2.7	狹	0.5	소나무류	仇伐		阿那	舌只	稗石		-	단면	-	-
95	가야1987	정목	Ⅱb	②	19.8	短	2	狹	0.5	소나무류	仇伐		未那	沙刀(礼)奴 弥次(分)	稗石		-	양면	-	ㄱ
126	가야2018	정목	Ⅰb	⑥	13.8	短	1.7	狹	0.5	소나무류	仇伐		阿那	内□買子 一支買	稗石		-	양면	-	ㄴ
229	김해1272	판목	Ⅱa	⑤	20.5	長	2.8	狹	0.4	소나무류	仇伐	干好津村		卑尸	稗石		A	단면	-	-
96	가야1988	판목	Ⅰa	⑥	14.1	短	2.8	狹	0.7	전나무류	丘伐				稗		A	단면	-	-
137	가야2029	판목	Ⅰb	⑥	13.8	短	2.6	狹	0.4	소나무류	丘伐				稗石		A	단면	-	ㄴ
207	가야5587	판목	Ⅱa	⑥	20.7	長	2.1	狹	0.7	소나무류	丘伐		未那	早尸智居 伐尺奴 能利智	稗石		C	양면	α	-

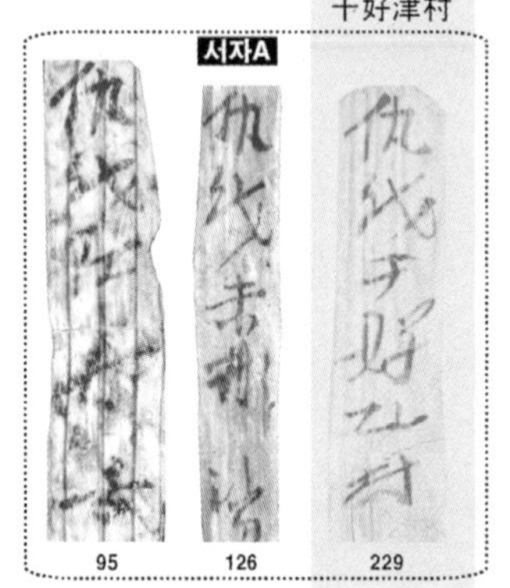

그림 6 구벌 목간의 서체와 서자

3) 소결

제작 기법(연륜 배열, 형식, 크기)의 정형성은 인정하기 어렵지만 기재 내용은 정형화되어 있다. 또 干好津村이 쓰인 목간이 1점【229, 김해1272】확인되는데 '仇'자의 삐침 표현, '伐'의 자체로 보아 【95, 가야1987】, 【126, 가야2018】과는 同筆(서자A), 【24, 가야50】과는 異筆(서자B)로 생각된다.[6] 한편

---

6 橋本繁는 【229, 김해1272】와 【24, 가야50】를 同筆로 간주하지만 異筆일 가능성이 커 보인다.

【96, 가야1988】, 【137, 가야2029】, 【207, 가야5587】 3점은 구벌의 '구'를 '丘'로 표기하였을 뿐만 아니라 서체도 매우 유사하므로 同筆(서자C)로 생각된다. 이로 보아 干好津村에 존재한 서자(A)는 반드시 촌명을 기재하지 않을 수도 있었으며 구벌 내에 복수의 서자(B, C)가 존재한 것으로 생각된다.

5. 급벌성 (표 5, 그림 7)

1) 제작기법

(1) 연륜 배열: 9점 가운데 8점이 판목이다.

(2) 형식: 9점 가운데 6점이 Ⅱb, 3점이 Ⅰb이다.

(3) 홈 가공: 9점 가운데 ①이 3점, ④가 6점이다.

(4) 크기: 길이는 대부분 短이고 너비는 모두 狹이다.

(5) 수종: 9점 가운데 8점이 소나무류이다.

2) 서사

(1) 기재 내용: 지명+인명+수량으로 정형화되어 있다.

(2) 할서: 확인할 수 없다.

(3) 서사 위치: 확인할 수 있는 8점 가운데 6점이 A이다.

(4) 서사면: 9점 모두 단면이다.

(5) 기재 방향: 확인할 수 없다.

(6) 목간 방향: 9점 모두 (ㄱ)이다.

3) 소결

연륜배열(판목), 형식(Ⅰb · Ⅱb), 크기(短 · 狹), 수종(소나무류) 등 제작

표 5 급벌성 목간의 속성

연번	국가 귀속번호	연륜 배열	형식	홈 가공	크기					수종	기재내용			할서	서사 위치	서사 면	기재 방향	목간 방향
					길이		너비		두께		지명1	인명	수량					
112	가야2004	판목	Ⅱb	①	15.6	短	1.9	狹	0.8	소나무류	及伐城	文尸伊	稗石		A	단면	-	ㄱ
113	가야2005	판목	Ⅰb	①	15.5	短	2	狹	0.5	소나무류	及伐城	文尸伊急伐尺	稗石		A	단면	-	ㄱ
179	가야2633	판목	Ⅱb	④	16.4	短	2.7	狹	0.4	소나무류	及伐城	文(尸)□	稗石		B	단면	-	ㄱ
15	가야41	판목	Ⅱb	④	18.1	短	2.6	狹	0.7	소나무류	及伐城	立(龍)	稗石		A	단면	-	ㄱ
44	가야70	판목	Ⅰb	④	14.5	短	2.1	狹	0.6	소나무류	及伐城	只智	稗石		A	단면	-	ㄱ
131	가야2023	판목	Ⅱb	①	21.9	長	1.7	狹	0.5	소나무류	及伐城	登奴	稗石		B	단면	-	ㄱ
49	가야75	판목	Ⅱb	④	14.7	短	1.8	狹	0.5	밤나무류	及伐城	□□	稗石		A	단면	-	ㄱ
176	가야2630	심지재	Ⅰb	④	16.8	短	2.6	狹	0.8	소나무류	及伐城	日沙利	稗石		-	단면	-	ㄱ
230	진주1273	판목	Ⅱb	④	20.8	長	2.8	狹	0.7	소나무류	及伐城	(秀)乃巴	稗		A	단면	-	ㄱ

【범례】 음영 : 뒷면 기재

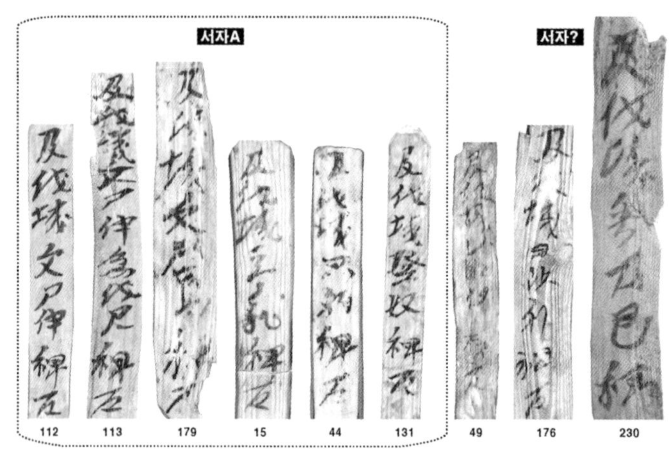

그림 7 급벌성 목간의 서체와 서자

기법과 관련된 속성이 유사할 뿐만 아니라 기재 내용과 서사 위치, 서사면(단면), 목간 방향(ㄱ) 등 서사와 관련된 속성 역시 매우 유사하다. 이 가운데 3점의 목간【112, 가야2004】, 【113, 가야2005】, 【179, 가야2633】은 同文일 뿐만이 아니라 '及伐城', '文尺', '稗' 등 서체와 크기로 보아 동일 서자(A)로 생각된다. 이외 【15, 가야41】, 【44, 가야70】, 【131, 가야2023】 역시 서체로 보아 동일인으로 보인다. 나머지 목간은 묵흔이 선명하지 않아 판단하기 어려우나 【230, 진주1273】은 목간과 문자의 크기, 서체로 보아 서자(A)가 쓴 목간과 크게 다르다(서자?). 이로 보아 급벌성에는 최소한 복수의 서자가 존재한 것으로 추정해 볼 수 있다.

6. 아개 (표 6, 그림 8)

1) 제작기법

(1) 연륜 배열: 7점 모두 판목이다.

(2) 형식: 파악할 수 있는 5점 모두 Ⅱb이다.

(3) 홈 가공: 파악할 수 있는 5점 가운데 ②가 2점, ④가 3점이다.

(4) 크기: 길이는 長, 短 모두 확인되나 너비는 7점 모두 狹이다.

(5) 수종: 7점 모두 소나무류이다.

2) 서사

(1) 기재 내용: 지명+인명+수량으로 정형화되어 있다.

(2) 할서: 확인할 수 없다.

(3) 서사 위치: A, B, C 모두 확인된다.

(4) 서사면: 7점 중 가운데 6점이 단면이다.

(5) 기재 방향: 확인할 수 없다.

(6) 목간 방향: 파악할 수 있는 5점 모두 (ㄱ)이다.

3) 소결

연륜배열(판목), 형식(Ⅱb), 크기, 수종(소나무류) 등 제작기법과 관련된 속성이 유사하며 기재 내용 역시 매우 정형화되어 있다. 이 가운데 【105, 가야1997】, 【111, 가야2003】은 '呵蓋', '稗'의 서체로 보아 同筆(서자A)로 보인다.

표 6　아개 목간의 속성

연번	국가 귀속번호	연륜 배열	형식	홈 가공	크기					수종	기재내용			할서	서사 위치	서사 면	기재 방향	목간 방향
					길이		너비		두께		지명	인명	수량					
23	가야49	판목	Ⅱb	②	15.5	短	1.7	狹	0.7	소나무류	呵蓋	(陽)(村)末	稗石		B	단면	-	ㄱ
28	가야54	판목	Ⅱ ?	-	16.4	短	2.4	狹	0.7	소나무류	呵蓋	□□□□	稗		B	단면	-	-
77	가야1606	판목	Ⅱb	②	15.1	短	1.7	狹	0.6	소나무류	呵蓋	□□□利	稗		A	단면	-	ㄱ
93	가야1985	판목	Ⅱb	④	20.6	長	2.1	狹	0.8	소나무류	呵蓋	次尒利□尒	稗		C	양면	-	ㄱ
105	가야1997	판목	Ⅱb	④	17	短	1.6	狹	0.4	소나무류	呵蓋	尒(欲)弥支	稗		?	단면	-	ㄱ
111	가야2003	판목	Ⅱb	④	16.4	短	1.6	狹	0.6	소나무류	呵蓋	奈夷利	稗		A	단면	-	ㄱ
180	가야2635	판목	Ⅱ ?	-	8.3	短	3.2	廣	0.3	소나무류	呵蓋	奈			B	단면	-	-

【범례】 음영 : 뒷면 기재

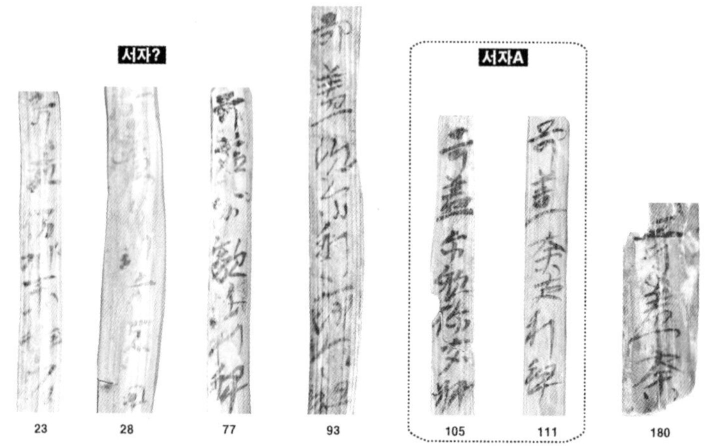

그림 8　아개 목간의 서체와 서자

이외의 서자도 존재하였으나 이를 특정하기는 어렵다.

7. 이진지 (표 7, 그림 9)

1) 제작기법

(1) 연륜 배열: 8점 모두 판목이다.

(2) 형식: 확인할 수 있는 5점 가운데 Ⅰb가 1점, Ⅱb가 4점이다.

표 7 이진지 목간의 속성

연번	국가귀속번호	연륜배열	형식	홈가공	크기					수종	기재내용								할서	서사위치	서사면	기재방향	목간방향
					길이		너비		두께		지명	물품	~那	부명?		촌명	인명	수량					
3	가야29	판목	Ⅱb	①	19.2	短	2	狹	1	소나무류	夷津支		阿那				古刀羅只豆支	稗		C	양면	a	ㄱ
18	가야44	판목	Ⅰb	②	20.6	長	1.7	狹	0.7	소나무류	夷津		阿那				休智	稗		A	단면	-	ㄱ
66	가야1593	판목	?b	⑥	25.1	長	2.8	狹	1.4	소나무류	夷津			本波			只那公末□	稗		A	단면	-	ㄴ
119	가야2011	판목	Ⅱb	①	18.3	短	2	狹	0.8	소나무류	夷津支		未那			石村	末□□烋	麦		C	양면	a	ㄱ
240	김해1284	판목	Ⅰ?	-	10.4	短	2	狹	0.4	소나무류	夷津支		未那				氽利知			B	단면	-	-
31	가야57	판목	Ⅰ?	-	8.7	短	2.9	狹	0.7	소나무류	珎兮城下□					巴珎兮村				C	양면	a	-
133	가야2025	판목	Ⅱb	①	32.5	長	3.3	廣	1.1	소나무류	夷津支城下	麦			王□	巴珎兮村	弥次	二石		C	양면	a	ㄱ
163	가야2058	판목	Ⅱb	①	23	長	2.4	狹	1	소나무류	夷津支城下	麦					烏列支負	□□□石		C	양면	a	ㄱ

【범례】음영 : 뒷면 기재

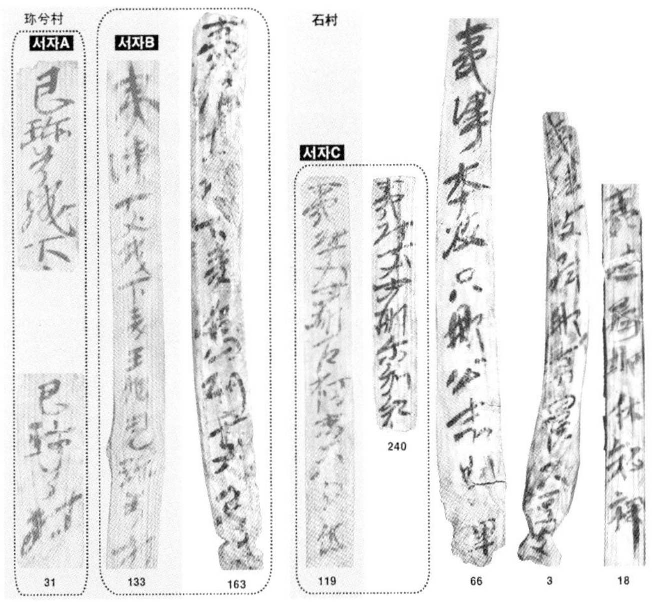

그림 9 **이진지 목간의 서체와 서자**

(3) 홈 가공: 파악할 수 있는 6점 가운데 ①이 4점이다.

(4) 크기: 길이는 長, 短 모두 확인되나 너비는 8점 가운데 7점이 狹이다.

(5) 수종: 8점 모두 소나무류이다.

2) 서사

(1) 기재 내용: '城下'가 기재된 목간과 그렇지 않은 목간으로 양분된다. 후자에는 阿那, 阿那가 기재되어 있다.

(2) 할서: 확인할 수 없다.

(3) 서사 위치: 8점 가운데 A가 2점, B가 1점, C가 5점이다.

(4) 서사면: 8점 가운데 양면이 5점이다.

(5) 기재 방향: 8점 가운데 확인할 수 있는 5점 모두 α이다.

(6) 목간 방향: 파악할 수 있는 7점 중 5점이 (ㄱ), 1점이 (ㄴ)이다.

3) 소결

제작기법과 관련된 속성은 비교적 유사하다. 기재 내용에 주목해 보면 '城下'가 기재된 2점의 목간【31, 가야57】,【133, 가야2025】에서는 공통적으로 '巴珎兮村'이 확인되는데 '城', '村'자로 보아 異筆(서자A · B)일 가능성이 크다. 또 이 가운데 '夷津支城下麦'로 시작하는【133, 가야2025】은【163, 가야2058】과 同文이며 서체로 보아 同筆로 보인다. 한편 '石村'이 기재된【119, 가야2011】은 서체로 보아【240, 김해1284】와 同筆(서자C)로 생각된다.

이로 보아 이진지에는 복수의 촌이, 그리고 각 촌에는 복수의 서자가 존재하였고 서자는 목간에 반드시 촌명을 기재하지 않는 때도 있었던 것으로 추정할 수 있다.

8. 추문 (표 8, 그림 10)

1) 제작기법

(1) 연륜 배열: 4점 가운데 판목 2점, 정목 1점, 추정목 1점이 확인되어

표 8 추문 목간의 속성

연번	국가 귀속번호	연륜 배열	형식	홈 가공	크기						수종	기재내용					할서	서사 위치	서사 면	기재 방향	목간 방향
					길이		너비		두께			지명	~那	촌명	인명	수량					
12	가야38	정목	Ⅱb	③	17.2	短	2.4	狹	0.5		소나무류	鄒文		比尸河村	尒利牟利			-	단면	-	ㄱ
26	가야52	판목	Ⅱa	⑤	19.3	短	2.1	狹	0.4		소나무류	鄒文		□□□村	□本	石		A	단면	-	-
141	가야2033	추정목	Ⅱb	①	16.5	短	1.9	狹	0.5		소나무류	鄒文	前那	牟只村	伊□(習)			-	양면	-	ㄱ
78	가야1607	판목	Ⅱb	①	15	短	2.5	狹	1.7		소나무류			鄒文村	內旦利負			A	단면	-	ㄱ

【범례】 음영 : 뒷면 기재

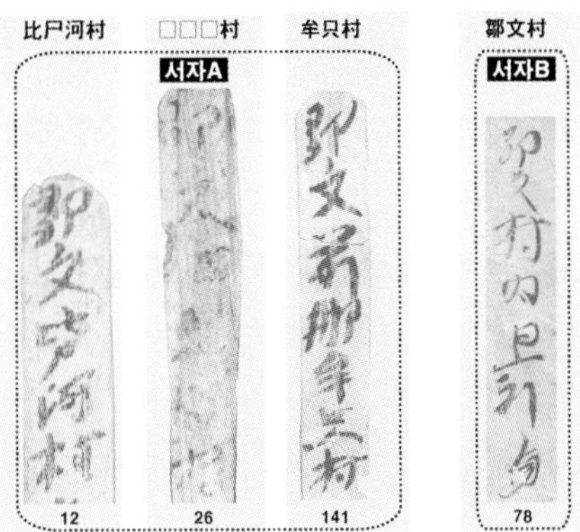

그림 10 **추문 목간의 서체와 서자**

정형성은 없다.

(2) 형식: 4점 가운데 Ⅱb가 3점이다.

(3) 홈 가공: 4점 가운데 ①이 2점, ③이 1점, ⑤가 1점이다.

(4) 크기: 4점 모두 길이 短, 너비 狹이다.

(5) 수종: 4점 모두 소나무류이다.

2) 서사

(1) 기재 내용: 지명(추문)+촌명+인명이 확인된다.

(2) 할서: 확인할 수 없다.

(3) 서사 위치: 확인할 수 있는 2점 모두 A이다.

(4) 서사면: 4점 가운데 3점이 단면이다.

(5) 기재 방향: 확인할 수 없다.

(6) 목간 방향: 확인할 수 있는 3점 모두 (ㄱ)이다.

3) 소결

제작기법과 관련하여 형식, 크기, 수종 등 유사성이 높다. 4점의 목간에서 모두 촌명이 확인되는데 '鄒文', '村'의 서체로 보아 【12, 가야38】, 【26, 가야52】, 【141, 가야2033】과 【78, 가야1607】로 대별할 수 있다(서자A · B). 이미 지적된 것처럼(정현숙 2017) 前者를 같은 사람이 쓴 것이 맞다면 추문 내에 여러 촌이 있었고 한 명의 서자가 다양한 촌명을 기입한 것으로 추정할 수 있다.

9. 이벌지 (표 9, 그림 11)

1) 제작기법

(1) 연륜 배열: 8점 가운데 판목 5점, 정목 2점, 추정목 1점이 확인된다.

(2) 형식: 확인되는 5점 가운데 Ⅰb 1점, Ⅱa 2점, Ⅱb 2점이 확인된다.

(3) 홈 가공: 파악할 수 있는 5점 가운데 ⑤가 3점으로 다수이다.

(4) 크기: 길이는 8점 중 5점이 短, 너비는 8점 중 7점이 狹이다.

(5) 수종: 8점 모두 소나무류이다.

2) 서사

(1) 기재 내용: 지명+인명+수량으로 정형화되어 있다.

(2) 할서: 확인할 수 없다.

(3) 서사 위치: 확인되는 6점 가운데 A가 2점, B가 2점, C가 2점이다.

표 9 이벌지 목간의 속성

연번	국가 귀속번호	연륜 배열	형식	홈 가공	크기					수종	기재내용			할서	서사 위치	서사 면	기재 방향	목간 방향
					길이		너비		두께		지명	인명	수량					
35	가야61	판목	Ⅱ?	-	10.1	短	2	狹	0.6	소나무류	小伊伐支		石		C	양면	β	-
135	가야2027	추정목	Ⅱa	⑤	10.9	短	2	狹	0.3	소나무류	小伊伐支村	能(毛)礼	稗石		C	양면	-	-
48	가야74	정목	Ⅰb	②	12.4	短	1.8	狹	0.5	소나무류	伊伐支	□□波	稗		-	단면	-	ㄱ
50	가야76	정목	?	⑤	7.1	短	1.8	狹	0.4	소나무류	伊智支		石		-	단면	-	-
101	가야1993	판목	Ⅱ?	-	13.5	短	1.9	狹	0.6	소나무류	(伊)伐支	烏利礼	稗石		A	단면	-	-
132	가야2024	판목	Ⅱb	①	19.5	短	2.3	狹	0.9	소나무류	伊伐支村	□只	稗石		B	단면	-	ㄱ
81	가야1614	판목	Ⅱa	⑤	23.4	長	3.8	廣	0.8	소나무류	王松鳥多伊伐支卜烋				A	단면	-	-
226	김해1269	판목	Ⅱb	①	20	長	2.8	狹	0.6	소나무류	王松鳥多伊伐支乞負支				B	단면	-	ㄱ

【범례】 음영 : 뒷면 기재

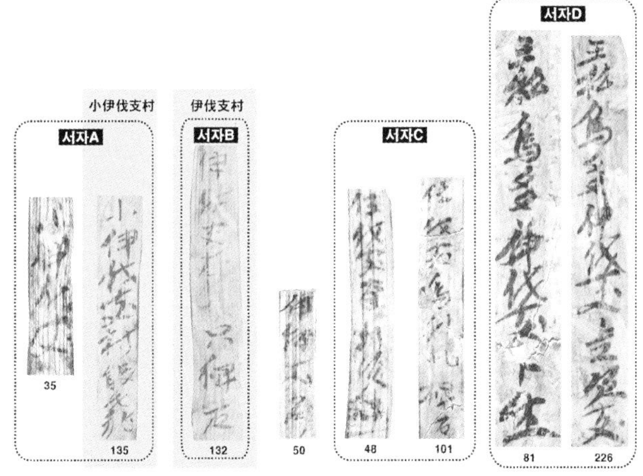

그림 11 이벌지 목간의 서체와 서자

(4) 서사면: 8점 가운데 단면이 6점, 양면이 2점이다.

(5) 기재 방향: 확인할 수 있는 목간 1점은 β이다.

(6) 목간 방향: 확인되는 3점 모두 (ㄱ)이다.

3) 소결

제작기법과 관련하여 형식, 크기, 수종 등 유사성이 높다.

기재 내용과 관련하여 【135, 가야2027】, 【132, 가야2024】에서 각각 '小伊伐支村'과 '伊伐支村'이 확인되는데 '村'의 필체로 보아 異筆(서자A · B)일 가능성이 크다. 한편 【35, 가야61】에도 '小伊伐支'가 기재되어 있으며 필체로 보아 【135, 가야2027】로 동필로 보인다. 이를 통해 서자A는 '小伊伐支村'를 기재할 때 村을 생략하기도 하였다. 한편 이벌지만 기재된 【48, 가야74】, 【101, 가야1993】과 【81, 가야1614】, 【226, 김해1269】은 同文일뿐만 아니라 필체로 보아 각각 同筆(서자C · D)로 보인다.

이상의 검토 결과로 보아 이벌지에는 복수의 촌이 존재하였으며 각 촌의 서자가 목간에 촌명을 기입할 때 촌을 생략하는 경우도 있음을 알 수 있다.

10. 매곡촌 (표 10, 그림 12)

1) 제작기법

(1) 연륜 배열: 2점 모두 판목이다.

(2) 형식: Ⅰb, Ⅱa가 1점씩 확인되어 정형성은 없다.

(3) 홈 가공: ①이 1점, ⑤가 1점이다.

(4) 크기: 2점 모두 길이 短, 너비 狹이다.

(5) 수종: 2점 모두 소나무류이다.

2) 서사

(1) 기재 내용: 촌명+인명+수량으로 정형화되어 있다.

(2) 할서: 확인할 수 없다.

(3) 서사 위치: 2점 모두 C이다.

(4) 서사면: 2점 모두 양면이다.

(5) 기재 방향: 2점 모두 α이다.

(6) 목간 방향: 확인되는 2점은 (ㄱ)이다.

3) 소결

연륜 배열, 크기, 수종, 서사 위치, 서사면이 동일하다. 서체로 보아 이미 지적된 것처럼(정현숙 2017: 472) 同筆로 보인다.

11. 상모촌 (표 11, 그림 12)

1) 제작기법

(1) 연륜 배열: 2점 모두 판목이다.

(2) 형식: 2점 모두 Ⅱb이다.

(3) 홈 가공: ①이 1점, ④가 1점이다.

(4) 크기: 2점 모두 길이는 短, 너비는 狹이다.

(5) 수종: 2점 모두 소나무류이다.

2) 서사

(1) 기재 내용: 촌명+인명+수량으로 정형화되어 있다.

(2) 할서: 확인할 수 없다.

(3) 서사 위치: A가 1점, B가 1점 확인된다.

(4) 서사면: 2점 모두 단면이다.

(5) 기재 방향: 확인할 수 없다.

(6) 목간 방향: 2점 모두 (ㄱ)이다.

3) 소결

연륜 배열, 형식, 크기, 수종, 서사면이 동일하다. 동문목간이며 서체로 보아 同筆(서자A)로 보인다.

12. 진성 (표 12, 그림 12)

1) 제작기법

(1) 연륜 배열: 2점 모두 판목이다.

(2) 형식: 2점 모두 Ⅱb이다.

(3) 홈 가공: 2점 모두 ①이다.

(4) 크기: 2점 모두 길이는 短, 너비는 狹이다.

(5) 수종: 2점 모두 소나무류이다.

2) 서사

(1) 기재 내용: 지명+巴兮支(인명?)+수량으로 정형화되어 있다.

(2) 할서: 확인할 수 없다.

(3) 서사 위치: A가 1점, B가 1점 확인된다.

서사면: 2점 모두 단면이다.

(4) 기재 방향: 확인할 수 없다.

(5) 목간 방향: 2점 모두 (ㄱ)이다.

3) 소결

연륜 배열, 형식, 크기, 수종, 서사면, 기재 방향이 동일하다. 동문목간이며 서체로 보아 同筆(서자A)로 보인다(정현숙 2017: 477).

표 10 매곡촌 목간의 속성

연번	국가 귀속번호	연륜 배열	형식	홈 가공	크기					수종	기재내용			할서	서사 위치	서사 면	기재 방향	목간 방향
					길이		너비		두께		촌명	인명	수량					
71	가야1598	판목	Ⅰb	①	17.8	短	2.6	狹	0.7	소나무류	買谷村	古光珎于	稗石		C	양면	α	ㄱ
157	가야2051	판목	Ⅱa	⑤	15.3	短	2.3	狹	0.5	소나무류	買谷村	物礼利 珎于	稗石		C	양면	α	-

【범례】 음영 : 뒷면 기재

표 11 상모촌 목간의 속성

연번	국가 귀속번호	연륜 배열	형식	홈 가공	크기					수종	기재내용			할서	서사 위치	서사 면	기재 방향	목간 방향
					길이		너비		두께		촌명	인명	수량					
17	가야43	판목	Ⅱb	④	15.8	短	2.4	狹	0.7	소나무류	上莫村	居利支	稗		A	단면	-	ㄱ
228	김해1271	판목	Ⅱb	①	17.3	短	1.6	狹	0.5	소나무류	上莫村	居利支	稗		B	단면	-	ㄱ

표 12 진성 목간의 속성

연번	국가 귀속번호	연륜 배열	형식	홈 가공	크기					수종	기재내용			할서	서사 위치	서사 면	기재 방향	목간 방향
					길이		너비		두께		촌명	인명	수량					
14	가야40	판목	Ⅱb	①	16.2	短	2.1	狹	0.5	소나무류	陳城	巴兮支	稗		B	단면	-	ㄱ
238	김해1282	판목	Ⅱb	①	15.9	短	2.2	狹	0.7	소나무류	陳城	巴兮支	稗		A	단면	-	ㄱ

표 13 상불도리촌 목간의 속성

연번	국가 귀속번호	연륜 배열	형식	홈 가공	크기					수종	기재내용			할서	서사 위치	서사 면	기재 방향	목간 방향
					길이		너비		두께		촌명	인명	수량					
5	가야31	심지재	Ⅱb	①	15.9	短	1.5	狹	0.5	소나무류	上弗刀弥村	加古波(孕)	稗石		C	양면	α	ㄱ
159	가야2054	정목	Ⅰa	⑥	12.1	短	2.1	狹	0.4	소나무류	上弗刀弥村	敬麻古	稗石		C	양면	-	-

【범례】 음영 : 뒷면 기재

표 14 양촌 목간의 속성

연번	국가 귀속번호	연륜 배열	형식	홈 가공	크기					수종	기재내용			할서	서사 위치	서사 면	기재 방향	목간 방향
					길이		너비		두께		촌명	인명	수량					
16	가야42	판목	Ⅱa	①	14.9	短	2.5	狹	0.5	소나무류	陽村	文尸只			A	단면	-	ㄱ
70	가야1597	판목	Ⅰb	①	17	短	2.3	狹	0.5	소나무류	陽村	文尸只	稗		A	단면	-	ㄱ

표 15 건부지성 목간의 속성

연번	국가 귀속번호	연륜 배열	형식	홈 가공	크기					수종	기재내용			할서	서사 위치	서사 면	기재 방향	목간 방향
					길이		너비		두께		촌명	인명	수량					
117	가야2009	판목	Ⅱ?	-	13.5	短	2.1	狹	0.6	소나무류	巾夫支城	夫酒只	稗一石		C	양면	-	-
129	가야2021	판목	Ⅱb	④	15.1	短	2	狹	0.7	굴피나무류	巾夫支城	ㅁ郎支	稗一		B	단면	-	ㄱ
211	가야5591	판목	Ⅰ?	-	13.7	短	2.1	狹	0.3	소나무류	巾夫支城	仇智支	稗		A	단면	-	-

【범례】 음영 : 뒷면 기재

표 16 이실혜촌 목간의 속성

연번	국가 귀속번호	연륜 배열	형식	홈 가공	크기					수종	기재내용			할서	서사 위치	서사 면	기재 방향	목간 방향
					길이		너비		두께		촌명	인명	수량					
54	가야80	추정목	Ⅰ?	-	10.7	短	2.2	狹	0.5	소나무류	伊失兮村	-			-	단면	-	-
123	가야2015	판목	Ⅱb	①	15	短	1.5	狹	0.5	소나무류	伊失兮村	-	稗石		B	단면	-	ㄱ

【범례】 음영 : 뒷면 기재

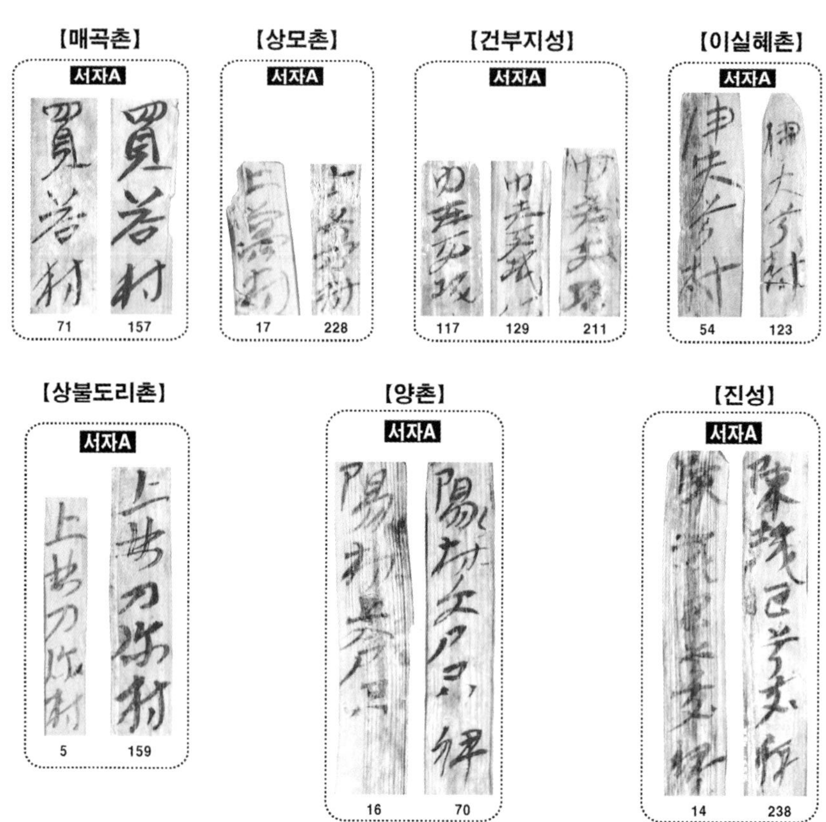

그림 12 **매곡촌, 상모촌, 건부지성, 이실혜촌, 상불도리촌, 양촌, 진성 목간의 서체**

13. 상불도리촌 (표 13, 그림 12)

1) 제작기법

(1) 연륜 배열: 심지재 1점과 정목 1점이 확인된다.

(2) 형식: Ⅰa 1점, Ⅱb 1점이 확인된다.

(3) 홈 가공: ①이 1점, ⑥이 1점이다.

(4) 크기: 2점 모두 길이 短, 너비 狹이다.

(5) 수종: 2점 모두 소나무류이다.

2) 서사

(1) 기재 내용: 촌명+인명+수량으로 정형화되어 있다.

(2) 할서: 확인할 수 없다.

(3) 서사 위치: C가 1점 확인된다.

(4) 서사면: 2점 모두 양면이다.

(5) 기재 방향: 확인할 수 있는 1점은 α이다.

(6) 목간 방향: 확인되는 1점은 (ㄱ)이다.

3) 소결

크기, 수종, 서사면이 동일하다. 서체로 보아 同筆(서자A)로 보인다.

14. 양촌 (표 14, 그림 12)

1) 제작기법

(1) 연륜 배열: 2점 모두 판목이다.

(2) 형식: Ⅰb가 1점, Ⅱa가 1점 확인된다.

(3) 홈 가공: 2점 모두 ①이다.

(4) 크기: 2점 모두 길이는 短, 너비는 狹이다.

(5) 수종: 2점 모두 소나무류이다.

2) 서사

(1) 기재 내용: 촌명+인명+수량으로 정형화되어 있다.

(2) 할서: 확인할 수 없다.

(3) 서사 위치: 2점 모두 A이다.

(4) 서사면: 2점 모두 단면이다.

(5) 기재 방향: 확인할 수 없다.

(6) 목간 방향: 2점 모두 (ㄱ)이다.

3) 소결

연륜 배열, 크기, 수종, 서사 위치, 서사면, 목간 방향이 동일하다. 동문목간이며 서체로 보아 同筆(서자A)로 보인다(정현숙 2007: 480).

15. 건부지성 (표 15, 그림 12)

1) 제작기법

(1) 연륜 배열: 3점 모두 판목이다.

(2) 형식: 확인되는 1점은 Ⅱb이며 그 외는 불분명하다.

(3) 홈 가공: 파악할 수 있는 1점은 ④이다.

(4) 크기: 3점 모두 길이는 短, 너비는 狹이다.

(5) 수종: 소나무류가 2점, 굴피나무류가 1점 확인된다.

2) 서사

(1) 기재 내용: 지명(巾夫支城)+인명+수량으로 정형화되어 있다.

(2) 할서: 확인할 수 없다.

(3) 서사 위치: A, B, C 모두 확인된다.

(4) 서사면: 단면 2점, 양면 1점이 확인된다.

(5) 기재 방향: 확인할 수 없다.

(6) 목간 방향: 확인되는 1점은 (ㄱ)이다.

3) 소결

필체로 보아 同筆(서자A)의 가능성이 커 보인다.

16. 이실혜촌 (표 16, 그림 12)

1) 제작기법

(1) 연륜 배열: 추정목 1점, 판목 1점이 확인된다.

(2) 형식: 확인되는 1점은 Ⅱb이다.

(3) 홈 가공: 파악할 수 있는 1점은 ①이다.

(4) 크기: 2점 모두 길이는 短, 너비는 狹이다.

(5) 수종: 모두 소나무류이다.

2) 서사

(1) 기재 내용: 촌명+수량이 확인된다.

(2) 할서: 확인할 수 없다.

(3) 서사 위치: 확인되는 1점은 B이다.

(4) 서사면: 2점 모두 단면이다.

(5) 기재 방향: 확인할 수 없다.

(6) 목간 방향: 확인되는 1점은 (ㄱ)이다.

3) 소결

크기, 수종, 서사면 등이 동일하다. 동문목간이며 필체로 보아 同筆(서자 A)로 보인다.

Ⅴ 성산산성 목간의 제작 유형과 제작 단위

1. 목간의 제작 유형

이상으로 성산산성에서 출토된 목간 가운데 지명이 기재된 목간을 중심으로 제작기법 및 서서와 관련된 속성을 검토하였다. 분석 결과를 토대로 성산산성에서 출토된 목간의 제작 유형을 나누면 아래와 같다(그림 13).

1) 유형①

지명과 촌이 함께 기재된 유형이다. 구리벌, 고타, 감문, 구벌, 이진지, 추문, 이벌지 목간이 이 유형에 속한다. 대부분 하나의 지역에 복수의 촌이 존재하며 각 촌에는 한 명의 서자가 존재한다. 다만 감문, 이진지 사례처럼 하나의

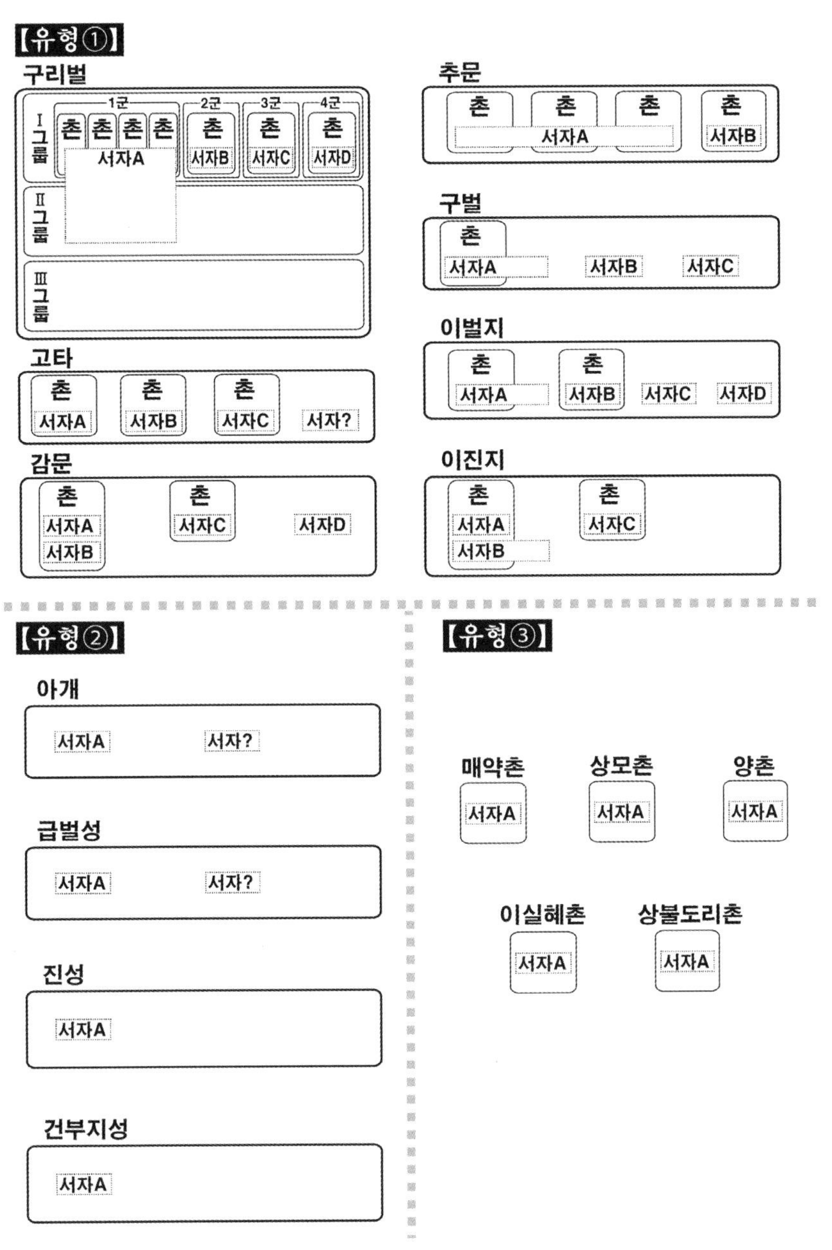

그림 13 목간의 제작 유형

촌에 복수의 서자가 존재하는 사례도 있고 구리벌, 추문 목간에서 알 수 있듯이 한 명의 서자가 여러 촌명을 기재하기도 하였다. 또 구벌, 이진지 사례처럼 특정 촌에 속하였더라도 목간에 촌명을 기재하지 않거나 이벌지 사례처럼 '小伊伐支村'에서 '村'만 생략하는 사례도 있다.

2) 유형②

하나의 지명만 기재된 유형이다. 아개, 급벌성, 진성, 건부지성 목간이 이 유형에 속한다. 각 지역에는 단독, 또는 복수의 서자가 존재한다[7].

3) 유형③

하나의 촌명만 기재된 유형이다. 매곡촌, 상모촌, 이실혜촌, 상불도리촌, 양촌 목간이 이 유형에 속한다. 각 촌에는 단독의 서자가 존재한다.

2. 목간의 제작 단위

이상과 같은 분석 결과가 타당하다면 지명이 들어간 복수의 목간은 한 사람이 묵서하였을 것이라는 종래의 견해는 재검토할 필요가 있다. 즉 지명이 다르면 필체가 다르고 지명이 같으면 필체가 같으므로 지명이 들어간 목간들은 한 사람이 묵서하였을 것이라 지적하였으나(전덕재 2007: 235) 유형①에서 알 수 있듯이 하나의 지역에 복수의 촌이 존재하고 또 각 촌에는 한 명, 또는 복수의 서자가 존재하므로 실제로는 다양한 서자의 필체가 확인된다. 또 구리벌, 추문 목간처럼 한 명의 서자가 여러 촌명을 동시에 기입하는 사례도

7 감문 목간과 이진지 목간에도 '城下'라고 기재되어 유형②으로 분류할 수 있으나 촌명이 확인되므로 유형①로 분류하였다.

있으므로 '지명=필체'라는 등식이 반드시 성립한다고는 보기 어렵다.

또 앞서 언급한 것처럼 유형①에 속하는 구리벌 목간은 나무판을 다듬는 가공 작업이 하나의 단위(공방, 공인)에서 이루어진 것으로 추정하였다. 이 결과를 중시한다면 구리벌에서 대량으로 제작된 나무판을 각 촌으로 분배한 후 각 촌의 서자가 이미 정해진 양식을 기재하였으리라는 가설도 성립할 수 있다. 다만 서자(A)로 보아 한 명의 서자가 기재할 수 있는 촌명과 양식은 다양하며 또 이미 지적된 것처럼(橋本繁 2007: 48) 필요할 때마다 하찰을 제작한 것이 아니라 어느 정도의 하찰을 미리 제작하여 보관해 두고 필요할 때마다 꺼내어 썼을 수도 있으므로 현재로서는 구리벌에서 대량으로 만든 나무판을 각 촌으로 분배하였을 것이라는 가설이 성립할 것이라 단정하기는 어렵다. 하나의 단위(공방, 공인)에서 대량으로 제작된 나무판을 근거리에 있는 여러 촌(서자A~D)에서 함께 가져가 사용하였을 수도 있기 때문이다. 추문 목간 역시 한 명의 서자(A)가 여러 촌명을 동시에 기입한 사례에 해당한다.

한편, 위에서 검토한 목간의 분석 결과만 중시한다면 성산산성 목간이 '郡' 단위에서 제작되었다고 볼 수 있는 결정적인 근거는 적어도 현재로서는 찾기 어렵다. 유형① 이외에 유형②, 유형③까지 고려한다면 성산산성에서 발견된 목간은 城, 또는 지역 내에 존재한 村 단위에서 제작된 것으로 보는 것이 합리적일 것이다. 만약 郡에서 제작한 목간을 촌에서 보낸 稅物에 일괄적으로 부착하였다면 郡, 즉 단위(지명)별로 필체가 같아야 하나 그렇지 않다는 것은 前章에서 자세히 살펴본 대로이다. 따라서 함안 성산산성에서 출토된 목간은 城 또는 村에서 제작되어 상위 지역으로 이동한 후 여기서 검수 과정을 거치고 다시 성산산성으로 운반되거나(유형①), 城 또는 村에서 제작되어 해당 지역에서 검수를 마친 후 바로 성산산성으로 운반(유형②·유형③)되었을 것이다. 함안까지 낙동강 수계를 따라 물품과 함께 이동한 목간은 성산산성에서 다시 한번 검수 과정을 거쳤고 이후 성벽을 쌓는 데 필요한 부엽층에 폐기되면서 '一生'을 마감한 것으로 생각된다.

설령 앞으로 '郡'이 기재된 목간이 발견된다고 하더라도 이를 '郡' 단위에서 목간이 제작된 것으로 결론짓기 위해서는 또 다른 분석이 필요할지 모른다. 함안 성산산성 목간이 郡에서 제작되었는지에 관한 문제는 이 글에서 시도한 목간의 종합적인 분석만이 아니라 '郡'이 적힌 목간의 발견, 나아가 지금까지 밝혀진 6세기대 신라의 사회상과 행정단위 문제 등을 함께 고려할 때 비로소 해결될 수 있지 않을까.

VI 맺음말

고대사에 문외한인 필자가 성산산성 출토 목간에 관심을 두게 된 이유는 나무판의 가공부터 서사까지, 목간이 완성되는 과정에 주목하고 이를 종합적으로 분석할 수 있다면 현재 논란거리인 목간의 제작 단위, 즉 郡과 城·村 가운데 어느 단위에서 목간이 제작된 것인지를 밝힐 수 있지 않을까 하는 막연한 기대감 때문이었다. 결과적으로 郡이 기재된 목간이 발견되지 않았으므로 郡 단위에서 목간을 제작한 것으로 보기 어렵다는 기존의 연구 성과를 되풀이할 수밖에 없어 애초에 의도한 바를 전혀 이루지 못한 용두사미격의 글이 되고 말았다.

그럼에도 현재까지 보고된 함안 성산산성 목간에 대해 서사를 집중적으로 분석하는 문헌사의 연구 방법만 아니라 제작 방법과 같은 고고학적인 관점을 접목함으로써 나름의 종합적인 분석을 시도하였다는 점은 이 논문이 지닌 의의라고 할 수 있을 것이다. 나아가 지명이 기재된 목간을 선입견을 배제한 채 일관된 기준으로 분석하고 정리한 점 역시 종래 연구에서 시도되지 않은 연구라고 할 수 있을 것 같다.

문자가 기재된 목간은 좋은 문헌 자료이자 동시에 훌륭한 고고 자료이다. 유물의 다양한 속성을 관찰하는 고고학자의 시선으로 삼국시대 발견된 목간을 관찰, 분석한다면 앞으로 문헌사에서 밝히지 못한 새로운 연구 결과도 기대할 수 있다. 목간을 포함한 고대 동아시아 문자자료의 고고학적인 연구는 앞으로의 과제로 삼고자 한다.

참고문헌

국문

橋本繁, 2007, 「함안 성산산성목간의 제작기법」, 『함안 성산산성 출토 목간의 의의』, 국립가야문화재연구소·일본 와세대대학 조선문화구소 공동연구 기념 학술대회 자료집.

金在弘, 2001, 『新羅 中古期 村制의 成立과 地方社會 構造』, 서울大學校大學院 文學博士學位論文.

김창석, 2016, 「함안 성산산성 木簡을 통해 본 新羅의 지방사회 구조와 수취」, 『百濟文化』第54輯, 公州大學校 百濟研究所.

尹善泰, 1999, 「咸安 城山山城 出土 新羅木簡의 用途」, 『震檀學報』88, 震檀學會.

尹善泰, 2002, 「新羅 中古期의 村과 徒」, 『韓國古代史研究』25, 韓國古代史學會.

윤선태, 2012, 「咸安 城山山城 出土 新羅 荷札의 再檢討」, 『사림』제41호, 수선사학회.

李京燮, 2005, 「城山山城 출토 下札木簡의 製作地와 機能」, 『韓國古代史研究』37, 韓國古代史學會.

李京燮, 2011, 「성산산성 출토 신라 짐꼬리표[荷札] 목간의 地名 문제와 제작 단위」, 『新羅史學報』23, 新羅史學會.

이경섭, 2013, 「新羅木簡의 출토현황과 분류체계 확립을 위한 試論」, 『신라문화』42, 동국대학교 신라문화연구소.

이경섭, 2020, 「성산산성 목간과 신라사 연구」, 『韓國古代史研究』97, 韓國古代史學會.

이수훈, 2007, 「신라 중고기 行政村·自然村 문제의 검토」, 『韓國古代史研究』48, 韓國古代史學會.

이재환, 2019. 「한국 출토 목간의 분류와 정리 및 표준화 방안」, 『목간과 문자』23호, 한국목간학회.

전덕재, 2007, 「함안 성산산성 목간의 내용과 중고기 신라의 수취체계」, 『역사와 현실』65, 한국역사연구회.

전덕재, 2009, 「함안 성산산성 출토 신라 하찰목간의 형태와 제작지의 검토」, 『목간과 문자』3, 한국목간학회.

정현숙, 2017, 「함안 성산산성 목간의 서체」, 『韓國의 古代木簡』Ⅱ, 국립가야문화재연구소.

홍기승, 2019, 「함안 성산산성 목간으로 본 6세기 신라 촌락사회와 지배방식」, 『목간과 문자』22호, 한국목간학회.

일문

橋本繁, 2014, 『韓国古代木簡の研究』, 吉川弘文館.

#10

中國 簡牘時代의 문자 소거와 폐기

•

마쩡룽(馬增榮)
(澳門大學 歷史系 교수)

I 前言

본문의 집필 의도는 최근 廢棄 簡牘의 출토 수량이 폭증하고 있는 현상에 호응한 것이다. 考古 遺址 분류에 따르면 출토 간독은 주로 邊塞와 墓葬, 井窖(우물과 갱) 세 가지로 대분류된다.[1] 변새 간독의 발견은 20세기 초 서방의 고고학자와 탐험가에 의한 중국 서북 변경 답사가 그 시작이었다. 그것의 시작과 끝은 한대 서북 개척 및 철수와 궤를 같이 한다. 대량의 한대 목간은

1 Tsang Wing Ma, "Qin and Han Evidence: Excavated Texts," in Handbook of Ancient Afro-Eurasian Economies. Volume I: Contexts, edited by Sitta von Reden (Berlin and Boston: De Gruyter Press, 2020), pp.548-550.

居延·燉煌 등지의 障塞 유지 혹은 부근의 灰坑에서 발견되었고, 생활 쓰레기와 인분 등이 섞여 있어 폐기 간독이 틀림없었다.[2] 墓葬 간독의 성격은 주로 死者의 살았을 때 사용하던 기물[生器]와 사후 세계에서의 용도로 수장된 기물[明器] 두 가지로 해석되는데, 폐기 간독과는 본질적으로 다르다.[3] 다른 한 종류의 폐기 간독은 주로 중국 남방(특히 湖南省)의 井窖 유지에서 출토되었다. 1990년대부터 이러한 종류의 간독 수량증가는 기존 예측을 뛰어넘고 있다. 長沙 五一廣場 부근에는 최소 여섯 종류의 문서가 井窖에서 출토되었고, 湖南 里耶, 郴州 蘇仙橋, 益陽 兎子山, 四川 城壩 및 廣州 南越王國 宮署의 정교 유지 또한 戰國에서 魏晉 사이 대량의 간독이 출토되었다. 그 총 수량은 이

2 邊地의 폐기 간독은 또 세 종류로 세분할 수 있다. 하나는 변지의 장새유지의 폐기에 따라 폐기된 것, 두 번째는 유지가 사용 중인 때에 버려진 것, 세 번째는 유지가 사용 중인 때에 의식적으로 다른 곳에 옮겨져 용도가 변경되거나 폐기된 것이다. 이 세 종류에 관하여 宮澤潔은 더욱 심화된 해석을 내어 놓았다. 그는 일부 효용을 상실한 간독은 목재가 되어 다른 지역에서 재사용되기도 했음을 지적했다. 다시 말해, 우리가 오늘날 보는 간독들은 원래의 맥락 하에서 폐기된 간독이 아니라, 재이용의 맥락 하에서 이용되기를 준비하거나 이용이 완료된 후 폐기된 간독인 것이다. 그런데, 소수의 사례를 제외하면, 우리는 이 양자의 차이를 정확히 구분할 수는 없다(宮宅潔, 「辺境出土簡研究の前提—敦煌の穀物関連簡より—」, 『中国出土資料研究』6, 2002, pp.22-23 참고). 유사한 상황은 이집트 및 그리스·로마 시기의 陶片(ostraca)에서도 볼 수 있다. 그것은 비록 쓰레기로서 버려졌지만, 최종 발견된 지점은 꼭 그것이 버려진 '제1현장'이 아닐 수도 있다.(Roger S. Bagnall, "Materializing Ancient Documents," Daedalus 145.2 (2016), pp.83-85 참고)

3 生器說은 Alain Thote, "Daybooks in Archaeological Context," in Books of Fate and Popular Culture in Early China: The Daybook Manuscripts of the Warring States, Qin, and Han, edited by Donald Harper and Marc Kalinowski (Leiden: Brill, 2017), pp. 1-56을 참고할 수 있다. 明器說은 주로 邢義田의 「從出土資料看秦漢聚落形態和鄉里行政」(『治國安邦 : 法制、行政與軍事』, 北京: 中華書局, 2011, pp.317-319) 등을 참고.

미 20여만 건에 육박하고 있다. 출토 연대의 범위에 있어 변새 간독은 그에 미치지 못하며, 더욱이 총 수량은 기타 모든 부류의 간독을 뛰어넘고 있다. 일부 학자의 경우 정교 간독의 일부는 폐기가 아닌 보관을 목적으로 한 것이라 추측하지만,[4] 대부분의 정교 간독은 생활 쓰레기와 공백간이 섞여 있는 데다, 명확히 불태워지거나 절단(혹은 깎아냄), 재사용된 흔적이 남아 있어**(그림 1, 2)**, 서북 변새 회갱에서 발견된 간독의 상황과 다르지 않아 보인다.[5] 변새와 정교 유지 외에, 宮殿·房屋·나루터·津關 등의 유지에서도 폐기 간독이 산견되기도 하는데,[6] 이들 간독의 성질과 폐기 전의 상태를 정확히 알기 위해서는 반

---

4 예를 들어 張忠煒는 "오간 발굴자가 관찰한 현상에 의거하면 '간독의 폐기는 일정한 순서가 있는데, 층층이 누적되어 의도적으로 이루어진 것 같다. 간독 위에는 대나무 자리가 덮여 있었는데, 이미 썩어 버렸다'라고 한다. 우리는 여기서 주마루오간이 일반적으로 말하는 '폐기'된 것이 아닐 수도 있음을 인정해야 한다. 그것은 기한이 끝난 당안에 대한 의식적으로 쌓아둔 것일 가능성이 매우 높다. 따라서 상하·중간에 대칭되는 반인문을 발견하면 채집간에 의거하여 집성을 진행하는 식의 연구 또한 가능하므로, 서사 내용 간의 관련성을 발견할 수 있다. 주마루오간이 개별적인 특례인지는 알 수 없지만, 우물이 기한이 끝난 문서를 쌓아두는 용도로 쓰인 것에는 의문의 여지가 없을 것이다"라고 지적했다. 張忠煒, 「里耶秦簡博物館藏秦簡概說」, 里耶秦簡博物館·出土文獻與中國古代文明研究協同創新中心中國人民大學中心, 『里耶秦簡博物館藏秦簡』(上海 : 中西書局, 2016), p.16.

5 서북한간의 불탄 흔적과 재이용의 상황은 高村武幸, 「簡牘の再利用-居延漢簡を中心に-」, 籾山明·佐藤信 編, 『文献と遺物の境界-中国出土簡牘史料の生態的研究-』(東京: 東京外国語大学アジア·アフリカ言語文化研究所, 2011), pp.163-184를 참고할 수 있다.

6 南京城 내에서 160매의 六朝 간독이 발견된 유지에 대해, 정리자는 지금의 자료에 근거해 '渡口(나루터)遺址'라고 추정했다(王志高, 「南京城南出土六朝簡牘及相關問題」, 『文物』, 2020-12, pp.75-90). 최근에 영파 寧波 餘姚에서 또한 육조간이 발견되었는데, 지금까지 공개된 정보만을 가지고 추정해보면, 유지의 성격은 남경성의 육조간 출토 유지와 대략 유사할 것이다(陳青·何華軍, 「餘姚發現漢六朝

그림 1 오일광장 간독 중 칼로 깎고 불에 탄 흔적을 보여주는 예.

이상의 4가지 예는 모두 새로 방향으로 인위적인 힘에 의해 쪼개졌고, 정리 편호 214년의 경우는 더욱 명확히 불에 탄 흔적이 보인다. 간독을 새로 방향으로 쪼개고 불에 태우는 것은 일종의 소각 방식일 것이다.[7]

드시 그 소거 혹은 폐기의 원인을 명확히 파악해야 할 것이다. 이것이 본문을

遺址寧波地區首次出土簡牘類文書」, 中國寧波網(http://news.cnnb.com.cn/system/2020/12/09/030211181.shtml, 2020.12.9, 2021.8.9) 참고). 그 외, 未央宮 前殿에서 115매의 목간이 발견된 것, 張家界 古人堤 房屋 유지에서 출토된 90매의 간독, 四川 城壩遺址 '津關區'에서 출토된 죽목간독 등, 이상의 세 종류 이외의 유지에서 출토된 사례들이 여러 보도 자료를 통해 소개되었다 (中國社會科學院考古研究所 編著, 『漢長安城未央宮 : 1980-1989年考古發掘報告』(北京: 中國大百科全書出版社, 1996), pp.238-248; 湖南省文物考古研究所·中國文物研究所, 「湖南張家界古人堤遺址與出土簡牘概述」, 『中國歷史文物』, 2003-2, pp.66-71; 四川省文物考古研究院·渠縣歷史博物館, 「四川渠縣城壩遺址」, 『考古』, 2019-7, pp.71-72) 그런데 이러한 유지의 분류는 분명히 구분되지 않을 때도 있다. 고인제 유지의 경우 정리자는 비교적

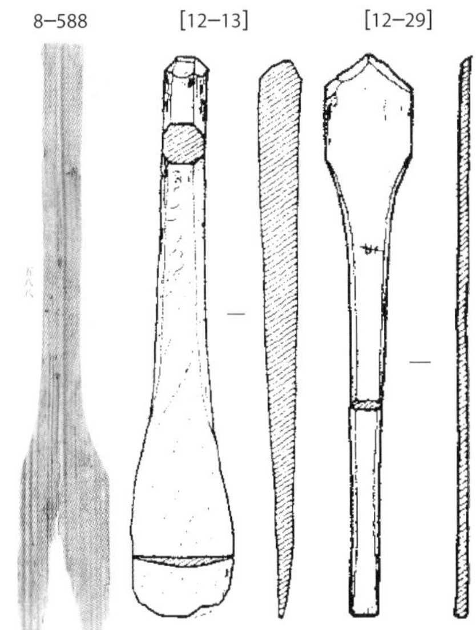

그림 2 **里耶 1호정에서 출토된 나무 비녀.**
8-588에는 묵적이 남아있는데, 간독을 비녀로 재사용했을 것이다. 12-13과 12-29는 동일한 정에서 출토된 비녀인데, 후자는 편평한 모양으로 몸체에 '卅'자가 쓰여있다. 아마도 목간이었을 때 서사된 것 같다.[8]

집필하는 출발점이다.

보수적인 입장에서 간독의 발견지가 방옥 유지라고 했지만, 간독의 내용에 따르면 그 유지는 관방의 성질을 띄고 있다. 이에 魏斌은 고인제 유지가 東漢 武陵郡 관할 행정기구의 일부일 것으로 추측하기도 했다. 이와 같이 고인제 유지는 성격에 있어 이야고성 등의 관서 유지에 더욱 가깝다. 오늘날 이러한 분류 방식은 임시 방편이라 할 수 있을 것이다. 장래에 동일 부류의 유지가 더 많이 발견된다면 더욱 자세한 분류가 가능해 질 것이다. 위빈의 의견은 氏著, 「古人堤簡牘與東漢武陵蠻」, 『中央研究院歷史語言研究所集刊』, 85.1, pp.61-103 참조.

7 長沙市文物考古研究所 · 清華大學出土文獻研究與保護中心 · 中國文化遺産研究院 · 湖南大學嶽麓書院 編著, 『長沙五一廣場東漢簡牘(壹)』(上海: 中西書局, 2018), p.46으로부터 轉載. 이하 특별한 주석이 없는 경우 五一廣場簡牘은 모두 이 것 및 『長沙五一廣場東漢簡牘(貳-陸)』(上海:中西書局, 2018-2021)로부터 전재한 것임을 밝혀둔다.

8 湖南省文物考古研究所, 『里耶秦簡(壹)』(北京: 文物出版社, 2012), p.84; 湖南省文物考古研究所, 『里耶發掘報告』(長沙: 嶽麓書社, 2007), p.223, 圖142로부터 轉載했다.

본문이 사용한 '간독시대'라는 말은 모 왕조 모 시기를 지칭한 것은 아닌데, 간독은 문자 매체로서 사용 시간과 분포 공간에 있어 단대의 한계를 뛰어넘기 때문이다.[9] 간독시대의 '문자'(writing)는 죽목 간독 위주의 서사재료에 기재된 문자를 가리키며,[10] 그것이 꼭 그 시대의 문자가 단지 간독 상에만 서사되었음을 의미하는 것은 아니다. 여기서 '소거'과 '폐기'를 연칭한 것은 고대에서 지금까지 동서양을 불문하고 폐기 혹은 서사재료의 재사용에 있어 재 서

출토 번호를 기재함으로써 정리 번호와 구분하였는데, 이하 특별한 주석이 없는 경우 이야진간은 모두 이 책 및 『里耶秦簡(貳)』(北京: 文物出版社, 2017)을 전재한 것임을 밝혀둔다. 五一廣場1호정에서 역시 木匕가 발견되었는데, 이 또한 폐기간독으로 제작했을 것이다. 이야진간의 재이용 상황에 관해서는 陶安, 「試談里耶秦簡所見文書簡牘的再利用情況」, 吉林大學古籍研究所 개최 "出土文獻與學術新知" 國際學術研討會暨第四屆出土文獻青年學者論壇, 2015.08, pp.21-22를 참고할 수 있다.

9 이 말은 馬怡의 발언으로부터 차용한 것이다. 「簡牘時代的書寫--以視覺資料爲中心的考察」, 簡帛網(http://www.bsm.org.cn/show_article.php?id=1995, 2014.03.07., 2021.02.17). 그 외, 간독이 동아시아의 범위 내에서 사용된 상황은 權仁瀚·金慶浩·李承律 編, 『東亞資料學的可能性探索』(桂林: 廣西師範大學出版社, 2010); 角谷常子 編, 『東アジア木簡学のために』(東京: 汲古書院, 2014)를 참고할 수 있다. 목질 서사재료가 세계사 범위에서 사용된 예는 Lajos Berkes, Enno Giele, Michael R. Ott and Joachim Friedrich Quack, "Holz," in Materiale Textkulturen: Konzepte – Materialien – Praktiken, edited by Thomas Meier, Michael R. Ott and Rebecca Sauer (Berlin and Boston: De Gruyter Press, 2015), pp. 383-395를 참고할 수 있다.

10 본문에서 말한 '文字'는 裘錫圭가 말한 狹義의 '언어를 기록한 부호'를 가리킨다. 이는 William G. Boltz가 말한 writing이 'graphic representation of speech'라고 한 견해와 기본적으로 일치한다. 裘錫圭, 『文字學概要』(北京: 商務印書館, 1988), p.1; William G. Boltz, The Origin and Early Development of the Chinese Writing System (New Haven, Conn.: The American Oriental Society, 1994), p.17.

사 혹은 용도 전용을 위해 원문자를 소거하는 것이 하나의 방법으로 쓰여 왔기 때문이다.[11] 바로 후대에 폐지를 재활용하는 것이 가장 좋은 예가 될 수 있을 것이다.[12] 이러한 문자는 폐기 혹은 매체의 재이용 후 원래의 맥락이 상실되어 소거된 것이나 다름없는 상태가 된다.

뿐만 아니라, 소위 폐기물은 사실상 소거물의 잔여 혹은 결과물인 경우가 많다. 예를 들어 오일광장 출토 간독의 일부는 세로 방향으로 쪼개진 후 폐기 구덩이에 버려지고 태워져 소거의 의도가 명확하다.(圖1) 다시 말해, 오늘날 운 좋게 남겨진 간독들은 소거물인 동시에 폐기물이다. 유사한 상황은 동아시아 내지 세계사 범위에서도 어렵지 않게 볼 수 있다. 히라카와 미나미[平

11 邢義田, 「漢代簡牘的重量·體積和使用——以中研院史語所藏居延漢簡爲例」, 氏著, 『地不愛寶: 漢代的簡牘』(北京: 中華書局, 2011), p.21; 高村武幸, 「簡牘の再利用」, pp.163-184.

12 宋代에 종이가 재이용된 상황은 매우 보편적이었다. 공문 종이의 질량이 매우 뛰어났기 때문에 실효성을 상실한 공문 종이는 기타 용도로 판매되었다(汪桂海, 「公文制度與節慶禮儀 : 國圖藏宋本《三國志》紙背文書研究」, 『河北學刊』, 2015-3, p.161). 고대 이집트 프톨레마이오스 시대에는 파피루스(papyrus)에 서사한 관방 문서를 폐기한 후에 상장을 하는 작업장에 판매하여 미이라를 싸는 용도로 썼던 예가 적지 않다(소위 말하는 cartonnage)(Roger S. Bagnall, Reading Papyri, Writing Ancient History (New York: Routledge, 1995), p.21 참고). 진한 시대에도 유사한 '廢簡의 回收業'이 있었을까? 지방 관부 혹은 리졸이 사적으로 실효된 문서를 서사 혹은 기타 용도로 사용했던 상황은 상당히 보편적이었다. 단지 그것을 민간에 판매했는지에 대해서는 아직 알 수 없다. 아주 높은 가능성으로, 민간은 관방에서 제작한 양질의 간독을 조달하여 서사 혹은 기타 용도로 썼을 것이다. 거연한간 중에는 '善札'·'善兩得(行)'(10.14; 433.39)이라는 기록이 나온다. 이는 비록 재료가 같더라도 제작 질량이 다를 수 있음을 보여준다. 본문이 인용한 1930년대 거연한간은 모두 簡牘整理小組 編著, 『居延漢簡(壹-肆)』(臺北: 中央研究院歷史語言研究所, 2014-2017)을 참고했다.

川南]는 일본의 목간이 폐기 이전에 고의로 절단되었음을 지적한 바 있다. 그는 목간이 절단되는 방식을 관찰하여, 이를 '고대 버전의 문서 분쇄 방식'이라 표현했다. 고대 간독이 소거 후 잔편으로 남겨진 상태는 마치 오늘날 파쇄기를 사용하여 기밀 혹은 기한이 지난 문서를 파쇄한 후에 남은 파쇄지 조각과도 같은 것이다.[13] 그 외, 옛날 로마제국 치하의 영국과 이집트에서도 적지 않은 폐기 문자가 남아있다.[14]

사실상, 관련 사실의 배후에는 훨씬 큰 문제가 깔려 있다. 간독시대의 문자는 왜 (또는 어떻게) 도태되어 소거 혹은 폐기되었고, 오늘날 다시 발견되었을까? 만약 전세 문헌이 선택을 거쳐 전해진 문자라면, 상대적으로 폐기 간독 문자는 바로 선택을 거쳐 도태된 문자라 할 수 있다. 그것들은 사람들에게 읽혀지거나 후세에 전해지는 것은 기대되지 않았고, 이에 쓰레기 취급을 받아 절단 혹은 깎여진 잔편, 심지어 불에 탔으나 재가 되지 않고 남은 잔여에 불과하다. 오늘날의 학자들이 진력하고 있는 책서의 복원과 잔편 철합의 작업은

---

13 平川南, 「研究古代日本出土文字資料的新視角」, 權仁瀚·金慶浩·李承律 編, 『東亞資料學的可能性探索』, pp.110-112 수록. 그 외, 簡牘이 쪼개어져 불태워진 상황은 居延漢簡과 敦煌馬圈灣漢簡에서도 볼 수 있다. 高村武幸은 이러한 쪼개어진 木簡은 깍이고 불태워진 후 廁籌(화장실의 뒷처리 용으로 쓰이는 나무조각: 역자 주)으로 쓰였을 것으로 보았다(高村武幸, 「簡牘の再利用」, pp.163-184). 高村武幸의 관찰은 日本木簡研究의 저명한 '出土木簡籌木論'에서 영감을 얻은 것일지도 모른다(井上和人, 『日本古代都城制の研究—藤原京·平城京の史的意義—』(東京: 吉川弘文館, 2008), 第2編第1章. 中國 廁籌의 사용은 또한 胡平生, 「馬圈灣木簡與廁籌」, 氏著, 『胡平生簡牘文物論稿』(上海: 中西書局, 2012), pp.213-224를 참고할 수 있다.

14 ohn Pearce, "Archaeology, Writing Tablets and Literacy in Roman Britain," Gaillia 61 (2004): 43-51; Roger S. Bagnall, Everyday Writing in the Graeco-Roman East (Berkeley and Los Angeles: University of California Press, 2011), pp. 28-29 참고.

모두 고대인들이 예상했던 유존형태가 아니다. 또 한편으로는 이로 인해 폐기 간독은 의도적으로 보존되어 온 전세 문헌의 선택적인 관점을 보충할 수 있는 작용을 한다. 아래의 본문은 전세문헌, 출토간독과 고고자료로부터 정리된 여러 역사적 맥락 하에서 간독 시대의 문자 소거 혹은 폐기된 원인의 여러 가능성을 정리할 것이다. 원인이 다르기 때문에, 소거 혹은 폐기의 방식 또한 다를지 모른다. 어떤 문자는 이로 인해 철저하게 소거되어 역사에서 사라졌을 수도 있고, 어떤 것은 도태가 예상되었으나 특정한 자연과 인위적 조건으로 인해 운 좋게 남겨졌을 수도 있다. 이러한 원인을 구명하고 기타 비교 사료를 참고함으로써, 역사의 편린을 어느 정도 복원하거나, 문자의 전세와 도태 및 오늘날 역사지식의 구성을 되돌아보고, 폐기 간독 연구에 새로운 깨달음을 얻을 수 있기를 기대한다.

II 焚書 · 禁書 및 기타

중국 고대 역사상 가장 저명한 문자 소거 사례는 秦始皇 34년(기원전213년)의 焚書일 것이다. 『史記·秦始皇本紀』에는 咸陽宮 내에서 博士 淳于越과 丞相 李斯가 논의한 내용이 남아 있다. 제나라 사람인 박사 순우월이 封建의 회복을 주장하자 이사는 이를 격렬히 반박하며 諸生들이 옛 것으로서 지금의 것을 해친다고 주장했다.

"……臣請史官非秦記皆燒之. 非博士官所職, 天下敢有藏『詩』·『書』·百家語者, 悉詣守·尉雜燒之. 有敢偶語『詩』『書』者弃市. 以古非今者族. 吏見知不擧者與同罪. 令下三十日不燒, 黥爲城旦. 所不去者, 醫藥卜筮種樹之書. 若欲有學法令, 以吏爲師." 制曰: "可."[15]

동일한 책의 「李斯列傳」에서는 거의 동일한 내용을 다음과 같이 기재했다.

乃上書曰: "……臣請諸有文學『詩』『書』百家語者, 蠲除去之. 令到滿三十日弗去, 黥爲城旦. 所不去者, 醫藥卜筮種樹之書. 若有欲學者, 以吏爲師." 始皇可其議, 收去『詩』『書』百家之語**以愚百姓,** 使天下無以古非今.[16]

또, 「六國年表」에서는 다음과 같이 기재했다.

秦既得意, 燒天下『詩』『書』, 諸侯史記尤甚, **爲其有所刺譏也**. 『詩』『書』所以復見者, 多藏人家, 而史記獨藏周室, 以故滅.[17]

시황은 다음 해에 이때의 일을 회고하며 일컫길, "나는 일전에 천하의 書 중 쓰임이 없는 것을 거두어 들여 모두 없앴다(吾前收天下書不中用者盡去之)"라고 했다.[18] 시황의 분서는 동서고금을 막론하고 주관적 평론이나 학술 토론의 끊이지 않는 주제가 되었다.[19] 李開元은 분서 사건이 사료의 근거가

15 『史記』(北京: 中華書局, 1959)卷6 「秦始皇本紀」, p.255.

16 『史記』卷87 「李斯列傳」, p.2546.

17 『史記』卷15 「六國年表」, p.686.

18 『史記』卷6 「秦始皇本紀」, p.258.

19 관련 연구는 매우 많아 모두 소개할 수 없다. 그 중 程元敏, 「嬴秦與項楚焚禁經籍及秦始皇坑儒與秦二世誅儒新證」, 『書目季刊』45.4, 2012, pp.31-59는 상당히 완결된 회고와 토론을 한 바 있다. 李開元, 「焚書坑儒的真偽虛實--半椿偽造的歷史」,

명확해서, 진 조정의 奏議에 해당하는 것으로, 『漢書·藝文志』에 수록된 '『奏事』二十篇'와 유사하다고 보았다.[20] 동시에 시황의 분서는 통일 이전 '법가노선'을 것으로 생각했다.[21] 우선 '법가'를 선진시기에 독립된 '家派'로 볼 수 있느냐의 문제는 논외로 하더라도,[22] 『韓非子·和氏』에서 서술한 商君의 사적은 확실히 "商君教秦孝公以連什伍, 設告坐之過, 燔『詩』『書』而明法令"라고 언급했으며, 「五蠹」은 더욱 명확히 "故明主之國, 無書簡之文, 以法爲教"라고 하였다.[23] 시황의 분서는 漢代人의 논술에서 더욱 크고 특별하게 서술되었다. 賈誼는 「過秦論」에서 시황이 "焚百家之言, 以愚黔首"라고 했다.[24] 이것이 분서 사건에 대한 기본 시각이다. 위에서 인용한 『사기·이사열전』에서도 "始皇可

『史學集刊』, 2011-6, pp.36-47는 근년에 비교적 광범한 영향을 끼친 연구이다. 西山尚志, 「秦焚書の變遷」, 『日本中國學會報』66, 2014, pp.33-48는 漢에서 六朝까지 이어져온 진 焚書에 대한 인식이 점차 변천해온 과정을 밝혔다. 서양의 연구로는 Jens Østergård Petersen, "Which Book Did the First Emperor of Ch'in Burn: On the Meaning of Pai Chia in Early Chinese Sources," Monumenta Serica 43 (1995): pp.1-52가 비교적 광범하게 인용된다.

20 『漢書』(北京:中華書局, 1962)卷39 「藝文志」, p.1714: "秦時大臣奏事, 及刻石名山文也."

21 李開元, 「焚書坑儒的真偽虛實」, pp.37-38.

22 先秦 '家派'의 형성과 재구성에 대해, 서방 학자들 사이에서 적지 않은 건설적 논의가 있어왔다. Kidder Smith, "Sima Tan and the Invention of Daoism, 'Legalism,' 'et cetera,'" The Journal of Asian Studies 62.1 (2010): 129-56; Mark Csikszentmihalyi and Michael Nylan, "Constructing Lineages and Inventing Traditions through Exemplary Figures in Early China," T'oung Pao 89.1 (2003), pp.59-99 참조.

23 『韓非子集解』(北京: 中華書局, 1998)卷4 「和氏」, p.97; 卷19 「五蠹」, p.452.

24 『史記』卷6 「秦始皇本紀」, p.280.

其議, 收去『詩』『書』百家之語以愚百姓, 使天下無以古非今", "以愚百姓/黔首" 라고 하여 대략적으로 한대인이 생각하는 이 사건에 대한 공통된 인식을 보여준다. 「六國年表」에서는 "秦既得意, 燒天下『詩』『書』, 諸侯史記尤甚, 爲其有所刺譏也"라고 했다. 마지막 구절은 司馬遷이 진이 「제후사기」를 분서한 것에 대한 해석이자 그의 평론이라 볼 수 있다. 隋代의 牛弘은 더 나아가 이를 역대 書籍의 '五厄' 중의 '一厄'이라고 했다.[25]

시황의 분서가 문화의 파괴인 것은 부정할 수 없다. 그러나 본문이 지적하고 싶은 것은 일찍이 진 이전에도 자신에게 불리한 서적을 소거한 사례가 列國 간에 적지 않았다는 것이다. 아래의 두 가지 자료가 특히 중요하다.

『孟子·萬章下』:

北宮錡問曰: "周室班爵祿也, 如之何?" 孟子曰: "其詳不可得聞也. **諸侯惡其害己也, 而皆去其籍.** 然而軻也, 嘗聞其略也.……"[26]

『漢書·藝文志』:

『易』曰: "有夫婦父子君臣上下, 禮義有所錯." 而帝王質文世有損益, 至周曲爲之防, 事爲之制, 故曰: "禮經三百, 威儀三千." 及周之衰, **諸侯將踰法度, 惡其害己, 皆滅去其籍,** 自孔子時而不具, 至秦大壞.[27]

일찍이 孔孟 이전에, 법도를 어긴 諸侯의 행위에 의문을 제기하는 것을 막기 위해 주대의 爵祿과 禮儀를 나열한 다수의 典籍이 망실되었다.[28] 『史

---

25 『隋書』(北京: 中華書局, 1973)卷49「牛弘」, p.1298.

26 『孟子正義』(北京: 中華書局, 1987)卷29「萬章下」, p.675.

27 『漢書』卷39「藝文志」, p.1710.

28 程元敏, 「嬴秦與項楚焚禁經籍及秦始皇坑儒與秦二世誅儒新證」, pp.31-35를 함께

記·儒林傳』에서 말하길, "『禮』固自孔子時而其經不具"라고 했다.[29] 「孔子世家」에서는 "孔子之時, 周室微而禮樂廢, 『詩』『書』缺"라고 했다. 이로 인해 그는 "追跡三代之禮, 序『書傳』, 上紀唐虞之際, 下至秦繆, 編次其事"[30]한 것이다. 「예문지」는 또 이르길, "周衰俱壞, 樂尤微眇, 以音律爲節, 又爲鄭衛所亂故無遺法."[31] 라고 했다. 六藝 중 移風易俗의 효과가 있는 『樂』이 진의 분서 이전에 이미 다수가 전하지 않게 된 것이다. 엔노 지엘레(Enno Giele)는 일찍이 고금·동서양의 분서와 금서의 사건을 회고하길, 清代 乾隆 연간에 찬수된 『四庫全書』의 예, 서양의 히틀러에 의한 나치시대의 분서 사건을 예로 들었다.[32] 그 외에, 로마 제정 시대에도 황제를 비판하는 서적을 소각한 사례가 많이 보인다.[33] 北魏 太武帝는 불교를 탄압하길, 太平眞君7년(446)"有司宣告征鎮諸軍·

참조할 수 있다.

29 『史記』卷121 「儒林傳」, p.3126.

30 『史記』卷47 「孔子世家」, p.1935.

31 『漢書』卷39 「藝文志」, p.1712.

32 Enno Giele, "Von Autodafé bis Rasur: Aspekte der Zerstörung von Geschriebenem und das Beispiel China," in Zerstörung von Geschriebenem. Historische und transkulturelle Perspektiven, edited by Carina Kühne-Wespi, Klaus Peter Oschema, and Joachim Friedrich Quack (Berlin and Boston: de Gruyter, 2019), pp.179-226.

33 이 점에 대해 邢義田 교수의 의견을 따랐다. 특별히 감사를 드린다. 더불어, Frederick H. Cramer, "Bookburning and Censorship in Ancient Rome: A Chapter from the History of Freedom of Speech," Journal of the History of Ideas 6.2 (1945), pp.157-196 ; Dirk Rohmann, "Book Burning as Conflict Management in the Roman Empire (213 BCE – 200CE)," Ancient Society 43 (2013), pp.115-149 참조. David Engels는 최근 진과 로마의 1대'황제'인 진시황과 아우구스투스(Augustus)의 분서 사건을 간략히 비교했다. David Engels, "Historical

刺史, 諸有佛圖形像及胡經, 盡皆擊破焚燒, 沙門無少長悉坑之"라고 하였는데, 이는 바로 불교 버전의 '焚書坑儒'라 할 수 있다.[34] 이러한 사례들을 제시한 것은 결코 시황의 분서의 잘못을 희석시키기 위한 것은 아니다. 단지 동서고금을 불문하고 의식형태·종교신앙·정치형세 혹은 통치자의 호오 등의 원인에 따라 서적·문자에 대한 통제 내지 소거와 금절이 진행될 수 있음을 설명하고 싶었을 뿐이다.[35] 특별하지 않음에도 우리가 특별히 어떤 한두 가지 사례의 엄중성만을 강조한다면, 도리어 이러한 사정이 지닌 보편성을 희석시키게 될 것이다. 사마천의 『사기』는 초기에는 널리 유행되지 않았는데, 아마도 당시의 시정과 인물을 평한 것과 관련이 있을 것이다. 『史記集解』는 衛宏의 『漢書舊儀注』를 인용하여 말하길, "司馬遷作「景帝本紀」, 極言其短及武帝過, **武帝怒而削去之.**"[36]라고 했다. 그것의 사실 여부에 대해 역대 적지 않은 토론이 있었으나, 후한의 班固는 확실히 사마천이 "微文刺譏, 貶損當世, 非誼士也"라고 했고, 왕충은 그 책을 일컬어 "謗書"라고 했다.[37] 왕망이 찬위했을 때, 율령을 밝히는 侍御史에 재직했던 陳咸 부자는 "相將歸鄉里, 閉門不出入, **乃收家中律令**

Necessity or Biographical Singularity? Some Aspects in the Biographies of C. Iulius Caesar and Qin Shi Huangdi," in Rulers and Ruled in Ancient Greece, Rome, and China, edited by Hans Beck and Griet Vankeerberghen (Cambridge: Cambridge University Press, 2021), pp. 340-342 참조.

34 『魏書』(北京: 中華書局, 1974)卷114「釋老志」, p.3035.

35 관방이 금지하여 소거한 문자 외에, 이러한 분위기 속에서 적지 않은 사람들이 스스로 억제 혹은 조사하여 문자를 소거하여 화를 피한 경우도 있다. 청대의 상황은 王汎森, 『權力的毛細管作用: 清代的思想、學術與心態』(修訂版)(臺北: 聯經出版事業股份有限公司, 2019), 第8章을 참조할 수 있다.

36 『史記』卷130「太史公自序」, p.3320. 또, 『三國志』(北京: 中華書局, 1959)卷13「魏書·王肅」, p.418; 『燕丹子·西京雜記』(北京: 中華書局, 1985), p.43를 참고할 수 있다.

37 『後漢書』(北京: 中華書局, 1965)卷80「蔡邕列傳」, p.2006.

文書壁藏之, 以俟聖主"했다고 한다. 그들이 숨긴 책의 종류는 진이 불태우려 했던 "『詩』·『書』·百家語"와 명확히 대비되는 것이었다.[38]

특히 중요한 점은 진의 「挾書律」이 漢惠帝4년(기원전191년)에 정식으로 폐지되었다는 것이다.[39] 이를 고조가 항우를 격파하였을 때부터 계산하면 족히 10년 이상이 지난 시간이다. 『漢書·刑法志』에는 "漢興, 高祖初入關, 約法三章……其後四夷未附, 兵革未息, 三章之法不足以禦姦, 於是相國蕭何攈摭秦法, 取其宜於時者, 作律九章."라고 하였다.[40] 여기서 말한 『九章律』이 존재하였는지, 그 율이 실제 9장으로 나누어졌는지 등에 대해 많은 논쟁이 이어졌으나 蕭何가 "攈摭秦法, 取其宜於時者"하였다는 데에는 의심의 여지가 없다. 그런데, 소하가 "攈摭秦法" 했을 때, 「挾書律」을 선택하여 남겼던 것은 당시 건국초에 모든 것을 처음으로 시작했던 연유로 미처 수정하지 못했다는 원인 이외에도, 그 법을 '禦姦'의 용도로 쓰려고 했던 것은 아닌지 의심이 든다. 그러나 이 일은 한대의 정치 선전(propaganda) 하에서 당시와 후세에게 그리 주의를 끌지 못했고, 그들은 단지 진 분서의 해로움만을 질책했다.

한 가지 지적할 점은 시황의 분서에 대해 극렬히 비판한 宋儒 또한 현실정세에 따라 모종의 서적을 불태울 것을 주장했다는 것이다. 송대의 인쇄술은 지식 전파의 편의를 크게 향상시켰으나, 한편으로 이는 정권의 안정에 부정적 영향을 주었다. 陳學霖은 송대 遼·金 변방에 대한 금서를 고찰한 바 있다. 송대에는 조정이 時政을 議論한 것과 변경 방어 지역의 문자가 적들의 손에 들

38 吳樹平 校注, 『東觀漢記校注』(鄭州: 中州古籍出版社, 1987), p.699. 또한 『後漢書』 卷46 「陳寵傳」, pp.1547-1548 참조. 『晉書』(北京: 中華書局, 1974)卷30 「刑法志」, p.917: "漢自王莽簒位之後, 舊章不存." 王莽改制는 대량의 焚書·禁書는 아니었을 수도 있다. 그러나 舊章이 이로 인해 억압받아 유존하지 못할 위기에 처하자, 율령을 가업으로 삼던 陳咸이 비로소 집안의 벽 속에 율령문서를 숨겨두게 된 것이다.

39 『漢書』卷2 「惠帝紀」, p.90.

40 『漢書』卷23 「刑法志」, p.1096.

어가는 것을 막기 위해 관련 문자의 인쇄를 금지해야 한다는 주장이 나오기도 했다.[41] 송·명·청 이래, 지식인들 사이에 분서를 주장한 사례가 적지 않았고, 심지어는 "진시황의 분서가 일종의 잠재적 영향을 끼쳤다."[42] 그들이 분서를 주장한 것은 이사가 제창한 것과 약간의 차이가 있을 뿐이다. 明代의 大儒 王陽明은 다음과 같이 말했다.

> 孔子述六經, 懼繁文之亂天下, 惟簡之而不得, 使天下務去其文以求其實, 非以文教之也. 春秋以後, 繁文益盛, 天下益亂. 始皇焚書得罪, 是出於私意, 又不合焚六經; 若當時志在明道, 其諸反經叛理之說, 悉取而焚之, 亦正暗合刪述之意.[43]

시황의 분서가 잘못된 것은 아니었다. 단지 불태우지 말아야할 책을 잘못 태웠을 뿐이다. 비슷한 견해로 王汎森이 일찍이 하나 하나 예를 들었지만 오랫동안 역사학자들이 주목하지 않았다. 그가 말한 바와 같이, 지식인의 시각에서 볼 때, "지식은 평등한 것이 아니다. 어떤 것은 정통의 기준이 되고, 어떤 것은 '反經悖理(정도에 반하고 이치에 어긋난 것이 된다)'한 것이 된다. 응당 정통을 힘써 부각하고 보존해야 하며, 나머지는 최대한 불태워 버려야 하는 것이다."[44] 도대체 무엇이 정통인가? 무엇이 도리에 어긋난 것인가? 바로 누군가에 의해 정의되는 것이다.[45]

---

41 陳學霖, 「宋代禁書與邊防之關係」, 氏著, 『宋史論集』(臺北: 東大圖書股份有限公司, 1993), pp.175-209.

42 王汎森, 「近世中國焚書或反印刷言論的若干斷想」, 『古今論衡』25, 2013, p.124.

43 鄧艾民 注疏, 『傳習錄注疏』(上海: 上海古籍出版社, 2012), p.18.

44 王汎森, 「近世中國焚書或反印刷言論的若干斷想」, p.130.

45 예를 들어, 역사상 얼마나 많은 數術·方技류의 서적이 유가문화 전통에 부합하

과연 얼마나 많은 簡牘·帛書의 문자들이 주류 의식 형태에 부합하지 못하거나 관방의 종교신앙에 의해, 혹은 당시의 정치 형세 혹은 통치자의 호오에 의해 소거되거나 폐기되었던 것일까? 아마 정확한 숫자를 추산하기는 힘들겠지만, 진이 분서한 것만 있는 것은 아님은 분명하다.[46] 전세문헌은 필연적으로 저명한 인물 혹은 사건에 중심을 두고 있어, 역사상 훨씬 많은 간독·백서의 문자가 유사한 원인으로 인해 소거 혹은 폐기되었지만, 기재되지 않거나 사람들에게 주목받지 못했을 뿐이다. 이러한 원인으로 소거된 문자는 일반적으로 가장 철저한 방식으로 처리(예를 들어, 불은 동서고금 모두 통틀어 가장 파멸적인 방법이다. 아래의 두 절을 참고하길 바란다)되었을 것이다.[47] 그러나 제도 미비 혹은 집행 과정에서의 문제로 인해 물고기가 헐거운 그물망을 빠져나가는 다수의 사례들이 생겨났다. 예를 들어 진의 분서를 피한 孔壁書와, 北魏 太武의 滅佛 하에서 태자의 "緩宣詔書"로 인해 남겨진 불경을 들 수

지 않아 소거·폐기 혹은 금지되었을까? 이러한 전통의 복원은 李零, 『中國方術正考』·『中國方術續考』(北京:中華書局, 2006)를 참고할 수 있다.

46 『漢書·藝文志』와 같은 역대 목록 의 저록 숫자를 비교에 보아도 초보적인 인상을 얻을 수 있긴 하나, 초기의 목록은 전래된 것이 극히 적어 수록된 서적이 빠짐없이 모두 포함된 것이라 할 수는 없다. 이러한 통계는 매우 큰 한계를 지닌다(Giele, "Von Autodafé bis Rasur," pp.214-216 참조). 그 외에도 율령과 당안 등의 자료는 이 목록 내에 수록되어 있지 않다(Max Jakob Fölster, "Libraries and Archives in the Former Han Dynasty (206 BCE–9 CE): Arguing for a Distinction," in Manuscripts and Archives: Comparative Views on Record-Keeping, edited by Alessandro Bausi, Christian Brockmann, Michael Friedrich and Sabine Kienitz (Berlin and Boston: De Gruyter Press, 2018), pp.207-209 참조).

47 서양 역사 중 유사한 이유로 소각된 문자 자료는 William Blades, The Enemies of Books (Cambridge: Cambridge University Press, 2014), chapter 1을 참고할 수 있다.

있다.[48] 그 외에, 우리는 어떠한 문자가 주류 의식형태 혹은 신앙습속에 부합되지 않아 살아있는 사람들 사이에 수용되지 않고 墓主를 따라 隨葬된 사례도 배제할 수 없다.[49] 이러한 각도에서 볼 때, 墓葬 출토 문자의 일부 또한 다른 한 종류의 '廢棄文字'로 볼 수 있을 것이다. 그 또한 入葬 후에는 꺼내어서 다시 읽는다는 생각을 할 수 없기 때문이다.[50]

III 戰亂과 火災

시황의 분서 외의 문자 소거를 언급하자면, 역대의 중대한 사건에 따른 소거에 주목할 수 있다. 앞 장에서 언급한 수대 우홍이 서술한 역대 서적의 '五厄'은 다음과 같다.

> 及秦皇馭宇, 呑滅諸侯, 任用威力, 事不師古, 始下焚書之令, 行偶語之刑. 先王墳籍, 掃地皆盡. 本既先亡, 從而顛覆. 臣以圖讖言之, 經典盛衰, 信有徵

---

48 『魏書』卷114「釋老志」, p.3035.

49 Enno Giele, "Using Early Chinese Manuscripts as Historical Source Materials," Monumenta Serica 51 (2003), pp.430-431 참조.

50 그런데 이는 生者의 입장에서만 그러하다. 게다가 극단적인 상황에서는 下葬 후에도 생사가 완전히 단절되었다고 할 수는 없다. 『後漢書』卷66「陳蕃傳」, pp.2159-2160에서 기록하길, "民有趙宣葬親而不閉埏隧, 因居其中, 行服二十餘年"이라 하였다. 名節을 숭상하는 후한 사회에서도 하장 후에 묘도를 봉쇄하지 않고, 심지어 묘 내에서 상복을 입고 거주하며 효도를 표하는 상황도 있었다. 관련 자료는 石昇烜 선생의 지적으로부터 알게 되었다. 특별히 감사를 표한다.

數. 此則書之一厄也.……及王莽之末, 長安兵起, 宮室圖書, 並從焚燼. 此則書之二厄也. ……及孝獻移都, 吏民擾亂, 圖書縑帛, 皆取爲帷囊. 所收而西, 裁七十餘乘, 屬西京大亂, 一時燔蕩. 此則書之三厄也. ……屬劉·石憑陵, 京華覆滅, 朝章國典, 從而失墜. 此則書之四厄也. ……及侯景渡江, 破滅梁室, 秘省經籍, 雖從兵火, 其文德殿內書史, 宛然猶存. 蕭繹據有江陵, 遣將破平侯景, 收文德之書, 及公私典籍, 重本七萬餘卷, 悉送荊州. 故江表圖書, 因斯盡萃於繹矣. 及周師入郢. 繹悉焚之於外城, 所收十纔一二. 此則書之五厄也.[51]

우홍이 말한 '書之一厄'은 바로 위에서 언급한 시황의 분서였다. 시황의 분서는 진대 중앙권력이 최고 정점일 때 이루어졌지만, 나머지의 四厄은 대부분 전쟁과 관련되어 정권의 심각한 위협이 되었다.[52] 『후한서』에 기록하길, 建武2년(26년) 정월에 "赤眉焚西京宮室, 發掘園陵, 寇掠關中"라고 했다.[53] 1980년에 고고발굴팀은 장안 미앙궁 전전 A구 유지의 F13과 F26에서 115매의 불에 탄 흔적이 있는 목간을 발견했다**(그림 3)**. 보도에 따르면, "F13의 목간은 글자가 쓰여 있지 않았지만, F26에서 출토된 목간은 예서로 묵서되어 있었다." 정리자는 석문에 근거하여 이 간의 내용이 "治病·健身"과 관련 있다고 추측했다.[54] 그런데 형의전은 석문을 재검토하여, 이 목간이 왕망 시기의 祥瑞

---

51 『隋書』卷49「牛弘」, p.1298.

52 이 '五厄' 외에, 項羽가 함양을 점령한 후 '燒秦宮室, 火三月不滅'했다는 기록이 있다. 秦博士가 가지고 있던 불에 타지 않은 서적들은 함양의 대화재 후에 대부분 재가 되었을 것이다. 후대인들은 항우가 함양궁실을 불태운 것은 문화 소거에 있어 진의 분서 못지 않았을 것이라 생각했다. 程元敏,「嬴秦與項楚焚禁經籍及秦始皇坑儒與秦二世誅儒新證」, p.45 참조.

53 『後漢書』卷1「光武帝紀上」, p.28.

54 中國社會科學院考古研究所編 著,『漢長安城未央宮』, p.249. 발굴보고서를 자세히 보면, 당시 목간이 각각 F13과 F26 房址에서 발견되었고, 전자는 "아직 글자가 서

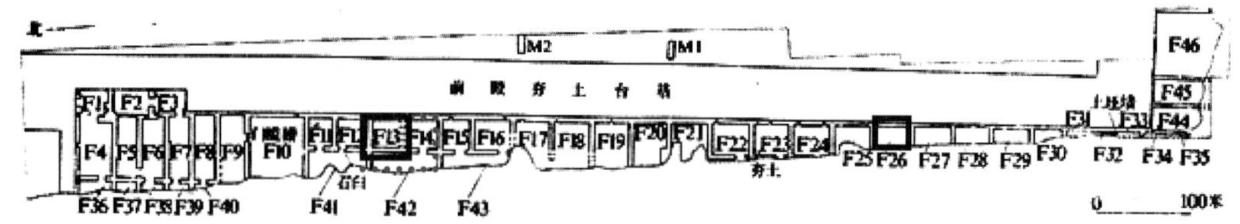

圖一〇〇 前殿A區遺址平面圖

그림 3 장안 미앙궁 전전 A구 F13과 F26 유지(검은색 실선 표시)[55]

기록임을 발견했다. 그는 “왕망 말기 赤眉軍이 장안에 들어와 큰 화재가 일어났다. 궁전의 문서 당안은 이 시기 모두 재가 되었을 것이다. 오늘날 남은 것은 그 잔여이다. 이들 잔간에 불에 타 검게 그을린 흔적이 명확히 보이는 것도 이와 관련 있는 것 같다”[56]라고 했다. 이것이 바로 우홍이 말한 “書之二厄”이다.

오늘날 중국 경내 옛 도성 궁전 유지에서 출토된 간독의 사례는 이것이

사되지 않은” 것임을 알 수 있다. 보고서는 115매의 목간에 모두 문자가 서사되었다고 언급했는데, 그 중 98과 115호는 “잔결이 비교적 심하여 자적을 알아볼 수 없어” 수록되지 않았다. 그러다 이 역시도 보고서가 서술한 글자가 있는 간에 속하므로, F13房址에서 발견된 불에 탄 흔적이 있는 공백간은 이 115매의 숫자 중에 포함되지 않았을 것이다. 또, 보고서가 F13房址에 대해 서술한 것을 보면, F13과 F14·F42가 원래 하나의 방이었고(圖4, 파란색 네모 부분), 왕망시기 상서 기록이 출토된 F26와의 간격이 최소 12칸 정도 떨어져 있다. 전체 A區는 모두 어떤 성격의 건축물이었을지 모르나, 각각의 房址 간의 기능 및 소장 문서의 성격은 달랐을 것이다. 공백간이 출토된 F13은 어쩌면 궁중 서사재료를 저장하는 곳이었을지도 모른다.

55 中國社會科學院考古硏究所編著, 『漢長安城未央宮』, p.222, 圖100으로부터 轉載.

56 邢義田, 「漢長安未央宮前殿遺址出土木簡的性質」, 氏著, 『地不愛寶』, p.139. 또한 胡平生, 「未央宮前殿遺址出土王莽簡牘校釋」, 『出土文獻硏究』第6輯(上海: 上海古籍出版社, 2004), pp.217-218을 참고했다.

유일하다. 형의전의 의견은 우홍이 서술한 전대의 '書之五厄'에서 다수가 전화로 인해 소실된 사실을 방증할지도 모른다. 진한시대 수도 지역은 여러 차례 전화를 겪었는데, 이것이 이 지역에 간독이 출토되지 않는 원인 중 하나일지도 모른다. 그런데, 중국의 궁전·도성 유지 출토 간독이 소수인 것에 비해 일본의 출토 상황은 크게 다르다. 일본의 후지와라큐/쿄(藤原宮/京), 헤이조큐/쿄(平城宮/京) 등의 유지에서는 수만에 이르는 목간이 출토되었고, 조사 작업은 여전히 진행 중이다. 일본문헌『扶桑略記』에 기재된 바에 따르면, 겐메이[元明] 천황은 和銅3년(710년)에 후지와라쿄에서 헤이조쿄로 천도했고, 다음 해에 후지와라쿄는 불태워졌다고 했다. 그러나 오늘날까지 고고발굴을 통해 불에 탄 흔적이 발견된 바는 없다.[57] 이렇게 중국과 일본의 상황이 다른 것은 깊이 생각해볼 가치가 있을 것이다.[58] 전화로 인한 문자·서적문화의 소거 사례는 晉代에 유전된 후한대 魯人 曹曾이 돌을 쌓아 藏書庫를 만들었다는 고사를 통해서도 알 수 있다.『拾遺記』에서 말하길, "及世亂, 家家焚廬, 曾慮先文湮沒, 乃積石爲倉以藏書, 故謂曹氏爲『書倉』."[59]라고 했다. 이야진간이 공표

57 奈良文化財研究所,『飛鳥·藤原宮発掘調査報告Ⅴ—藤原京左京六条三坊の調査—』(奈良: 奈良文化財研究所, 2017), p.2. 헤이조쿄 천도의 원인에 대해서는 여러 설이 존재한다. 그러나 분명 董卓의 長安 천도와는 정세가 달랐을 것이다. 일설에 따르면 후리와라쿄의 위생환경과 관련이 있었던 것으로 보기도 한다. 井上和人,『日本古代都城制の研究』, pp.45-46 참조.

58 일본목간의 보존은 풍부한 지하수에 따른 것으로, 목간은 습윤한 상태인 '濕簡'에 속한 중국 남방의 보존 조건와 유사했다(馬場基,『日本古代木簡論』(東京: 吉川弘文館, 2018), p.202 참조). 진한제국의 수도였던 오늘날의 서안·낙양은 그와 자연조건이 달랐던 것도 중요한 요소 중 하나였을 것이다. 일본 목간과 거연한간 보존 문제의 비교 연구는 劉致慧·林玉雲·李匡悌,「出土簡牘的保存與維護——以歷史語言研究所藏簡牘與日本奈良文化財研究所藏木簡維護爲例」,『古今論衡』31, 2018, pp.56-79 참조.

59 齊治平 校注,『拾遺記』(北京: 中華書局, 1981), p.157.

된 이후, 고고학자들은 1호정 내 간독의 분포 규칙을 찾고자 했고, 그와 더불어 추측하길, "간독의 매장은 秦末 동란 때에 정무가 갖추어지지 않아 우물 내에 아무렇게나 버렸을 것이다"라고 했다.[60] 이야 1호정 내의 간독 퇴적 상황은 혼란하고 규칙이 없으며, 적지 않은 간독에 불에 탄 흔적이 있어 이러한 추론을 일정 정도 뒷받침해준다. 그러나 더욱 자세한 검토는 모든 자료가 공표된 이후에 진행될 수 있을 것이며, 우물 내의 특정 종류의 간독 소거 혹은 폐기 상태 역시 해석을 보류해야 한다(상세한 설명은 제6절에서 하겠다).

또, '불'로 인해 없어지는 것은 자연적 요소 혹은 인위적인 실화에 따른 화재 또한 소홀히 볼 수 없는 문제이다. 19세기 영국의 출판가이자 장서가 William Blades는 자신의 명저 『The Enemies of Books』에서 불을 책 전체의 제1장에 배치하여, 그것을 서적에 대해 가장 파괴적인 자연 역량이라 칭했다.[61] 『續漢書·五行志』에는 다음의 좋은 예가 나온다.

> 中平二年二月己酉, 南宮雲臺災. 庚戌, 樂(城)[成]門災, 延及北闕, [度]道西燒嘉德·和歡殿. 案雲臺之災自上起, 榱題數百, 同時並然, 若就縣華鐙, 其日燒盡, 延及白虎·威興門·尚書·符節·蘭臺. 夫雲臺者, 乃周家之所造也, 圖書·術籍·珍玩·寶怪皆所藏在也.[62]

漢靈帝 中平2년(185)의 화재는 南宮 雲臺殿에서 시작되어, 北闕까지 퍼져 서쪽의 嘉德·和歡 두 궁전에까지 번졌다. 운대 내에 소장되어 있던 "圖書·

---

60 湖南省文物考古研究所·湘西土家族苗族自治州文物處·龍山縣文物管理所, 「湖南龍山里耶戰國——秦代古城一號井發掘簡報」, 『文物』2003-1, p.18.

61 Blades, The Enemies of Books, chapter 1.

62 『續漢書』志14 「五行志」, p.3297.

術籍" 역시 다 타버렸다.[63] 『後漢書·儒林列傳』에는 그 후 董卓이 천도하여, "自辟雍·東觀·蘭臺·石室·宣明·鴻都諸藏典策文章, 競共剖散, 其縑帛圖書, 大則連爲帷蓋, 小乃制爲縢囊"[64] 했다고 한다. 그 중 낙양성 '諸藏'을 언급했을 뿐 운대는 언급하지 않은 것으로 보아, 거기에 소장된 '도서·술적'은 아마도 대부분 중평2년의 화재로 재가 되어 버렸을 것이다.

진한 시대에는 수재·화재가 도적의 위협만큼이나 두려운 것이었다. 武威 旱灘坡의 후한묘 1기에서 출토된 목간 1매에는 다음과 같은 기록이 있다. "吏部中有蝗蟲·水火, 比盜賊. 不以求移, 能(耐)爲司寇."[65] 관방문서는 더욱 "水火"·"盜賊"을 연칭하는 경우가 많았다.[66] 『二年律令·戶律』에는 里門을 伏日에 닫아야 한다고 기록했는데, 그렇게 하면 "救水火, 追盜賊, 皆得行"[67] 한다고 보았다. 진율 역시 그와 같은 규정이 있어 宮殿·官府·寺舍 및 그를 둘러싼 담장 건설을 마친 후에는 지세를 따라 汧·演·渠·隄 등으로 축수하여 화재를 방비하도록 했다.[68] 한편으로 흙을 다지고 목재로 골격을 짜는 형식을 혼합한 진한의 건축 구조는 화재에 대한 내력에 한계가 있었다.[69] 또 진한시대의 서사재료는 竹·木 위주이기 때문에 아주 작은 불씨에도 심각한 결과를 불러올

63 후한 明帝는 일찍이 功臣 28將의 그림을 여기에 보관했다고 한다. 『後漢書』卷22 「馬武列傳」, pp.789-790.

64 『後漢書』卷79上「儒林列傳」, p.2548.

65 武威地區博物館, 「甘肅武威旱灘坡東漢墓」, 『文物』, 1993-10, p.32.

66 黎明釗, 「漢代居延地區的'水火盜賊'」, 黃清連 編, 『結網三編』(臺北: 稻鄉出版社, 2007), pp.1-26.

67 彭浩·陳偉·工藤元男 主編, 『二年律令與奏讞書——張家山二四七號漢墓出土法律文獻釋讀』(上海: 上海古籍出版社, 2007), p.215.

68 苑苑, 「嶽麓秦簡所見秦代官方建築的管理」, 『四川文物』, 2021-1, pp.48-49.

69 孫機, 『漢代物質文化資料圖說』(北京: 文物出版社, 1991), pp.160-163.

수도 있었다. 睡虎地「秦律十八種·內史雜」에는 다음의 기록이 있다.

> 毋敢以火入臧(藏)府·書府中. 吏已收臧(藏), 官嗇夫及吏夜更行官. 毋火, 乃閉門戶. 令令史循其廷府. 節(即)新爲吏舍, 毋依臧(藏)府·書府. 內史雜[70]

진율의 규정에 따르면, 불을 들고 "臧(藏)府·書府"에 들어갈 수 없을 뿐 아니라 정시에 순행을 해야 하며, 화재가 잘 일어날 수 있는 吏舍는 "臧(藏)府·書府"와 이웃할 수 없다. 이는 당시 사람들이 화재를 얼마나 두려워했는지를 설명해 준다. 한대 이래의 지방정부는 비교적 획일적인 '直符'(일직근무) 제도를 확립했는데, 直符史는 밤낮을 교대로 순행하며 수재·화재 및 도적이 없는지, 창고 저장 상황이 완전한지, 범죄 행위가 없는지 등을 확인해야 했다. 거연과 오일광장에서 출토된 일직 근무 윤번 기록은 다음과 같은 사실을 시사한다. 시간차가 최소 80년, 지리 분포에 있어 하나는 서북변경이고 하나는 서남의 內郡, 게다가 각자 군사와 행정계통인 甲渠候官과 臨湘縣에 예속되어 있지만, 모두 매일 교대로 일직 근무 제도를 실행했다.[71] 최근에 출판된『玉門關漢簡』의 2매의 목독에 수록된 일직 근무 기록은 다음과 같다.[72]

> II98DYT4:19
>
> [第一行]☑盡其夜毋盜賊發水火爲害犯法不覺知者府
>
> [第二行]☑之

---

70 睡虎地秦墓竹簡整理小組 編,『睡虎地秦墓竹簡』(北京: 文物出版社, 1990), p.64.

71 馬增榮,「漢代地方行政中的直符制度」, 武漢大學簡帛硏究中心 主編,『簡帛』第16輯(上海: 上海古籍出版社, 2018), pp.253-277.

72 張德芳·石明秀 主編,『玉門關漢簡』(上海: 中西書局, 2019).

II98DYT5:4

[第一行]☒之迺癸卯直符盡其夜時毋盜

[第二行]☒內戶封皆完以符屬次塞曹史雲敢言之

간 II98DYT4:19에서 언급한 '府'는 玉門都尉府일 것이다.[73] 이 두 매의 일직 근무 기록은 형태와 서식이 거연·오일광장에서 출토된 것과 거의 일치한다. 간 II98DYT5:4는 '塞曹史'가 교대로 근무했다. 오일광장 출토 동한 간독에서는 '戶曹史'와 '倉曹史'가 교대로 근무한 것으로 보아(정리 편호 392와 1073), 한대 지방행정 중의 일직 업무는 '曹'에서 교대로 집행했으며 하나의 조에서만 전담한 직책이 아님을 증명해 준다.[74] 이렇게 전국 단위의 일직 제도의 목적 중 하나는 화재의 발생을 예방하는 것이었고, 이는 진율 중 불을 들고 장부·서부의 출입을 금지한 것과 일맥상통한다.[75]

당시에 적지 않은 수의 간독 기록 문자가 건축물의 화재에 영향을 받았던 것으로 상정할 수 있다. 안타깝게도 역대의 사적에 언급된 일반적인 화재는 다수가 災異說과 관련 있을 뿐, 상세한 정보는 결핍되어 있어 이러한 원인으로 인한 문자 소거가 얼마나 많았는지를 판단하기 어렵다.

---

73 廣瀨薰雄, 「談小方盤城出土漢簡中的「詣府」簿與「詣府」文書」, 氏著, 『簡帛研究論集』(上海: 上海古籍出版社, 2019), pp.165-168.

74 馬增榮, 「漢代地方行政中的直符制度」, p.273.

75 唐律의 규정 중 "諸庫藏及倉內皆不得燃火, 違者徒一年"이라는 조문이 있다. 이는 분명 진한의 제도를 계승했을 것이다. 劉俊文 箋解, 『唐律疏議箋解』(北京: 中華書局, 1996), p.1891 참조.

Ⅳ 書庫 文書 소거 제도

이상 두 절에서 언급한 문자 소거에 비해서, 오늘날 출토 간독에서 보이는 것은 더 많은 일상에서의 문자 소거와 폐기이다. 이들 간독 자체가 대부분 폐기물 혹은 소거물의 잔여이다. 대량의 간독이 옛날 관서에서 폐기한 우물 혹은 회갱에서 출토되었는데, 이에 서고 문서 소거 제도가 이러한 간독의 폐기 원인을 설명하는 주요 이론이 되었다. 가장 일찍이 이 설을 제기한 것은 王獻唐의 『臨淄封泥文字叙』이다. 그는 臨淄城의 建置와 封泥의 분포를 고찰하며 다음과 같이 서술했다.

> 因悟西漢一代, 綿歷歲時, 庫藏文書, 勢難永久積存. 疑如後世官署之制, 歷若平時, 即焚毁一次. 此殆當時焚毁之餘, 火後瘞埋, 因獲獨存. 其焚非復一次, 次各爲坑, 故有多窖. 焚者爲守相縣府, 又非一署, 故不出一地. 因時火瘞, 時有先後, 印文隨之, 故有景武以前與新莽之異. 度其焚時, 必在庫藏附近, 不能遠抱簡牘於郊野, 聚而縱火也. 庫藏所在, 即官署所在. 地非一處, 知庫藏亦非一處, 庫各有屬, 知官署又非一所. 以封泥印文之尊卑, 證有守相與縣之別, 以庫藏各地之並在一區, 證守相縣府之相距不遠, 正如掌上觀紋矣. ……封泥焚瘞之制, 又因地而異, 因時而異. 西安·巴蜀·臨淄之出土, 以曾積而火瘞, 藉土窟之護藏, 得傳於世. 他或隨地棄毁, 當時即已不存, 千百年後, 更無由發露. 而同在臨淄, 官署文庫之簡牘, 多經時焚瘞, 四鄉則或不然. 同在齊城, 守相縣府之文書, 多至期燒藏, 王宮則或棄毁, 此處置廢牘之因地異制也. 齊城之內, 秦代官署所在, 遺有封泥, 西漢官署所在, 亦遺有封泥, 而東漢以下, 則無有也. 魏晉諸朝, 又無有也. 前以焚瘞而存, 後以不行而毁, 此又因時異制者也. 文書

焚瘞與否, 本非功令所定, 主者意爲取捨, 遂有不同.[76]

왕헌당이 집성한 봉니는 고고발굴에 의한 것이 아니라, 1934년 농민이 임치성 북쪽 劉家寨 농지에서 발견한 것으로, 상인을 통해 구입하여 얻은 것이었다. 그러나 그가 총결한 문서 소거 제도는 기본적으로 서북 障塞와 남방 井窖 유지에서 나타나는 상황에 부합한다. 전한의 서고 문서는 나날이 누적되어 결국에는 오래도록 보관하기 힘들어졌을 것이고, 대량의 봉니가 관서 부근의 여러 갱에서 집중 발견된 것은 문서 소거의 간접 증거가 될 수 있다. 봉니의 보존상황은 간독·백서의 경우와 상반되어 불에 타면 하나는 남고 하나는 소각된다. 봉니는 불에 구워지면서 도리어 더 단단해져서 오래도록 보존될 수 있었다. 이는 중동의 티그리스·유프라테스 강 유역에서 발견된 점토판이 불에 구워짐으로 인해 후세까지 전해질 수 있게 된 것과 같다**(그림 4.1, 4.2)**.[77] 애석하게도 왕헌당이 집성한 봉니는 모두 촌민의 토지에서 발굴된 것이라, 동일한 위치에 간독이 출토되었는지는 알 수 없게 되었다. 게다가 고대 봉니는 봉함문서에 쓰이는 것 외에, 봉함물품과 門戶에도 사용되어 이 설의 적용 범위가 줄어든다.(?) 그러나 그가 언급한 "封泥焚瘞之制" 및 이로 인해 도출할 수 있는 서고 문서의 소거 제도는 이후 학자들의 지지를 받았다.

汪桂海가 가장 먼저 왕헌당의 舊說의 가치를 발견했다. 그는 1970년대 破城子 A8 유지, 즉 한대 甲渠候官에서 출토된 간독을 분석해서, 한대 문서당안은 중요 문서 일부분을 영구 보존한 것 이외에는 일반적으로 사용 10년 전

76 王獻唐, 「臨淄封泥文字叙目」, 黃賓虹·鄧實編, 『美術叢書』第6集第10輯(上海: 神州國光社, 1947), pp.234-236 수록.

77 적지 않은 점토 문서가 불에 탄 건축물 소재지에서 "구워짐"을 거쳐 보존되었다. Dominique Charpin, Reading and Writing in Babylon, translated by Jane Marie Todd (Cambridge, MA: Harvard University Press, 2011), p.72 참조.

그림 4.1 **相家巷"陽都船丞"封泥**[78]
그림 4.2 **티그리스 · 유프라테스 유역 점토 文書**[79]

후가 되면 폐기하였다고 추론했다. 예를 들어 갑거후관 F22 당안실에 보이는 간책의 경우는 폐기까지 13년이 걸렸다. 소거 방식에는 통일된 규정이 없었는데, 대체로 불에 태워 흙에 묻는 것과 아무렇게나 땅에 버리는 두 부류로 나누어진다.[80] 이는 황헌당의 논리와 기본적으로 동일한데, 단지 汪桂海는 문서를 태워서 묻는 것의 여부가 율령으로 정해지는 것은 아니며, 오로지 담당자에 의해 결정되는 것으로 보았다. 이로 인해 西安·巴蜀·臨淄 등에서만 봉니가 출토되고 시간대 또한 진과 전한시기로만 한정된다. 왕계해는 당율 등 후대의 율령을 예로 들어 唐代 3년에 한차례 문서를 소거하는 제도가 있음을 증명했

78 劉慶柱·李毓芳, 「西安相家巷遺址秦封泥考略」, 『考古學報』, 2001-4, 圖版拾壹으로부터 轉載.

79 Jonathan Taylor, "Tablets as Artefacts, Scribes as Artisans," in The Oxford Handbook of Cuneiform Culture, edited by Karen Radner and Eleanor Robson (Oxford: Oxford University Press, 2011), p. 9, fig. 12A로부터 轉載.

80 汪桂海, 『漢代官文書制度』(桂林: 廣西師範大學出版社, 1999), pp.227-232.

고,[81] 그 제도는 응당 연원이 있었을 것이다.[82] 1996년 長沙 走馬樓 22호정에서 방대한 수량의 오간이 발견되었고, 이후로 오일광장 부근 및 호남성 각지의 井窖 유지에서도 간독이 발견되었다. 가장 초기에 井窖 유지 간독의 고고발굴과 정리에 참여했던 宋少華는 이하의 관찰과 분석을 한 바 있다.

> 井窖 유지에서 나온 것은 인위적으로 폐기된 것인데, 폐기 방식은 각기 달랐다. 고고발굴의 실제 상황에 따르면, 주마루 서한간, 九如齊 동한간, 東牌樓 동한간은 井 내의 퇴적층위 중에서 출토되었는데, 당시 사람들이 유기한 생활 쓰레기, 벽돌·기와의 잔편, 대나무와 목재 부스러기가 함께 섞여 있었고, 어떤 간독은 불에 탄 흔적이 있었으나, 어떤 것은 글자를 연습한 책서이기도 했다. **이렇게 폐기물로 볼 수 있는 간독은 우물의 폐기와 더불어 한 번에 버려지곤 한다**…… 주마루 오간은 비록 폐기 문서이지만, 폐기 방식은 전술한 전한간과는 다르다. **그것은 기타 폐기물과 다른 층위의 퇴적에 매장되지 않았고, 단독으로 놓여졌다. 이는 고고학적으로는 독립된 층위라고 할 수 있다**…… 나는 소거의 시간이 대략 赤烏 년간 이었다고 생각한다. **추측컨대, 오나라는 중요 문건의 소거를 대략 10년에 한차례 진행했을 것이다.** 물론 이는 추측으로, 더 늦은 시기의 연대가 나올 가능성도 배제할 수 없다.[83]

---

81 『唐律疏議』의 인용 법령은 다음과 같다. "文案不須常留者, 每三年一揀除." 劉俊文 箋解, 『唐律疏議箋解』, p.1350. 또한 中村裕一, 『唐代公文書研究』(東京: 汲古書院, 1996), p.10-11을 참고했다.

82 당율 중에는 한율을 계승한 것이 적지 않다. 李安敦·葉山 著, 馬增榮 譯, 「秦漢法律的功能和效用: 張家山法律文獻在傳統法律發展中的地位」, 武漢大學簡帛研究中心 主編, 『簡帛』第19輯(上海: 上海古籍出版社, 2019), pp.194-200.

83 宋少華, 「長沙出土的簡牘及相關考察」, 卜憲群·楊振紅 主編, 『簡帛研究二○○六』(桂林: 廣西師範大學出版社, 1999), pp.260-261.

송소화의 관찰은 기본적으로 왕계해의 의견과 일치하는데, 문서 보존기한의 추측 또한 왕계해와 매우 유사하다. 지리적 차이로 인해, 서북간은 다수가 회갱 혹은 쓰레기 더미에 버려졌고, 호남성 등지의 간독은 井窖에 버려졌다. 또 주마루 22호 정의 예에서 보듯이, 폐기방식은 가지각색이었고, 오간은 기타의 폐기물과 섞이지 않고 단독 형식으로 하나의 고고학적 층위를 형성했다.[84] 이러한 기초 위에, 邢義田은 간독의 중량과 체적을 고려하면 간독이 서고에 가하는 압력이 상당히 컸을 것이므로 한대 당안의 유지 시간도 당대의 "3년에 한차례 소거"보다 길 수 없었을 것이며, 더불어 당시 문서의 보존과 폐기에 대해 더욱 세밀한 규정이 있었고 문서의 성격과 내용에 따라 더욱 다양한 등급의 보존 기한 규정이 있었을 것이라 추측했다.[85]

이상의 학자들이 탐구한 서고 문서 소거제도에 대해 본문은 두 가지 사항을 보충하고자 한다. 첫째, 2000년에 한 장안성 考古隊는 서안시 未央區 六村堡鄉 相家巷 농지에서 325매, 총 100여종에 달하는 秦封泥를 발견한 바 있

---

84 益陽兔子山遺址 3號井에서 발견된 간독 역시 묶어져 있는 상태에서 폐기된 것이다. 張春龍, 「益陽兔子山遺址三號井「爰書」簡牘一組」, 何駑 主編, 『李下蹊華——慶祝李伯謙先生八十華誕論文集』(北京: 科學出版社, 2016), p.859. 走馬樓吳簡의 독특한 매장 특성은 앞서 인용한 張忠煒가 일부 우물 유지 출토 간독이 저장된 것이라는 생각과 일치한다. (張忠煒, 「里耶秦簡博物館藏秦簡概說」, p.16). 그러나 長沙 지역은 습윤하여 간독을 우물에 넣으면 훼손되기가 쉬웠기 때문에 간독을 던져 넣은 사람은 그것을 다시 끄집어 내어 다시 읽는 생각은 할 수 없었을 것이다. 만약 저장을 목적으로 했자면, 동굴을 파는 것으로 대체할 수도 있었을 것이다. 이는 2011년 8월 9일 筆者가 湖南省文物考古研究所에 방문했을 때 필기한 것이다. 그 외, 走馬樓22호정 내의 간독 폐기 상황은 비교적 특수해 보인다. 정 내에 출토된 간독은 지금까지 불에 탄 흔적이 발견되지 않았다. 郭偉濤, 「論古井簡的棄置與性質」, 『文史』, 2021-2, p.30 참조.

85 邢義田, 「漢代簡牘的體積、重量和使用」, p.21.

다. 상가항 유지는 한 장안성 桂宮 유지 동북 모서리 외측에 위치했는데, 대략 진 수도 함양 유지의 '渭南' 宮苑 구역 북부에 해당한다. 주목해야 할 점은 상가항 봉니의 다수가 회색 혹은 갈색으로 구워진 상태임이 확인되었고, 봉니의 印文은 '都水'·'郎中丞印'·'公車司馬丞'·'宮廄' 등 적지 않은 예가 중앙 혹은 궁정 내의 관서에 속했다는 것이다.[86] 이들 봉니가 반영하는 곳은 門戶 혹은 물품의 檢 외에도 文書檢, 심지어는 문서 자체를 포괄할 수도 있다. 예를 들어 거연한간282.9와 오일광장 한간 정리호620(**그림 5.1, 5.2**)는 모두 불에 탄 후 재가 되고 불에 구워진 봉니만이 남겨졌다.[87] 상가항 유지는 명확한 고고학적

---

86 中國社會科學院考古硏究所漢長安城工作隊, 「西安相家巷遺址秦封泥的發掘」, 『考古學報』, 2001-4, pp.509-544; 劉慶柱·李毓芳, 「西安相家巷遺址秦封泥考略」, 『考古學報』, 2001-4, pp.427-452.

87 黃浩波는 일찍이 문서가 개봉된 후 봉검과 봉니는 따로 버려져 문서와 분리되었을 것임을 지적한 바 있다. 孫慰祖(『中國古代封泥』, 上海: 上海古籍出版社, 2002, pp.5-6) 역시 말하길, "1950년대 이전에 발견된 봉니는 비교적 집중된 갱에서 매장되거나 퇴적된 것이 주를 이룬다. 이는 봉니가 발견되는 명확한 특징 중 하나이다. 그것은 관서가 봉검을 개봉한 후에 매장한 지점일 것이다"라고 했다. 이에 따르면 봉니가 어떤 갱에서 무리를 이루어 출토된 것이 반드시 문서가 집중 소거되었음을 증명하지는 않을 것이다. 이는 확실히 가능한 추측이다. 그런데 서북지역에서 출토된 한 대 봉검은 개봉 후에도 기록하여 전송하거나 인장을 찍었다는 정보가 많이 나오는데, 즉 그 기능에 변화가 발생한 것이다. 또 石昇烜은 이러한 류의 봉검이 별도로 보존되어 그 기록에 대한 증명 기능을 했을 것이라 보았다. 汪桂海, 『漢代官文書制度』, pp.147-148; 石昇烜, 『從簡牘物質形態論秦漢基層公文書制度與行政』(臺北: 國立臺灣大學歷史系博士論文, 2021), p.41 注80 참조. 그 외, 봉니가 봉검에 쓰이지 않고 바로 간독 위에 쓰여져 증명 기능을 하는 경우도 적지 않은데, 이는 간독과 분리되지 않았을 것이다. 유명한 居延漢簡282.9(圖5.1)의 예를 들면, 그것이 출토되었을 때 봉니와 연결되어 있었다. 우리는 이를 통해 유사 간독이 불에 탄 후에 봉니만 남았을 상황을 상상할 수 있다. 동류의 예는 오일광장한간

그림 5.1 **居延漢簡282.9**
그림 5.2 **五一廣場漢簡整理號620**

맥락을 보이며, 여기에 출토된 봉니는 여러 차례 구워진 것으로, 왕헌당의 '封泥焚瘗之制'를 보충할 수 있을 것이다.

둘째, 중국 남방 지역 관서 내의 우물 유지는 폐기 후에는 기본적으로 회갱과 동일해 진다. 우물의 저장 기능을 강조하는 학자는 이 점에 대해 크게 주목하지 않는다. 모미야마 아키라(籾山明)는 古井 내에 폐기 퇴적의 형성을 토론하면서, 일본의 목간 학자 와타나베 아키히로(渡邊晃宏)의 의견을 인용했다. "井은 사용 중일 때는 청결함을 유지해야 하며, 목간과 같은 소위 쓰레기는 반드시 끊임없이 청소해야 한다……만약 다량의 목간이 정에서 출토되었다면, 그것은 우물 틀 내에 버려진 것이 아니다. 그 정은 우물 틀을 뽑아내어 하나의 坑으로 변한 것이며, 목간은 쓰레기로서 그 갱 내에 버려진 것이다…… 유지의 성격으로 보면, 우물 틀이 뽑혀진 정은 土坑에 가깝다."[88] 위에서 논한 바와 같이

620호간에서도 볼 수 있는데, 봉니가 훼손되었음에도 특별히 봉니를 위해 만들어진 틀은 여전히 존재 한다. 정리소조는 그 형태를 '봉검'이라 정의했다. 그러나 본질은 완전한 형태의 문서라고 할 수 있다. 이 목독은 남자 黃京이 남자 番豫·唐除가 도망가지 않는다는 것을 보증한 것으로 縣의 "以㕁印爲信"으로 제출되었다(圖5.2). 주목할 만한 것은 폐기 유지에 속하는 이야 1호정 에서도 봉니와 간독이 짝을 이루어 출토된 사례가 적지 않다는 것이다. 이를 보건대, 봉니가 반드시 문서와 분리 폐기되지는 않았을 것이다.. 湖南省文物考古研究所, 『里耶發掘報告』, p.220 참조.

88 籾山明 著, 廣瀨薰雄 譯, 「長沙東牌樓出土木牘與東漢時代的訴訟」, 夫馬進 編, 『中國訴訟社會史研究』(杭州: 浙江大學出版社, 2019), p.113 注1 참조.

진한시대의 사람들은 화재를 도적만큼이나 두려워했다. 당시 사람들은 관서 건축물 부근에서 간독을 불살라 폐기하다가 심각한 화재가 일어나는 것을 피하기 위해 관서 부근 폐기된 정 혹은 갱 내에 간독과 생활 쓰레기를 불살라 폐기하는 방식을 택했을 것이다.[89] 한 가지 좋은 예가 최근에 주마루 서한 8호정에서 나왔다. 정 내에는 다량의 불사른 후의 식물성 재가 매장되었으며, 일부 간독에서 불에 탄 흔적이 나왔다. 정리자는 이에 대해 두 가지 해석을 했다.

> 하나는 당시 장사국 내부에 비교적 큰 변고가 발생해 왕국이 과거 당안문서에 대해 한차례 대규모 소거를 진행했을 가능성이 있다. 그 소거의 방식은 불에 태운 뒤 근처에 묻는 것이었다. 둘째는 기한이 지난 당안에 대해 정규적으로 소각 처리했을 가능성이다.[90]

무엇이 되었든 간에, 소각 방식은 모두 불에 태운 뒤 묻는 것이었고, 매장 장소는 이미 폐기된 우물이었다. 이것과 유사한 사례가 四川 城壩 유지 F6 남면의 H319 갱과 오일광장 1호 갱이다. 전자는 갱 내에 대량의 풀을 태운 재와 그을린 흙이 있었으며, 출토된 22매의 간독 역시 대부분 불에 탄 흔 적이 있었다. 후자는 갱 내에 유존물에 의거하여 세 개의 층으로 분류할 수 있다. 첫 번째와 세 번째 층은 모두 대량의 재가 섞여 있었고, 세 번째 층은 총 6000여 매의 죽목 간독이 출토되었는데, 일부는 깎아 내거나 불에 탄 흔적이 선명하게 남아 있다.[91]

---

89 더불어, Ma, "Qin and Han Evidence: Excavated Texts," pp. 545-546을 참고했다.

90 長沙簡牘博物館·長沙市文物考古研究所, 「長沙市走馬樓西漢古井及簡牘發掘簡報」, 『考古』, 2021-3, p.60.

91 四川省文物考古研究院·渠縣歷史博物館, 「四川渠縣城壩遺址」, p.66; 長沙市文物考古研究所·清華大學出土文獻研究與保護中心·中國文化遺產研究院·湖南大學嶽麓

사실, 적재된 목재문서를 태우다가 심각한 화재가 발생하는 세계사상 희귀한 사례는 아니다. 1834년 영국은 1826년부터 적재하기 시작한 國庫의 엄대[tally sticks]가 대량의 공간을 점거하고 있었다(**그림 6.1**). 당시의 재정 대신(Lord of Treasury)은 이를 보고 종이로 대체된 엄대는 불태우도록 하령했다. 이들 엄대는 상원(House of Lords) 내에 석탄을 태우는 용도의 철로에서 불태워졌다. 그러나 예상치 못하게 담당 공인이 그 과정을 성급히 진행하다가 영국사에 남은 유명한 대화재를 일으켰다. 상원뿐만 아니라 웨스트민스터 궁(Palace of Westminster) 전체가 거의 모두 순식간에 불에 탔다(**그림 6.2**).[92] 진한시대에 이와 유사한 사례가 있었는지는 알 수 없지만, 불에 대한 두려움과 藏書의 압력을 줄이는 문제를 동시에 해결하기 위해 땅을 판 갱 혹은 이미 폐기한 우물 혹은 구덩이를 이용하여 실효된 문서를 소각했던 것을 충분히 이해할 수 있다. 이는 또한 왜 그렇게 많은 관서의 우물에서 출토된 간독들에 불에 탄 흔적이 있는지를 해석할 수 있게 해준다.[93]

書院 編著, 『長沙五一廣場東漢簡牘(壹)』, p.2.

92 W. T. Baxter, "Early Accounting: The Tally and Checkerboard," Accounting Historians Journal 16.2 (1989), pp.81-82.

93 長沙市에는 우물 유지에서 출토된 간독이 매우 많다. 이는 그 지역의 지하수 상황과 관련이 있다. 宋少華 선생은 이 지역 우물 폐기는 결코 우물이 말랐기 때문이 아니라, 우물이 오염되어 흙으로 막아야 했지만, 주민들이 이를 정리하지 않았고, 또 수원이 결핍되지 않은 상황에서 다른 새로운 우물을 파는 선택을 했기 때문이라 보았다. 이러한 상황은 지금까지도 여전히 존재한다. 2011년 8월 10일 筆者가 長沙簡牘博物館을 방문했을 때 筆記한 것이다. 이 원인을 따르자면, 이 지역에 폐기된 우물은 얼마나 많았던 것일까? 진한시대의 사람들은 이로 인해 실효 문서를 폐기하기 위해 특별히 갱을 팔 필요가 없었던 것을 아닐까?

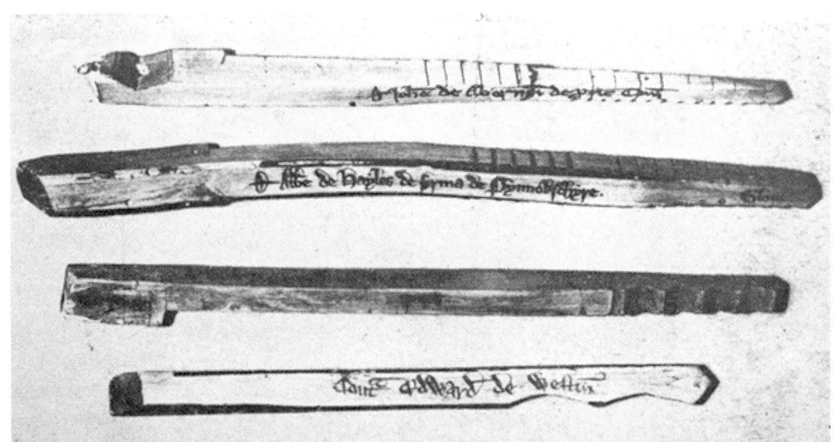

그림 6.1 영국의 엄대(tally sticks)

그림 6.2 1834년 웨스트민스터궁(Palace of Westminster) 대화재[94]

94 Tim Harford, "What tally sticks tell us about how money works," BBC News (https://www.bbc.com/news/business-40189959, 2017.07.09., 2021.02.17 accessed)로부터 轉載.

V 草稿 혹은 草案

제도적 차원의 일상적 폐기 혹은 소거 외에 개별 종류의 간독 폐기 혹은 소거 또한 주목할 가치가 있다. 고금·국내외를 막론하고 문자 서사를 확정하기 전 草稿를 작성하는 관습은 어디에나 있었는데, 관방문서와 개인의 찬술 또한 예외가 아니었다. 漢代의 董仲舒는 災異說을 주장하여 당시의 遼東 高廟, 長陵高園殿에서 발생한 災異에 대해 "推說其意, 屮稾未上, 主父偃候仲舒, 私見, 嫉之, 竊其書而奏焉"[95]하였다. 황제가 하달한 詔書와 신하의 表奏는 내용의 정확성 확보를 위해 모두 초고를 작성했다. 漢武帝는 매번 淮南王 安에게 書를 내리며 "常召司馬相如等**視草**乃遣"[96]했다고 한다. 후한대 尙書에는 36인의 侍郎이 있었다. 『續漢書·百官志』 본주에는 그 주요 직책을 "主作**文書起草**"[97]라고 했다. 초고는 남겨둘 필요가 있었을까? 만약 소거하거나 폐기했다면, 어떠한 방식으로 처리했을까? 개인 저술은 그 여부를 알 수는 없지만, 관방문서, 특히 황제 조서의 초고는 일정한 규정이 있었을 것이다. 한 시대 이후의 예로 東晉 桓溫은 海西公이 올린 "詔草"를 폐기했다. 『晉書·后妃』에 기록하길, "(桓)溫始呈**詔草**, 慮太后意異, 悚動流汗, 見于顏色. 及**詔出**, 溫大喜."[98] 라고 했다. '詔出' 후에 이 '詔草'는 어떻게 처리해야만 했을까? 남겨두어야 하나, 폐기해야만 하나? 의문이 적지 않다. 현재 비교적 많이 알려진 것은 신하가 올리는 상주문의 초고이다.[99] 정본의 서사가 확정된 후 초고는 대부분 도

95 『漢書』卷56「董仲舒傳」, p.2524.

96 『漢書』卷44「淮南王傳」, p.2145.

97 『續漢書』志26「百官志」, p.3597.

98 『晉書』卷32「后妃下」, p.976.

99 東漢 馬融은 "爲梁冀草奏李固"라고 말한 바 있다. 『後漢書』卷60上「馬融列傳」,

태된다. 그러나 초고의 내용이 다른 경우 어떠한 초고는 비밀 유지가 필요한 정보가 포함되어 서사 후에 바로 철저히 소거되지만, 또 어떤 초고는 예상과 달리 인위적 혹은 자연적으로 형성된 특정한 조건으로 인해 오늘날까지 보존되는 경우도 있다. 전세문헌에는 전자와 관련 있는 적지 않은 기록이 남아있다.

1. (孔光)凡典樞機十餘年, 守法度, 修故事. 上有所問, 據經法以心所安而對, 不希指苟合; 如或不從, 不敢強諫爭, 以是久而安. 時有所言, 輒削草稾, 以爲章主之過, 以奸忠直, 人臣大罪也. 有所薦舉, 唯恐其人之聞知.[100]
2. (皇甫)嵩爲人愛慎盡勤, 前後上表陳諫有補益者五百餘事, 皆手書毀草, 不宣於外.[101]
3. (樊)宏所上便宜及言得失, 輒手自書寫, 毀削草本. 公朝訪逮, 不敢眾對. 宗族染其化, 未嘗犯法.[102]
4. (陳)羣前後數密陳得失, 每上封事, 輒削其草, 時人及其子弟莫能知也. 論者或譏羣居位拱默, 正始中詔撰羣臣上書, 以爲『名臣奏議』, 朝士乃見羣諫事, 皆歎息焉.[103]

---

p.1972 참조. 西北 邊地에서 출토된 草稿는 대다수가 奏章의 초고에 속하여, "奏草"라고 칭해졌다. 邢義田, 「漢代簡牘公文書的正本、副本、草稿和簽署問題」, 氏著, 『今塵集 : 秦漢時代的簡牘、畫像與文化流播』(臺北: 聯經出版事業股份有限公司, 2021), 卷二, pp.72-86 참조. 그 외, 五一廣場簡牘 중 "白草"라는 단어를 언급한 예가 적지 않다. 이는 하급 기관이 상급기관에게 보내고자 한 草案이었다. 정리번호 96 · 290 · 330 · 427 · 429+430 참조.

100 『漢書』卷81「孔光傳」, p.3354.

101 『後漢書』卷71「皇甫嵩列傳」, p.2307.

102 『後漢書』卷32「樊宏列傳」, p.2307.

103 『三國志』卷22「魏書 · 陳羣傳」, p.638의 『魏書』 인용 부분.

5. (陳)寵性純淑, 周密重慎, 時所表薦, 輒自手書削草, 人莫得知. 常言人臣之義, 苦不畏慎.[104]

한대 선제 이후 소위 '封事'라는 제도가 있었다. 吏民이 황제에게 비밀 상주를 할 수 있게 한 것이 그것이다.[105] 이상 다섯의 예가 모두 봉사에 속하는 것은 아니지만, 이들은 신하가 상주 내용의 비밀 유지를 위해 글을 확정한 후 초고를 바로 삭제하기를 "충신은 간언을 드러내지 않는다"는 도리로 설명했다. 소거의 방식은 이상의 다섯 예 중 네 가지가 '削'을 언급했으니, 도삭의 의미에 해당한다. 진한시대는 대량의 소거가 아니라면, 허리에 찬 書刀 혹은 削으로 글을 깎아내는 것이 가장 편리한 방식이었을 것이고, 그로 인해 간독은 다른 용도로 재사용할 수 있었을 것이다. 현재 영국 국가 도서관에 소장된 스타인 미간행 漢簡 중에는 적지 않은 削衣가 있는데, 잔간의 일부는 붓으로 썼다가 지운 흔적이 남아 있어 삭제된 것임을 알 수 있다. 이는 초고를 소거한 후의 잔여일 것이다.[106] 그런데 다른 각도에서 볼 때, 이러한 "충신은 간언을 드러내지 않는다"는 예는 바로 평소에 초고는 남겨질 수 있는 것임을 암시한다. 특히 명신 혹은 명사의 손으로 쓰여진 것은 더욱 그러했을 것이다. 위에서 인용한 네 번째의 예에서 陳羣은 "每上封事, 輒削其草, 時人及其子弟莫能知也"라고 했다. 이러한 표주의 초고는 아마도 남겨져서 "時人及其子弟"들 사이에 전해진 적이 있었을 것이다. 초사를 거친 후에 이들 '초고'의 성격은 변형되어 다른 모습으로 나타났을 수도 있다. 『漢書·師丹傳』에 이르길, "又丹使吏

---

104 吳樹平 校注, 『東觀漢記校注』, p.700.

105 廖伯源, 「漢"封事"雜考」, 氏著, 『秦漢史論稿』(臺北: 五南圖書出版股份有限公司, 2003), pp.233-242。

106 李均明, 「英藏斯坦因所獲殘簡的文書學考察」, 汪濤·胡平生·吳芳思 主編, 『英國國家圖書館藏斯坦因所獲未刊漢文簡牘』(上海: 上海辭書出版社, 2007), p.92.

書奏, 吏私寫其草, 丁·傅子弟聞之, 使人上書告丹上封事行道人偏持其書."라고 했다.[107] 만약 丁氏와 傅氏의 자제가 이 일을 들어 사단을 통제하지 않았다면, 상부가 그 하급 기관에게 상주 내용을 베끼도록 하는 것이 일반적이었을 것이고, 이로 인해 초고가 유출되는 것이 특별한 일은 아니었을 것이다. 그것이 유출된 후에는 초사를 거듭하게 되어 세인들은 그것이 처음에 초고였다는 사실을 잊게 되었을 것이다.

학자들은 일찍이 적지 않은 공력을 들여 출토 폐기 행정문서 중 무엇이 초고인지를 식별하고자 했다. 李均明과 劉軍은 다음의 세 가지 판단 기준을 들었다. 1. 자체가 비교적 조악하고 칠하거나 增補된 것이 많은 것. 2. 發文의 인명이 '厶(某)' 혹은 '君'자로 대체되는 것. 3. 발문의 인명 및 날짜가 공백인 것.[108] 邢義田은 이를 기초로 문서 중 스스로 '草'라고 쓴 예가 아니라면, 자체의 조악함과 인명의 공백이 필연적으로 초고를 나타내는 것은 아니라고 지적했다. 이렇게 정의를 내리면 폐기문서 중 초고로 판정할 수 있는 것은 매우 적을 것이다. 형의전은 또 초고와 초고가 아닌 것은 경위를 분명히 나눌 수는 없다고 했다. 初稿는 분명히 草稿이며, 문서는 謄寫를 완료한 후 서명이나 비준을 보류한 상태의 문서 초안 또한 초고라고 할 수 있다.[109] 사실, 오일광장 출토 소위 '君教' 문서 중, '諾'자 및 丞과 掾의 이름은 모두 공백을 남겨둔 뒤에 다시 서명한 것으로, '草'는 문서의 처리 과정 중 어떠한 단계의 상태를 대표할 것이다. 예를 들어, 정리 번호 1259+1397의 '諾'자 및 丞과 掾의 이름은 아

107 『漢書』卷86「師丹傳」, p.3506.

108 李均明·劉軍, 『簡牘文書學』(桂林: 廣西師範大學出版社, 1999), pp.164-166.

109 邢義田, 「漢代簡牘公文書的正本、副本、草稿和簽署問題」, p.245. 草稿에 관하여 또한 石昇烜, 「從簡牘物質形態論秦漢基層公文書制度與行政」, pp.26-33을 참고하였다.

직 쓰여지지 않은 상태이다(그림 7).[110]

兼左賊史詩助史壽白民自　言辤如牒丞 兼掾
君教　議請召□左曹下亟實　核事竟復白=草
延平元年十月十三日丁巳日

우리는 또 이 예를 통해 『三國志』에 기록된 黃蓋의 고사를 검토할 수 있다.

諸山越不賓, 有寇難之縣, 輒用蓋爲守長。石城縣吏, 特難檢御, 蓋乃署兩掾, 分主諸曹。教曰 : 「令長不德, 徒以武功爲官, 不以文吏爲稱。今賊寇未平, 有軍旅之務, 一以文書委付兩掾, 當檢攝諸曹, 糾擿謬誤。兩掾所署, 事入諾出, 若有姦欺, 終不加以鞭杖, 宜各盡心, 無爲眾先。」[111]

대부분의 학자들은 "兩掾所署, 事入諾出"이 이러한 군 교문서의 운영 절차를 일정 정도 반영한다고 지적한다. 정리 번호 1259+1397을 예로 보면, 丞과 掾의 이름은 모두 '署'를 공백으로 두고 의논하고자 하는 '事'는 아직 장관에게 상서되지 않아 장관 본인 혹은 그 속리는 아직 '諾'을 쓰지 않았

그림 7　오일광장 간독 정리 번호 1259+1397에 남은 서명 공백 부분(검은 색 네모)

110　또 다른 예로 정리번호 2497이 있다.

111　『三國志』卷55「吳書·黃蓋傳」, p.1284.

고, 초안 또한 효력을 갖추지 못했다. 이러한 단계의 정리 번호 1259+1397과 연동된 '牒'은 어떠한 성격에 속하는 것일까?[112] 이와 비교할 수 있는 것이 상기한 桓溫이 太后에게 올렸다는 '詔草'일 것이다. '詔出' 이전에 태후는 황제의 '制曰可' 혹은 장관이 '諾'을 쓰는 방식과 유사하게 조서의 반포를 비준했다. 이를 미루어 초안 단계의 정리번호 1259+1397는 문서 운영 절차에 있어 모종의 '草'일지도 모른다.[113]

본문의 중점은 초고를 변별하는 것에 있지는 않다. 그러나 이상의 문제는 소위 '초고/초안'의 판단 여부가 어떠한 원인에 따라 소거 혹은 폐기되는가에 달려 있기 때문에 중요하다. 그것은 정본을 서사한 후에 더 이상의 가치를 잃어 쓰레기로서 소거 혹은 폐기되었던 것일까? 아니면 그들의 성격이 문서 처리과정 중 전환이 발생해 書庫 문서의 일부분으로 되었다가 기한을 다하여 소거 혹은 폐기되었던 것일까? 만약 전자라면 대개는 초고의 내용은 비밀을 유지할 필요가 없어져, 담당자는 문서를 그리 철저히 소각하지 않아 우연한 요소와 자연 조건의 결합으로 인해 오늘날까지 그 일부가 잔존하게 되었을지도 모른다. 만약 후자였다면, 그것은 기본적으로 일반 당안과 차이가 없으므로, 서고 문서의 훼손 제도에 따라 고려되었을 것이다.

---

112 정리 번호 1259+1397**(그림 7)**은 오일광장 간독 중 편철 끈이 남아있는 흔치 않은 사례이다. 응당 목독 중에 언급한 어떤 民이 自言한 '牒'을 편철했을 것이다.

113 동류의 사례는 邢義田이 예로 든 走馬樓吳簡 중에 '諾'과 掾 및 主簿의 이름이 서사되지 않은 두 건의 목독이다. 氏著, 「漢晉公文書上的「君教'諾'」、署名和畫諾」, 『今塵集』, 卷二, p.180.

Ⅵ 채무와 경제생활

고대 중국에서 관방문서와 개인의 저술 이외에, 문자가 경제 활동에 응용된 경우가 적지 않았다. 그러나 상술한 두 유형에 비해 줄곧 큰 주목을 받지 못했다. 그러한 부류의 문자 및 그 물질매체의 소거와 폐기에 대해서도 소수의 학자들만이 언급했을 뿐이다.[114] 고대인들이 가장 쉽게 언급하는 경제 활동은 매매 아니면 채무였다. 전세 및 출토문헌에는 적지 않게 채무 관련 기록이 남겨져 있는데, 가장 유명한 것은 漢高祖 劉邦의 고사일 것이다. 反秦起義

114 『漢書』卷62「司馬遷傳」, pp.2737-2738: "又其是非頗繆於聖人, 論大道則先黃老而後六經, 序遊俠則退處士而進姦雄, **述貨殖則崇勢利而羞賤貧**, 此其所蔽也." 班固의 司馬遷에 대한 평론만 보더라도, 고대 중국에 왜 이러한 경향이 있었는지를 어렵지 않게 이해할 수 있다. 고대에 경제를 언급할 때에는 주로 관방의 입장에서 서술하였고, 관련 자료 는「식화지」와 같은 기록 중에 남겨졌다. 비록 근래에 간독의 출토가 갈수록 많아지고 있긴 하나, 사인의 상업에 관한 기록은 여전히 적다. 李成珪는 일찍이 香港中文大學文物館 소장「奴婢廩食粟出入簿」가 사인의 경제문서라고 말한 적이 있지만, 그 여부에 있어서 여전히 적지 않은 異論들이 있다. 李成珪,「西漢的大土地經營和奴婢勞動——以對香港中文大學文物館所藏簡牘《奴婢廩食粟出入簿》的分析爲中心」, 卜憲群·楊振紅 主編, 『簡帛研究二〇〇八』(桂林: 廣西師範大學, 2010), pp.89-144참조. 지금까지 전해진 자료가 적기 때문에, 학자들은 고대 중국의 상업에 대한 연구 또 한계가 있다. 그런데 이는 서방의 그리스·로마의 상업 기록에 관한 주목과는 뚜렷한 대조를 보인다. Rosalind Thomas는 이러한 문자의 응용능력을 "commercial literacy"라고 했다. Rosalind Thomas, "Writing, Reading, Public and Private 'Literacies': Functional Literacy and Democratic Literacy in Greece," in Ancient Literacies: The Culture of Reading in Greece and Rome, edited by William A. Johnson and Holt N. Parker (Oxford: Oxford University Press, 2009), pp. 25-28 참조.

전의 유방은 비록 사수정장에 있었으나, 여전히 무뢰배로서 곳곳에서 외상으로 세월을 보내고 있었다. 『사기·고조본기』에서는 다음과 같이 기록했다.

> 常從王媼·武負貰酒, 醉臥, 武負·王媼見其上常有龍, 怪之. 高祖每酤留飮, 酒讎數倍. 及見怪, 歲竟, 此兩家常折券弃責.[115]

권서를 절단한 후에는 신용 대여의 책임 또한 소멸하는데, 유방이 빚진 술값 역시 이로써 바로 소멸되었다. 유방의 사례는 단지 소액의 채무였지만, 일찍이 춘추전국시대에는 적지 않은 사람들이 채무의 이자를 받아 이윤을 얻었고, 이로 많은 채권문서가 만들어졌다. 『管子·輕重』에 따르면 齊桓公 때에 崢丘 전쟁을 유지하기 위해 백성들이 대여를 통해 급하게 물품을 공급했다고 한다. 전쟁이 끝난 후 환공은 관자에게 어떻게 민중들이 산업을 회복할 수 있을지 자문했다. 관자는 대답하길, "惟繆數爲可耳", 즉 정상적인 방법으로는 일을 처리할 수 없다는 것이었다라고 했다. 관자의 건의를 들은 후, 환공은 시장에서 대출을 통해 이윤을 추구하는 사람들에게 반드시 "折其券而削其書"할 것을 명했다. 이로써 백성들의 채무가 소멸되었다.[116] 다른 한 예는 『史記·孟嘗君列傳』에 나온다. 맹상군이 제나라의 相이 되었을 때, 식객이 3,000명에 들어올 뿐 나가지 않자 사람에게 명하여 薛에서 대출을 하도록 했다. 그런데 대출을 한 자들의 대부분은 이자를 제때 지불하지 않았다. 맹상군은 식객을 충분히 공양하지 못할 것을 걱정하여 주위의 의견을 들어 馮驩을 薛에 파견하여 채무를 걷어 들이도록 했다. 그런데 풍환은 설에 도착하여 다음과 같이 했다.

115 『史記』卷8 「高祖本紀」, p.343.

116 黎翔鳳 撰, 梁運華 整理, 『管子校注』(北京: 中華書局, 2004), pp.1492-1493.

召取孟嘗君錢者皆會, 得息錢十萬. 迺多釀酒, 買肥牛, 召諸取錢者, 能與息者皆來, 不能與息者亦來, 皆持取錢之券書合之. 齊爲會, 日殺牛置酒. 酒酣, 乃持券如前合之, 能與息者, 與爲期; 貧不能與息者, 取其券而燒之.[117]

여기서 두 가지 사실에 주목할 수 있다. 첫째, 풍환은 대출한 자를 불러 권을 합하여 채무관계를 확인했다. 둘째, 그는 이자를 갚지 못하는 자의 권서를 불태워 채무관계를 해소했다. 유사한 예는 후한 시기 南陽 樊氏에게서도 찾을 수 있다. 樊重은 富甲一方이라 불릴 정도로 거부였는데, 80세에 이르러 생을 마칠 때, "其素所假貸人間數百萬, 遺令焚削文契"[118]했다고 한다. 권서 계약을 소각함으로써 채무 역시도 해소되었던 것이다. 역사상 채무문서의 소각은 단지 채권인의 관대으로 인해 이루어지는 것은 아니다. 『嶽麓書院藏秦簡(參)』에 수록된 「識劫𡟰案」에서는 당시 사람들이 법률책임을 회피하기 위해 증명서 작용을 갖춘 권서를 파기하기도 했음을 보여준다.

사안은 秦王政18년(기원전229년) 8월 병술, 성인 여자 𡟰이 주체가 되어 안을 제기했는데, 7월에 자식인 走馬 申이 재산을 신고할 때 "大夫建·公卒昌·士五(伍)積·喜·遺"가 빌린 6만8300錢을 은닉하였고 모두 '券'으로서 증명된다고 진술했다. 公士 識은 그 사실을 안 후 그것을 핑계로 𡟰을 겁박하여 그녀를 '匿訾(貲)'죄로 고발하겠다고 위협했다. 이에 𡟰가 소유한 '市布肆一·舍客室一'를 요구했다. 𡟰는 두려움 끝에 肆와 室을 識에게 주었고 '爲建等折棄券, 弗責'했다. 그리고 스스로 소송하여 식이 그녀를 위협한 일을 고발했다. 여기서 주의할 점은 𡟰이 匿貲로 고발당할 것을 두려워하여, 스스로 권서를

117 『史記』卷75 「孟嘗君列傳」p.2360. 더불어 諸祖耿 匯考, 『戰國策集注匯考』(南京: 鳳凰出版社, 2008), pp.591-593 참조.

118 『後漢書』卷32 「樊宏列傳」, p.1119. 더불어 吳樹平 校注, 『東觀漢記校注』, p.449 참조.

잘라 채권을 포기했다는 것이다. 建·昌·積·喜와 遺 5인의 진술은 그 사실을 더욱 명료하게 전했다.

> 建·昌·積·喜·遺曰: 故爲沛舍人. 【沛】織(貸)建等錢, 以市販, 共分贏. 市折, 建負七百, 昌三萬三千, 積六千六百, 喜二萬二千, 遺六千. 券責建等, 建等未賞(償). 識欲告㛪, 㛪即折券, 不責建. 它如㛪.[119]

沛는 㛪의 사망한 남편이다. 안례에서는 建·昌·積·喜·遺 5인의 채무 권서를 기록했는데, 이것이 㛪가 匿貲한 증거가 되었고, 㛪은 識으로부터 위협을 받은 후 곧바로 권서를 꺾어 채권인이 아님을 보였다.

권서는 대차의 증명을 위해 사용되는데, 이는 금전 채무에만 적용되는 것은 아니다. 만약 어떤 사람이 관부로부터 물품을 빌리면 '券'으로 증명할 필요가 있었다. 『管子·山國軌』에는 다음과 같은 기록이 있다.

> 桓公曰: "何謂四務?" 管子對曰: "泰春, 民之且所用者, 君已廪之矣. 泰夏, 民之且所用者, 君已廪之矣. 泰秋, 民之且所用者, 君已廪之矣. 泰冬, 民之且所用者, 君已廪之矣. 泰春功布日, 春縑衣, 夏單衣, 捍寵纍箕勝籯屑, 若干日之功, 用人若干. 無貲之家, 皆假之械器勝籯屑公衣, 功已而歸公, 衣折券.[120]

119 朱漢民·陳松長 主編, 『嶽麓書院藏秦簡(叁)』(上海: 上海辭書出版社, 2013), p.158. 더불어 Ulrich Lau and Thies Staack, Legal Practice in the Formative Stages of the Chinese Empire: An Annotated Translation of the Exemplary Qin Criminal Cases from the Yuelu Academy Collection (Leiden: Brill, 2016), p.202 참조.

120 黎翔鳳 撰, 梁運華 整理, 『管子校注』(北京: 中華書局, 2004), p.1291. 그 외 同書 p.1293 豬飼彥博을 인용하여 말하길, "'衣'字衍. 言民功既畢, 而器械之屬皆歸之於

故力出於民, 而用出於上. 春十日不害耕事, 夏十日不害芸事, 秋十日不害斂實, 冬二十日不害除田. 此之謂時作." 桓公曰: "善."

재산이 없는 가정에게 공공 기물을 빌려주고, 작업이 완료되면 관부에 기계를 반환하고 물품을 빌린 증서는 절단했다. 『이년율령 · 도율』에는 그 제도를 인증하는 조문이 있다.

諸有叚(假)於縣道官, 事已, 叚(假)當歸。弗歸, 盈廿日, 以私自假律論。……其假已前入它官及在縣道官, 非【私挾】之也, 叚(假)券雖未除, 不用此律。[121]

물품을 빌린 권은 빌린 물품이 반환된 뒤에는 제거되었다. 그러나 만약 물품을 빌린 사람이 빌린 곳이 아닌 다른 관부 혹은 소속한 縣道에 빌린 물품을 반환했고 또 그 물품이 사적으로 휴대한 것이 아니라면, 비록 물품의 권서가 아직 제거되지 않았다 하더라도 "私自假物律"에 따라 논처하지 않는다. 대여 권을 없애는 방식은 불태우거나 절단하는 등의 방식에서 벗어나지 않았을 것이다. 전세문헌에서는 권서를 언급할 때, 여러 차례 매매나 대여에 쓰인다는 것을 강조한다. 그러나 거연 · 돈황한간 및 근년에 공표된 이야진간 등의 출토자료를 통해 볼 때, 권서는 금전 · 곡물 · 의물 · 고용 · 대여 · 매매 등 여러 상황에서 응용될 수 있었다. 이야 · 거연 · 돈황 등지는 옛 관서의 소재지에 속하기 때문에 곡물 · 의물 등 출입에 대한 권서의 수량은 매매와 대여만큼이나 많다. 일본학자 모미야마 아키라는 일찍이 이러한 권서의 서사 내용과 간 측면의 각

公, 折毀其券也." 라고 하였는데, 그 뜻에 부합한다.

121 "【私挾】之也, 叚(假)券雖未除, 不用此律"은 출토 번호 C63인데, 원래 整理本에는 수록되지 않았다가 후에 彭浩 · 陳偉 · 工藤元男 등이 「盜律」簡78 뒤에 편성했다. 『二年律令與奏讞書』, p.326.

치를 세밀히 조사하여, 서로 다른 형상의 각치는 일관되게 어느 숫자를 대표하고, 어떤 권서의 모든 각치가 대표하는 총수는 서사된 기록과 일치함을 발견했다.[122]

2012년에 모미야마는 이야진간의 정리자 張春龍 및 大川俊隆, 胡平生과 연합하여 이야1호정 제8층에서 출토된 110여 매의 刻齒簡을 조사하였고, 또 다른 중요한 특징 하나를 발견했다.

이번에 조사한 제8층 출토 校券은 보존이 온전한 것이 15건이었고, 그 나머지는 모두 殘簡이었다. 잘리고 갈라진 곳의 상태를 보면, 분명히 자연적 부식 혹은 풍화에 의한 것이 아니라 인위적인 외력을 가한 결과인 것을 알 수 있다. 예를 들어 8-7, 8-926, 8-1241, 8-1600, 8-1795호 등은 이러한 특징이 더욱 두드러진다. 우물 안의 환경은 고정적이라, 간독은 폐기 후에 다시 훼손될 수는 없다. 다수의 교권은 폐기가 확정된 후 의도적으로 훼손이 진행된 것이다. 교권만 그런 것이 아니라, 기타 내용의 간독 역시 모두 이러했다. 그런데, 간독을 절단하는 이러한 행위는 서사와 기록의 기능을 상실시키기 위해 가하는 조치이다. 그것이 폐기가 결정된 이후 어느 단계에서 채택된 행위인지는 현재의 자료만을 가지고 판단하기는 어렵다.[123]

고의로 절단하는 것 외에, 일부 권서에는 불에 탄 흔적도 있다(**그림 8**). 이러한 고의 훼손 행위는 이상에서 예로 든 채무 혹은 물품 대여 관계의 해

그림 8　8-1537호의 불에 탄 흔적[124]

122　籾山明, 『秦漢出土文字史料の研究-形態 · 制度 · 社会-』(東京: 創文社, 2015), pp.17-61. 더불어 張俊民, 「懸泉漢簡刻齒文書概說」, 氏著, 『敦煌懸泉置出土文書研究』(蘭州: 甘肅教育出版社, 2015), pp.389-409.

123　張春龍 · 籾山明 · 大川俊隆, 「里耶秦簡刻齒簡研究」, pp.55-56.

124　張春龍 · 籾山明 · 大川俊隆, 「里耶秦簡刻齒簡研究——兼論岳麓秦簡《數》中的未解讀簡」, 『文物』, 2015-3, p.60, 圖4으로부터 轉載.

소 혹은 완료를 위해 권을 꺾거나 불태우는 행위와 일치하는데, 그것은 증명서의 기능을 상실시키기 위한 것이다. 만약 정리자가 나머지 각 층에서 출토된 권서에도 유사한 현상이 발견되는지를 자세히 조사한다면, 이야 1호정의 다수의 권서가 권을 지닌 쌍방(혹은 여러 방) 관계의 해소 혹은 완료로 인해 소거와 폐기를 했음을 증명할 수 있을 것이다. 그것들이 1호정에 폐기된 것은 단순히 秦末 전란에 따라 버려졌다는 각도로만 해석할 수는 없다(적어도 기타 유형의 간독의 절단 혹은 파손 역시 서사 내용과 절단 방식을 단서로 그 원인을 추적할 수 있다)[125] 사실, 刻齒가 있는 권서를 경제활동에 사용하고 절단 혹은 소각하여 쌍방(혹은 다수)의 관계를 해소 혹은 완료하는 행위는 세계사 범위에서 상당히 보편적으로 나타나며 다양한 기원을 지닌다.[126] 위에서

---

125 葉山(Robin D. S. Yates)은 일찍이 里耶秦簡이 우물 중에 폐기된 까닭이 진말의 전란 때 해당 지역 거주민이 난을 틈타 관부 중의 채무 문서를 우물에 던져 없앴을 것이라 추론한 바 있다. 그러나 그는 그것이 초보적인 추측에 불과하다는 것 또한 인정했다. 그 외, 姚磊는 이야에서 출토된 '檢'에도 고의로 파괴한 정황이 있음을 지적했다. 郭偉濤는 이야간이 우물에 들어가기 전에 이미 당안의 지위를 상실해 쓰레기와 다름없게 되었다고 말했다. Robin D. S. Yates, "The Qin Slips and Boards From Well No. 1, Liye, Hunan: A Brief Introduction to the Qin Qianling County Archives," Early China 35 (2013), p.329; 姚磊, 「《里耶秦簡[壹]》所見「檢」初探」, 簡帛網(http://www.bsm.org.cn/show_article.php?id=2407, 2015.12.28, 2021.05.11; 郭偉濤, 「論古井簡的棄置與性質」, pp.32-38 참조.

126 엄대에 각치를 새겨 기록하거나 소통하는 방식은 구석기 시대 말기까지 거슬러 올라가고, 짝을 이루는 각치권은 또한 페르시아의 아케메네스 왕조에서도 볼 수 있다. Wouter F. M. Henkelman and Margaretha L. Folmer, "Your Tally is Full! On Wooden Credit Records in and after the Achaemenid Empire," in Silver, Money and Credit: A Tribute to Robartus J. van der Spek on the Occasion of His 65th Birthday, edited by Kristin Kleber and Reinhard Pirngru-

언급한 19세기 영국 국고의 엄대도 모두 각치를 새겼는데, 그 기능 또한 진한 권서와 기본적으로 일치한다. 채무 사항을 정리할 때 엄대는 절단되는 경우가 많았는데, 유사한 행위가 19세기 상반기 유럽에 이르기까지 보편적으로 행해졌음을 보여준다.[127]

VII 餘論: 廢棄簡牘 연구

이상, 전세문헌·출토간독과 고고자료 및 비교사 자료를 결합하여 여러 간독시대 문자 소거 혹은 폐기의 맥락을 정리했다. 분명 충분하다고 할 정도까지 달성하지는 못했다. 역사상 필연적으로 각종 원인에 따른 문자 소거 혹은 폐기는 있어왔고 그 도태 과정 중 운 좋게 오늘날까지 남겨진 것은 빙산의 일각에 불과하다. 본문은 단지 고대 문자의 傳世와 도태에 대해 새로운 시각에서 사고함으로써 근년에 출토된 폐기 간독의 특징을 검토하고자 했다. 대부분의 학자들은 고대의 텍스트 세계가 오늘날 역사지식 구조에 영향을 끼쳤다는데 동의하며, 간독·백서의 대량 출토는 우리의 고대에 대한 인식을 새롭게 하는 계기가 되었다. 그러나 소수의 학자들은 수량이 가장 많은 폐기 간독의

---

ber (Leiden: Nederlands Instituut voor het Nabije Oosten, 2016), pp.133-239 참조.

127 엄대가 절단되지 않고 다시 병합되면, 영구 기록의 작용을 한다. Baxter, "Early Accounting," p.50: "At settlement, the creditor would often hand over his stock to the payer. The latter could then break both stock and foil, or keep them spliced together as a permanent record."

생산과정, 즉 그것이 어떻게 (또는 왜) 고대인에 의해 도태되고 소거 혹은 폐기되어 최종적으로 현대인에 의해 새롭게 발굴되었는지를 추적한다.

왜 도태되었던 간독의 일부가 오늘날까지 보존될 수 있었고, 나머지는 그렇지 않게 되었는가? 고고 발견의 우연성 외에도 기타 주목할 가치가 있는 요소들이 있다. 만약 모든 과정에 대해 잘 파악이 되어 있지 않다면, 우리는 폐기 간독의 장점과 한계를 충분히 알 수 없을 것이다. 사실, 우리가 오늘날 고고발견을 통해 보는 새로운 자료는 옛날 의식적으로 후세에 전하고자 한 자료와 정확히 상반된다. 유사한 상황은 본문에서 여러 차례 강조했고, 세계사 범위 내에서도 결코 적지 않다. 이러한 연구 시각은 오늘날 크게 개척되고 있는 공간으로, 본문은 포전인옥(抛磚引玉)의 견해로서 더욱 많은 학자들의 주의를 끌고자 했다. 마지막으로, 몇 가지 초보적 인식을 보충하고자 한다.

첫째, 과거 사람들은 자주 정치 선전 혹은 기타의 생각에 따라 중국 역사상 수차례의 문자 소거 혹은 폐기(예를 들어 시황의 분서)를 특별히 강조했다.[128] 그러나 엔노 지엘레의 지적처럼, 일상적으로 문자 소거는 매일 일어나는 일이다.[129] 업무·생활과 오락 중, 얼마나 많은 문자 소거 혹은 폐기가 발생하는가? 일상성(정기 혹은 비정기) 소거 혹은 폐기 문서와 서적의 총량은 문자 혹은 그 매체(竹·木·帛 혹은 초기의 종이)의 총량으로 보면 역사상 수차례의 대규모 분서, 내지 천재와 전란이 초래한 훼손에 필적할 것이다. 게다가, 의식형태 혹은 종교 신앙에 의한 대규모 문자 소거 혹은 폐기는 극단적으로 특정적이지만(예를 들어 시황의 분서는 『詩』·『書』·百家語를 특정했고, 太

128 이는 서양사에서도 그러했다. 유명한 사례로서 이집트 프톨레마이오스 왕조의 알렉산드리아 도서관 파괴가 있다. Roger S. Bagnall, "Alexandria: Library of Dreams," Proceedings of the American Philosophical Society 146.4 (2002): pp.348-362 참조.

129 Giele, "Von Autodafé bis Rasur," pp.180-185.

武는 滅佛을 위해 불경을 특정했다), 일상적 소거 혹은 폐기 문자는 종류가 더 다원적이다. 예를 들어 우리는 과거 居延·敦煌 등 변경 출토 간독을 연구할 때에 그 군사행정의 성격을 강조하였지만, 이 지역에서는 典籍과 실용 서적 및 서신 또한 적지 않게 발견되었다. 변경은 한제국 서북 변방 요지 외에도 재지 거주민, 관리, 수졸 및 그 가속에게 있어 생활 지역이기도 했다. 생활 폐기물의 각도에서 고려하면, 이 지역에서 군사행정 이외의 문자자료가 출토된 것은 이상하지 않은 일이다.[130] 이들 자료를 연구할 때 더 이상 군사행정의 시각에 국한되지 않는 새로운 확장이 가능할 것이다.

둘째, 고대인이 폐기 혹은 소거한 간독은 문자(text)와 물질(material)의 두 가지 층위를 지니고 있다. 모든 문자는 매체가 있고, 지금이 과학 발전

130 邢義田은 基層小吏의 정신 소양 교육으로서 변지 출토의 전적간을 해석했다. Charles Sanft는 이에 근거해 漢代 文本 문화(textual culture)가 이미 변지 사회로 확작되었고, 그 사회의 인군과 문본의 교집 또한 과거의 인식에 비해 더욱 복잡 다양했을 것이라 추론했다 (邢義田, 「秦漢基層吏員的精神素養與教育 : 從居延牘506.7(《吏》篇)說起(訂補稿)」, 氏著, 『今塵集』, 卷一, pp.141-184; Charles Sanft, Literate Community in Early Imperial China: The Northern Frontier in Han Times (Albany, NY: State University of New York Press, 2019), p.138). 이들은 모두 합리적인 추론이다. 만약 변지와 내군의 인구 이동을 고려하면, 한대의 문본 문화는 수졸 등의 인구 이동에 따라 변지 사회로 침투했을 것이다. 이들 인구 중 엘리트계급도 적지 않았을 것으로 생각된다. 예를 들어 蓋寬饒는 "身爲司隸, 子常步行自戍北邊", 했다고 하는데, 나아가 如淳 주에서는 "雖丞相子亦在戍邊之調"라고 했다(『漢書』卷77 「蓋寬饒傳」, p.3246; 卷7 「昭帝本紀」, p.229 참조). 비록 이런 류의 기록에 어느 정도 과장된 수사가 있긴 하지만, 그 가능성을 완전히 부정할 수는 없다. 이러한 사람들이 가져온 문본들은 전래 후에는 재지사회 문본문화의 일부로 이식되어 초사되고 읽히며 학습되었을 것이다. 잔존한 문본은 기타 유형의 문자 자료와 마찬가지로, 시간이 지남에 따라 최후에는 생활 폐기물이 되었을 것이다.

이 급속히 진행되는 시대임에도 불구하고, 문자는 여전히 컴퓨터 혹은 휴대폰을 매체로 해서 그 기록을 전달하거나 남긴다. 戰國에서 漢·魏에 이르기까지, 문자 매체는 주로 썩기 쉬운(perishable) 죽·목·백 혹은 초기의 종이였고, 그 다음이 비교적 내구성을 갖춘(durable) 金石이었다. 서방의 파피루스학과와 일본의 고문서학 연구는 일찍이 고대문자를 연구할 때에 그 물질성(materiality)을 고려해야 함을 주창한 바 있다.[131] 고대인의 문자 소거 혹은 폐기의 동기를 이해하려면 우선은 그들의 소각 혹은 폐기가 비밀 유지가 필요하거나 혹은 특수한 의의의 문자(예를 들어 封事한 草稿)인지,[132] 아니면 이미 보존 의

131 Bagnall, "Materializing Ancient Documents," pp.79-87 참조. 籾山明 著, 顧其莎 譯, 「日本居延漢簡研究的回顧與展望——以古文書學研究爲中心」, 中國政法大學法律古籍整理研究所 編, 『中國古代法律文獻研究』第9輯(北京: 社會科學文獻出版社, 2015), pp.154-175.

132 또 하나 참고할 수 있는 사례로는 소위 '投書'라고 하는 익명 서신을 들 수 있다. 睡虎地 출토의 「法律答問」에 기재하길, "'有投書, 勿發, 見輒燔之; 能捕者購臣妾二人, 毄(繫)投書者鞫審□□之.' 所謂者, 見書而投者不得, 燔書, 勿發; 投者【得】, 書不燔, 鞫審□□之之謂殹(也)."라고 했다. 胡家草場漢律에서도 이르길, "毋敢以投書言毄(繫)治人. 不從律者, 以鞫獄故不直論.」라고 했는데, 그 뜻은 익명으로 고발하는 것을 금지한다는 것이다. 睡虎地秦墓竹簡整理小組 編, 『睡虎地秦墓竹簡』, p.106; 荊州博物館·武漢大學簡帛研究中心 編著, 『荊州胡家草場西漢簡牘選粹』(北京: 文物出版社, 2021), p.39. 그런데, 漢代에는 관방에 의해 '缿筩'가 설치되기도 했는데, 이는 의도적으로 投書를 이용해 지방 호족에게 타격을 주고자 한 것이었다. 『漢書』卷76 「趙廣漢傳」, p.3200: "又教吏爲缿筩, 及得投書, 削其主名, 而託以爲豪桀大姓子弟所言. 其後彊宗大族家家結爲仇讎, 姦黨散落, 風俗大改." 익명 건의의 예는 중국 역사에서만이 아니라 동아시아 범위에서도 그 흔적이 끊이지 않아, 18세기 일본 또한 투서를 장려하기 위해 설치된 '目安箱'이 있었다. 이를 보건대, 동일 부류의 문서라 하더라도 시대의 환경에 따라 장려되기도 금절되기도 했다. 18세기 일본의 도사번의 '目安箱' 사용 상황 및 그것의 중국 연원 가능성에 대해서는 Luke S. Roberts, "The Petition Box in Eighteenth-Century

의를 상실한 문자인지(예를 들어 기한이 지나거나 실효된 문서)를 구명할 수 있어야 한다. 전자의 폐기 혹은 소거는 문자 자체이지만, 후자는 문자가 그 보존 의의를 상실한 관계로 폐기나 소거는 단지 그 매체, 즉 죽·목독 혹은 백서 자체일 것이다.[133] 그 외, 어떤 간독의 경우 그 물질 층위가 꼭 문자에 의미를 두고 있지는 않은데, 刻齒가 있는 券書가 바로 가장 좋은 예가 될 것이다. 절단 혹은 불에 탄 권서는 더 이상 券齒에 따라 合券하지 않음을 의미하고, 각치가 대표하는 숫자는 실용적 역할을 상실한 것이다. 다음으로 공공 전시(public display)의 기능을 갖춘 문자를 들 수 있다. 이러한 문자는 금석류와 같이 내구성을 갖춘 재료에 많이 기재된다. 후대에 소위 비석을 훼손하거나 폐기하는 등의 행위는 문자의 상징의의(symbolic meaning)의 중요성이 어휘적 의의에 비해 낮지 않음을 보여준다.[134]

셋째, 오늘날 우물 유지에서 출토된 폐기 간독의 수량이 가장 많다.[135]

Tosa," The Journal of Japanese Studies 20.2 (1994): pp.423-458 참조.

133 간독 시대에 소수의 문자의 경우 서사재료를 훼손하지 않은 채 삭제되기도 했다. 예를 들어 초고 위에 바로 붓으로 먹을 칠하는 것을 들 수 있다. 이에 대해 石昇烜 선생이 언급해 주었다. 감사의 말씀을 드린다. 그러나 문자의 수가 많은 경우라면 깎아내고 새로 쓰는 경우가 대부분이었을 것이다. 서사재료를 온전히 상하게 하지 않고 문자를 삭제하는 경우는 전반적으로 볼 때 비교적 소수였을 것이다.

134 후대에 王莽이 재위하며 漢德을 비방하여 비석을 훼손하거나 금지하여 후대의 漢碑는 동한대의 것 위주로 남게 된 예를 들 수 있다(陳櫄, 『負暄野錄』(臺北: 商務印書館據景印文淵閣四庫全書本, 1986)卷上, p.3下). 그 설의 사실 여부는 역대로 많은 의문이 제기되어 왔다. 그러나 공공전시 기능을 가진 문자가 가진 상징의의의 중요성은 어휘 자체의 의의에 못지 않았던 것은 분명하다. Wang Haicheng, Writing and the Ancient State: Early China in Comparative Perspective (New York: Cambridge University Press, 2014), pp.19-52.

135 우물 중에 버려진 간이 완전히 폐기 혹은 소거의 목적으로만 이루어진 것은 아닌데, 소수의 경우 종교 혹은 신앙에 의한 것으로 여겨지기도 한다. 예를 들어 , 尙

그러나 학자들은 다수가 개별 간독이 출토된 우물은 주목하지만, 이러한 폐기 우물이 일반적으로 무리를 지어 출현한다는 사실은 소수만이 주목한다. 오늘날 비교적 많이 주목받는 두 우물은 장사오일광장 부근에서 발견된 전한에서 오나라 때까지의 우물군(그중 尙德街에서 간독이 출토된 9개의 井이 함께 발견되었다. **그림 9** 및 완전한 공표를 기다리는 兔子山 우물군(총 16개의 井이 정리되었고, 11개에서 간독이 출토되었다. **그림 10**이다. 그런데 만약 그들이 무리지어 출현했고 연대가 근접하며 유존된 것이 풍부하다면, 우리는 다음과 같은 질문을 할 수 있다. 왜 간독은 단지 개별의 우물 혹은 구덩이에만 폐기된 것일까? 우물의 분포와 존폐는 옛날 전체 유지의 공간 분포와 어떠한 관련이 있는 것일까? 간독이 출토된 우물 외에도, 간독이 출토되지 않았으나 연대가 분명하고 유존이 풍부한 우물 역시 우리의 시야 내로 포괄해야 할 것이다. 해당 영역의 자료를 더욱 잘 보존할 수 있다면, 관련 조사와 연구는 더욱 편리해질 것이다.

넷째, 과거 수십 년 동안 학자들은 여러 간책의 복원 혹은 잔간의 철합 방법을 발전시켜 왔다(고려된 요소는 상대적 출토위치, 층위, 탐방, 간독 형태와 필적 등이다). 그러나 간독의 소각 흔적이 가진 의미에 대해서는 많이 주목하지 않았다. 간문과 소각 흔적을 결합하면 우리는 일부 간독의 경우 동일한 시간대의 소각 여부를 알 수 있어 그들이 소각되기 전의 상태 및 소각 방법을 탐구할 수 있게 된다. 이하 두 가지 예를 제시하겠다. 첫 번째 예는 1건의 冊書 중 3매의 簡, 이야1호정의 제8층에서 출토된 것이다. 세 간의 내용은 유사하

德街 575호井에서 출토된 두 매(261、262)의 人形木牘은 또 다른 한 매의 木牘(263)과 함께 麻布로 포장되어 단단한 도기 재질의 雙沿罐 속에 저장되어 있었다. 이는 응당 인위적 배치로서, 이를 우물 속에 다시 던져 넣음으로써 모종의 신앙 효과를 달성하고자 했을 것이다. 長沙市文物考古研究所 編, 『長沙尙德街東漢簡牘』(長沙: 嶽麓書社, 2016), p.76.

고 필적도 일치한다. 각각의 기록은 遷陵縣 관할 하의 貳春鄕이 33년(기원전 214년) 정월에 서로 다른 일시에 기록한 作徒의 상황이다. 세 간에는 불에 타고 절단된 흔적이 분명하여**(그림 11)** 소각한 후의 잔여물에 속하므로, 이로써 모든 책서가 동일한 시간에 1호정 내에서 소각되었다고 추론할 수 있다(혹은 소각 후에 井에 버려졌다). 그들은 소각 전에는 함께 편련되어 있었다. 두 번째 예는 4매의 이야 출토 잔간으로, 何有祖는 8-787+8-1327로 철합했고, 石原遼平이 후에 8-780과 8-1161를 추가함으로써 이 간은 더욱 온전한 모습을 갖추게 되었다.[136] 石原遼平의 복원도에 따르면 이 간은 세로로 쪼개진 후에 각각 소각되었고(**그림 12**, 말단의 불에 탄 흔적 참고), 오늘날 남은 것은 불에 탄 후의 잔여이다. 오일광장간의 예**(그림 1)**를 참고하면, 이렇게 쪼갠 후 불에 태우는 소각방법은 상당히 보편적이었을 것이다.[137] 만약 우리가 간독의 소각 흔적에 더 많은 주의를 기울인다면 간독 혹은 간책의 복원, 내지 그들의 소거 혹은 폐기 전의 상태를 구명하는 작업을 더욱 순조롭게 진행할 수 있게 될 것이다.

(번역: 금재원, 경북대학교 인문학술원 HK연구교수)

본문은 邢義田 교수, Thies Staack, 黃浩波, 石昇烜 등 여러 선생님들의 교정을 받았습니다. 이 자리를 빌려 감사의 말씀을 전합니다.

---

136 何有祖, 「里耶秦簡牘綴合(二)」, 簡帛網(http://www.bsm.org.cn/show_article.php?id=1695, 2012.05.14, 2021.06.20); 石原遼平, 「里耶秦簡貳春鄕作徒簿綴合メモ」, 中国古代簡牘の横断領域的研究(http://www.aa.tufs.ac.jp/users/Ejina/note/note18(Ishihara).html, 2016.10.06., 2021.06.20).

137 日本木簡의 소거 방식은 이와 비교해볼 수 있다. 平川南, 「研究古代日本出土文字資料的新視角」, pp.110-114.

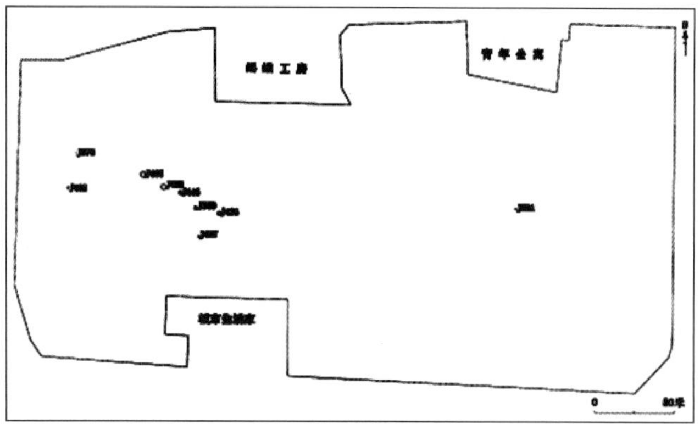

그림 9　尚德街出土簡牘古井位置分布圖[138]

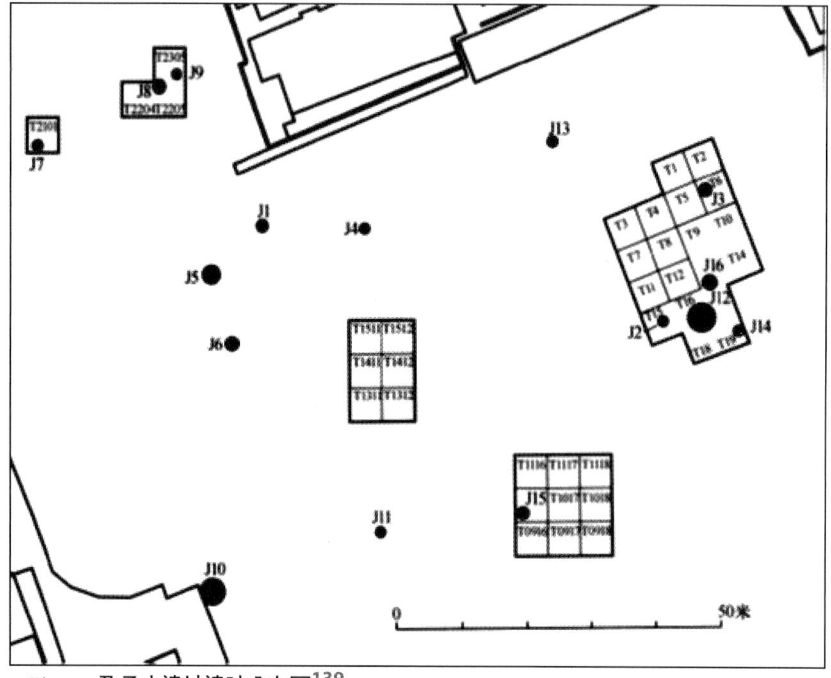

그림 10　兔子山遺址遺跡分布圖[139]

138　長沙市文物考古研究所 編,『長沙尚德街東漢簡牘』, p.9, 圖3으로부터 轉載.

139　湖南省文物考古研究所 · 益陽市文物管理處,「湖南益陽兔子山遺址九號井發掘報告」,『湖南考古輯刊』第12集(北京: 科學出版社, 2016), p.130, 圖3.

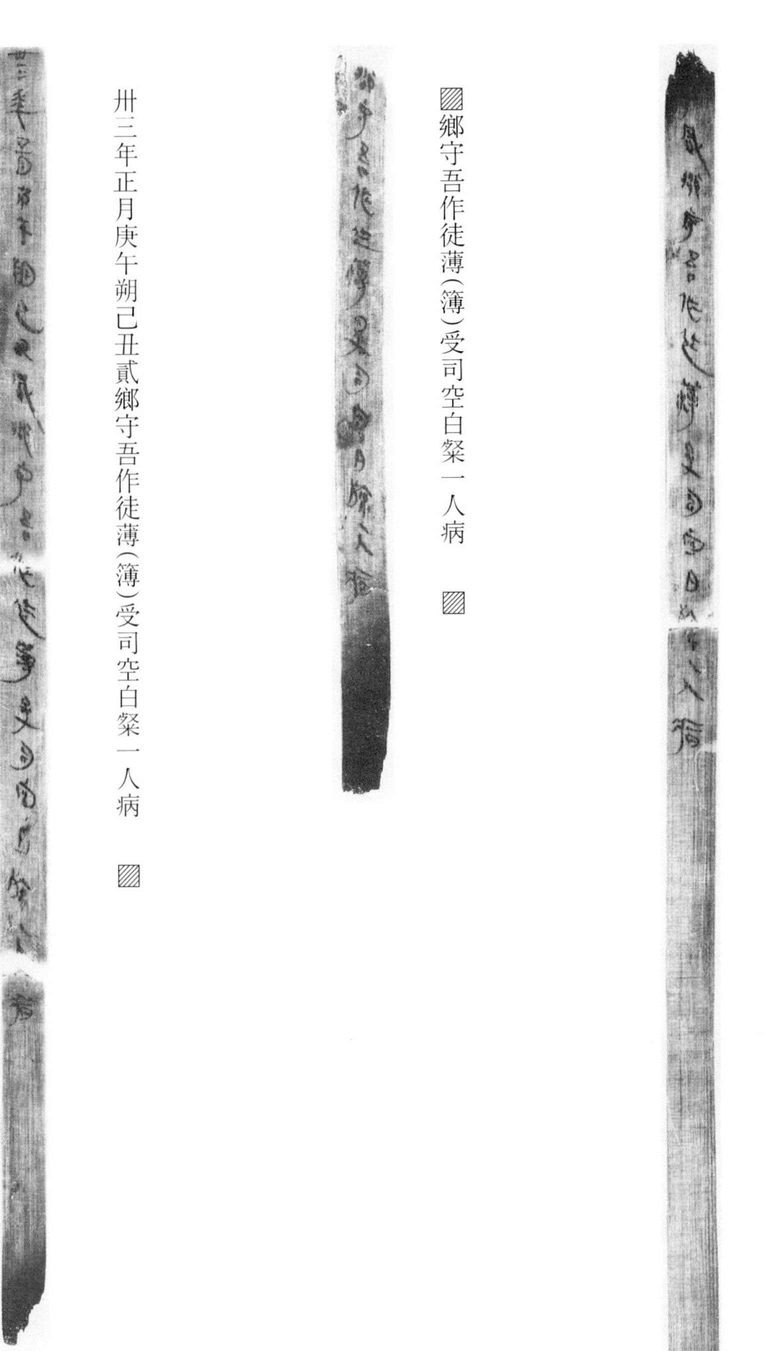

그림 11 **里耶1號井 출토 불에 탄 3매의 殘簡**

그림 12 **石原遼平이 철합한 里耶秦簡**8-787+8-780+8-1161+8-1327
검은 색 화살표는 화살표 칼로 쪼갠 위치

#11

부여 관북리 유적 연못 출토 목간과 목제품의 폐기양상

●

이상일
(충남대 백제연구소 연구원)

Ⅰ 머리말

부여 관북리 유적은 1982년 충남대학교 박물관의 발굴조사를 시작으로 도로와 축대, 공방폐기지, 저장시설과 곳간시설, 성토대지와 상수도시설이 확인되었다. 특히 익산 왕궁리 유적의 대형전각 건물과 비슷한 규모의 건물이 관북리 유적에서도 확인되어 왕궁으로서의 가능성이 크게 부각되었다. 특히 목간이 출토된 점이 주목되는데, 1983년 충남대학교 박물관에 의해 조사된 '가'지구 연못 내부 퇴적토에서 최초로 확인되었으며 이후 2003년 국립부여문화재연구소의 재조사를 통해서도 추가로 확인되었다.

최근 충남대학교 박물관의 소장유물 정리를 통해 1982~1983년 발굴조사 과정에서 1985년 발간된 보고서에 수록된 유물뿐 아니라 출토된 유물 전량이 수습됨을 확인하였다. 개별 유물 모두 층위가 명확히 구분·기록되어 있으며 기와 및 토기류 외에도 목제품, 공방폐기물, 뼈, 씨앗, 토양, 점토 등 다양한 자료 또한 확인되었다. 특히 목간과 유사한 형태를 띠는 목제품 133건 206점에 대한 적외선 촬영 결과, 2점에서 묵서가 확인되었다. 80년대 자연유물의 보존처리기술이 빈약하여 건조과정에 많은 변형이 발생하였으며 묵서 또한 현재 상당량 소실되었음에도 목간이 확인된 점은 연못 내부에 다수의 목간이 존재했었을 것이란 추정을 가능하게 하였다.[1]

이에 이 글에서는 기존 보고서에서 다루어지지 못한 목간의 폐기양상에 대해 연못의 층위와 공반유물을 토대로 추정해보려 한다. 목간의 폐기방식에 대한 중요성[2]과 목간의 출토 층위와 동반된 유물에 대한 중요성, 목간의 폐기 위치와 이유에 대한 연구 필요성[3]을 고려하면 기존 보고된 목간과 새로 확인된 목간, 그리고 연못 내부에 퇴적된 다수의 유물을 통해 그 폐기양상을 파악하는 것은 중요한 의미를 가질 것이다.

---

1 이 글은 『나무에서 종이로 서사매체의 변화와 고대 동아시아』,(경북대학교 인문학술원 HK+사업단, 2021) 학술대회에서 필자가 발표한 「부여 관북리목간의 폐기 및 재활용 양상」의 자료를 바탕으로 하였다. 이후 발간될 충남대학교 박물관의 보고서에서 추가적인 자료의 성실한 보고와 출토양상에 대한 충실한 해석을 바란다.

2 윤선태, 「백제목간의 연구현황과 전망」, 『백제문화』49(공주대학교 백제문화연구소, 2013), p.265.

3 국립창원문화재연구소, 『韓國의 古代木簡』(국립창원문화재연구소, 2006), p.22.

II ‘가’지구 연못의 현황

1. 부여 관북리 유적의 조사

부여 관북리 유적은 1978년 국립부여박물관(현 부여군 사비도성 가상체험관) 앞 건물 신축 공사 중 백제시대 배수로로 추정되는 유구가 노출됨으로서 알려지게 되었다. 이후 충남대학교 박물관에 의해 1982년부터 ‘백제사적개발계획’의 일환으로 백제 궁궐터 탐색을 목적으로 발굴조사가 시작되었다.

1982년~1992년까지는 충남대학교 박물관에 의해 관북리 유적의 동편부가 조사되었다. 1982~1983년의 조사는 현 ‘가’지구에 대해서 실시되었으며 백제 사비기의 연못, 성토지대 등이 확인되었다. 특히 1983년 연못 내부 퇴적층을 걷어내며 연화문 막새와 다량의 기와와 토기편, 개원통보 등 다량의 백제유물이 출토되었다. 이후 1987년 조사가 재개되어 도로와 그에 연관된 배수로가 확인되며 사비도성의 도시 구조와 공간구획을 이해할 수 있었다. 1988~1989년은 부소산 기슭인 E·F지구의 조사를 통해 평탄지대의 경계를 이루고 있는 사비기 축대 및 배수로와 함께 남단에서 기단석이나 기와를 두른 건물지 4기를 확인하였다. 1990년에는 백제 남북대로 좌우의 배수로, 1992년에는 백제 주거지 및 가마터 그리고 가마에서 나온 폐기물을 버린 구덩이 등을 확인하였다.

이후, 2001년 국가사적 지정과 더불어 국립부여문화재연구소에 의해 2008년까지 연차적인 조사가 진행되었다. 2001~2002년 백제시대 석축 연못 서쪽 ‘가’지구와 남북대로 동쪽 지역 ‘나’지구를 대상으로 하여 주거지, 기단석, 주공열이 확인되었다. 2003년에는 충남대학교 박물관이 조사한 석축 연못에 대한 전면적 추가조사가 실시되었으며, ‘나’지구에서는 공방시설단지를 확인하였다. 2004년은 ‘다’ 지구의 지하목곽곳간에 대한 추가조사와 함께 ‘라’ 지구에서 대형전각건물지이 확인된 점이 주목된다. ‘마’지구의 경우 2005년

표 1　부여 관북리 유적 발굴조사 현황

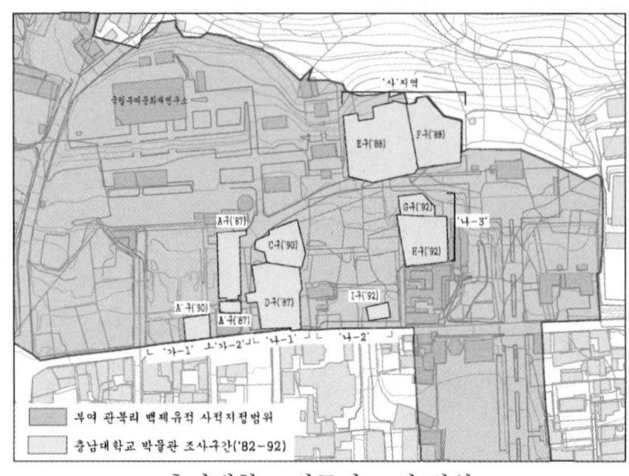

충남대학교 박물관 조사 범위

국립부여문화재연구소 조사 범위

회차	조사연도	조사지구	주요 조사내용	
			백제	통일신라~조선
1	1982	'가-2'	연못, 기단석 등	-
2	1983	'가-2'	연못, 기단석 등	조선 우물, 배수로, 시단 등
3	1987	A · D	남북-동서도로, 배수로 등	조선 축대, 배수로, 고려 초석 등
4	1988	E	부소산 축대, 샘터, 배수로, 건물지, 남북소로 등	기단석, 우물지 등
5	1989	F		
6	1990	C	남북대로 등	적심석, 주공, 조선 축대, 배수로 등
7	1992	G · H · I구	동서소로, 가마, 주거지 등	통일신라 적심석, 배수로, 주공, 고려 가마 등
8	2001~2002	'가' · '나'	주거지, 기단석, 일렬 주공 등	건물지, 배수로, 축대, 우물 등
9	2003	'가' · '나' · '다'	연못, 공방시설, 지하저장고 등	건물지, 우물, 공방지, 담장 등
10	2004	'가' · '나' · '다'	저장시설, 대형전각건물터 등	기와가마, 매납유구, 건물지 등
11	2005~2006	'라' · '마'	상수도 시설, 도로, 저장시설 등	통일신라 도랑, 폐기장, 고려우물 등
12	2007	'마'	우물, 석축시설 등	-
13	2008	'바'	매축대지, 담장, 기와수로 등	호안석축, 자연수로, 우물 등

'가·다' 지구 전경

'라·마' 지구 전경

'바' 지구 전경

'라' 지구 대형 전각건물지

그림 1 **부여 관북리 유적 전경 및 전각건물지**
국립부여문화재연구소 2009a; 2009b

과 2006년 목곽수조와 도수관로로 이루어진 백제 상수도시설의 전모가 확인되었으며, 이밖에 도로, 각종 저장시설도 조사되었다. 2007년에는 우물 2기와 함께 석렬, 와열유구를 확인하며 서편일대의 성격과 양상을 구체적으로 알 수 있었다. 2008년 발굴조사를 통해서는 백제시대 및 나말여초 문화층이 확인되었으며, 저습지를 매립하여 조성한 매축대지와 함께 당장, 축대 등 대지조성의 북쪽 한계로 추정되는 시설들이 조사되었다.

지금까지 실시된 13차례의 발굴조사 성과를 종합하면 크게 공방 등 생산시설, 저장시설이 중심이 된 시기와 이후 성토대지 조성을 대대적으로 실시한 후 도로와 부속건물을 축조하고 기와기단건물, 연못, 대형의 전각건물을 세운 시기로 나누어짐이 확인되었다. 이러한 성토대지 공사는 6세기 후엽 대대적으로 이루어진 것으로 보이는데, 공방시설이나 창고시설이 폐기되고 정연한 배치의 도로와 건물로 대체되는 양상은 왕궁 중심권역의 확장 또는 이동과 관련될 것으로 추정되었다.[4] 현재에도 관북리 및 인접한 쌍북리 일대에 대한 조사가 지속적으로 실시되고 있어, 앞으로 백제 왕궁과 관련된 다양한 유적이 확인될 가능성은 크다.

2. 연못의 조사와 현황

관북리 유적 '가'지구에 위치한 연못은 1983년 충남대학교 박물관에 의해 동쪽 부분에 대한 내부조사가 이루어졌고, 2002~2003년 국립부여문화재연구소에 의해 나머지 서쪽 지역에 대한 조사가 이루어짐으로서 그 전모를 파악할 수 있었다. 충남대학교 박물관의 조사에서 주목되는 점은 관북리 유적의 첫 조사임에도 불구하고 당시 윤무병 선생 외 발굴단들이 매우 충실한 조사와 기록을 실시했다는 것이다. 탐색조사를 통해 파악된 층위를 바탕으로 연못 내부를 구역으로 나누어 층위별 하강조사와 유물수습을 진행하였는데, 수습과 동시에 개별 유물의 기록과 정리가 실시되었으며 토기와 기와 외에 목편, 골편, 토양, 공방폐기물 등 다양한 성격의 유물 또한 함께 전량 수습되었다. 이

4 국립부여문화재연구소, 『扶餘 官北里百濟遺蹟 發掘報告Ⅲ-2001~2007年 調査區域 百濟遺蹟篇-』(국립부여문화재연구소, 2009), p.249.

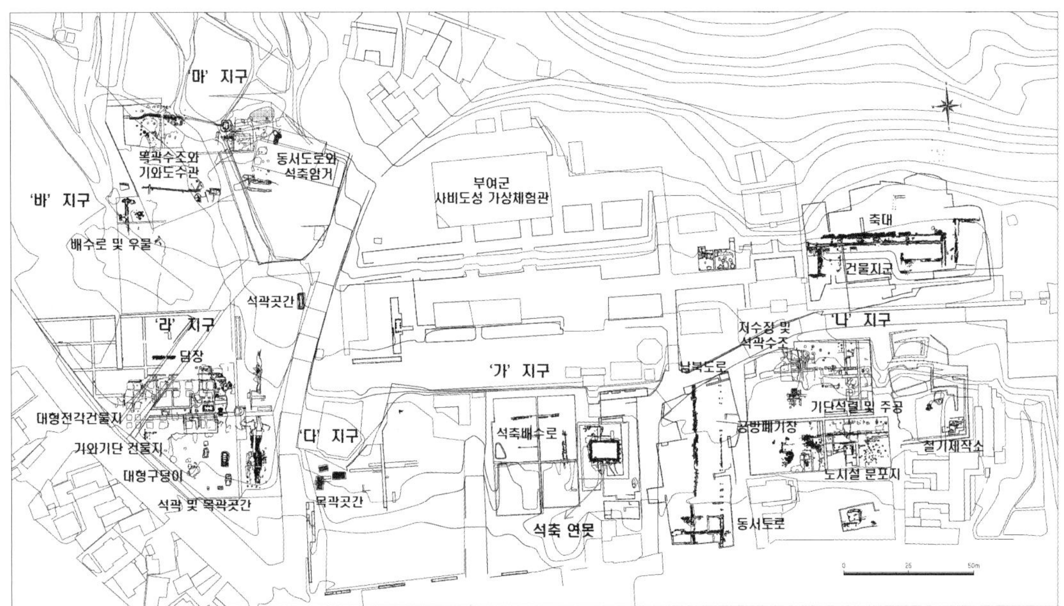

그림 2 '가'지구 연못의 위치
국립부여문화재연구소 2009a 재편집

에 1985년 발간된 『扶餘官北里百濟遺蹟發掘報告(Ⅰ)』[5]에 수록된 자료 외에도 수장고 유물정리 과정에서 새롭게 많은 양이 확인되었으며, 신규 목간 2점과 다양한 유물자료가 확인되어 앞으로 추가적인 연구를 가능하게 하였다.

이후 부여문화재연구소의 추가조사를 통해 연못의 전체 양상이 파악될 수 있었는데, 연못의 내부 크기는 동서 길이 10.6m, 남북 폭 6.2m, 잔존 깊이 1~1.2m로 확인되었다. 남북 중심 축선은 진북방향과 거의 일치하는데, '가'지구 내의 배수로 석렬과 연못 주변의 기단석렬, 동편의 남북대로 암거와도 방향이 모두 일치한다. 연못의 석벽은 2차례에 걸쳐 축조되었다. 먼저 괴석이나 판석을 이용하여 초축 연못을 먼저 구축한 후, 내부에 토사가 침전되어 깊이

5 尹武炳, 『扶餘官北里百濟遺蹟發掘報告(Ⅰ)』(忠南大學校博物館·忠淸南道廳, 1985).

발굴 전 광경 연못 상부 노출 상태

구역별로 층위에 따라 하강 제토

유물과 석재의 노출 상태 유물의 세척과 수습

발굴 당시 층위 구분

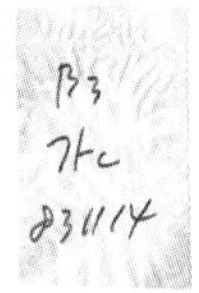

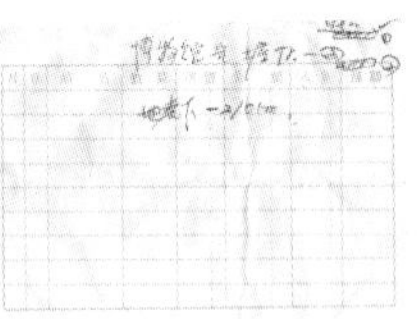

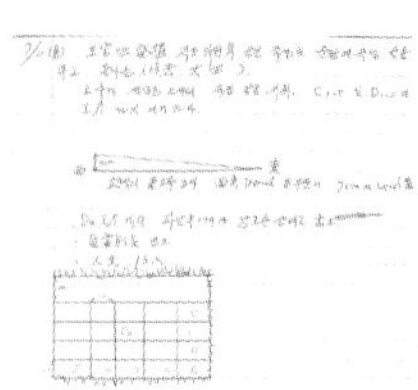

발굴 당시 유물 수습 기록 발굴조사 야장

그림 3 **1983년 연못 조사 관련 기록**

가 얕아지게 됨에 따라 다시 한번 그 위로 괴석 일부와 잔돌을 활용하여 보축 연못을 조성하였다. 초축 연못은 대충 다듬은 괴석이나 판석 형태의 석재를 4~6단 쌓아 올리면서 구축하였는데, 하부는 축조방식이 매우 엉성한 모습을 띠어, 아마도 수면 위에 노출되었을 상부 1~2단만 상대적으로 더 크고 육면체에 가까운 형태의 괴석들을 활용하였다.

연못 석벽의 최하 석단은 연못의 바닥보다 다소 높게 되어 있다. 특히 남벽과 동벽에서 이러한 특징들은 더 두드러지는데, 이는 연못이 기존에 존재하던 인공 웅덩이의 중앙부를 파내거나 정지하는 한편 석축 부분은 부분적으로 메우면서 만들어졌음을 알게 해준다.

연못 하부 석벽의 구축과 함께 가장자리에는 석벽과 나란하게 나무기둥을 일렬로 심어서 어떤 구조물을 만든 것이 확인되었다. 동-서 7개, 남-북 6개가 확인되었는데, 170cm 간격을 두고 배치되었다. 대부분 썩은 흔적만 남아있으나, 일부는 주공만 남은 경우와 기둥의 밑동이 썩지 않고 남은 예도 있다. 이 시설은 연못의 4면 주위 모두에 존재했을 것으로 생각되는데, 축조와 함께 시설하였다가 보축 연못 시점에서 나무기둥은 일부로 뽑아내거나 부러뜨렸던 것이라 판단된다.

연못의 북쪽에는 연못과 공존하였던 몇 개의 시설이 있는데, 초축 연못 단계에 활용된 하단 석렬과 방형 우물, 보축 연못 단계에 활용된 상단 석렬과 원형유물, 기와 도수관로로 구분된다. 우물의 경우 사면 위쪽에서 흘러드는 물을 가두어두는 집수 시설의 성격을 가진 것으로 추정된다. 초기에는 부여지역의 지질 특성상 연못 기저부로부터 지하수가 용출되어 나왔을 것이지만, 보축 연못 단계에서는 연못 내 하부에 퇴적이 진행되면서 지하수 용출이 더이상 계속되기 어려워 이에따라 별도의 수원 공급시설이 필요하게 되었던 것으로 추정되었다.[6]

---

6 국립부여문화재연구소, 앞의 책, 2009a, pp.85-88.

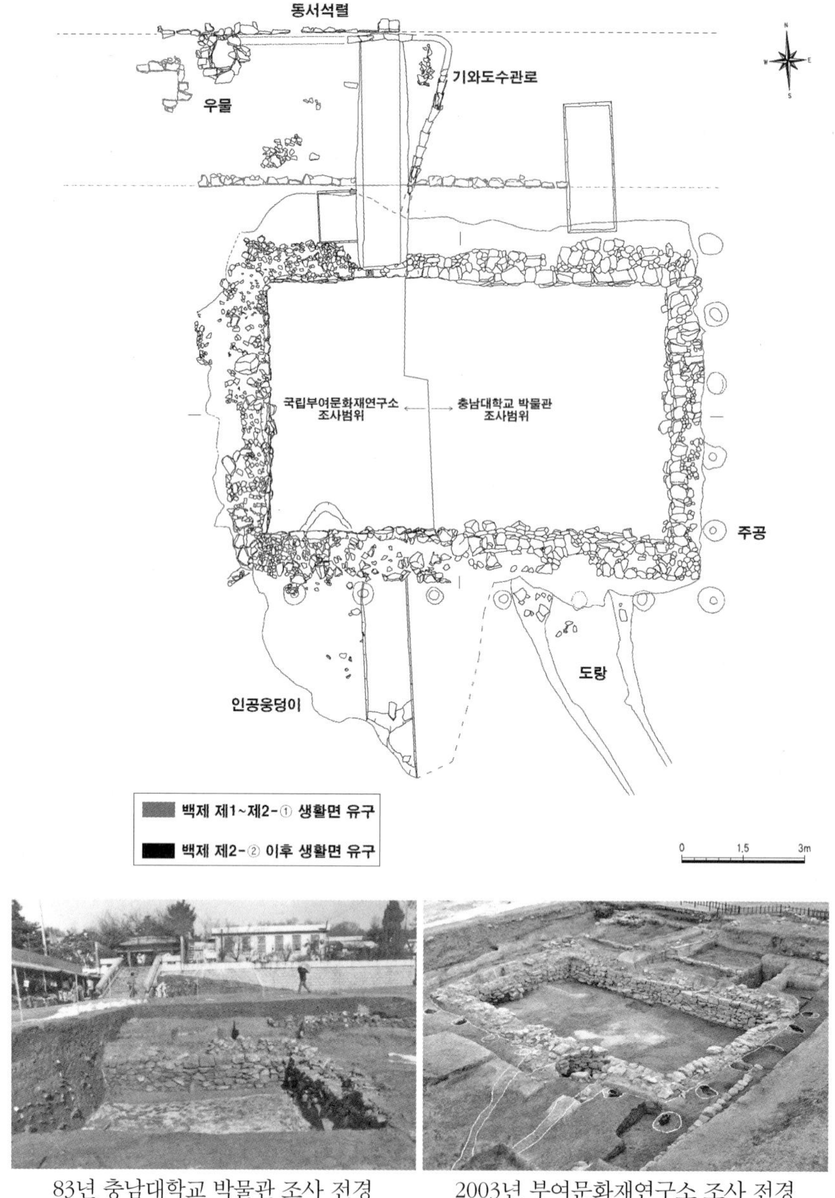

83년 충남대학교 박물관 조사 전경 　 2003년 부여문화재연구소 조사 전경

그림 4 **'가'지구 석축 연못 평면도 및 전경**
국립부여문화재연구소 2009a 재편집

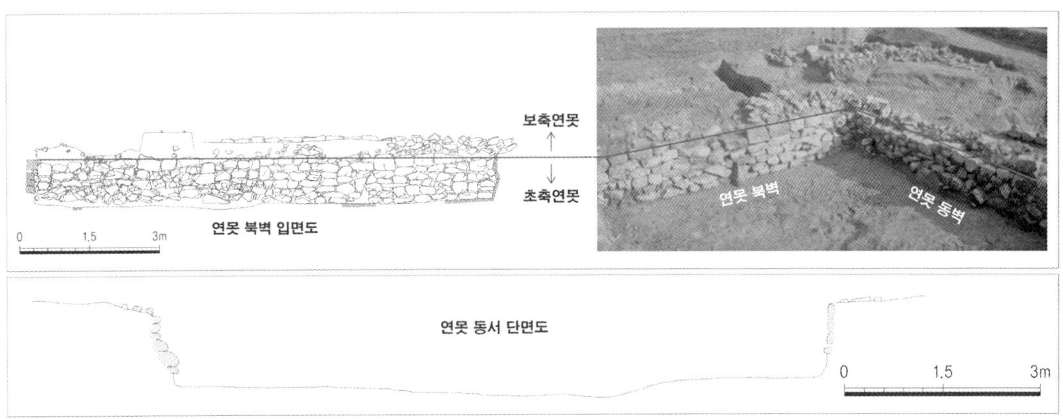

그림 5 **'가'지구 석축 연못 입면도 및 단면도**
국립부여문화재연구소 2009a 재편집

III 연못 출토 목간과 목제품

연못에서 출토된 유물 중 주목되는 점은 충남대학교 박물관과 국립부여문화재연구소의 조사와 발굴조사보고서 발간을 통해 목간 9점이 보고된 것이다**(그림 6)**.[7] 또한, 충남대학교 박물관의 유물정리과정에서 확인된 1983년 연못 내부 출토품 중, 목간과 유사한 형태를 띠는 목제품 133건 206점에 대한 적외선 촬영을 통해 추가로 2점에서 묵서를 확인할 수 있었다**(그림 7)**.

7 『扶餘 官北里百濟遺蹟 發掘報告Ⅲ-2001~2007年 調査區域 百濟遺蹟篇-』(국립부여문화재연구소, 2009)에서는 목간형 목제품으로 보고되었으나, 『韓國의 古代木簡』(국립창원문화재연구소, 2006)에서 목간으로 분류한 종류를 포함하였다.

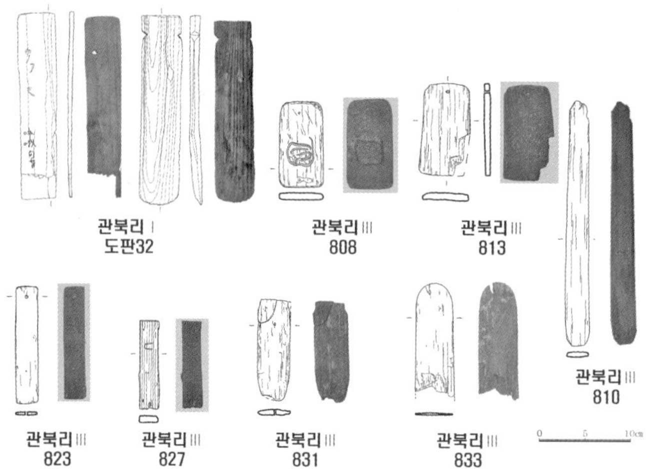

그림 6 **연못 내부 출토 기보고 목간**

尹武炳 1985; 국립부여문화재연구소 2009a; 국립창원문화재연구소 2006

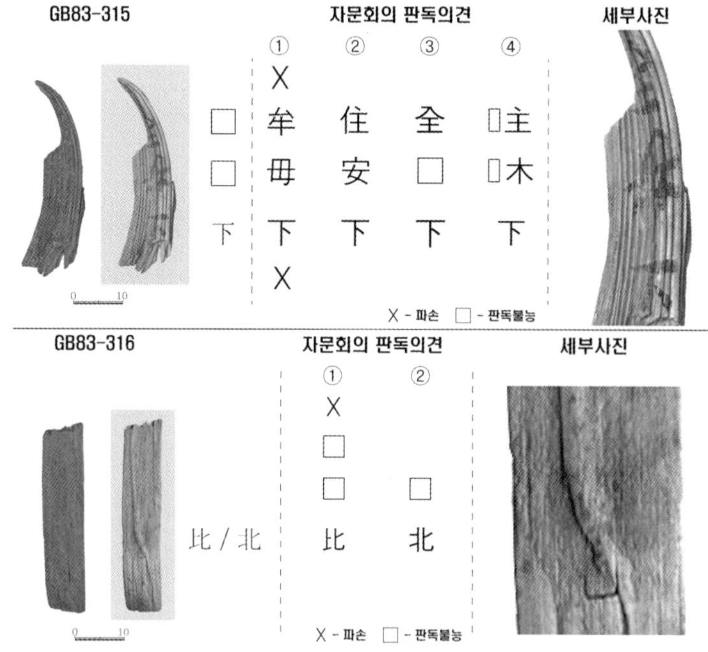

그림 7 **연못 내부 출토 신규 목간**

국립부여문화재연구소 제공

신규 확인된 목간 GB83-315번[8]의 경우 얇게 깎은 편으로 잔존 길이는 약 10cm, 폭은 약 2.7cm이다. 목간은 상단과 하단이 파손되어 판독할 수 있는 세 글자만 남아있어 전체적인 내용과 성격을 파악하기 어렵다. 파손된 부분의 최상단에는 가로획과 세로획의 조합으로 된 글자의 일부 흔적이 보이며, 잔존한 두 번째와 세 번째 글자 사이에 간격이 존재하는 서사방식이 보인다. 판독 가능한 글자에 대한 자문결과 몇 가지 판독 가능성이 제시되었다.[9]

1) ×[牟][毋] 下×
2) ×[住][安] 下×
3) ×[全] □ 下×
4) ×[미상 부수+主][미상 부수+木] 下×

첫 번째 글자의 경우 목간 상단은 파손돼 일부만 남아 있다. 적외선 사진을 보면 글자의 윗부분은 '丿'과 '丶'의 조합으로, 아랫부분은 '王'의 자형으로 보인다. 출토자료와 문헌자료를 통해 백제에서 牟씨 인명의 존재를 다수 확인할 수 있지만, 이 글자를 '牟'자로 본다면 맨 아래 부분은 가로획이 아니라 세로획이 되어야 한다. 또 한자 결구와 필기 습관에서 '主'자의 윗부분의 점은 첫 번째 가로획의 위쪽 가운데 위치하는 것은 일반적이며, '亻'같은 부수도

---

8 본 번호는 분류평가회의 목록 일렬번호에 기반한 것으로 추후, 보고서 발간 시 최종적으로 번호가 부여될 것이다. 목간 묵서확인 및 판독 자문회의는 2020년 12월 8일 국립부여문화재연구소에서 실시되었다.

9 판독문의 범례는 다음과 같다.
× 파손
□ 판독불능자
[ ] 추정자

표 2 GB83-315 목간 판독 관련 세부 사진 1

	牟	'支藥兒食米記' 목간	중앙성결교회 109호 목간	쌍북리 현내들 85-5호 목간
	全	唐 顏真卿 自書告身	唐 懷素 論書帖	主 인용사지 목간
GB83-315	住	광개토대왕비	晋 王羲之 玉煙堂法帖	藤原宮1617

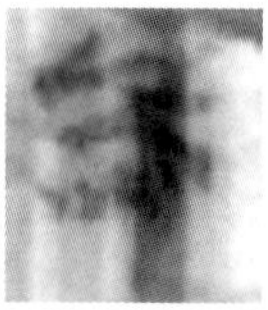

'主'자와 일정한 간격을 두고 있다. 일부분이 결실되어 있어 부수를 가졌을 가능성도 배제할 순 없지만, 남아있는 글자 형태를 보면 '仝'자와 가장 가깝다고 생각된다.[10]

두 번째 글자는 형태상으로 '毋'일 가능성이 크다. 글자의 오른쪽 부분은

10 목간 판독 내용 정리에 있어 중국 남경사범대학 陳瑾瑜 선생님으로부터 많은 지도를 받았으며, 목간과 목제품의 분류와 선별에 있어서도 큰 도움이 주셨다. 이 자리를 통해 감사의 인사를 전한다.
목간 비교 세부 사진의 경우 국립가야문화재연구소, 『한국목간자전』(국립가야문화재연구소, 2011), 중국 中華石刻數據庫, 일본 나라문화재연구소 木簡庫 등을 활용하였다.

표 3 GB83-315 목간 판독 관련 세부 사진 2

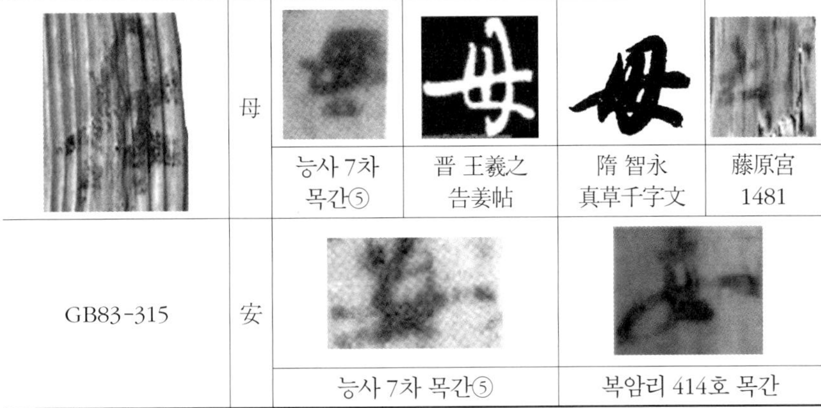

GB83-315	글자				
	母	능사 7차 목간⑤	晋 王羲之 告姜帖	隋 智永 真草千字文	藤原宮 1481
	安	능사 7차 목간⑤		복암리 414호 목간	

표 4 GB83-315 목간 판독 관련 세부 사진 3

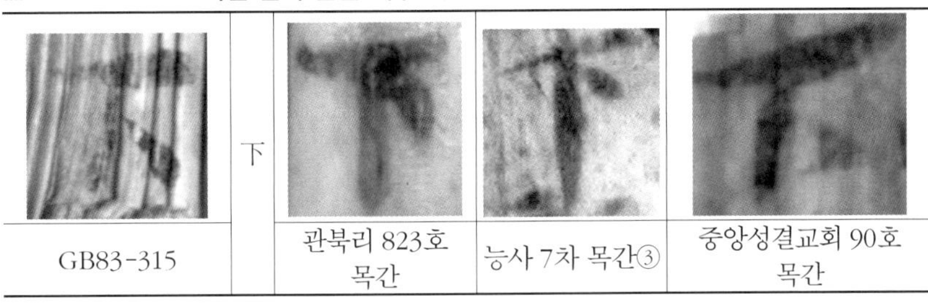

GB83-315	下	관북리 823호 목간	능사 7차 목간③	중앙성결교회 90호 목간

橫折鉤라는 필획을 갖춘 것으로 보여 '安'이나 '木' 가능성은 낮다고 생각된다. 또한, 이 글자는 용필이 유려하고 方折 필획을 띠고 있는 圓轉筆意가 나타나 행서 서예를 보여준다.

세 번째 글자의 경우 적외선 사진과 판독을 통해 '下'로 보는 것은 무리가 없을 것이다. '下'자는 백제 부여지역에서 출토된 다른 목간에서도 확인할 수 있다. 이상의 자문회의 안과 다른 목간의 글자 비교를 종합하면 '仝母 下'로 추정하는 것이 가장 가능성이 높을 것으로 생각된다.

신규 확인된 목간 GB83-316번의 경우 잔존 길이는 약 9cm, 폭은 약 2.1cm이다. 목간은 상단이 파손되어 명확하지 않으나, 자문결과 두 가지 판독

표 5 GB83-316 목간 판독 관련 세부 사진

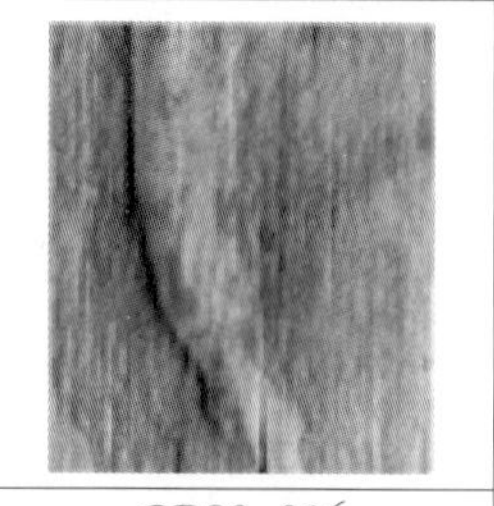	比	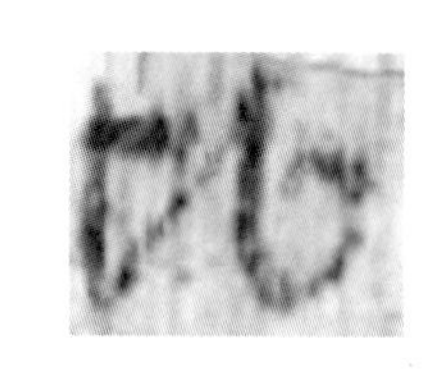	北	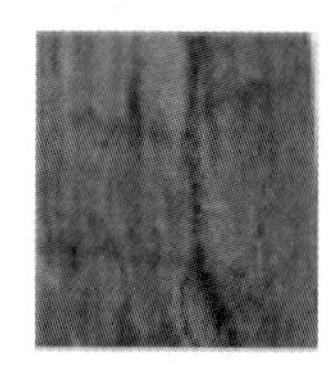
GB83-316		쌍북리 현내들 91호 목간		능사 6차 목간①

가능성이 제시되었다.

1) ×□□□比

2) 北□

GB83-316번은 목간에 남아있는 묵흔은 뚜렷하지 않아 구체적인 글자를 추정하기 어려우며 목간의 맨 하단에도 묵흔으로 보이는 흔적이 남아있다.

새롭게 확인된 목간과 함께 주목되는 점은 목간 가능성이 있는 목제품이 확인된 것으로, 10점에서 적외선 촬영을 통해 글자 추정은 어려우나 묵서의 흔적이 남아있음이 관찰되었다. 83년 발굴조사 당시 적외선 촬영과 보존처리 기술의 한계로 현재 구체적인 글자가 잔존하진 못하였지만, 이러한 묵서 흔적 목제품을 통해서는 당시 관북리 일대에서 백제 중심부의 행정과 관련된 활동이 있었음을 엿볼 수 있다.

목제품에 대해 목간 가능성을 추정한 사례는 국립부여문화재연구소의 조사에서도 실시되었는데, 묵서흔이 확인되지 않았으나 목간과 유사한 형태를 띠는 종류에 대해 '목간형 목제품'이란 이름으로 보고하였다. 충남대학교 박물관 소장품 중에도 목제품 3점이 묵서가 확인되지는 않았으나 목간과 유사한 형태를 띠고 있다. 이들은 인위적으로 가공한 흔적이 있거나 내부의 공 또는 홈이 확인되고 있으며, 일부는 목간과 형태적으로 매우 유사한 특징을 공유하고 있다. 이러한 목간형 목제품의 확인은 묵서가 확인되지 않는 목제품

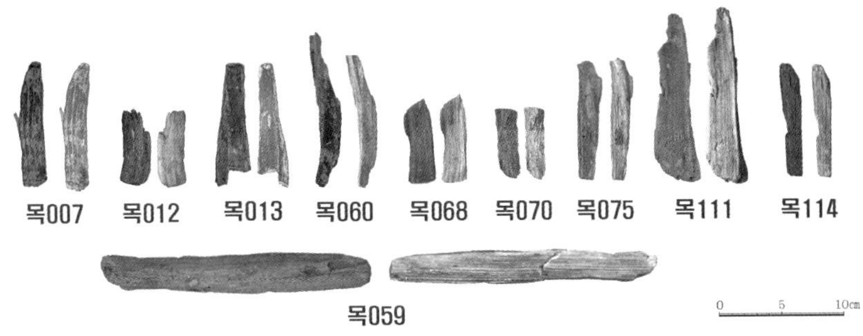

그림 8 **연못 내부 출토 묵서 흔적 목제품**
국립부여문화재연구소 제공

그림 9 **연못 내부 출토 목간형 목제품**
국립부여문화재연구소 2009a

또한 세밀한 관찰이 필요함을 시사한다고 할 수 있다.

연못에서 출토된 목간과 목간형 목제품에 대해 분류[11]를 실시해보면, 먼

11 목간의 형태에 대해 몇 가지 분류방식이 있지만, 그 명칭만 다를 뿐 유사한 기준이 적용되고 있다(박지현, 「百濟木簡의 형태분류 검토」, 『목간과문자』11(한국목간학회, 2013), p.42). 또한, 목간의 분류체계는 세분화된 기준으로 분류하기보다는 확실한 대분류체계를 중심으로 진행되어야 할 것(이경섭, 「'百濟木簡'의 가능성에 대한 豫備的 考察: 목간의 형태 및 내용 분류를 중심으로」, 『백제논총』9(백제문화개발연구원, 2010))이라는 의견을 고려하고 연구사례(윤선태, 「韓國古代木簡의 形態와 分類」, 『한국목간학회 제1회 국제학술대회 자료집』(한국목간학회 2007): 이경

그림 10 **연못 내부 출토 부찰목간의 특징**
尹武炳 1985: 국립부여문화재연구소 2009a: 국립창원문화재연구소 2006

저 부찰목간이 상당량을 차지한다는 점이다. 목간 상단에 원형의 구멍이 뚫린 종류가 보이는데 목간이 폐기될 때 두께가 얇아 묶여 있던 끈에 의해 구멍 한 쪽이 파괴된 사례(**그림 12**-관북리Ⅲ 833)[12]도 존재한다. 상단에 구멍이 뚫린 양상은 목간형 목제품에서도 확인되는데, 공 내부를 어떠한 물질이 관통하고 있으며 아래에는 가로로 얇은 홈이 파여있다(**그림 10**-GB83-317). 이러한 홈은 다른 목간형 목제품에서도 관찰되기도 한다(**그림 10**-GB83-318). 목간 좌우를 깎아 만든 홈이 있는 종류도 존재하는데, 상단만 파인 목간(**그림 10**-관북리Ⅰ 도판32).과 상하 모두에 파인 목간형 목제품(**그림 10**-관북리Ⅲ 828)도 관찰된다.

상대적으로 다면목간은 소수 확인되는 것으로 보인다. 묵서 흔적이

섭, 「한국 고대 목간의 용도와 형태 분류」, 『민족문화논총』7(영남대학교 민족문화연구소, 2021))를 참고하여 큰 범위로 구분하겠다.

12 윤선태, 앞의 논문, 2007a, p.58.

있는목제품 중 크기가 상대적으로 크며 단면 방형을 띠는 종류(**그림 8**-목059·목111)가 확인되었다. 이는 백제 목간의 특징에 의한 것으로 생각할 수 있다. 관북리 연못이 초축되는 시점은 6세기 후엽으로, 다면목간은 백제의 경우 6세기 유적에서 발굴 사례가 많고 7세기에 들어가면서 확연하게 줄어든다.[13] 6세기 백제사회에 종이에 대한 인식과 사용이 확산되며 종이문서의 서식 등이 문서목간에 반영되는 것에 기인할 것이며, 다면목간은 7세기 전반이후 문서목간의 주도적지위를 상실하면서 점차 한정된 용도로 사용된다.[14]

목간과 목제품에서 관찰되는 또 다른 특징으론 폐기 전 및 폐기와 관련된 흔적을 들 수 있다. 폐기 전과 관련된 흔적은 목간에 뚫린 구멍을 들 수 있는데, 관북리 출토 목간에는 작은 구멍이 뚫린 사례가 다수 확인되고 특히 관북리Ⅲ 823번 목간에는 '下'자에 구멍이 뚫려 있다. 이 같은 사례는 쌍북리 56번지 유적에서 출토된 10번[15] 등 다른 사비기 목간에서도 볼 수 있으며, 폐기 전 단계의 관리나 재활용을 위해 일정 기간 내에 행정기능이 완료된 후 기재된 목간에 구멍을 뚫어 묶어서 보관하는 것으로 추정된다.[16]

목간은 오용될 염려 때문에 폐기되는 것이 일반적으로, 목간 자체를 삭도로 두 쪽 혹은 세 쪽 이상으로 일정하게 절단하는 경우도 확인된다. 이는 고대 일본의

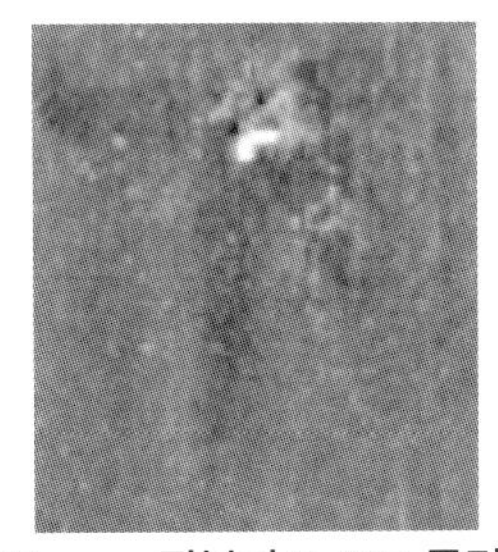

그림 11 **관북리Ⅲ 823 목간의 추정 폐기 전 흔적**

13 윤선태, 「한국 多面木簡의 발굴 현황과 용도」, 『목간과문자』23(한국목간학회, 2019).

14 이경섭, 앞의 논문, 2010.

15 김성식·한지아, 「부여 쌍북리 56번지 사비한옥마을 조성부지 유적 출토 목간」, 『목간과문자』21(한국목간학회, 2018), p.348.

16 권인한, 「부여 관북리 출토 "하천상(下賤相)" 목간 단상」, 『문헌과 해석』85(태학사, 2019), pp.195-197.

그림 12　**쌍북리 56번지 유적 출토 10번 목간**
김성식·한지아 2018

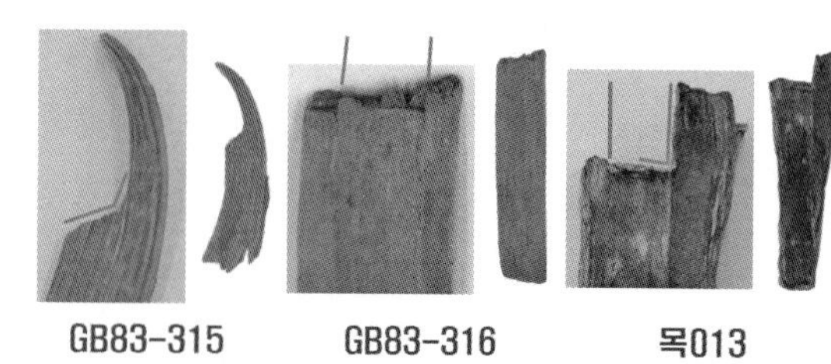

그림 13　**신규 목간과 목제품에서 보이는 추정 폐기흔**

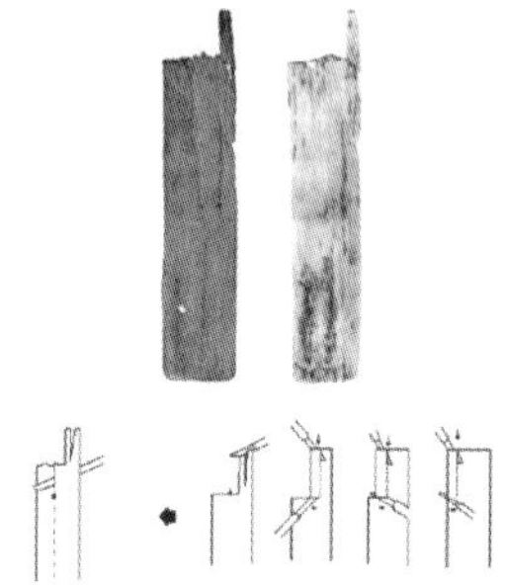

그림 14　**관북리 목간과 고대 일본의 목간폐기행정 비교**
윤선태 2007b

사례에서도 보이는 모습으로, 기존 관북리 목간이 일본과 미세한 부분까지 동일하게 폐기되었다는 점을 확인한 연구[17]가 주목된다. 새롭게 확인된 목간에서도 이러한 폐기 행위를 추정할 수 있을 것으로 보이는데, 특히 GB83-316번 목간에서 일본 사례와 같이 여러 번에 걸쳐 세로로 잘라내어 절단한 것처럼 보이는 흔적이 확인된다. 또한, 묵서흔이 확인된 목제품에서도 이와 비슷한 흔적이 보이는 것도 참고할 수 있을 것이다.

Ⅳ 연못의 성격과 목간의 폐기양상

관북리 연못은 내부 조사와 주변 지역에 대한 조사가 충실히 실시되었으

17　윤선태, 「百濟의 文書行政과 木簡」, 『한국고대사연구』48(한국고대사학회, 2007), pp.329-330.

며, 출토된 다량의 유물이 대부분 수습되었다. 고고자료로 남아있는 유물이나 유구가 어떤 부류 혹은 영역의 인간 행위와 관련된 것인지, 구체적으로 어떤 문화행위의 산물인지 규명해야 하는 것이 고고학이 기본적으로 추구해야 할 목표란 점[18]을 고려하면, 이 발굴자료를 기반으로 한 충실한 분석을 통해 연못의 조성 과정, 운영 목적, 폐기 원인과 양상을 구체적으로 밝혀야 할 것이다. 다만 이 글에서는 목간과 목제품을 통해 알 수 있는 부분에 집중하겠으며, 종합적인 분석은 추후의 성과를 기대해보려 한다.[19]

1. 연못의 퇴적양상과 성격

관북리 유적에 대해 다양한 시간적 연구[20]가 실시되었는데, 크게 3단계의 변천과정이 추정되었다.[21] 그 중, 연못은 2단계에 초축되어 3단계 보축을 거쳐 백제 말까지 유지되었다. 이에 내부에 장기간 퇴적이 이루어졌기에 연못의

18 박순발, 「호서고고학 20년, 역사고고학」, 『호서고고학』42(호서고고학회, 2019), p.47.

19 1982~1983년 충남대학교 박물관의 조사구역 내에서만 900여점의 속성 파악이 가능한 유물과 다량의 공방폐기물, 목제품, 점토, 토양 등 자료가 수습되었다. 앞으로 발간될 보고서에서 선별되어 수록될 일부 유물뿐 아니라, 이들 자료가 함께 연구되길 바란다.

20 김성남, 「백제 사비왕궁의 확대와 변모과정 시론」, 『제57회 백제연구 공개강좌 자료집』(충남대학교 백제연구소, 2007): 남호현, 「부여 관북리 백제유적의 성격과 시간적 위치」, 『백제연구』51(충남대학교 백제연구소, 2010): 안소망, 「부여 관북리유적 출토 백제 기와의 변천과 의미」(한국전통문화대학교, 2021) 등.

21 김대영, 「부여 관북리 유적의 변천과정과 사비도성의 전개」, 『백제학보』34(백제학회, 2020).

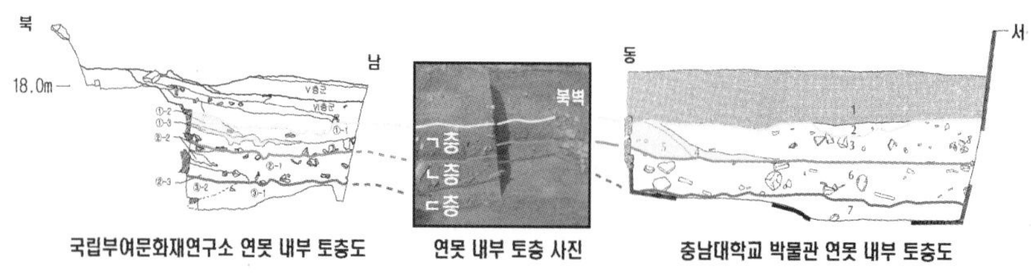

그림 15 **연못 내부 층위**
국립부여문화재연구소 2009a: 尹武炳 1985 재편집

운영과정과 성격을 밝히기 위해서는 내부의 퇴적상황 파악이 필요할 것이다.

연못 내부 퇴적층은 크게 3개의 층군으로 구분된다.[22] 먼저 초축연못과 관련되어, 최하부는 녹회색 점질층군[23] 또는 암황갈색 사질토층 및 황회색 점질층[24]으로 구성되어 있다. 이 글에서는 1983년 발굴조사 당시의 층위 구분인 'ㄷ'층으로 명명하여 사용하겠다.[25] 세부적으로는 2개의 개별 퇴적층으로 나뉘는데, 소수의 토기 및 기와 파편, 목간 등 인공유기유물과 다수의 짚신과 연꽃 잔해가 포함되어 있다. 연못 중간은 회색 점질층군 또는 연흑회색 점질층으로 구성되어 있으며 'ㄴ'층으로 명명하겠다. 세부적으로 2~3개의 개별 퇴

22 연못 상부의 경우 백제시대 이후의 층으로 판단되었다. 근대에 퇴적된 교란토를 제거하자 조선후기 무렵으로 추정되는 조선시대 석축우물과 석렬 등이 확인되었으며, 조선시대층 하부로는 연못 서쪽 부근에 북쪽에서 남쪽을 향한 커다란 도랑이 형성되었다가 메워진 것이 확인되었다. 도랑 최하 퇴적층의 유물 출토 정황을 통해 백제 멸망 이후 통일신라시대부터 고려 초쯤에 걸쳐 형성된 것으로 판단되었다. 연못 역시 상부는 고려시대 동안 생활면 조성에 따라 성토층이 조성되어 있었으며, 하부에 통일신라시대 퇴적층도 확인된다.

23 국립부여문화재연구소, 앞의 책, 2009a, p.84.

24 尹武炳, 앞의 책, 1985, pp.9-10.

25 추후 충남대학교 박물관의 보고서를 통해 두 차례의 발굴로 밝혀진 층위에 대한 종합적인 정리가 실시되길 바란다.

적층으로 나뉘며, 벼루나 등잔을 비롯한 토기와 기와편, 가공 목재나 목간 등 인공유기유물 및 연꽃 잔해와 같은 자연유기유물이 다수 포함되어 있다.

'ㄴ'층이 퇴적됨에 따라 연못의 깊이가 얕아지게 됨에 따라 그 위로 보축 연못을 조성하게 된다. 연못 상부는 회흑색 점질층군 또는 흑갈색점질 및 흑색유기물부식층으로 당시 'ㄱ'층으로 명명되었다. 연못 상부층은 세부적으로 4~5개의 개별 퇴적층으로 나뉘는데, 다량의 기와 파편과 얼마간의 돌 및 토기 파편이 포함되어 있다. 특히 유물이 하부층과의 경계에 집중적으로 놓여 있어, 보축 연못이 기능을 하고 있을 때 퇴적된 것으로 추정할 수 있다. 상부의 층은 보축 연못 거의 상단까지 퇴적되어 있는데, 정상적인 연못의 운영과정보다는 백제멸망 당시 관북리 일대의 큰 변화 속에 다량의 퇴적물이 침전되어 연못의 기능을 상실하는 과정과 연관돼 보인다.

위의 퇴적상황을 고려하면, 'ㄷ'·'ㄴ'층은 초축연못 운영 및 폐기와 관련되며, 'ㄱ'층은 보축연못 운영 및 폐기와 관련된다고 생각할 수 있다. 특히 연못이 정상적으로 기능을 하고 있을 때의 퇴적층이 주목된다. 연꽃 잔해 및 인공유기유물, 자연유기유물이 집중적으로 퇴적된 층이 존재하는데, 해당 층위에서 연꽃이 식재되어 자라고 있었으며 많은 유기유물들이 연못 운영과정에 퇴적되었음이 추정된다. 이 연꽃 잔해는 'ㄷ'층, 'ㄴ'층, 'ㄱ-하부'층에서 집중적으로 출토되고 있어 연못이 최초 축조되어 사용된 'ㄷ'층, 이후 사용과 초축연못 매몰을 보여주는 'ㄴ'층, 연못이 보축되어 사용된 'ㄱ-하부'층, 연못이 기능이 정지하는 'ㄱ-상부'층으로 생각할 수 있을 것이다.

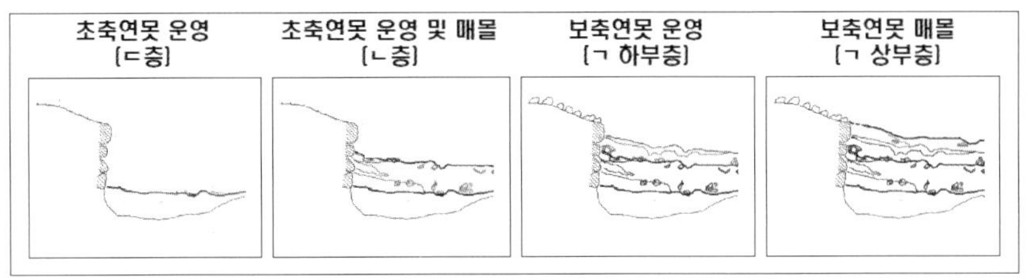

그림 16 **연못 퇴적 단계**

그림 17 **연못 내부 출토 연꽃 잔해**

또한 연꽃이 식재되어있었단 점은 연못이 식수의 확보보다는 집수 또는 조경의 목적을 띠었을 것으로 생각할 수 있다. 이는 연못 축조 이전, 그곳에 위치했던 유구를 통해서도 알 수 있다. 관북리 1단계에는 연못 위치에 인공 웅덩이가 존재하였다. 이 단계 관북리 일대는 저장구덩이, 공방 유구, 곳간 등이 분포하고 있어 사비도성 내에서 생산과 저장의 성격을 지닌 공간으로 파악되었는데, 사비천도 초기의 중심권역이 관북리 동쪽 쌍북리 일대인 것에 기인할 것이다. 이러한 관북리의 성격에 의해, 웅덩이는 저습한 환경에서 자연적으로 지하수가 용출되는 지점에 별다른 시설 없이 집수 목적으로 활용되었을 것이다. 이후 관북리 2단계(6세기 후엽)[26]에 대단위 성토와 함께 기와기단건물지군 등이 조성되며 관북리 지역이 사비도성의 중심권역으로 부상하게 된다. 이에따라 웅덩이 또한 정비된 것으로 보이는데, 연못 최하 석단이 연못의 바닥보다 다소 높게 되어 있어 기존에 존재하던 웅덩이의 중앙부를 파내거나 정지하는 한편 석축 부분은 부분적으로 메우면서 만들어졌다.

즉 기존 웅덩이의 집수기능은 유지한 채로 왕궁의 위상에 맞게 석축을 갖춘 연못으로 재정비된 것으로 보인다. 또한, 연꽃이 식재됨을 보면 왕궁 내에 조경목적도 함께 가졌을 것으로 보이는데, 초축 연못 석벽과 나란하게 나무기둥을 일렬로 둘러 어떠한 구조물을 만든 점도 고려할 수 있다.[27]

---

26 김대영, 앞의 논문, 2020, pp.53-54.

27 연못 주위의 기둥은 이후 보축을 행할 때 일부 뽑아내거나 부러뜨려진다. 현재 이

2. 초축 연못

초축 연못은 관북리 일대로 중심지 이동 및 사비도성 내외가 전면적인 개발(6세기 후엽, 관북리 2단계)되는 시점에 축조되었다. 내부에는 왕궁과 그 부속시설에서 사용되던 유물들이 퇴적된 것으로 보이는데, 특히 'ㄴ'층에서 출토된 고구려양식의 암문이 시문된 완과 뚜껑과 세트관계를 보여주는 음각선이 존재하는 대부완이 주목된다**(그림 18)**. 고구려계 사비양식 백제토기는 사비도성 내에서도 핵심유적에서 주로 출토된 영향을 보이는데, 주로 왕실 및 귀족계층이 사용했을 것으로 추정되며,[28] 사용하는 관인층의 증가에 따라 세트화된 대부완과 뚜껑이 대량으로 생산되고 정형화된다는 견해[29]를 고려할 수 있을 것이다.

이러한 연못 내부 출토품의 성격을 고려하면 초축 연못과 관련되어 'ㄷ', 'ㄴ'층에서 출토된 6점의 목간과 6점의 목간형 목제품 또한 왕궁과 관련된 용도로 생각할 수 있다. 구체적인 용도의 경우 초축 연못과 공존하던 유구를 통해 유추해볼 수 수 있다. 연못 서편으로는 관북리 1단계부터 존재했던 목곽고 및 2단계 새롭게 들어서는 석곽고 등 저장단지가 위치하고 있다. 즉 물건의 출납이 빈번히 이루어졌을 가능성이 큰데, 초축 연못 출토 목간에서도 이와 관련된 특징이 보인다. 대부분 세장방한 형태를 띠고 원형의 구멍이 뚫리거나 좌우에 홈을 판 종류가 존재하는 특징으로, 보관이나 운송에 활용되었던 목간이었을 가능성이 있다. 초축 연못

기둥의 구체적인 목적이나 구조물에 대해서는 파악되진 못하였으나, 연못 내부에서 다량의 기와가 출토된 점을 고려하면 지붕 시설을 갖추었을 가능성도 있다.

28 이명헌, 「고구려계 사비양식 백제토기 연구」(충북대학교, 2021), pp.101-104.

29 이윤섭, 「백제 사비기 유개대부완의 제작기법 및 형성과정」, 『한국상고사학보』 114(한국상고사학회, 2021), p.266.

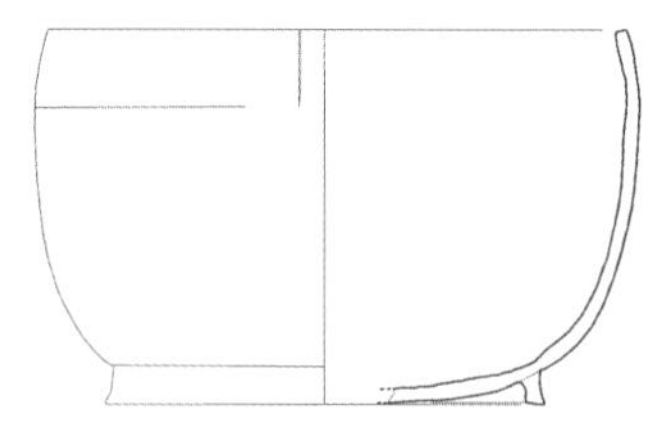

관북리Ⅲ 831 GB83-116

그림 18 초축 연못 출토 토기

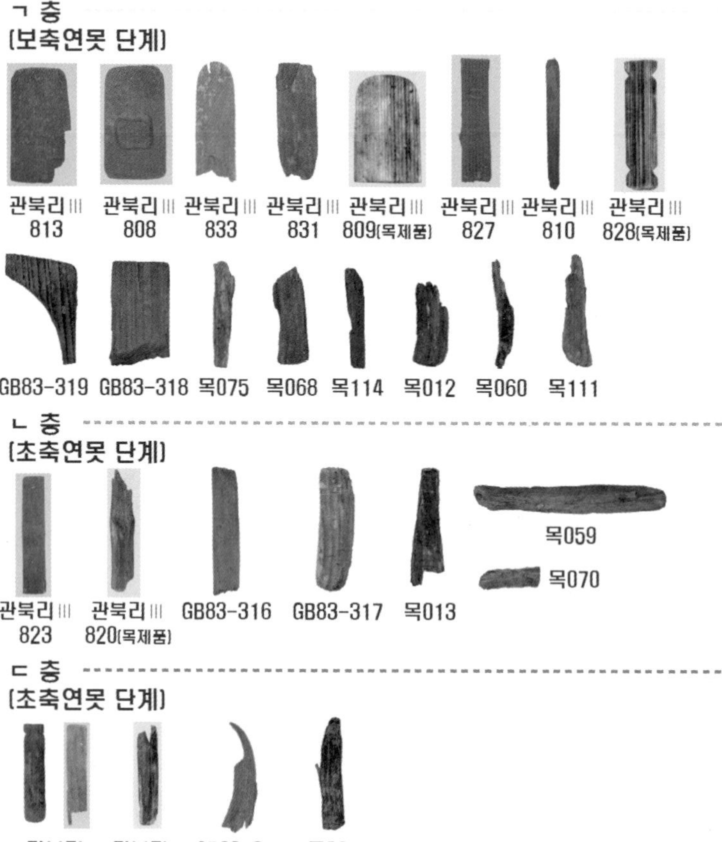

그림 19 층위별 목간과 목제품의 출토 현황

에서 출토된 관북리Ⅲ 823 목간이 下賤相이라 일컬어지는 대상과 관련된 물건 혹 문서에 붙여둔 꼬리표라는 연구[30]도 이를 뒷받침한다.

연못 내부에는 목간 외에도 다양한 인공유기유물이 확인되고 있다. 대나무자, 목제 빗, 목제 뚜껑, 목제 인형다리, 자루형 목제품 등 파손된 목기편 및 목제품 이 대표적이다. 또한, 관북리 1단계에 조성되어 2단계에 폐기되는 공방시설과 관련된 폐기물도 다수 출토된다. 이러한 점을 보면 식수 용도가 아닌 연못이기에 다양한 생활폐기물들이 투척되고 버려졌을 것이다. 이를 더욱 잘 보여주는 것이 불쏘시개로 불을 피우고 사용이 완료된 후 연못에 버린 것이 확인된다(**그림 20**). 이러한 출토양상을 고려하면, 목간 역시 기능을 다한 후 연못에 폐기되었을 것으로 생각된다. 앞선 장에서 추정한 바와 같이 폐기와 관

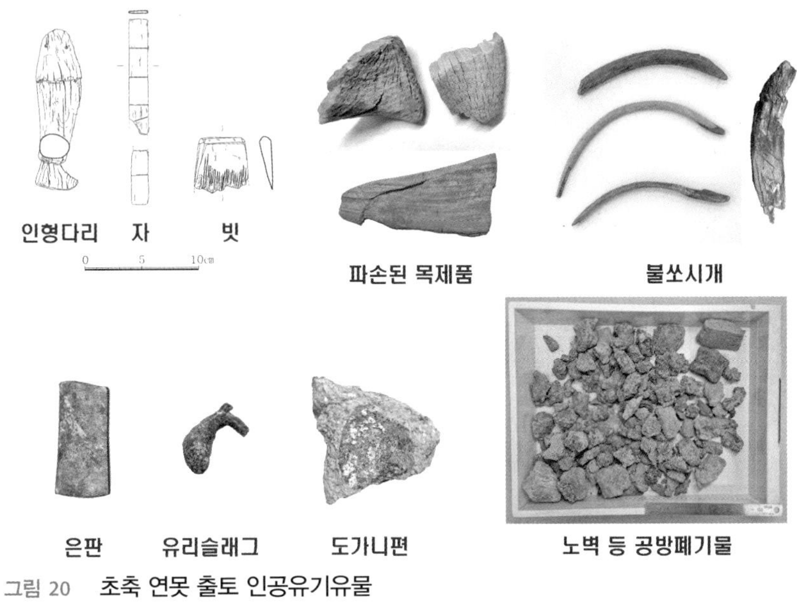

그림 20 **초축 연못 출토 인공유기유물**

---

30 이용현, 2009, 앞의 논문, pp.584-585.

련된 흔적이 보이는 목간(관북리 I 도판32, GB83-315·316, 목013)이 초축 연못 관련 층에서 출토되고 있다. 특히 관북리 I 도판32 목간의 경우 城등 지역에 대한 攻擊등 군사행동에 관한 기록간으로 추정[31]되고 있어, 중요 내용이 담긴 목간에 대해 폐기절차를 거친 뒤 연못 내에 투기했을 가능성이 있다.

마지막으로 목간의 사용과 폐기 시점의 경우 연못 초축와 보축 시점을 통해 유추해볼 수 있다. 관북리 일대가 사비도성에서 중심지로 기능을 한 시기는 대단위 성토가 진행된 시점 이후로, 연못이 초축된 제2생활면은 6세기 4/4분기 이상으로 올라가기 어렵다. 즉 6세기 후엽 위덕왕대 관북리 일대로 중심지가 이동되고 사비도성 내·외의 전면적인 개발이 실시된 시점[32]에 연못이 축조되었을 것으로, 연못 하부('ㄷ')층 출토 목간의 경우 상한을 6세기 말로 생각해볼 수 있다. 초축 연못의 하안은 보축 연못이 축조된 시점을 통해 추정해볼 수 있다. 7세기 전엽 무왕대 왕궁 등 중심시설 재개발과 저지대의 성토를 통한 대지 확장이 이루어지는 시기로 대형전각건물과 축대, 도수관시설 등의 조성과 함께 연못이 보축된 것으로 추정되는데, "31년 봄 2월에 사비의 궁궐을 수리하여 고치고, 왕은 웅진성으로 행차하였다. 여름에 가물어 사비의 공사를 그만두었다. 가을 7월에 웅진으로부터 돌아왔다"[33]는 무왕 31년(630) 기사와 연관된다. 즉 초축 연못의 기능을 잃게 한 퇴적층('ㄴ'층) 출토 목간의 하안은 7세기 초로 생각해볼 수 있다.

지금까지 내용은 정리하면, 초축 연못 출토 목간의 경우 대체로 당시

---

31 이용현, 2009, 앞의 논문, pp.584-585.

32 김대영, 2009, 앞의 논문, pp.51-54.

33 『三國史記』 百濟本紀4, 武王 三十一年, "春二月 重修泗沘之宮 王幸熊津城 夏旱 停泗沘之役 秋七月 王至自熊津".

왕궁의 서쪽 구역에 위치한 저장단지와 연관되었을 가능성이 큰 것으로 보이며 이들이 사용되고 폐기된 시점은 6세기 말에서 7세기 초 사이인 것으로 추정된다.

3. 보축 연못

7세기 전엽 관북리 대형전각건물을 대표로 사비도성의 중심축이 개편된 도시구조가 운영될 때, 퇴적물의 침전으로 인해 기능을 잃은 연못 상단에 다량의 잔돌과 소수의 괴석을 활용하여 보축 연못이 조성되었다.

이 보축 연못에서 출토된 목간의 특징을 알아보면, 먼저 상대적으로 단단하고 작으며 상단과 하단의 모를 죽인 두꺼운 종류가 출현한다. 문양이 찍혀있는 사례도 있는데, 이러한 형태는 초축 연못 단계에서는 보이지 않는다. 이에 관북리Ⅲ 808번 목간에 대해 지역의 관인이 백제의 궁궐을 출입할 수 있도록 증명하는 용도로 추정한 연구[34]가 주목되는데, 보축 연못이 축조된 시점 관북리 일대의 중심건물이 서쪽 구역을 중심으로 위치하고 있음을 고려할 수 있다. 즉 대형전각건물을 대표로 한 중심시설이 연못 서편으로 위치하게 되며 출입과 관련된 목간이 추가되었을 것이다. 다음으로 초축 연못 단계에 비해 목간과 목간형 목제품의 출토량이 증가하는 특징이 보이는데, 이를 통해 연못 인근에서 왕궁과 관련되어 목간이 활발히 사용되던 모습을 생각해볼 수 있다.

이들 목간 대부분은 백제 멸망과 관련되어 퇴적된 것으로 보인다. 백제 함락 당시 나당연합군은 하루 만에 사비 나성을 깨뜨린 나당연합군은 왕이 있던 부소산성으로 포위망을 압축해갔는데, 이 과정에서 상당한 파

34 윤선태, 앞의 논문(2007a), pp.59-60.

괴행위가 발생했을 것이다. 소정방이 백제를 평정한 후 왕과 대신들을 잡아가두고 군사들을 풀어 마음대로 죽이고 약탈하였으므로 黑齒常之가 두려움을 느껴 주위 사람들과 함께 도망쳐 부흥운동에 투신했다는 기사[35]가 보이는 등, 고대의 전쟁은 약탈전의 성격을 강하게 띠고 있었다.[36] 이 과정에서 부소산성 외부 바로 앞에 위치한 관북리 유적은 상당한 피해를 입었던 것으로 보이는데, 이는 고고자료를 통해서도 추정해볼 수 있다. 먼저 출토되는 토기 기종의 종류가 초축 연못에 비해 매우 다양해짐이 주목된다**(그림 21)**. 많은 종류의 토기가 연못에 매몰된 양상을 보이며 그 속에 건물이 설치되었던 연가도 다수 포함하고 있는데, 이는 관북리 일대 건물의 붕괴 및 파괴와 연관된 것으로 해석할 수 있다.

자연유기유물에서도 이러한 양상이 감지되는데, 불에 탄 목재와 못이 박힌 부재 등이 출토되고 있어 퇴적 당시의 상황을 짐작게 한다. 또한, 도축흔이 남겨진 말 골반 등 동물뼈가 상당량 확인된 점도 당시 혼란했던 관북리 일대의 모습을 간접적으로 보여준다**(그림 22)**. 즉 백제 말 관북리가 파괴되고 폐기되는 과정에서 인근의 목간이 휩쓸려 퇴적된 것으로 해석할 수 있을 것이다.

다만 출토된 목간의 하안이 백제 말 이후 약간의 시간까지 포함하고

---

35 『舊唐書』 권109, 열전 흑치상지; 『新唐書』 권110, 열전 흑치상지; 『資治通鑑』 권201, 용삭 3년 9월.

36 645년에 당 태종이 고구려 白巖城州城을 공격할 때 "성을 빼앗으면 반드시 그곳 사람과 물건들을 모두 싸움에 참여한 사졸들에게 상으로 주겠다."라 하였고, 수 양제 때 水軍을 이끌고 평양성에 쳐들어간 來護兒가 군사를 풀어 약탈하느라 대오를 갖추지 못하는 사이에 고구려군이 그들을 습격하여 깨뜨렸다는 기사 등은 고대 전쟁의 약탈적 성격을 잘 보여준다.(권덕영, 「백제 멸망 최후의 광경」, 『역사와경계』 93, 부산경남사학회, 2014, pp.8-25.)

그림 21 **보축 연못 출토 각종 토기**

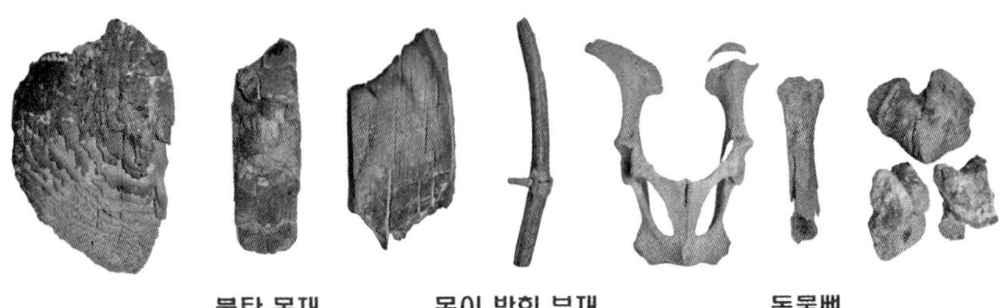

그림 22 **보축 연못 출토 자연유기유물**

있을 가능성도 크다. 부여는 660년 도호부가 설치되고 663년 웅진도독부가 위치했을 것으로 추정되고 있으며, 백제정벌과 지배에 모두 참여했던 유인원의 「劉仁願紀功碑」도 발견되고 있다.[37] 고고자료를 살펴보아도 관북리 와요지에서 나온 당 연화문 와당은 당에서 온 장인들에 의해 현지에서 제작된 것으로 보이며, 당 대명궁 등지에서 출토된 인각와의 인곽과

37 박지현, 「백제부흥운동과 웅진도독부의 위치」, 『백제학보』25(백제학회, 2018), pp.173-180.

동일한 특징을 가지는 '首府'명 인각와의 출토, 부소산성과 관북리 인근 쌍북리에서 '大唐'명 와당이 출토되는 등 당과 관련된 건축 행위가 있었음을 알 수 있다.[38] 특히 보축 연못 퇴적층에서 출토된 관북리Ⅲ 823 목간에는 '嵎夷'가 확인되는데 이에 대해 정벌군사령관의 직함에서 현명이 설정되었다는 의견과 반대로 기존에 있었던 백제 지명에서 정벌군사령관의 직함이 비롯되었다는 의견으로 구분되지만, 당과 관련된 기록임에는 공통적인 의견으로 해석되고 있다.[39]

즉 백제 중심지에 대한 당의 지배가 백제 멸망 이후에도 일정 시간 실시되었으며, '嵎夷'명 목간을 보면 이와 관련된 자료도 보축 연못의 기능을 잃게 한 상부 퇴적층('ㄱ' 상부층)에서 출토될 가능성은 열어둘 수 있다.

Ⅴ 맺음말

1983년 충남대학교 박물관에 의해 조사된 '가'지구 연못 내부에서는 백제 목간이 최초로 확인되었다. 또한 목간과 함께 다수의 목제 및 금속제 인공유기유물과 뼈·씨앗 등 자연유기유물, 기와 및 토기류가 출토되었으며, 내부는 층위적으로 잘 구분되어있어 백제 왕궁인 관북리의 조영과 폐기에 이르는

38 박순발, 「百濟 都城의 始末」, 『중앙고고연구』13(중앙문화재연구원, 2013), pp.18-29.

39 박지현, 앞의 논문(2018). ; 이용현, 앞의 논문(2009), pp.583-584. ; 윤선태, 「百濟泗沘都城과 嵎夷-木簡으로 본 泗沘都城의 안과 밖」, 『東亞考古論壇』2(충청문화재연구원, 2006), pp.250-256.

과정을 담고 있는 '타임캡슐'과 같은 유구라 할 수 있다. 또한, 조사된 지 40여 년이 지난 현재에도 과거 발굴자료에 대한 정리를 통해 신규 목간 2점과 묵서의 흔적이 남아있는 10점의 목제품을 확인할 수 있었다. 이에 이 글에서는 새롭게 확인된 목간과 목제품에 대한 소개와 함께 초축·보축 연못의 양상 및 이에 따른 목간의 폐기양상에 대해 간략히 고찰해 보았다.

목간의 내용적인 측면을 살펴보면, 다른 문자자료를 비교 검토한 결과 "全 毋 下"의 가능성이 큰 것으로 생각된다. 목간과 함께 묵서흔 목제품도 확인되어 당시 관북리 일대에서 백제 중심부와 관련된 행위가 실시되었음을 알 수 있다. 또한 이들 중에는 폐기 전과 폐기과정에서 발생한 흔적도 확인되었다.

목간의 폐기양상을 살펴보면, 초축 연못 단계 목간은 부찰목간이 주를 이루며 연못 인근 저장시설과 관련되었을 가능성이 크다. 이들은 사용이 종료된 후 연못에 폐기된 것으로 보이는데, 연못이 집수·조경의 성격을 띠고있어 생활폐기물과 함께 버려진 것으로 판단된다. 보축 연못 단계의 목간은 백제 말 관북리 일대의 폐기와 관련되어 퇴적된 것으로 보인다. 이 단계 목간에서 보이는 특징은 왕궁의 출입과 관련된 종류가 출현하는 것인데, 관북리 3단계에 왕궁 중심이 서편으로 이동하는 것에 기인한다고 추정하였다.

이 글에서는 간략한 분석에 그쳤지만, 관북리 연못에서는 소개된 자료 외 다량의 목제품 등 인공유기유물이 출토되었다. 앞으로 이 자료에 대해 많은 목간 전공자분들의 다양한 의견 제시와 실견이 진행된다면 백제 목간 연구에 있어 중요한 자료가 될 것으로 기대한다.

참고문헌

1. 단행본

국립가야문화재연구소,『한국목간자전』, 국립가야문화재연구소, 2011.

국립부여문화재연구소,『扶餘 官北里百濟遺蹟 發掘報告Ⅲ-2001~2007年 調査區域 百濟遺蹟篇-』, 국립부여문화재연구소, 2009a.

국립부여문화재연구소,『扶餘 官北里百濟遺蹟 發掘報告Ⅳ-2008年 調査區域-』, 국립부여문화재연구소, 2009b.

국립창원문화재연구소,『韓國의 古代木簡』, 국립창원문화재연구소, 2006.

尹武炳,『扶餘官北里百濟遺蹟發掘報告(Ⅰ)』, 忠南大學校博物館·忠淸南道廳, 1985.

2. 논문

권덕영,「백제 멸망 최후의 광경」,『역사와경계』93, 부산경남사학회, 2014.

권인한,「부여 관북리 출토 “하천상(下賤相)” 목간 단상」,『문헌과 해석』85, 태학사, 2019.

김대영,「부여 관북리 유적의 변천과정과 사비도성의 전개」,『백제학보』34, 백제학회, 2020.

김성남,「백제 사비왕궁의 확대와 변모과정 시론」,『제57회 백제연구 공개강좌 자료집』, 충남대학교 백제연구소, 2007.

김성식·한지아,「부여 쌍북리 56번지 사비한옥마을 조성부지 유적 출토 목간」,『목간과 문자』21, 한국목간학회, 2018.

남호현,「부여 관북리 백제유적의 성격과 시간적 위치」,『백제연구』51, 충남대학교 백제연구소, 2010.

박순발,「百濟 都城의 始末」,『중앙고고연구』13, 중앙문화재연구원, 2013.

박순발,「호서고고학 20년, 역사고고학」,『호서고고학』42, 호서고고학회, 2019.

박지현,「百濟木簡의 형태분류 검토」,『목간과문자』11, 한국목간학회, 2013.

박지현,「백제부흥운동과 웅진도독부의 위치」,『백제학보』25, 백제학회, 2018.

안소망,「부여 관북리유적 출토 백제 기와의 변천과 의미」, 한국전통문화대학교, 2021.

윤선태,「韓國古代木簡의 形態와 分類」,『한국목간학회 제1회 국제학술대회 자료집』, 한국목간학회 2007a.

윤선태,「百濟의 文書行政과 木簡」,『한국고대사연구』48, 한국고대사학회, 2007b.

윤선태,「백제목간의 연구현황과 전망」,『백제문화』49, 공주대학교 백제문화연구소, 2013.

윤선태,「한국 多面木簡의 발굴 현황과 용도」,『목간과문자』23, 한국목간학회, 2019.

이경섭,「'百濟木簡'의 가능성에 대한 豫備的 考察: 목간의 형태 및 내용 분류를 중심으로」,『백제논총』9, 백제문화개발연구원, 2010.

이경섭,「한국 고대 목간의 용도와 형태 분류」,『민족문화논총』7, 영남대학교 민족문화연구소, 2021.

이명현,「고구려계 사비양식 백제토기 연구」, 충북대학교, 2021.

이윤섭,「백제 사비기 유개대부완의 제작기법 및 형성과정」,『한국상고사학보』114, 한국상고사학회, 2021.

이용현,「부여 관북리 출토 목간 분석」,『扶餘 官北里百濟遺蹟 發掘報告Ⅲ-2001~2007年 調査區域 百濟遺蹟篇-』, 국립부여문화재연구소, 2009.

#12

일본 고대 목간의 폐기와 재사용

•

와타나베 아키히로(渡辺晃宏)
(일본 奈良大学 文学部 교수)

I 머리말

목간의 일생을 생각하기 위해서는 제작, 사용, 폐기를 종합적으로 검토해야 한다. 그중 목간의 제작 즉 탄생의 과정을 알 수 있는 자료는 문헌 사료를 포함하더라도 거의 없다. 한편, 목간의 사용부터 폐기 즉 목간이 생을 마감하는 과정에 관해서도 그것을 직접 알려주는 문헌 사료는 거의 없다. 하지만 목간은 원래 기본적으로 그 기능을 다하고 폐기된 것, 즉 쓰레기이기 때문에[1] 출토된 목간 그 자체에서 폐기에 이르는 흔적이 명료하게 남아있는 경우가 있

1 쓰레기로서의 목간이라는 관점에 대해서는 와타나베 아키히로 「목간의 출토에서 보존, 공개까지」(日本木簡學會 엮음. 橋本繁·이동주 옮김 『목간에서 고대가 보인다』 경북대학교 인문학술원 HK+사업단 번역총서02, 주류성, 2022년) 참조.

다. 목간 자체를 자세히 관찰하는 것을 통해 목간의 일생이라는 과제를 다룰 수 있는 지견을 얻을 가능성이 있다. 근래에 이러한 관찰을 착실하게 쌓아가는 것을 통해서 목간이 그 기능을 다하고 폐기될 때까지에 대하여 종래 생각되어왔던 것 이상으로 복잡한 과정이 있었다는 것이 밝혀졌다.[2]

따라서 이 글은 일본 목간에 남아있는 재사용 및 폐기에 이르는 과정을 보여주는 흔적과 그에 대한 소견을 정리하는 것을 통해서, 일본 목간의 일생을 검토하는 실마리를 제공하고자 한다. 그리고 앞으로 일본 목간 연구뿐만이 아니라 한반도, 중국 목간의 관찰이나 검토에 있어서도, 그리고 그것을 종합한 동아시아 목간문화를 생각하기 위해서라도 어떤 시사점을 주게 된다면 다행이다.

II 목간 출토 유구의 목간 폐기

앞서 서술했듯이 일본 목간은 기본적으로 쓰레기이다. 목간으로서의 기능을 다하고 불필요하게 되어 폐기되었을 때의 모습, 즉 생을 마감했을 때의 상황을 우리는 출토된 목간으로 보고 있는 것이다. 구(溝), 우물, 토갱(土坑) 등에서 출토되는 일본 목간의 출토 상황은 이러한 사실을 잘 말하고 있다고 할 수 있다.

---

2 이러한 관찰은 목간의 조사·소장 기관의 책임으로 해야 하며 그 성과는 각 기관의 목간 보고서에 수시로 발표되는데 이를 체계적으로 정리하는 작업은 많지 않다. 일본 목간에 관해서 목제품으로서 가지고 있는 문자 이외의 정보 관찰이라는 관점을 풍부하게 가지는 최신 연구서로 바바 하지매 지음. 김도영 옮김『일본 고대 목간론』(경북대학교 인문학술원 HK+사업단 번역총서01, 주류성, 2021년)을 들 수 있다.

토갱(土坑)

토갱은[3] 인공적으로 판 구덩이의 범칭이다. 쓰레기 처리용으로 사용된 경우가 많으므로 쓰레기를 버리는 구덩이 또는 단순히 쓰레기 구덩이라고도 한다. 애초부터 쓰레기를 버리기 위해 판 것 이외에 다른 용도로 판 구덩이를 다시 메울 때 쓰레기를 버리기 위해 전용하는 예도 있다. 그 가장 대표적인 사례는 우물의 틀을 제거한 구덩이일 것이다. 굴립주 건물을 해체할 때 기둥을 뽑아낸 구덩이도 이 사례로 들 수 있다.

이들 가운데 우물은 목간 출토 유구로 토갱이나 구와 함께 거론할 경우가 많은데, 우물로 기능하고 있는 동안에는 의도적으로 목간을 폐기하지는 않는다. 또 우물의 기능이 정지된 이후에도 우물의 틀이 남은 상태인 우물에 목간을 다량으로 폐기하는 일은 흔하지 않다.[4] 우물에 목간을 폐기하는 것은 우물의 틀을 제거하기 위해 판 구덩이를 다시 메울 때인 경우가 압도적으로 많다. 따라서 우물의 유구에서 출토된 목간이라고 해도 그 대부분은 오히려 토갱과 성격이 흡사한 유구의 유물이라고 할 수 있다.

구(溝)

한편 구(자연 유로 포함)에서 출토된 목간은 쓰레기라는 점에서는 토갱에서 출토된 목간과 기본적으로 같다. 다른 점은 쓰레기 폐기용에 특화된 유

---

3 토갱(土坑)은 일찍이 '土壙'으로 표기하는 것이 일반적이었다. 그런데 壙에는 묘혈이라는 뜻이 있으므로 현재 土壙 표기는 매장용 구덩이에 한정해서 사용하고 용도가 특정되지 않는 구덩이의 뜻으로는 토갱 표기를 쓰는 것이 일반적이다.

4 그 예외의 현저한 사례로 헤이조쿄(平城京) 사이다이지(西大寺) 식당원(食堂院)의 우물 SE950을 들 수 있다.(奈良文化財研究所『西大寺食堂院·右京北辺發掘調査報告』2007년) 우물의 틀이 남겨진 것인데 단기간으로 인위적으로 매립된 것이 그 요인으로 추정된다.

구인지 아닌지에 대한 점이다. 구에는 배수라는 원래 기능이 있다. 그 때문에 구에 쓰레기를 버리는 것은 배수 기능에 지장이 없는 범위로 한정하게 된다. 따라서 구에 쓰레기를 버리는 것이 어느 정도 의도적으로 한 것인지, 고대인이 구에 쓰레기를 버리는 의식에 대해서는 더 검토해야 한다.

헤이조큐(平城宮) 터의 대표적인 구 유구로는 내리(內裏) 동대구(東大溝) SD2700과 중앙대구(中央大溝) SD3715가 있는데, 전자는 수시로 준설을 하면서 나라(奈良) 시대 중엽인 天平期(729~749년) 이후의 유물이 넓은 범위에서 차례로 퇴적된 상황을 보여준다.[5] 한편 후자는 수량(水量)이 비교적 풍부했기 때문인지 유물의 퇴적은 적었고, 유물이 어느 정도 같이 출토된 곳은 봇둑 같은 시설이 설치된 부분 주변에 많다.[6] 다만 같은 내리 동대구 SD2700이라도 하류에 있는 동방관아(東方官衙) 지역에서는 SD3715와 같은 현저한 유물의 퇴적이 보이지 않는다.[7] 쓰레기를 버리는 방법이나 쓰레기가 퇴적되는 방법은 구의 입지나 물이 흐르는 상황에 따라 크게 영향을 받은 것으로 생각된다.

이러한 구에 쓰레기를 버리는 방법 중에서 특이한 상황을 보여주는 것이 헤이조큐 동남 구석의 남면 큰 울타리 안쪽의 동서구 SD4100의 사례이다.[8]

---

5 奈良國立文化財硏究所 『平城宮木簡2(別冊解說)』(奈良國立文化財硏究所史料第8冊, 1975년) 제2장 木簡出土の遺構, 四6AAC区(H地区)의 유구 SD2700溝.

6 奈良文化財硏究所 『平城宮發掘調査報告ⅩⅥ兵部省地区の調査』(奈良文化財硏究所學報第70冊, 2005년) 제3장 出土遺物 3-1-1木簡 및 제4장 考察 4-2 SD3715出土木簡をめぐって.

7 奈良文化財硏究所 『奈良文化財硏究所紀要2008』(2008년) 東方官衙地区の調査-406·429次. 奈良文化財硏究所 『奈良文化財硏究所紀要2009』(2009년) 東方官衙地区の調査-429·440次.

8 奈良(國立)文化財硏究所 『平城宮木簡4』(奈良國立文化財硏究所史料第28冊, 1986

남면 큰 울타리 안쪽 빗물 구의 위치를 동쪽으로 흐르는 SD4100은 넓은 부분의 폭이 3m에 이르러 단순한 빗물이 흐르는 구라기보다는 주변의 배수 기능을 가진 배수구 양상을 보여준다. 목간은 50m에 이르는 넓은 범위에서 출토되었는데 구 매립토에서 출토된 것보다 구 바닥에 파인 토갱상 구덩이에서 무더기로 출토된 것이 더 많아 보인다. 즉 구의 유물이라고 하지만, 실질적으로는 구 바닥에 판 토갱의 유물이었을 가능성이 크다.

SD4100 목간은 寶龜 초년(770) 전후 식부성(式部省) 고과(考課)목간(근무평정 목간)의 삭설(削屑)을 근간으로 하는 일군이다. 헤이조큐 동남 구석 부분에 있었던 식부성을 신기관(神祇官)으로 다시 지을 때 폐기된 것으로 보이는 것들이며, 이들은 공사할 때 구의 배수 기능을 일시 정지시켜 쓰레기를 처리하기 위해 사용한 흔적이 아닐까. 공사가 끝난 후에는 다시 빗물의 구를 설치할 필요가 있으므로 구 자체에 쓰레기를 내버리는 것이 아니라 일부러 구의 바닥을 파서 쓰레기를 버린 것 같다.

이처럼 구는 물 흐름을 줄이기만 하면 쉽게 쓰레기를 버리기 위한 토갱으로 전환할 수 있는 것이다. 원래 물 흐름이 적은 구이면 배수 기능을 중시할 필요가 없으므로 애초부터 쓰레기를 버리기 위해 쓰는 예도 있다. 그 대표적이고 규모가 큰 사례로는 시즈오카현(静岡縣) 하마마쓰시(濱松市) 이바(伊場) 유적군(도토우미국(遠江國) 후치군가(敷智郡家)와 그 주변 관련 유적)에 있는 이른바 이바대구(伊場大溝)를 들 수 있다.[9] 이바 유적군 안을 관통하는 이 구는 자연 유로의 흔적으로 보이는데, 역사시대에는 이미 물이 고여 웅덩이와 같았고 물 흐름이 있는 상태가 아니었다고 생각된다. 따라서 7세기 후반

년), 『平城宮木簡5』(奈良國立文化財硏究所史料第42冊, 1996년), 『平城宮木簡6』(奈良文化財硏究所史料第63冊, 2004년).

9 濱松市教育委員會 『伊場遺跡総括編 - 文字資料 · 時代別総括』(伊場遺跡發掘調査報告書第12冊, 2008년).

평가(評家) 단계부터 8세기 이후 10세기에 이르는 군가(郡家) 단계까지 4세기에 걸쳐 관아에서 사용된 많은 목간이나 묵서토기(墨書土器)를 비롯한 유물이 쓰레기로 계속 버려졌다. 그리고 버려졌을 때 상황이 잘 남은 채로 오늘날까지 보존된 것이다.

목간을 포함한 부스러기 퇴적의 특징

목간 폐기에 관해서 여기서 또 한 가지 주의해야 할 점이, 목간을 다른 특정한 용도로 사용하였다고 추정되는 사례가 있다는 것이다. 그것은 구보다도 오히려 토갱에서 현저히 보인다. 토갱에서 출토된 목간은 결코 토갱 매립토에 균일하게 포함된 것이 아니다. 목간 등 유기물을 포함한 토층은 토갱 안의 매립토 속에서는 오히려 편재되고 있어 렌즈상으로 퇴적된 경우가 많다.

이 점은 애초부터 유물을 폐기하기 위하여 판 유구인 토갱과, 우물이나 주혈 같은 다른 목적을 위하여 판 유구에 유물을 폐기하는 경우(이른바 이차적인 토갱)와는 약간 양상이 다르다. 전자도 유물을 최대한 폐기해 버리면 그곳을 다른 용도로 이용하지 못하게 되기 때문에 유물의 폐기는 깊이가 3분의 1 정도까지로 하는 경우가 많은데, 후자의 경우 유물을 포함한 층의 두께는 유구 깊이와 비교하면 아주 얇은 경우가 많다.

예를 들어 목간이 다수 출토된 인상이 강한 헤이조큐 제1차 대극전원(大極殿院) 서루(西楼)의 굴립주를 뽑은 구덩이도 구덩이 자체가 거대한 탓도 있지만, 목간을 포함한 부스러기 두께는 10cm도 안 되고 또 구덩이 일부에 편재되고 있다.[10] 더 현저한 사례로는 헤이조쿄(平城京) 좌경(左京) 3조(條)2방(坊)의 나가야왕(長屋王) 저택 안 우물 SE4770의 사례가 있다. 깊이 약 2m의

---

10 奈良文化財研究所 『平城宮木簡7(別冊解說)』(奈良文化財研究所史料第85冊, 2010년) 総説 第2章 木簡出土の遺構, 二. 第一次大極殿院とその周辺の整地土·検出遺構(6ABE·6ABQ·6ABR区) SB18500建物(西楼)(第337次).

우물 틀의 구덩이를 메울 때 약 10cm 두께 부스러기 층이 렌즈상의 현저한 토층을 형성하였다.[11] 유구 주변에서 조금씩 흙을 떨어뜨려서 유구를 메운 결과로 보이는데, 그 과정에 부스러기를 포함한 흙을 이용한 것이다. 상하층의 흙과는 명백하게 성질이 다르므로 의도적으로 목간을 포함한 부스러기를 폐기했다고 생각해야 할 것이다. 또 단순히 쓰레기로 폐기했다면 최하층을 이용하는 것이 자연스러운데 이처럼 매립토 중간에 부스러기를 이용하는 것은 쓰레기 폐기로는 자연스럽지가 않다. 부스러기를 포함한 쓰레기를 일부러 메우는 도중에 이용한 이유가 무엇일까.

부엽(敷葉) · 부조타(敷粗朶) 공법과 목간

이 점은 아직 명확한 해답을 얻지 못하였지만 가장 유력한 것이 메울 때 물 처리를 위한 방법으로 보는 것이다. 일반적으로 부엽(敷葉)·부조타(敷粗朶('조타'는 섶나무 가지를 뜻한다: 옮긴이)) 공법이라고 불리는 것이며 습기가 있는 곳에서 흙을 쌓아 올리는 구축물을 조성할 때 그 기초지반 형성에 이용되는 토목공법이다. 일본에서는 오오사카부(大阪府)에 있는 교키(行基)가 조영했다고 전해지는 사야마지(狭山池) 둑 밑에 큰 규모로 사용되는 사례[12]나 아스카(飛鳥) 야마다도(山田道) 기초지반 구축에 이용된 것이 알려져 있다.[13] 이 공법이 목간과 연관되리라고는 미처 생각하지 못하였다.

이 부엽·부조타 공법이 목간과 결부시켜서 실마리를 제공해준 것은 다

11 奈良國立文化財研究所『平城京木簡1 - 長屋王家木簡1 - (別册解說)』(奈良國立文化財研究所史料第41册, 1995년) 総説 第2章 木簡出土の遺構 二 左京三条二坊一·二·七·八坪 SE4770.

12 大阪府立狭山池博物館『大阪府立狭山池博物館 常設展示案内』(2001년).

13 奈良文化財研究所『奈良文化財研究所紀要2008』(2008년) 石神遺跡(第19·20次)の調査 - 第145·150次.

름 아닌 함안 성산산성에서 출토된 목간이다. 부엽·부조타 공법에 사용된 섶나무 가지로 글자가 있는 나무 조각 즉 목간이 이용된 것이다. 목간을 폐기하기 위해서라기보다는 목간을 포함한 나무 조각을 이용한 것이며 목간은 우연히 포함되었다고 봐야 할 것이다. 목간이 문자자료의 기능을 다 한 후에 나무 조각으로써 재사용된 결과라고 해도 과언이 아니다.

둑의 구축과 우물의 틀을 제거한 구덩이 매립과는 기능이 다르지 않으냐는 의심도 없지는 않다. 그러나 둑 구축의 경우에도 아무것도 없는 곳에 구축물을 쌓아 올린 것이 아니다. 골짜기라는 틀 안에 흙을 넣는 것이니 규모는 달라도 구덩이를 메우는 것과 원리적으로는 같은 것이라고 할 수 있다.

부엽 · 부조타와 관련된 일본의 목간 출토사례

일본에서는 아직 성산산성처럼 규모가 큰 부엽·부조타 공법에 따른 목간이 출토된 사례는 확인되지 않았지만, 2014년 헤이조쿄 우경(右京) 1·2조 아키시노천(秋篠川) 옛 유로를 메운 부분의 발굴 조사에서 최초의 사례가 확인되었다.[14] 710년 헤이조 천도와 관련해서 헤이조큐 예정지 서남부를 북서에서 남동으로 가로지른 아키시노천을 대규모 부엽·부조타 공법을 이용해서 메운 상황이 검출되어 점수는 적지만 목간이 출토되었다. 그중에는 '自奈良京申'으로 시작해서 헤이조쿄가 천도 애초부터 현재와 같은 '奈良' 표기를 사용해서 '奈良京'라고 쓴 것을 보여주는 목간이 있어 주목되었다.[15] ('奈良' 표기 자체

---

14 奈良文化財研究所『奈良文化財研究所紀要2016』(2016년) 右京一条二坊四坪·二条二坊一坪·一条南大路·西一坊大路の調査 - 第530次·第546次·第560次.

15 '奈良京' 목간에 관해서는 渡辺晃宏「平城宮の歷史的位置 - 遷都とその契機」(奈良文化財研究所『藤原から平城へ 平城遷都の謎を解く』2019년), 渡辺晃宏「'나라쿄(奈良京)'의 발견」(奈良文化財研究所 엮음. 하시모토 시게루, 팡궈화, 김도영 옮김『목간으로 보는 일본 고대인의 일상』 경북대학교 인문학술원 HK+사업단 번역총

는 1988년에 출토된 나가야왕가(長屋王家) 목간에도 이미 확인되었지만[16] 도성의 명칭으로도 종래 알려진 天平寶字 연간[17]부터 약 50년이나 거슬러 올라가 천도 애초부터 '奈良京'이라고 쓴 것을 밝혀 준 발견이다) 일본에서도 목간을 나무 조각으로 재사용하는 상황이 한국 목간과 똑같았다는 것을 보여주는 중요한 발견이며, 앞으로 비슷한 사례가 계속해서 발견될 것으로 기대된다.

정지토(整地土)나 굴입지업(掘込地業)의 목간

목간 출토의 또 다른 파탄으로는 정지토에 포함되는 예도 있다. 굴입지업(掘込地業. 건물을 짓기 전에 지반 개량을 위해 토대 부분을 파서 흙과 자갈을 번갈아 넣어서 판축(版築)하는 공법: 옮긴이)에 포함되는 것도 비슷한 사례로 생각할 수 있다. 그런데 정지토의 범위를 어느 정도 파악할 수 있다고 해도 이를 전면적으로 발굴할 수 있는 경우가 거의 없으니 그 전모를 파악하기가 어렵다. 정지 전체 속에서 목간을 포함한 부스러기 층이 어떤 위치를 차지하는 토층인지 파악할 수 없는 것이다. 헤이조큐 터에서는 제1차 대극전원(大極殿院) 동쪽이나 조정(朝庭) 서남부의 정지토, 제1차 대극전원 서쪽 사키지(佐紀

서04, 주류성, 2022년) 등으로 소개한 적이 있다.

16 '奈良務所'에게 보낸 문서목간을 대표적인 사례로 들 수 있다.(『平城京木簡2 - 長屋王家木簡2 - 』奈良文化財研究所史料第53冊, 2001년, 1708호 목간 등).

17 762年(天平寶字6年) 4월2일 東大寺鑄鏡用度注文(正倉院文書續修 제40권『大日本古文書』5, 201 - 204. 正倉院文書續々修 제18질3권, 『大日本古文書』15, 181 - 183)에 보이는 '奈良京'이 종래 가장 오래된 사례였다. '奈良京'은 이 이외에 같은 해 4월20일 家主啓(正倉院文書續修 제48권, 『大日本古文書』25, 344)나 같은 해 7월17일 麻柄全万呂啓(正倉院文書續修 제49권, 『大日本古文書』5, 242 - 243)에도 있다.

池) 남쪽 정지토, 동방관아 하층 정지토 등이 알려져 있다.[18] 목간은 그렇게 많지 않지만, 부스러기를 다량으로 포함한 흑색토층이 퇴적되었고 정지 과정에서 전체적으로 깔렸을 가능성이 커 보인다. 둑이나 도로 기반의 구축, 또는 구덩이를 메우는 경우와 비교하면 훨씬 범위가 넓은데, 지반 정비에 따른 물 처리를 위한 처치라는 점에서는 공통된 기능이 있다고 할 수 있다. 정지토에서 출토되는 목간도 우연히 쓰레기로 섞인 것이 아니라 일정한 정지면을 구축하려고 목간을 비롯한 나무 조각, 부스러기를 포함한 흙을 의도적으로 사용한 결과 섞은 것으로 생각해야 할 것이다.

여기서 주의해야 하는 것이 부엽·부조타나 정지토 유물로 출토되는 목간은 결코 의식적으로 폐기한 것이 아니라는 점이다. 그것은 이미 필요 없게 되어 폐기된 것과 같은 상태였던 목간을 나무 조각으로 재사용한 것이다. 그것들은 목간의 기능이 이미 정지되었다. 쓰레기로 폐기되기 직전의 상태에 있던 것을 목간으로 의식하지 않고 나무 조각으로 재사용한 것이다.

이처럼 기능 정지, 폐기 상태로 출토된다는 점에서는 한반도의 많은 목간도 똑같이 이해할 수 있다. 이 점은 중국 목간에도 해당하지만, 중국 목간의 경우는 그와 상황이 다른 것도 다수 포함된다. 목간으로서 기능의 존속이 기대되고 있는 유물이다. 즉 사자가 생전에 사용한 물품들이 무덤에 매장된 상태로 출토되는 사례가 중국에서는 다수 확인된다. 이들은 무덤 속에서 실제로 그 기능을 유지한 것은 아니지만 결코 불필요해져서 매장된 것이 아니다. 거기에는 목간 상태의 큰 차이를 인정해야 할 것이다.

이상과 같이 생각하면 목간이 기능을 정지하고 출토 상태에 이르기까지

---

18 제1차 대극전원 동쪽이나 조정 서남부 정지토, 제1차 대극전원 서쪽의 사키지(佐紀池) 남쪽 정지토에 대해서는 주10 전게 『平城宮木簡7』, 동방관아 하층 정지토에 관해서는 주7 『奈良文化財研究所紀要2008』, 『奈良文化財研究所紀要2009』 참조.

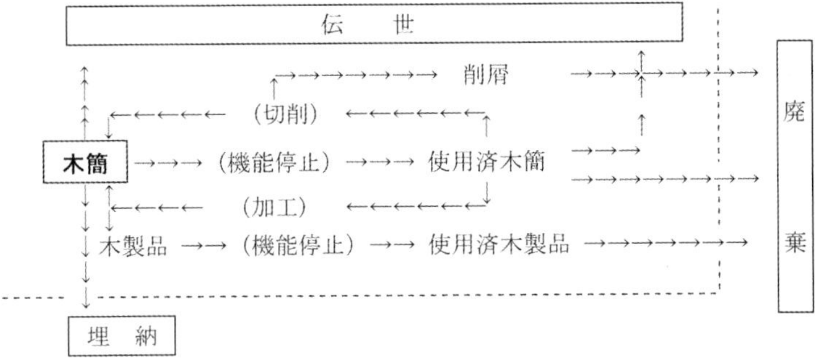

그림 1

여러 단계를 거쳤다는 것을 알 수 있다. 즉, 매장된 목간은 목간으로서의 기능을 유지한 채 매장되었다는 것, 폐기된 목간은 목간으로서의 기능을 정지한 후에 그 상태로 폐기되는 것과 목제품으로 재사용되어 또 그 기능이 정지된 후에 폐기되는 것이 있다는 것이다.

이상 사용 상황에 있는 목간이 출토되기까지의 동향이라는 관점으로 정리해봤다. 여기에 목간의 재사용이라는 관점이나 전세(傳世)라는 관점까지 더하여 정리해 보면 더욱 여러 상황의 목간을 파악할 수 있을 것이다. 그 상황을 정리해 보면 그림 1과 같다.

여기서 중요한 것은 출토품이든 전세품(傳世品)이든 우리가 보고 있는 것은 목간의 최종적인 도달 상황이며 거기까지 이르는 과정은 전혀 보이지 않는다는 점이다. 최종적으로 정지된 상태의 목간 모습이 제시되고 있는 것이며 어떤 경과를 거쳐 그 상태가 되었는지, 그때까지 목간이 거쳐 온 동적인 상황을 알아내는 것은 만연하게 관찰해서는 어려운 일이다.

III 목간의 재사용

그러면 그 과정은 전혀 알 수 없는 것일까. 목간에 남은 글자만을 통해서는 그것을 알 수 없다. 그런데 목간의 형상을 자세히 관찰한다면 그 일단을 알아내는 것도 불가능하지는 않다. 목간은 일반적으로 생각되는 것보다 훨씬 복잡한 여러 과정을 거쳐 현재 우리가 보는 상황에 이르렀다는 것을 인식해야 한다.

목간을 깎아서 재사용하는 것은 목간의 기본적인 속성에 관한 일로 충분히 인식하게 되었다고 생각한다. 깎아서 재사용할 수 있다는 것, 즉 반복성(反復性)은 견뢰성(堅牢性: 단단하고 쉽게 부서지지 않는 것), 간편성(簡便性: 입수하기 쉽다는 것)과 아울러 나무로서의 목간이 가지는 3가지 특징의 하나로 생각한다.[19] 반복성은 그 가운데 묵서 매체로서의 나무가 가지는 가장 큰 특징이라고 해도 과언이 아닐 것이다.

고선목간(考選木簡)

일본 목간에서 깎아서 재사용한 목간의 가장 대표적인 사례는 고선목간(考選木簡: 근무평정 목간)이다. 고과(考課: 매년의 근무평정)와 선서(選敍: 고과가 일정 기간 쌓인 것을 통한 위계 승진의 판정) 즉 아울러서 고선(考選)이라고 약칭되는 관원의 근무평정에 사용된 목간의 삭설이다. 고선목간의 원형은 측면에 구멍이 있는 015형식으로 분류되는 특징적인 형태이며 관원 한 명당 한 점 제작된 목간이다. 측면에 있는 구멍은 목간을 여러 순서로 정렬하

19 묵서 매체로서의 나무가 가지는 세 가지 특징과 목간 기능과의 관계에 대해서는 渡辺晃宏「文字媒体とその機能 - 日本における石碑文化の継受をめぐって -」(角谷常子編『古代東アジアの文字文化と社会』臨川書店, 2019년) 참조.

여 작업할 수 있도록 순서를 고정하기 위해 끈을 꿰는 장치이다. 처음에는 두께가 2, 3cm 있는 목간으로 만든 것으로 보이며 두께 1cm 이하가 되어 측면 구멍이 표면에 나타나 사용하지 못하게 될 때까지 몇 번이나 깎아서 재사용된다.[20]

고선목간으로는 1966년에 출토된 상술한 헤이조큐 동남 구석의 동서구 SD4100에서 출토된 약 13,000점,[21] 1991년에 출토된 나라시대 전반 식부성의 우물 SE14690의 약 4,700점,[22] 1985년에 출토된 헤이조큐 남면 큰 담을 가로지르는 남북구 SD11640의 약 1,000점,[23] 1988년에 헤이조쿄 좌경 3조2방 나가야왕(長屋王) 저택 터에서 출토된 완형 또는 그에 가까운 것 8점,[24] 헤이조큐 동원(東院) 원지(園池) 동변 동2방 방간대로(坊間大路) 서측구 SD5780에서 출토된 완형 1점[25] 등이 있다. 그 성격으로 헤이조큐 안에 있는 어느 관청에서도 출토가 기대되는 목간인데[26] 여태까지 완형 상태로 출토

---

20 고선목간의 원형과 그 폐기방법에 대해서는 奈良國立文化財硏究所『平城宮木簡5(別冊解說)』(주8) 総說 제3장 015型式木簡에 자세한 설명이 있다.

21 주8 전게 奈良國立文化財硏究所『平城宮木簡4』·『平城宮木簡5』·『平城宮木簡6』.

22 주8 전게 奈良國立文化財硏究所『平城宮木簡6』.

23 주8 전게 奈良國立文化財硏究所『平城宮木簡6』.

24 奈良國立文化財硏究所 『平城京木簡1 - 長屋王家木簡1 - 』(주11 전게) 400·401·402호 목간, 『平城宮木簡2 - 長屋王家木簡2 - 』(주16 전게) 2085호 목간, 『平城宮發掘調査出土木簡概報(21)』(1989년) 28쪽 하단(293·295), 『平城宮發掘調査出土木簡概報(23)』(1990년) 12쪽 하단(102), 『平城宮發掘調査出土木簡概報(25)』(1992년) 19쪽 상단(217).

25 奈良國立文化財硏究所『平城宮發掘調査出土木簡概報(6)』(1969년) 3쪽 하단(11).

26 예를 들어 헤이조큐 동원 원지 동변의 동2방(東二坊) 방간대로 서측구 SD5780에서 출토된 완형 1점(주25 참조)은 헤이조큐 동원 바깥쪽의 조방도로 헤이조큐 쪽 측구에서 출토된 것이며 사용, 폐기한 관사를 특정하기 어려운 사례이다. 고선목

된 사례는 매우 적다. 사용되기 전의 미사용 상태인 완성품으로 출토된 사례는 없고 위에서 언급한 초기 형태는 어디까지나 추정이다.

나가야왕가(長屋王家) 전표목간(傳票木簡)

이와 같은 유형의 목간으로 재사용이 확인되는 사례는 사실 의외로 적고 명확한 것은 이 이외에 나가야왕가(長屋王家) 목간의 전표목간(傳票木簡) 사례를 들 수 있을 정도이다. 그런데 이 나가야왕가 전표목간은 남게 된 이유가 매우 수상하다. 왜냐하면, 깎아서 같은 유형의 목간으로 재사용하는 사용법이라면 완성품과 삭설이 같이 출토되는 사태는 상정하기 어렵다. 재사용을 반복하는 이상 폐기는 삭설에 한정될 것이다. 또 만약 완성품이 폐기된다면 완성품만을 한꺼번에 폐기할 것이다. 그것은 재사용의 정지, 즉 그런 유형의 목간으로서의 이용을 그만두는 것이나 다름없기 때문이다.

그런데도 나가야왕가 전표목간의 경우 수많은 완성품과 삭설이 같은 유구의 유물로 동반되어 출토되었다. 즉 재사용의 흔적일 전표목간의 삭설과 완성된 전표목간이 공존하고 있다. 재사용하기 위하여 자르거나 깎는 과정에 어떠한 이유로 그것을 중지하고 아직 손을 대지 않았던 완성품과 함께 일괄 폐기했다고밖에 사태를 설명할 수 없는 상황이다.[27]

목간의 재사용 흔적

그러면 같은 유형의 목간으로 재사용된 것이 확인되는 사례가 적은 까닭은 무엇일까. 목간 데이터베이스 '木簡庫'로 검색해 보면 삭설(091형식 목간)

간이 보편적으로 분포하는 가능성을 시사한 것이라고 할 수 있다.

27 나가야왕가 목간의 전표목간 삭설에 대해서는 渡辺晃宏「削屑からみた長屋王家木簡」(『木簡研究』 21, 1999년)에서 검토하였다.

은 45% 정도이다. 그런데 삭설에는 한 글자도 판독할 수 없는 것이 많다. 그것들은 보고서에 실리지 않고 따라서 데이터베이스에도 등록되지 않는다. 실제로는 출토된 목간의 90%는 삭설이라고 할 수 있다. 그런데도 재사용이 확인되는 목간 종류가 많지 않다는 건 과연 어떤 까닭일까.

그건 깎아서 재사용되기 때문에 다시 사용한 흔적이 남기 어려운 것과 더불어 목간의 규격성이 낮으므로 재사용을 같은 유형 목간에 한정하는 필연성이 적었던 것도 그 요인으로 들 수 있다.

후자에 관해서 최근에는 유형이 다른 목간으로 재사용되는 사례를 여러 확인할 수 있게 되었다. 다음에 지금까지 확인된 몇 가지 구체적인 사례를 들어 보자. 설명을 위해 편의적으로 처음에 사용된 목간을 일차목간(一次木簡), 재사용된 후의 목간을 이차목간(二次木簡)이라고 각각 부르기로 한다.[28]

---

28 종이 문서의 경우 처음에 쓰인 면의 문서를 일차문서, 나중에 쓰인 면의 문서를 이차문서라고 하고 일차, 이차의 구별은 종이의 앞뒤와 일치하는 경우가 많다. 문서는 일반적으로 나중에 쓰인 면, 실제로 효력을 가지는 문서를 겉으로 해서 보관되기 때문에 먼저 쓰인 일차문서는 뒷면에 있는 경우가 많다. (이 때문에 일차문서를 지배문서(紙背文書)라고도 한다. 지배문서의 지배는 앞뒤의 상대적인 위치 관계를 말하는 것이 아니라 이차문서에 대한 절대적인 위치 관계를 말한다. 따라서 반대쪽에 쓰인 문서를 다 지배문서라고 하지는 않는다) 목간의 경우 기재가 한 면만으로 끝나는 것이 아니므로 일차·이차는 목간의 면과는 관계없이 중층적으로 존재한다.

a. 문서함(文書函)의 뚜껑 목간을 기름의 장부 목간으로 재사용한 사례
(奈良文化財研究所『平城京木簡3－二条大路木簡1－』5005호 목간)

(앞)

油二升一合 大殿常燈料 日別三合 七日料　　油八合 膳所料 三日料

油七合 文基息所燈料 日一合　　油六合 內坐所物備給燈料

油一升四合 天子大坐所燈料　　油四合召女竪息所燈料

合六升

(뒤)「此物能量者患道者吾成明公莫憑必退山陽道」(상하 거꾸로 되어 있음)

七月內

길이 360mm 폭 80mm 두께 15mm 061형식(문서함 뚜껑)

이차목간은 기름의 사용에 관해 기록한 장부상 목간이다. 고묘(光明) 황후의 황후궁(皇后宮)과 관련된 것으로 보이는 이조대로(二条大路) 목간의 한 점으로, 736년(天平8) 6월27일부터 7월 13월에 걸친 요시노(芳野) 이궁으로의 행차(『續日本紀』 동년 6월 을해〈27일〉조·7월 경인〈13일〉조)에서 돌아오는 길에 쇼무(聖武) 천황과 고묘 황후가 헤이조큐 동남에 인접한 황후궁(나가야왕 저택 터에 해당한다)에 들렀을 때의 기록으로 생각된다.[29]

구체적으로는 건물에서 사용되는 등불 기름의 사용량을 한 단에 세 군데씩 총 두 단 여섯 군데 기록한다. 좌단 중간쯤에 쓰인 '合六升'은 이들 총계에

29 나가야왕 저택 터에 고묘 황후의 황후궁이 설치된 것에 대해서는 奈良國立文化財研究所『平城京二条二坊·三条二坊發掘調査報告－長屋王邸·藤原麻呂邸の調査－』(奈良國立文化財研究所學報第54册, 1995년) 本文編 제Ⅴ장 考察 1木簡 B「二条大路木簡と皇后宮」 참조. 그 개요에 대해서는 渡辺晃宏『平城京と木簡の世紀』(講談社版日本の歴史04, 2001년. 2009년에 講談社學術文庫로 간행)가 있다.

해당한다. 상단에 구멍이 있고 이는 이 목간을 못으로 고정하는 등으로 게시한 것을 뜻할 것이다. 그렇다면 사용한 결과를 기록했다기보다는 사용 예정을 주지시키기 위한 목간으로 봐야 할지도 모른다.

뒷면에 '七月內'라는 것도 이차목간과 관련된 묵서이며 736년 7월을 뜻한다. 쇼무 천황이 헤이조큐로 돌아온 것은 7월 13일이니 황후궁에 머무른 것은 7월 6일부터 일주일이었다고 생각된다. 또한, 뒷면(일차목간의 뚜껑 내면)에는 이 행차 전년인 735년에 유행하고, 다음 737년에 다시 크게 유행하여 藤原四子(天平 연간에 정권을 장악한 후지와라(藤原) 씨 4형제: 옮긴이)를 비롯한 많은 사람이 죽은 천연두(天然痘)가 진정되는 것을 기원한 주구(呪句)로 보이는 습서(習書)도 적혀 있다. 요시노 행차 자체에도 천연두의 조복(調伏)을 기원하는 목적이 있었다고 생각되니, 앞면 장부 기재와 직접적인 관련이 없더라도 전혀 관계가 없는 내용이라고도 할 수 없을 것이다.

한편 일차목간은 다듬어서 만든 본체와 같이 사용한 문서함의 뚜껑 목간이다. 앞면은 중앙을 조금 부풀게 했고, 뒷면에는 상자 본체에 끼이도록 돌기된 부분을 평평하게 만들었다. 애초 문서함으로 사용되었을 때에는 유례로 봐서 앞면에 표서(表書)를 적었을 가능성이 크다.[30] 이차목간을 만들 때 이 표서를 깎아(다만 그 명료한 흔적은 확인할 수 없다) 상단에 못에 걸리도록 구멍을 뚫은 것 이외에는 일차목간의 형태를 변경하지 않았고 일차목간 뚜껑 외면 전체에 묵서하였다.

30 일본에서 출토된 문서함 목간에 대해서는 小池伸彦 「木箱と文書」(『木簡研究』11, 1989년), 濱松市教育委員會 『梶子遺跡第23次調査發掘調査報告書』(2020년) 第11章 考察 5「梶子遺跡第23次調査出土木簡の概要 - 文書函とその機能 - 」가 있다.

b. 측면의 구멍이 겉으로 나와 고선목간으로 못 쓰게 된 것을 전표목간으로 재사용한 사례

(奈良國立文化財研究所『平城京木簡1－長屋王家木簡1－』322호 목간)

(앞) 牛乳持參人米七合五勺受丙万呂九月十五日

(뒷) 大嶋書吏

길이 252mm, 폭 22mm, 두께 6mm 011형식

이차목간은 나가야왕가에서 사용된 쌀을 지급하는 이른바 전표목간의 하나이다. 나가야왕 저택에 우유를 운반해 온 사람 한 명에게 7合5勺의 쌀(현재 양의 약 3홉. 약 540*ml*, 약 450g의 쌀에 상당)을 지급했다고 기록하고 있다. 전표목간은 단순한 지급 기록이 아니라 식료와 교환하는 표로 기능했을 것으로 생각되는 목간이다.[31] 지급되는 사람의 대리인(목간에 '受'라고 쓰이는 사람)이 정소(政所)에서 작성된 이 목간을 받아, 쌀 창고로 가서 목간과 교환하여 쌀을 받아서 피지급자에게 전해준 것이다. 쌀 창고에서 회수된 전표목간은 정소로 돌려지고 전표목간으로 재사용하게 되는데, 이 목간의 경우는 재사용되지 않고 그대로 폐기된 것이다.

전표목간은 전표목간을 재사용해서 만드는 것이 일반적이었다고 생각된다. 그런데 이 목간은 그렇지 않았다는 것이 목간 자체를 관찰한 결과 밝혀졌다. 즉 이 목간 상단에는 가로 방향의 구멍 흔적이 일부 탄화된 상태로 남아있다. 몇 번이나 깎아서 재사용한 결과 현재 앞면 쪽에 구멍이 얼굴을 내밀어 버린 상황을 알 수 있다. 측면에 구멍을 뚫은 대표적인 사례로는 고선목간이 있고, 나가야왕가 목간에도 8점의 완형(完形) 또는 그와 비슷한 고선목간이 포

31 渡辺晃宏, 주27 전게 논문.

함된다.[32] 목간 b의 크기가 길이 252mm, 폭 22mm, 두께 6mm라는 것은 다른 전표목간에 비해 가늘고 또 두껍다. 이러한 형태적인 특징으로 보아서 이 목간의 일차목간은 측면에 구멍이 있는 고선목간이었을 것으로 간주해도 대과가 없을 것이다. 구멍이 겉으로 나올 정도의 두께가 되어 버린 고선목간을, 상부가 약해진 구멍 위치에서 꺾인 후에 하부를 전표목간으로 재사용한 것으로 추정된다.

그런데 전표목간은 규격성이 적다고 알려져 있다. 정소에서 일괄적으로 만들었다면 목간을 관리하는 측면으로 생각해도 일정한 규격으로 만든다면 될 것이다. 그래서 종래는 피지급자 측에서 목간을 만들고 정소에서 서명만 받는다는 작성 방법이 허용되었을 가능성도 있는 것은 아닐까 생각해 보았다.[33] 그런데 牛乳持參人 목간으로 재차 사용된 것은 못 쓰게 된 것이라고 말하지만, 나가야왕의 가정기관(家政機関) 직원의 근무평정에 관한 고선목간이다. 이것이 정소 이외에서 쉽게 재사용되는 상태로 있었다고는 생각하기 어려울 것이다. 그렇다면 고선목간을 재사용한 이 목간은 결코 특수한 사례가 아니라 다른 많은 전표목간도 여러 용도의 목간을 재사용해서 작성한 것으로 생각해야 할 것이다. 전표목간에 규격성이 요구되었다고 생각하는 것 자체가 잘못되었을 가능성이 있고, 전표목간에는 규격성이 요구되지 않았다고 생각하는 것이 좋을 것이다.

---

32 각주 24 참조.

33 渡辺晃宏, 주27 전게 논문.

c. 식료지급(食料支給)을 기록한 문서목간을 재가공하여 제첨축(題籤軸) 목간으로 재사용한 사례[34]

(奈良國立文化財硏究所 『平城宮發掘調查出土木簡概報22』19쪽 상단(147))

[天平八年?][月九日蒳田孔足?]
(앞) 贄帳 「□□□□□□□□□□□□□」(위아래 거꾸로 되어 있음)

(뒤) 八年八月以来

길이 356mm, 폭 23mm, 두께 7mm 061형식(제첨축)

이차목간은 '天平八年八月以来'라는 연대가 있는 '贄帳'의 제첨축이다. 유례가 적은 완형인 제첨축 사례의 하나로 이조대로 목간이다. 고묘 황후의 황후궁에 관한 贄('니에'라고 읽어 신이나 조정에 바치는 토산물을 뜻한다: 옮긴이)의 출납기록으로 사용된 것으로 보인다. 고과(근무평정)를 비롯하여 8월을 연도의 시작점으로 하는 사례는 많고, 이 목간도 연도가 바뀌고 장부를 갱신할 때 작성되어 차례로 종이를 이어가면서 출납 상황을 쓴 것으로 추정된다.

축부에 묵흔이 위아래 거꾸로 남아있다. 축에 문서나 장부의 종이를 붙이면 안 보이게 되는 부분이기 때문에, 제첨축으로 사용하는 데 전혀 지장이 없으므로 깎지 않고 그대로 남겼을 것이다. 이는 일차목간에 관한 묵서이며 축으로 재가공할 때 문자 좌우를 쪼개 버렸지만, 같은 이조대로 목간에 포함된 다른 문서목간과의 비교를 통해 대부분을 복원해서 판독할 수 있다. 예를 들어 다음과 같은 목간과 비교하는 것이 유효하다.

---

34 이 재사용에 대해서는 이미 奈良文化財硏究所 목간전시에 관한 리플릿에서 사진을 이용해서 소개한 적이 있다.(『地下の正倉院展 二条大路木簡の世界』〈2009년도 奈良文化財研究所 특별기획전 전시 리플릿, 2009년 http://repository.nabunken.go.jp/dspace/bitstream/11177/1718/1/2009_panf.pdf〉 10쪽).

(앞)

十一日不食米一斗一升六合

土師石前八合 阿刀真公八合 日下部海子八合 阿刀飯主六合
土師嶋村八合 家令一升四合 豊國廣虫八合 丸部田主七合
田辺僧万呂八合 忍坂乙万呂八合 丸部武蔵一升 上虎万呂七合
尋津福万呂八合 赤染秋足八□[合?] 佐味梶取六合

(뒷)

天平八年五月十一日葪田孔足「眞公」

길이 365mm, 폭 38mm, 두께 6mm 011형식

(奈良文化財研究所『平城京木簡3 - 二条大路木簡1 - 』4603호 목간)

즉 축부에 남아있는 것은 天平 8년의 날짜와 그 다음의 서명 부분이며 '葪田孔足'라는 이름을 판독할 수 있는 것이다. 葪田孔足은 이조대로 목간에 보이는 藤原四子 정권을 구성한 후지와라 후히토(藤原 不比等) 4형제 막내인 후지와라 마로(藤原 麻呂)의 가정기관에서 활약한 사람으로, 이조대로 목간에 보이는 쌀 지급 기록 목간에 날짜 다음의 서명한 자로 자주 보인다. 따라서 후지와라 마로 가정기관에서 작성된 쌀 지급 기록 목간으로 추정할 수 있다.

일차목간은 문서목간이며 예시한 유례의 목간과 비교를 통해서 장방형의 목재, 즉 011형식의 목간이었다고 추정된다. 쌀 지급 기록 목간은 몇 단으로 나누어 많은 사람에 대한 쌀 지급을 '인명+수량' 형식으로 열거하는 경우가 많고 30cm를 넘는 큰 목재를 사용할 때도 있었다. 그래서 높이 30cm 정도의 종이 문서를 둘러 감는 축으로 전용하기에 딱 좋은 크기와 폭이었을 것이다. 그래서 장방형 목간에서 제첨축을 잘라내는 방법으로 제첨축으로 전용하려고 한 것이다.

그런데 이 자료는 일차목간은 후지와라 마로의 가정기관에 관한 것이지만, 이차목간은 고묘 황후의 황후궁과 관련된 내용이다. 즉, 이조대로 목간을 구성하는 두 가지 목간군을 횡단하는 사용법이다. 따라서 후지와라 마로의 가정기관이 고묘 황후의 황후궁과 별도로 활동하는 것이 아니라, 그 활동을 지탱하는 어떤 역할을 하였다는 것을 보여주는 몇 안 되는 자료 중의 하나이다. 이조대로 목간의 형성과정을 고려하기 위해서 없어서는 안 될 중요한 자료이다.

d. 불필요해진 봉축(棒軸) 목간을 세로로 쪼개, 고선 관계 문서 표제 목간으로 재사용한 사례[35]

(奈良國立文化財研究所 『平城宮木簡4』3763호 목간)

諸司叙位案

길이 265mm, 폭 14mm, 두께 3mm 051형식

이차목간은 '諸司叙位案'이라고만 쓴 목간이며 헤이조큐 동남 구석 남면 큰 담 안쪽 동서구 SD4100에서 출토된 13,000점에 이르는 고과목간을 주체로 한 식부성(式部省) 목간 중 한 점이다. 임명할 위계를 기록한 의계부(擬階簿) 등 종이 문서 다발에 꽂아 표제로 사용했을 것이다.

이 목간의 현재 형태가 앞면은 평평하게 다듬었지만, 뒷면은 중앙부가 좌우에 비해 두껍고 또 하단을 뾰족하게 만들었다. 단면을 관찰하면 뒷면은 원호의 형태로 굽어진 것을 알 수 있다. 이를 통하여 단면이 원형인 봉 형태의 축이었던 것을 세로로 쪼개 안쪽의 평활한 면을 묵서면으로 이용한 것으로 보인다.

일차 이용되었을 때의 묵서를 확인할 수는 없지만, 봉축은 거기에 말아서 붙이는 문서·장부의 이름을 마무리 부분에 쓰는 것이 보통이므로, 목간을 재사용한 사례로 봐도 틀림없을 것이다. 봉축은 전국에서 장문의 공문을 도성으로 보낼 때 정식 작법에 따른 것이다. 보관 기간이 지난 공문을 불하받은 식부성에서 문서를 이차적으로 사용한 후에 불필요하게 된 축을 사무작업으로 필

35 이 재사용에 대해서는 이미 奈良文化財研究所 목간전시에 관한 리플릿에서 사진을 이용해서 소개한 적이 있다.(『地下の正倉院展 式部省木簡の世界 - 役人の勤務評価と昇進 - 』〈2016년도 奈良文化財研究所 특별기화전 전시리플릿, 2016년 http://repository.nabunken.go.jp/dspace/bitstream/11177/6222/1/2016_panf.pdf〉11쪽.

요한 표제용 목간으로 재차 사용한 것으로 추정된다. 따라서 일차목간인 문서축과 이차목간의 내용은 전혀 관계가 없다.

식부성에서 봉축 목간으로 재사용된 사례는 더 한 점 확인되었다.

外従初上物部浄人 年卅一
遠江國荒玉郡人　　□□□□遣高麗使叙位
[字?][年?]

('荒玉'은 처음에 '敷智'라고 쓴 것을 지우고 오른쪽에 수정)

(奈良文化財研究所『平城宮木簡5』6218호 목간)

길이 296mm, 폭 17mm, 두께 3mm 011형식

이는 '遠江國 荒玉郡'을 본관으로 하는 '外少初位上'의 위계를 가진 '物部浄人'이라는 31살 관원의 선서(選叙)에 관한 목간으로, 遣渤海使('遣高麗使')로서의 공적으로 특별히 위계를 받은 것이 기록되었다. 유례로 봐서는 758년(天平寶字2) 10월로 보인다. 내용은 측면에 구멍이 있는 015형식의 고선목간과 같다. 그런데 봉축을 세로로 쪼개 이차로 사용한 것으로, 당연히 측면 구멍은 없고 글자도 비교적 거친 자형이며 또 말소부(抹消符)로 수정되었다. 015형식 고선목간을 작성하기 위한 초안 같은 것일까. 그렇다면 일부러 봉축을 재가공했다고도 생각하기 어려우니 메모 같은 용도로 언제든지 이용할 수 있도록 봉축을 세로로 쪼갠 목간을 미리 어느 정도 준비해 놓은 것이 아닐까. 메모장 같은 감각으로 그것을 필요할 때마다 수시로 사용했다는 것을 이 목간은 보여주는 것이다. 상술한 '諸司叙位案'의 이차목간은 주변에 있던 이러한 메모용 목간의 끝을 뾰족하게 가공하여 활용한 것 같다.

e. 문서목간을 습서(習書)목간으로 재사용한 사례

(奈良國立文化財研究所『平城宮木簡3』2877호 목간[36])

목간을 이처럼 이차로 사용한 것은 비교적 유례가 많다. 특히 대형 목간은 서사 공간을 크게 확보할 수 있으니 습서(習書)용으로 재차 이용되는 경우가 많다. 예로 든 것은 길이 435mm, 폭 47mm, 두께 5mm의 큰 목간이며 造宮省丞(令外官인 造宮省의 제3등관) 笠朝臣膳夫의 啓(편지)가 일차목간(이하 'A')이고 그 여백에 습서를 한 것이 이차목간이다.

습서는 '造' '丞' '朝' 등 일차목간에 있는 것과 똑같은 글자가 확인되니 먼저 일차목간의 글자에 촉발되어 이를 서사한 것으로 시작되었다고 보인다. 그리고 습서하는 것에 재미를 느껴서인지 습서로 자주 보이는 글자인 '大' 등을 반복해서 쓰는 등 여백이 없어질 때까지 집요하게 습서를 계속하였다.

뒷면 중간 부분은 이렇게 여백이 없어진 후에도 더욱 습서를 이어가기 위해 글자를 깎아서 여백을 만들려고 하다가 습서를 그만두고 그대로 폐기한 것 같다. 뒷면에는 위아래 거꾸로 '都祁進'으로 시작되는 기재(이하 'B')도 있고, 그 위치나 필적으로 봐서 습서보다는 먼저 쓴 내용으로 보인다.

그렇다면 앞면의 '造宮省丞笠朝臣膳夫啓'(A) 기재와의 관계가 문제가 된다. A·B는 다 목간 중앙에 그리고 주의 깊은 서체로 쓰기 시작한 것으로 보아 단순한 습서로 보기는 어렵다. 하지만 일본 목간에는 연속적인 기재를 위아래 거꾸로(적어도 좌우로 뒤집은 것이 아니라 상하로 뒤집은 것) 쓴 사례가 없으므로 목간의 정문으로 A·B가 공존했다고는 보기 어렵다. 단정하기는 어렵지만 둘 다 정문을 쓸 때의 초안이나 시험 삼아 쓴 것일 가능성을 상정해야 할

36 복잡하게 겹쳐서 쓰면서 습서를 반복하는 상황을 표기하는 것이 번거롭고 어려우니 판독문은 생략한다.

것이다. 그렇다면 이 목간의 경우 일차목간도 이차목간과 같이 습서를 기능으로 한 목간이었던 것이 된다.

f. 하찰목간(荷札木簡)을 문서목간으로 재사용한 사례

(奈良國立文化財硏究所『平城宮發掘調査出土木簡概報22』15쪽 상단(96))

(앞)	米五斗	大豆一斗	小豆二斗	薪廿束
	糯米五斗	大角豆二斗	炭二石	胡麻子一斗
(뒤)	胡麻油一斗	新小麦一石	扞樻二合	天平八年十一月九日內申
	糖一斗	小樻二合	合十三種	

길이 301mm, 폭 28mm, 두께 4mm 032형식

이차목간은 '天平八年(736)十一月九日'의 날짜가 있고 '米' '糯米' '大豆' '大角豆' '小豆' '胡麻子' '胡麻油' '糖' '新小麦' 등 식재료 9가지, '炭' '薪' 등 연료 2가지 그리고 '小樻' '扞樻' 등 용기 2가지 합계 13가지 품목명과 수량을 열거해서 기록하여 '內'로 보고한 장부상 문서목간이며 이것도 이조대로 목간 중의 한 점이다.

그런데 이 목간은 일견하여도 알 수 있듯이 내용에 맞지 않은 형태를 하고 있다. 즉, 문서목간에는 불필요한 홈이 일단에, 그것도 하단에 있다는 일본 목간에 50점 정도밖에 없는 특이한 형태를 하고 있다.[37] 이 목간을 통한 13가

37 일본 목간은 032형식 목간의 홈은 상단에 있는 것이 일반적이며 하단에만 홈이 있는 032형식 목간은 드물다. 그런데 적다고 해도 각 시대에 보편적으로 확인되며 총 50점 정도에 이른다. 이 점에 관해서는 일찍이 정리, 검토한 적이 있다.(渡辺晃宏「木簡の世紀以前 - 律令制の成立と日本の木簡 -」九州國立博物館 국제심포지엄「漢字文化のひろがり - 日本·韓國出土木簡を中心に -」2006년).

지 물품과 그 수량의 보고는 물품 청구 또는 받는 것과 관련된 것이며 공진에 관한 것이 아니다. 따라서 물품에 부착하기 위한 장치인 홈은 불필요했다고 생각해야 한다. 그렇다면 이 목간은 홈이 필요한 다른 용도로 사용된 목간을 재사용한 것이 된다.

여기서 주목되는 것이 이조대로 목간 특히 f가 출토된 이조대로 남쪽 호상토갱(濠状土坑) SD5100에서는 전국에서 공진된 調·贄·中男作物 등 수많은 하찰목간이 출토된 것이다.[38] 하찰목간은 품목에 따른 크기로 만들어졌고 그 형태에는 지역마다 개성이 비교적 현저하게 나타난다. f 목간은 길이 301mm, 폭 28mm로 비교적 가늘고 긴 형태를 특징으로 하고 세로 가로 비율이 10.8:1 정도가 된다. SD5300·SD5310을 포함한 이조대로 목간에 다수 사례가 있는 국의 하찰 종횡비율을 계산해 보면 표 1과 같다.

표 1 이조대로 목간 주요국 하찰의 종횡비와 길이

데이터 / 국	세로:가로(종횡, 소수제2위 사사오입)			길이	사례수
	평균	최대	최소	(평균)	
若狹(해산물)※	5.7	6.7	4.6	153.8	9
若狹(소금)	6	7.9	4.7	170	13
隠岐	6.1	8.7	4.3	164.1	38
近江(庸米)	7.4	10.5	5.7	156.3	31
駿河(煎)	7.9	10.9	5.4	103.6	7
安房(전복)	11.9	17.8	8.3	303.8	23
伊豆(가다랑어)	12.1	17.7	8.9	341	46
駿河(가다랑어)	13.1	20.9	7.6	302	20
參河(贄)	14	18.1	10.7	273.7	23

※향명으로 시작하는 소형 하찰 제외

38 SD5100에서 출토된 조세 하찰 목간은 전국 51개국에 이르러 세목·품목도 다양하다.(奈良國立文化財研究所『平城京二条二坊·三条二坊發掘調查報告－長屋王邸·藤原麻呂邸の調査－』〈주29 전게〉 Tab.22 SD5100出土荷札木簡の税目·品目一覧) 참조.

이를 보면 f 의 종횡비율 10.8은 若狹國이나 隱岐國의 해산물이나 소금, 또는 近江國의 庸米 하찰에 비해 현격히 크고 安房國의 전복이나 伊豆國의 가다랑어 하찰에 가까운 숫자라는 것을 알 수 있다. 한편 參河國의 贄 하찰까지는 크지 않다. 즉 若狹國이나 隱岐國의 하찰보다는 명백히 가늘고 길며 參河國의 贄 하찰까지는 길지 않다는 것을 알 수 있다.

그래서 이와 가까운 길이, 폭을 가진 하찰목간을 찾아보면 한쪽 끝에 홈이 있는 032형식으로 홈의 형태를 비롯하여 목간으로서의 분위기가 비슷한 목간으로, 예를 들어 伊豆國 那賀郡 都比鄕의 調 荒堅魚의 하찰(길이 357mm, 폭 32mm, 두께 10mm. 종횡비율은 11.2) 등을 들 수 있다.(奈良國立文化財研究所『平城宮發掘調査出土木簡概報24』26 쪽 상단(247)) 이 하찰은 출토 유구가 SD5300으로 f 와는 다르지만 같은 이조대로 목간을 구성하는 해자 형태인 유구의 유물이니 충분히 참조할 만하다. f 는 伊豆國의 調 堅魚 또는 安房國의 調 鰒의 하찰을 깎아서 재사용했을 가능성이 크다. 그때 이들 여러 국의 032형식 하찰의 홈은 상단에만 있으니 재사용할 때 홈이 서사하는데 지장이 되지 않도록 위아래를 거꾸로 하여 홈이 하단에 오도록 해서 서사했을 것이다.

이처럼 하찰을 문서목간으로 재사용했다고 생각되는 사례는 이 이외에도 있다. 예를 들어 같은 이조대로 목간에 포함된 병위부(兵衛府)에서 경비 담당자 할당에 관한 목간을 들 수 있다.

卒所 受薦集 (合點) 大志所 (合點)府厨 宿所 (合點)□所

(合點)翼所 (合點) [ ] (合點)[ ][ ] [ ]

길이 238mm, 폭 (15)mm, 두께 6mm 032형식

(奈良國立文化財研究所『平城宮發掘調査出土木簡概報24』22쪽 상단(190))

이 목간은 오른쪽 반만 남은 세로로 쪼갠 단편이지만 길이 238mm로 원형을 유지하고 문서목간의 기능에는 관계가 없는 홈이 오른쪽 하단부에 있다.

이것도 길이로 봐서 伊豆國이나 安房國의 하찰을 전용한 것으로 추정할 수 있다. 衛府 목간에는 식료로 지급된 伊豆國 가다랑어나 安房國 전복 하찰이 동반되는 경우가 많은 것이 알려져 있어 f 목간보다도 더욱더 하찰과 강한 관계성을 인정할 수 있을 것이다.

이상 유형이 다른 목간이 이차로 사용된 것을 확인할 수 있는 사례를 구체적으로 소개하였다. 이 이외에 새로운 문구를 더하는 것으로 다른 목간으로 전화되는 문방목간(門牓木簡)[39] 같은 사례도 있지만, — 종이 문서에는 비슷한 사례가 많이 확인된다 — 이는 애초부터 상정된 일련의 이용방법이므로 여기서는 재사용한 사례로는 하지 않겠다.

재사용의 두 가지 유형

이들 재사용한 사례들은 다시 새로운 가공의 여부로 두 가지로 나눌 수 있다. 즉 ① 원래 목간의 글자를 깎은 것만으로 그대로 다음 목간으로 재사용한 경우(a, e, f)와 ② 원래 목간의 글자를 깎아낸 뒤에 목간 형태를 변형시켜 일정한 가공을 하여 재사용한 경우(b, c, d)의 두 가지다. 원래 목간의 글자를 깎아내지 않고 남긴 채 새로운 목간으로 재사용한 것도 있다(c, e).

목간의 내용과 재사용의 관계

목간의 종류와 재사용의 관계는 어떨까. 먼저 문서목간은 고선목간처럼 규격성이 강한 목간은 같은 종류의 목간으로 재사용되는 경우가 많다. 하지만 규격성이 낮아도 예를 들어 나가야왕가의 전표목간처럼 현저하게 재사용이 확인되는 사례도 있다. 이들은 목간 사용이 단발적인 것이 아니라 목간으로

---

39 문방목간(門牓木簡)에 대해서는 奈良文化財研究所『飛鳥藤原京木簡2 - 藤原京木簡1 - (別冊解說)』(奈良文化財研究所史料第82册, 2009년) 総説 第三章「門牓制に関わる木簡の整理」)를 참조.

식료 지급이 집중적으로 관리되었기 때문일 것이다. 이에 대해 단발적인 목간의 경우 사용자의 의사에 따라 다양한 재사용이 있었다. 아무래도 문서목간은 재사용이 원칙이었다고 생각할 수 있다.

한편 하찰목간의 경우 홈 등 특수한 형태로 인하여 재사용되지 않았다고 생각하는 것이 일반적이다. 이동되기 때문에 사용되는 장소와 폐기되는 장소가 다른 조세 하찰 등은 같은 목간으로 재사용되었다고는 생각하기 어렵다. 하지만 형태를 변형시키면 다른 종류의 목간으로 재사용하기는 쉽다. 하찰 삭설이 적은 것은 재사용되지 않았던 것이 아니라 재가공이라는 재사용의 방법이나, 최종 소비 단계까지 기능을 유지한다는 사용 방법에 따른 것이 아니었을까. 또 홈 부분을 깎아내 버리면 하찰이었던 흔적을 엿보기 힘들어질 것이다. f처럼 홈 부분을 하단으로 하는 말하자면 간편하게 재사용했으면 일차목간이 하찰인 것을 쉽게 엿볼 수도 있지만, 재사용자가 꼼꼼한 경우에는 그렇지 못하다. 이러한 사정도 고려해야 할 것이다.

마지막으로 습서목간에 관해서는 재사용이라는 관점에서 보면 애초부터 습서를 목적으로 제작된 목간은 없을 것이다. 이 점은 종래 그다지 주목되지 않았지만, 습서로서의 사용은 입수하기 쉽다는 나무의 특성에 기인한 것을 생각해도 다시 주목해야 할 것이다. 즉 습서목간은 목간 재사용 과정의 모습으로 다시 생각해야 할 것이다.

Ⅳ 맺음말

지금까지 확인된 목간의 재사용 사례는 얼마 안 되는데, 이들은 실제로

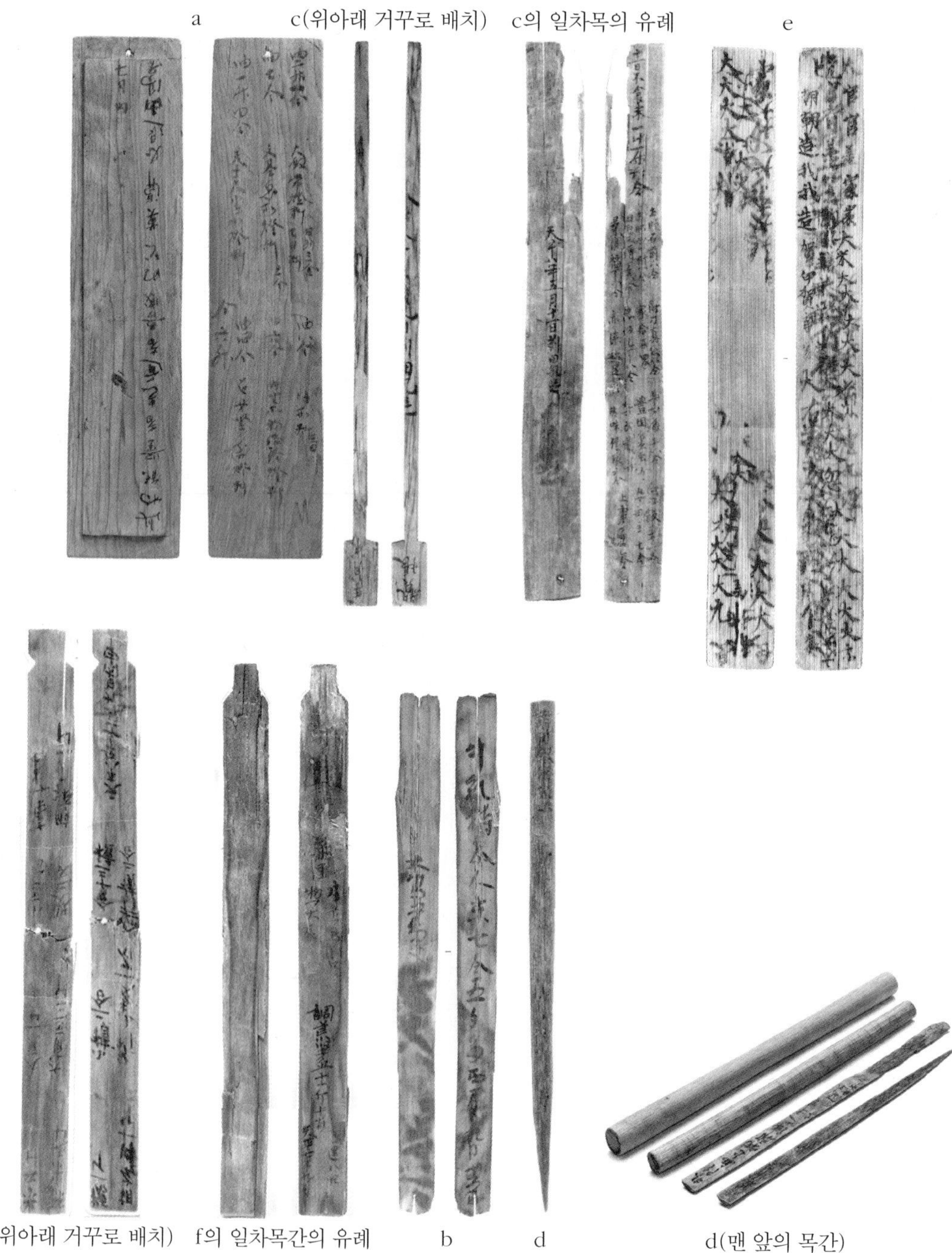
a c(위아래 거꾸로 배치) c의 일차목의 유례 e

f(위아래 거꾸로 배치) f의 일차목간의 유례 b d d(맨 앞의 목간)

〈목간 소장처 : 일본 奈良文化財研究所〉

재사용된 목간 전체로 보면 그 일부를 보는 것에 불과하다. 원래 글자를 깎아 내는 것만으로 형태로는 새로운 가공을 하지 않고 재사용하는 경우는, 출토된 목간에는 그 흔적이 전혀 남지 않기 때문이다. 보이는 정보만으로 판단하면 큰 실수를 할 가능성이 있다.

이처럼 목간의 기능 정지에서 폐기에 이르기까지 복잡한 과정이 숨어있는 경우가 많다. 형태가 변형되는 새로운 가공을 해서까지 재사용되는 사례가 확인된다는 것은 그것을 잘 나타내는 것이다. 나무의 특성을 잘 아는 고대인만이 할 수 있는 묵서 매체 사용법이라고 할 수 있겠다. 묵서 매체로서의 나무를 다 쓰는 고대인의 집념 같은 것이 느껴지는데 아마 본인들에게는 지극히 당연한 일에 불과할 것이다. 앞으로도 남겨진 작은 흔적을 간과하지 않고 나무를 묵서 매체로 사용하는 '목간'이라는 고대인의 영위를 검토해 가는 것이 긴요할 것이다.

마지막으로 더 한마디 하고 싶다. 만약 목간을 재사용해서 끝까지 이용하는 것이 고대인의 특성이었다면 왜 완형 목간이 출토되는지 다시 묻지 않을 수 없다. 즉 목간이 쓰레기가 된 이유이다. 재사용에 적당하지 않게 된 것인지, 다른 이유가 있는 것인지, 개별 출토사례에 대해 이 관점에서도 초심으로 돌아가서 다시 생각해 보아야 할 것이다.

(번역: 하시모토 시게루(橋本繁), 경북대학교 인문학술원 HK연구교수)

編·著者 소개

編者

윤재석(尹在碩) jasyun@knu.ac.kr

경북대학교 사학과 교수, 인문학술원장 겸 HK+사업단장

『수호지진묘죽간 역주』(소명출판, 2010)

「東アヅア木簡記錄文化圈の硏究」(『木簡硏究』 43, 2021)

「秦漢代의 算學教育과 '구구단'木簡」(『동서인문』 19, 2022)

著者(執筆順)

모미야마 아키라(籾山明) momin@kfz.biglobe.ne.jp

일본 東洋文庫 연구원

『秦の始皇帝－多元世界の統一者』(白帝社, 中国歴史人物選 第1巻, 1994)

『漢帝国と辺境社会－長城の風景』(中公新書, 1999)

『中国古代訴訟制度の研究』(京都大学学術出版会, 東洋史研究叢刊, 2006)

『秦漢出土文字史料の研究－形態·制度·社会』(創文社, 東洋学叢書, 2015)

왕쑤(王素) wangsu1953@aliyun.com

중국 故宮博物院 "古文字與中華文明傳承發展工程" 協同攻關創新平臺 연구원

「敦煌Ｓ.７６號文書所見劉廷堅其人其詩」(『敦煌吐魯番研究』第20卷, 2021)

「故宮博物院藏殷墟甲骨文整理的理論與實踐」(『甲骨文與殷商史』新10輯, 2020)
「長沙走馬樓三國吳簡時代特征新論」(『文物』第12期, 2015)

장룽창(張榮強) zhroqi@163.com
중국 南開大學 曆史學院 교수

「從戶下奴婢到在籍賤民身分轉變的考察」(『曆史研究』第3期, 2020)
「簡紙更替與中國古代基層統治重心的上移」(『中國社會科學』第9期, 2019)
「"小""大"之間——戰國至西晉課役身分的演進」(『曆史研究』第2期, 2017)

한수펑(韓樹峰) oyhjd6888@163.com
中國人民大學 曆史學院 교수

「從簡到紙：東晉戶籍制度的變革」(『中國人民大學學報』第5期, 2020)
「漢晉時期的黃簿與黃籍」(『史學月刊』第9期, 2016)
「論漢魏時期戶籍文書的典藏機構的變化」(『人文雜志』第4期, 2014)

장더팡(張德芳) defang1955@126.com
중국 甘肅簡牘博物館 연구원

「秦史秦文化研究的集大成之作——讀王子今教授主編的《秦史秦文化研究》叢書」(『絲綢之路』, 2022)
「弱水流域的兩漢文明——金塔漢塞遺址和出土漢簡的過去、現在和未來」(『絲綢之路』, 2021)
『簡牘樓劄記』(鳳凰出版社, 2022)

다이웨이훙(戴衛紅) yuqidwh@163.com
中國社會科學院古代史研究所 研究員, "古文字與中華文明傳承發展工程"協同攻關創新

平臺研究員

『韓國木簡研究』, (廣西師範大學出版社, 2017)

「한국 목간에 보이는 "某月中"」(『木簡과 文字』23, 2019)

「韓國에서 出土된 '椋'자 木簡으로 본 동아시아 簡牘文化의 전파」(『사림』 58, 2016)

이케다 마사히로(池田昌広)

일본 京都産業大学 外国語学部 교수

「袖中抄と大観本草」(『和漢比較文学』 68, 2022)

「朱敦儒「水龍吟」後闋の解釈について－三国志物語の一資料」(『風絮』 15, 2018)

「日本側史料から見た『白氏文集』の北宋刊本」(『白居易研究年報』 11, 2010)

「『日本書紀』と六朝の類書」(『日本中国学会報』 59, 2007)

사카에하라 도와오(栄原永遠男)

일본 오사카시립대학교 명예교수·도다이지사(東大寺史)연구소 소장

『難波古代史研究』(和泉書院, 2022)

『正倉院文書入門』(角川叢書, 2011)

『万葉歌木簡を追う』(和泉書院, 2011)

금재원(琴載元) goldsnail@hanmail.net

경북대학교 인문학술원 HK연구교수

「家傳하는 簡牘문서－睡虎地秦簡 법률문서 성격의 재고」(『중국고중세사연구』 60, 2021)

「前漢 文法吏의 表象－李斯와 賈誼, 晁錯, 그 외의 후예들」(『동양사학연구』 158, 2022)

「秦漢 墓葬 出土 簡牘文書 유형 분류의 시론적 고찰－南郡 관할 지역 내 출토 사례를

중심으로」(『동양사학연구』 160, 2022)

김도영(金跳咏) pilseang@gmail.com

경북대학교 인문학술원 HK교수

『일본목간총람(공저)』(주류성, 2022)

『금공품으로 본 고대 동아시아 세계』(진인진, 2022)

「함안 성산산성 출토 목간의 제작 유형과 제작 단위」(『木簡과 文字』 26, 2021)

「三國~統一新羅時代 刻銘技術의 特徵과 變遷」(『嶺南考古學』 89, 2021)

마쩡룽(馬增榮, Tsang Wing MA) tsangwingma@um.edu.mo

澳門大學 歷史系 교수

「長沙五一廣場出土東漢臨湘縣外郡「貨主」名籍集成硏究」(『동서인문』15, 2021)

「秦代簡牘文書學的個案硏究——裏耶秦簡9-2283、[16-5]和[16-6]三牘的物質形態、文書構成和傳遞方式」(『中央硏究院曆史語言硏究所集刊』91, 2019)

『東漢的法律、行政與社會：長沙五一廣場東漢簡牘探索』(三聯書店有限公司, 2019)

이상일(李相日) baekjelamp@naver.com

충남대학교 백제연구소 연구원

「백제 파수부 등잔 연구」(『백제연구』 74, 2021)

「백제 사찰 부속건물지의 구조와 기능-부여 왕흥사지를 중심으로-」(『문화재』 54-1, 2021)

「삼국시대 등잔의 연료와 심지 차세대」(『인문사회연구』 16, 2020)

와타나베 아키히로(渡辺晃宏) watanabea@daibutsu.nara-u.ac.jp

일본 奈良大学 文学部 교수

『日本古代国家建設の舞台 平城宮』(シリーズ「遺跡を学ぶ」144)(新泉社, 2020)

『平城京一三〇〇年「全検証」- 奈良の都を木簡からよみ解く』(柏書房, 2010)

『平城京と木簡の世紀』(講談社版 日本の歴史04, 2001)

「平安時代の不動穀」(『史学雑誌』98-12, 1989)